成本会计实务

（含配套实训）

主　编　公丽娟　贺英莲
副主编　王艳云　银　峰　李军义
参　编　李迎春　董智玉　赵　霞

北京理工大学出版社
BEIJING INSTITUTE OF TECHNOLOGY PRESS

版权专有　侵权必究

图书在版编目（CIP）数据

成本会计实务：含配套实训 / 公丽娟，贺英莲主编. —北京：北京理工大学出版社，2018.8（2020.8 重印）

ISBN 978-7-5682-6191-3

Ⅰ．①成… Ⅱ．①公… ②贺… Ⅲ．①成本会计–会计实务–高等学校–教材 Ⅳ．①F234.2

中国版本图书馆 CIP 数据核字（2018）第 191934 号

出版发行 / 北京理工大学出版社有限责任公司
社　　址 / 北京市海淀区中关村南大街 5 号
邮　　编 / 100081
电　　话 / （010）68914775（总编室）
　　　　　（010）82562903（教材售后服务热线）
　　　　　（010）68948351（其他图书服务热线）
网　　址 / http://www.bitpress.com.cn
经　　销 / 全国各地新华书店
印　　刷 / 三河市天利华印刷装订有限公司
开　　本 / 787 毫米×1092 毫米　1/16
印　　张 / 24　　　　　　　　　　　　　　　　责任编辑 / 陈　玉
字　　数 / 565 千字　　　　　　　　　　　　　　文案编辑 / 李玉昌
版　　次 / 2018 年 8 月第 1 版　2020 年 8 月第 3 次印刷　责任校对 / 周瑞红
总 定 价 / 56.00 元　　　　　　　　　　　　　　责任印制 / 李　洋

图书出现印装质量问题，请拨打售后服务热线，本社负责调换

前　言

本书依据教育部发布的《关于全面提高高等职业教育教学质量的若干意见》及高等职业教育"十二五"规划纲要等文件精神，结合我国会计改革和国际惯例及有关成本管理制度的要求，以改革人才培养模式、增强学生就业能力为指导，以完善对高等职业学生的"知识＋技能"的培养目标为根本思路进行编写设计，包括实务和实训两部分。本书模拟成本会计岗位真实的经济业务，通过相关成本项目及若干成本核算任务，集"教、学、做"为一体，以成本实训为增强会计技能的手段，强化了教材的实用性和针对性。

本书全面阐述了成本核算与管理的基础知识，涵盖了现代成本会计所涉及的基本内容，包括成本会计的基础知识、成本会计岗位的工作流程、费用的归集与分配、完工产品与在产品的成本分配、产品成本计算的基本方法、辅助方法以及成本报表的编制与分析等。通过相关任务设计案例引入等内容，使学生达到"知行合一"的教学效果。本书在编写过程中，体现如下特色。

第一，突出项目导向，任务驱动教学模式，内容通俗易懂，由浅入深，循序渐进。

第二，强调成本核算与成本管理及控制的融合，侧重于成本信息在企业经营管理与控制决策中的运用。

第三，项目内容之间既相互独立，又相互结合，构成一个完整的现代成本管理体系。

第四，理论和实践相结合，教、学、做融为一体，注重实践操作技能的培养。

第五，增加"任务设计"模块，拓展知识面，提升教学效果。

学生通过本书的学习，可以理解本学科的基本理论知识，熟悉工业企业成本核算及成本控制的基本思想，掌握工业企业成本核算及成本控制的基本方法；可以提高会计专业学生的实际操作技能，提升综合素质，满足就业需求，成为具有一定理论基础的高素质、高技能的应用型会计人才。

本书由内蒙古商贸职业学院公丽娟、贺英莲任主编，由王艳云、银峰、李军义任副主编，由李迎春、董智玉、赵霞参编。具体分工如下：项目一和项目二由公丽娟、贺英莲撰写；项目三、项目四由董智玉、王艳云、银峰撰写；项目五、项目六由赵霞、李迎春、李军义撰写；公丽娟负责全书的修改、总纂、定稿。

由于编者水平有限，书中难免存在错漏之处，恳请读者批评指正！

目　录

项目一　成本会计工作任务 ……………………………………………………………（1）
　任务一　成本会计基础知识认知 ……………………………………………………（1）
　　一、成本会计的认知 …………………………………………………………………（2）
　　二、正确认识支出、费用与成本 ……………………………………………………（2）
　　三、成本会计的对象、职能和任务 …………………………………………………（4）
　　四、成本会计的工作组织 ……………………………………………………………（6）
　　五、成本会计的基础工作 ……………………………………………………………（7）
　　六、健全成本核算管理制度 …………………………………………………………（8）
　任务二　成本核算 ……………………………………………………………………（9）
　　一、成本核算的对象 …………………………………………………………………（9）
　　二、成本核算的意义 …………………………………………………………………（10）
　　三、成本核算的要求 …………………………………………………………………（10）
　　四、成本核算的一般程序 ……………………………………………………………（12）
　任务三　成本核算的工作程序 ………………………………………………………（12）
　　一、确定成本计算对象 ………………………………………………………………（13）
　　二、确定成本项目 ……………………………………………………………………（13）
　　三、确定成本计算期 …………………………………………………………………（13）
　　四、审核生产费用 ……………………………………………………………………（13）
　　五、归集和分配生产费用 ……………………………………………………………（13）
　　六、计算完工产品成本和在产品成本 ………………………………………………（14）
　任务四　成本核算的账户设置及账务处理程序 ……………………………………（15）
　　一、成本核算的账户设置 ……………………………………………………………（15）
　　二、成本核算的账务处理程序 ………………………………………………………（17）

项目二　生产费用的归集和分配 ……………………………………………………（20）
　任务一　要素费用核算的要求 ………………………………………………………（21）

一、区别要素费用项目与成本项目 …………………………………………………（21）
　　二、要素费用核算的内容 ……………………………………………………………（22）
任务二　材料费用的核算 …………………………………………………………………（23）
　　一、材料费用核算的任务 ……………………………………………………………（23）
　　二、材料费用的归集 …………………………………………………………………（24）
　　三、材料费用的分配 …………………………………………………………………（26）
任务三　外购动力费用的核算 ……………………………………………………………（31）
　　一、外购动力费用核算的任务 ………………………………………………………（31）
　　二、外购动力费用的归集 ……………………………………………………………（31）
　　三、外购动力费用的分配 ……………………………………………………………（31）
任务四　人工费用的核算 …………………………………………………………………（33）
　　一、人工费用核算的任务 ……………………………………………………………（34）
　　二、人工费用的归集 …………………………………………………………………（34）
　　三、人工费用的分配 …………………………………………………………………（37）
任务五　折旧、利息、税金及其他费用的核算 …………………………………………（42）
　　一、折旧费用核算的任务 ……………………………………………………………（42）
　　二、折旧费用的核算 …………………………………………………………………（43）
　　三、折旧费用的分配 …………………………………………………………………（47）
　　四、利息、税金及其他费用核算的任务 ……………………………………………（48）
　　五、利息、税金及其他费用的核算 …………………………………………………（48）
任务六　辅助生产费用的核算 ……………………………………………………………（51）
　　一、辅助生产费用与基本生产费用的关系 …………………………………………（51）
　　二、辅助生产费用核算的任务 ………………………………………………………（52）
　　三、辅助生产费用的分配 ……………………………………………………………（54）
任务七　制造费用的核算 …………………………………………………………………（65）
　　一、制造费用与期间费用比较 ………………………………………………………（65）
　　二、制造费用核算任务 ………………………………………………………………（66）
　　三、制造费用分配的核算 ……………………………………………………………（67）
　　四、任务设计 …………………………………………………………………………（72）
任务八　生产损失的核算 …………………………………………………………………（75）
　　一、废品损失的核算 …………………………………………………………………（76）
　　二、停工损失的核算 …………………………………………………………………（81）
任务九　生产费用在完工产品和在产品之间的分配 ……………………………………（83）
　　一、在产品的确定 ……………………………………………………………………（83）
　　二、生产费用在完工产品和在产品之间的分配 ……………………………………（85）
　　三、完工产品成本结转 ………………………………………………………………（98）

项目三　产品成本计算方法概述 ……………………………………………………（101）
任务一　企业的生产类型及特点 ………………………………………………………（101）

一、企业按生产工艺过程特点的划分……………………………………（102）
　　二、企业按生产组织特点的划分……………………………………（102）
　任务二　生产特点及管理要求对成本计算方法的影响……………………………（103）
　　一、对成本计算对象的影响……………………………………（103）
　　二、对成本计算期的影响……………………………………（104）
　　三、对生产费用在完工产品和在产品之间分配的影响……………………………（104）
　任务三　产品成本计算方法的主要方法……………………………………（104）
　　一、成本计算基本方法的选择……………………………………（105）
　　二、成本计算辅助方法的选择……………………………………（105）
　　三、成本计算方法在实际工作中的应用……………………………………（106）

项目四　成本计算基本方法的应用……………………………………（108）

　任务一　品种法……………………………………（108）
　　一、品种法的含义……………………………………（108）
　　二、品种法的适用范围……………………………………（109）
　　三、品种法的特点……………………………………（109）
　　四、品种法的核算程序……………………………………（109）
　　五、品种法任务设计……………………………………（110）
　任务二　分批法……………………………………（117）
　　一、分批法的含义……………………………………（117）
　　二、分批法的适用范围……………………………………（117）
　　三、分批法的特点……………………………………（117）
　　四、分批法的核算程序……………………………………（118）
　　五、分批法的任务设计……………………………………（118）
　　六、简化分批法……………………………………（120）
　　七、简化分批法的任务设计……………………………………（121）
　　八、简化分批法的优缺点……………………………………（123）
　任务三　分步法……………………………………（123）
　　一、分步法的含义……………………………………（123）
　　二、分步法的适用范围……………………………………（124）
　　三、分步法的特点……………………………………（124）
　　四、逐步结转分步法……………………………………（125）
　　五、平行结转分步法……………………………………（131）

项目五　成本计算辅助方法的应用……………………………………（138）

　任务一　分类法……………………………………（138）
　　一、分类法概述……………………………………（139）
　　二、分类法的核算程序……………………………………（140）
　　三、系数法的任务设计……………………………………（141）
　　四、联产品概述……………………………………（143）

五、副产品概述……………………………………………………………（143）
　　六、副产品的任务设计………………………………………………………（144）
　　七、等级品概述………………………………………………………………（145）
任务二　定额法………………………………………………………………………（146）
　　一、适用范围及特点…………………………………………………………（146）
　　二、核算程序…………………………………………………………………（148）
　　三、定额法的任务设计………………………………………………………（151）
　　四、定额法的优缺点…………………………………………………………（154）

项目六　工业企业成本报表编制与分析……………………………………………（156）

任务一　工业企业成本报表概述……………………………………………………（156）
　　一、工业企业成本报表的概念………………………………………………（157）
　　二、工业企业成本报表的特点………………………………………………（157）
　　三、工业企业成本报表的种类………………………………………………（157）
　　四、成本报表的作用…………………………………………………………（158）
　　五、成本报表的编制要求……………………………………………………（159）
　　六、工业企业成本报表的编制方法…………………………………………（159）
任务二　工业企业成本报表的编制…………………………………………………（160）
　　一、产品生产成本及销售成本表的结构和编制方法………………………（160）
　　二、产品生产成本表的结构和编制方法……………………………………（161）
　　三、主要产品单位成本表的结构和编制方法………………………………（163）
　　四、制造费用明细表的结构和编制方法……………………………………（164）
　　五、期间费用明细表的编制…………………………………………………（165）
任务三　工业企业成本报表的分析…………………………………………………（168）
　　一、工业企业成本报表分析的概念…………………………………………（168）
　　二、工业企业成本报表的分析方法…………………………………………（168）
　　三、成本报表的任务设计……………………………………………………（172）
　　四、成本计划完成情况的分析………………………………………………（174）

成本会计工作任务

知识目标

- 理解支出、费用和成本的关系
- 掌握成本会计的对象、职能、任务和工作组织
- 了解成本核算的意义和成本核算的要求
- 掌握成本核算的工作程序
- 熟悉成本核算的账户设置及账务处理程序

能力目标

- 能理解成本的经济实质
- 能理解成本会计的实质
- 能按照成本核算的工作程序,完成成本会计工作任务
- 会应用成本核算设置的账户,进行日常的成本核算

成本会计是财务会计与管理会计的混合产物,是计算及提供成本信息的一种会计方法。财务会计要依据成本会计所提供的有关资料进行资产计价和收益确定,而成本的确认、归集和分配程序也要纳入以复式记账法为基础的财务会计总框架中,因此,成本数据往往被企业外部信息使用者用于对企业管理当局业绩的评价,并据此作出投资决策。同样,成本会计所提供的成本数据,往往被企业管理当局作为决策的依据或用于对企业内部管理人员的业绩评价。

任务一 成本会计基础知识认知

任务目标

1. 理解成本会计的含义及实质
2. 正确认识支出、费用与成本

3. 掌握成本会计的对象、职能
4. 了解成本会计的任务和工作组织

一、成本会计的认知

成本会计是运用会计的基本原理和一般原则，采用专门的技术方法，对企业生产经营过程中发生的各项耗费进行连续、系统、全面、综合的核算和监督的一种经济管理活动。作为现代会计的一个重要分支，成本会计必须严格执行企业会计准则规定的计量要求，以货币为主要计量单位，对企业生产经营过程中发生的各项耗费进行核算和监督。成本会计的实质是成本的管理与控制。

产品价值由三个部分组成：生产中已消耗的生产资料的价值（c）；劳动者为自己劳动所创造的价值（v）；劳动者为社会所创造的价值（m）。在产品生产过程中，成本由生产中已消耗的生产资料的价值和劳动者为自己劳动创造的价值组成，前者如物料的消耗、设备的折旧等，后者如职工薪酬等。即成本是一个价值范畴，成本是产品价值中的 $c+v$ 部分。

成本是在商品生产过程中产生的，由于会计主体所处行业不同，为特定目标、对象或任务所发生的相关耗费也不相同。以工业企业为例，成本是工业企业为生产产品、提供劳务发生的各种耗费。

产品的生产过程也是生产耗费的过程，从各项费用的发生、归集至分配，最终形成具体的某种产品的成本。对于哪些耗费应由产品承担、哪些耗费应计入期间费用，企业应按照《企业会计准则》规定，符合会计信息质量的要求，明确具体的费用列支范围。

二、正确认识支出、费用与成本

（一）正确划分各种支出的界限

作为会计主体，企业在经济活动中会发生各种性质的支出，这些支出有的直接计入成本费用，如产品耗费的材料支出、车间办公费支出等生产性支出，职工的薪酬福利费等福利性支出，公司经费、营销费用、短期借款利息支出等收益性支出；有的支出计入资产后再分摊给成本费用，如购置设备、专利权等资本性支出；有的支出作为营业外支出计入当期损益，如非常损失、对外捐赠等；有的支出直接计入所有者权益，如公允价值计量下的投资性房地产的损失支出。对这些支出，首先应正确划分各种支出的界限，区分日常生产经营活动产生的收益性支出与资本性支出、非日常活动产生的营业外支出等的界限，确定其是否应该计入成本费用，即企业应按照国家相关会计法规及政策的规定，严格费用成本开支范围。

（二）正确划分费用与成本的界限

1. 费用的含义

费用是指企业在日常活动中发生的、会导致所有者权益减少的、与向所有者分配利润无关的经济利益的总流出。费用是企业在获取当期收入的过程中，对企业所拥有或控制的资产的耗费，是反映一定会计期间与收入相配比的耗费。

企业的费用包括主营业务成本、其他业务成本、营业税金及附加、管理费用、财务费用、销售费用等。工业企业制造并销售产品、商业企业购买并销售商品、服务行业提供劳务等日常活动产生的经济利益的总流出构成了企业的费用。

2. 成本是对象化的费用

成本是企业为生产产品、提供劳务而发生的各种耗费的总和，即产品成本和劳务成本。

产品成本（劳务成本）是企业在生产一定种类和数量的产品或提供劳务过程中发生的，由产品或劳务负担的耗费。产品成本由直接材料、直接人工、制造费用等成本项目构成。企业的各项资产在运营过程中会发生各种耗费，为了生产产品、提供劳务需要耗用各种材料、动力、磨损固定资产、摊销无形资产、分配职工薪酬等，这些都形成了企业资产的耗费，都将由产品或劳务来承担，这种耗费表现为资产内部的转换，但不是经济利益的流出，不会导致所有者权益的减少，因此不是企业的费用。

成本与费用的关系可以概括如下：费用是资产的耗费，与一定的会计期间相联系，与生产哪一种产品无关；成本与一定种类和数量的产品相联系，而不论发生在哪一个会计期间；成本是按一定对象所归集的费用，是对象化了的费用。

3. 生产经营费用的构成

以工业企业为例，一定时期的生产经营费用通常由生产费用和期间费用构成。

生产费用是指企业一定时期内生产产品、提供劳务等过程中发生的各种耗费，是计入产品成本的耗费。期间费用是指企业当期发生的必须从当期收入得到补偿的经济利益的总流出，是不计入产品成本而直接计入当期损益的耗费，包括管理费用、财务费用、销售费用三项（生产费用和期间费用联系图见图1-1）。

企业为生产产品、提供劳务等发生的可归属于产品成本、劳务成本等的费用，应当在确认产品销售收入、劳务收入等时，将已销产品、已提供劳务的成本等计入当期损益，即营业成本。而期间费用不应由产品或劳务负担，因此不计入产品或劳务成本，应直接计入当期损益。在资产负债表日，企业还应该考虑资产减值损失等事项对产品成本的影响。本书所核算的成本是指存货（产品）的成本，产品也包含劳务。

图1-1 生产费用和期间费用联系图

4. 生产费用与产品成本在经济内容上是完全一致的

产品成本也称为产品生产成本或产品制造成本，企业为生产一定种类、一定数量的产品而发生的各种生产费用的总和就构成了产品的生产成本。产品成本是对象化的生产费用。对于一定会计期间来说，生产费用应包括未完工产品成本和已完工产品成本，而产品生产成本与一定种类和一定数量的产品相联系。在一定会计期间，生产费用的发生额并不一定全部归属于完工产品成本，还可能会包括在产品成本、自制半成品成本。如某月发生的生产费用和月初、月末在产品成本以及本月完工产品成本的关系可以表述如下：

月初在产品成本 + 本月发生生产费用 - 月末在产品成本 = 本月完工产品成本

生产费用和产品成本的关系可以概括如下：生产费用是计算产品成本的基础，生产费用按一定的产品加以归集和汇总就是产品成本，按照权责发生制原则和受益原则，企业某一期间发生的生产费用与归属于某产品的费用并不完全一致；归属于当期产品成本中的生产费用有当期发生的，也可能包括以前会计期间发生的；归属于当期的生产费用不一定全部分配给当期的产品成本，也可能由以后会计期间的产品来负担。

【例 1-1】

嘉陵轮胎厂生产小型客车轮胎，2016 年 6 月初在产品成本为 30 万元，本月投产该种轮胎耗用材料费、人工费、制造费用分别为 40 万元、20 万元、10 万元，则本月共发生生产费用为 70 万元（40+20+10=70（万元））；本月累计生产费用为 100 万元（30+70=100（万元））；月末按一定方法通过计算后确认完工产品成本为 80 万元，则月末在产品成本为 20 万元（100-80=20（万元））。

三、成本会计的对象、职能和任务

（一）成本会计的对象

成本会计的对象是指成本会计核算和监督的内容，也是成本管理与控制的内容。不同行业企业在日常活动中发生的各项耗费，一部分形成了生产经营业务成本，直接或间接地计入资产，另一部分形成了期间费用，直接计入当期损益。

成本会计对象不仅包括工业企业的产品生产成本和经营管理费用，还包括其他行业企业的成本和经营管理费用，如交通运输企业、施工企业、房地产开发企业、旅游业等。以工业企业为例，工业企业的生产经营环节主要包括供应、生产和销售。产品在制造过程中会发生各种耗费，主要包括原料及主要材料、辅助材料、燃料、包装物等的耗费支出；生产单位（分厂、车间）设备、厂房等固定资产计提的折旧；直接生产人员及生产单位管理人员的薪酬以及其他一些支出等。所有这些支出，都构成了企业产品制造过程的全部生产费用，而产品成本是对象化的生产费用。因此，产品制造过程中各种生产费用的支出和产品生产成本的形成，是成本会计核算和监督的主要内容。

企业为销售产品发生销售费用，行政管理部门为组织和管理生产经营活动而发生管理费用；企业为筹集生产经营所需资金等而发生的财务费用等，这些费用需要按发生的会计期间进行归集，构成了企业的期间费用，应直接计入当期损益。虽然与产品生产没有直接联系，但期间费用也是企业在生产经营过程中所发生的一项重要费用，因此，期间费用的发生及归集的过程也是成本会计所核算和监督的内容。

综上所述，可以把企业成本会计的对象概括如下：各行业企业生产产品、提供劳务等发生的成本和日常生产经营管理过程中发生的各项费用，即产品生产成本、劳务成本和期间费用。针对具体生产的某种产品而言，该产品的成本核算对象可以确定为产品的品种、产品的批次、产品的生产步骤、产品的类别等。可以说，成本会计实际上是成本、费用会计。

（二）成本会计的职能

成本会计的职能是指成本会计在经济管理中所具有的内在功能。成本会计是一种专业会计，它的职能是核算和监督，这与会计的基本职能一致。由于现代成本会计与管理紧密结合，因此，成本会计实际上包括了成本管理与控制的各个环节。随着经济的发展，对企业生产经营管理的需求日益科技化，现代成本会计的主要职能细分为成本预测、成本决策、成本计划、成本控制、成本核算、成本分析、成本考核和成本检查。在成本会计的诸多职能中，成本核算是成本会计最基础的职能，如果没有成本核算，成本会计的其他各项职能都无法进行。

成本会计的各项职能相互联系、相互依存，共同构成成本会计工作的有机整体。成本预测是成本决策的前提和依据，成本决策是成本预测的结果，企业根据成本决策制定的目标执行具体的成本计划，在成本计划实施过程中进行成本控制、成本分析、成本考核，对成本计划的执行情况进行监督、分析和审查，这是保证成本计划顺利实现的重要手段。成本核算贯穿于整个生产经营过程，通过对各项费用和产品成本的核算来反映成本决策是否优劣，考核成本计划的实施结果，对责任者的业绩进行考核和评价，成本核算为其他成本会计的职能提供信息，没有成本核算职能作为基础，其他职能都将无法进行。因此，狭义的成本会计仅指进行成本核算的会计，广义的成本会计则是进行成本预测、决策、计划、控制、分析、考核和检查等成本监督、管理、控制活动的会计。

成本会计的各个职能贯穿于企业生产经营活动的全过程，在全过程中发挥作用。

（三）成本会计的任务

成本会计的根本任务是使企业尽可能节约生产经营过程中物料及人工薪酬等的消耗，不断降低产品成本，既要管理和控制好产品的成本，又要提高经济效益。这同成本会计的职能有着密切联系，成本会计能否承担某一项任务，取决于它是否具有完成该项任务的职能，还取决于一定时期社会环境的需要和企业发展的核心任务。

1. 正确计算产品成本，及时提供成本信息

成本会计为企业经营管理提供数据和信息，只有提供真实可靠的成本信息，才能满足管理者的需要。如果成本资料不能反映产品成本的实际水平，不仅难以考核成本计划的完成情况，无法行使成本会计的职能，而且还会影响存货的计价和利润的计量，歪曲企业的财务状况和经营成果，造成成本信息失真。成本会计应及时提供成本信息，编制各种成本报表，可以为企业的有关人员准确及时地了解成本的变化情况，并及时作出成本预测、决策提供重要参考资料。

2. 优化成本决策，确立目标成本

企业应在收集整理各种相关成本信息的基础上，合理采取各种降低成本的措施，从若干可行方案中选择生产产品所消耗活劳动和物化劳动最少的方案，优化成本决策，制定目标成本，下达成本任务，明确控制成本、费用的具体措施。企业应增强企业员工的成本意识，重视降低产品成本的要求，把所费与所得进行比较，以提高企业的经济效益。

3. 加强成本控制，防止挤占成本

加强成本控制，首先是进行目标成本控制，以预先制定的目标成本（如材料计划单价、材料消耗定额、工时消耗定额、小时工资率等）为成本费用的限额，严格审核控制各项费用限额，挖掘降低成本节约费用的潜力，促进其提高技术，注重效益；其次是遵守各项法规及相关规定，控制各项费用支出、营业外支出等挤占成本。

4. 建立成本责任制度，加强成本责任考核

建立成本责任制度，将完成成本降低任务的责任落实到各部门、各层次和具体的责任人，使职工的责、权、利相结合，职工的劳动所得同劳动成本相结合。在成本核算的基础上，定期对成本计划的执行情况进行考核和评定，将成本业绩与奖惩制度挂钩，充分调动职工执行成本计划、降低成本的责任心，发挥其提高经济效益的主动性、积极性和创造力。

企业应定期对成本核算和考核提供的相关资料进行分析，确定成本差异，分析差异产生的原因，查明责任，以便采取措施，及时进行成本预测和决策，制定新的降低成本费用的计划，改进生产经营管理活动，挖掘进一步降低成本的潜力，提高经济效益。

四、成本会计的工作组织

企业应该合理设置成本会计机构，配备成本会计人员，遵守有关法律法规进行成本核算，做好成本会计的各项工作。

（一）设置成本会计机构

在大中型企业，通常在会计机构中，单独设置成本核算科室；也可以在总会计师领导下，单独设置成本会计机构；还可以将成本会计机构与计划部门合并设置。成本会计机构内部的组织分工可以按成本会计职能划分（预测决策组、计划控制组、核算分析考核组等），也可以按成本会计对象划分（产品成本组、期间费用组、专项成本组等）。

在规模小的企业，由于经济业务较少，配备的会计人员有限，通常在会计部门中指定专人负责成本会计工作。

成本会计机构设置后，应进行组织分工，包括集中核算形式和分散核算形式两种。

1. 集中核算形式

企业成本会计中的成本核算和分析等方面的工作，主要由总部成本会计职能部门集中处理全厂的成本会计业务，其他职能部门、分厂、车间等不设专门的成本会计机构，只需配备专兼职的成本核算人员，负责为总部提供有关的原始资料，不进行账务处理。

在集中核算形式下，可以减少成本会计机构核算层次和成本会计工作人员数量，有利于总部集中对成本数据进行处理，及时有效地掌控成本信息，但不便于企业内部各生产单位及时掌握和控制其成本，不利于调动各部门人员节约成本、降低费用的积极性，将对成本管理经济责任的实施造成影响。

2. 分散核算形式

企业总部、其他职能部门、分厂、车间的成本核算、控制和分析等工作，一般由这些单位的成本会计机构或人员分别负责进行，各自进行账务处理。总部的成本会计职能部门主要负责成本数据的汇总，处理不便于分散到各部门去进行的成本会计工作（如成本预测、对各责任单位成本的考核等），负责对各生产单位的成本会计机构和人员进行业务上的监督和指导，进行综合的预测、决策、计划、控制、核算、分析、考核和检查。

在分散核算形式下，虽然增加了成本会计工作的层次、时间和人员，但有利于企业内部各级会计机构的分工，有利于各生产单位及时掌握和控制其成本，有利于调动各部门人员生产产品、节约成本的积极性。

企业应根据自身的生产经营特点和成本管理要求，确定成本会计机构的组织分工方式，由企业负责人与总会计师、总工程师、总经济师组成本会计领导机构，制定方针政策、实施重大成本决策、落实经济责任等。一般来说，大中型企业宜采用分散核算形式，小型企业宜采用集中核算形式。企业也可以适当将两种核算方式结合起来使用，达到提高效率、节能减排的效果。

（二）配备成本会计人员

企业应配备专职、兼职成本会计人员，将成本会计工作的技术与经济效益相结合，重视和加强会计人员的职业道德和业务技能，提升成本会计人员的素质，明确岗位职责，使其更好地发挥职能，提高工作效率。

（三）遵守有关法律法规

与成本会计工作有关的法律和规章制度主要包括五个层次：

（1）会计法律，即全国人民代表大会及其常务委员会制定的《中华人民共和国会计法》，是会计工作应遵循的基本法律，是制定会计方面其他法律、行政法规和规章制度的依据。企业成本会计机构和人员，必须依照《中华人民共和国会计法》办理会计事务。

（2）会计行政法规，包括《企业财务会计报告条例》《总会计师条例》、2006 年发布的《企业会计准则》等。

（3）国家统一的会计规章制度，包括会计规章和规范性文件，如《财政部门实施会计监督办法》《会计基础工作规范》《会计档案管理办法》等。

（4）地方性会计法规，省、自治区、直辖市人大及常委会根据本地情况制定发布的会计规范性文件。

（5）企业内部会计制度，根据国家有关法规制度，结合企业经营特点和成本管理要求制定的内部会计核算制度和成本核算办法，如材料收发领用制度、物资盘存制度、计量验收制度、定额管理制度、岗位责任制、考勤制度、质量检查制度、设备管理和维修制度、费用开支规定以及其他各种成本管理制度等。

企业成本会计机构及会计人员必须严格按照相关法律、行政法规、部门规章及规范性文件的规定组织进行成本核算，实施会计监督。

五、成本会计的基础工作

成本会计工作是对各生产经营环节进行成本核算和成本监督，为信息需求者提供成本费用相关的信息。工业企业生产经营环节主要包括供应、生产、销售等环节。各环节成本会计工作主要包括下列内容。

（一）供应环节

取得或填制材料等存货的入库单或收料凭证汇总表，确认采购材料的数量及实际成本，填制记账凭证，据以登记材料、自制半成品及其他存货等明细账。

（二）生产环节

取得或填制出库单或发料凭证汇总表、材料费用分配表、动力费用费分配表、考勤记录、产量记录、辅助生产费用分配表、各种薪酬分配表、折旧及摊销费用分配表、制造费用分配表、产品成本计算单、完工产品成本汇总表、产品入库单等，填制记账凭证，据以登记生产成本、制造费用、废品损失、停工损失、原材料等明细账。

1. 归集和分配材料费用

选择发出存货的计价方法（先进先出、加权平均、移动加权平均、个别计价等），填制材料出库单,确定发出材料等存货的数量及单价,分配材料费用。

2. 归集和分配人工费用

登记生产车间员工的考勤记录、产量记录,填制各项薪酬(工资、福利、社保、住房公积金、工会、职工教育经费等)分配表,分配职工薪酬费用。

3. 归集和分配废品损失和停工损失,做好在产品清查盘点工作

填制损失报告单,登记损失产生原因;填制在产品盘点报告单,登记盘盈盘亏产生原因,上报处理意见,根据报批结果处理。

4. 归集和分配辅助生产车间的制造费用

编制折旧费用、摊销费用分配表、动力费用分配表、制造费用分配表。

5. 归集和分配辅助车间的生产费用

编制辅助生产成本分配表,归集并分配辅助生产费用。

6. 归集和分配基本车间的制造费用和生产费用

先归集分配基本生产车间的制造费用,再编制产品成本计算单,归集产品成本。

7. 计算完工产品成本和月末在产品成本

选择产品成本计算方法(品种法、分批法、分步法、分类法、定额法等),计算完工产品成本和月末在产品成本,填制产成品入库单,登记记账凭证,填制辅助生产成本明细账、基本生产成本明细账(即产品成本计算单)、完工产品成本汇总表。

(三)销售环节

取得销售清单,填制产品出库单或发出产品成本汇总表,确定已销产品的数量和销售成本,登记记账凭证,填制库存商品明细账。

(四)日常处理

做好存货的收发存日常核算及清查工作;对车间各项费用支出进行审核;与材料库、成品库和生产车间定期对账,定期清查盘点存货、车间使用的固定资产、无形资产;期末计提存货跌价准备等。

(五)提供信息,建档

编制各项成本预算;对各项生产数据进行汇总,计算各项成本构成数据和计划完成情况指标;向管理层提供成本报告和分析数据,提出改进意见,管理和控制产品成本;将各项成本费用数据归档和存档。

六、健全成本核算管理制度

(一)健全原始记录制度

为了正确计算产品成本,企业应健全原始记录制度,统一规定各种原始记录的格式、内容、填制方法、存档和销毁等制度。成本会计有关的原始记录主要包括以下内容:反映生产经营过程及结果的原始记录,如任务通知单、产品入库单、废品报告单等;反映物化劳动消耗的原始记录,如领料单、退料单、财产清查报告单等;反映活动消耗的原始记录,如考勤记录、工资结算单等;反映在生产经营过程中发生的各种费用支出的原始记录,如折旧计算表、报销单等；企业应根据成本计算和内部控制的需要，制定各种原始记录的传递程序，包括凭证传递所流经部门、各部门对凭证的处理程序等。

（二）健全定额管理制度

定额是指在一定生产技术组织条件下，对人力、财力、物力的消耗及占用所规定的数量标准。科学先进的定额，是对产品成本进行预测、核算、控制和考核的依据，企业的定额按其反映的内容主要包括：材料消耗定额、工时定额、产量定额、燃料和动力、工具模具等消耗的定额、各项费用定额（如制造费用定额）等。定额制定后，为了保持它的切实可行性，还必须根据生产的发展、技术的进步、劳动生产率的提高，进行不断地修订，使它为成本管理与核算提供客观的依据。

（三）健全存货的计量验收制度

为了保证各项财产物资的数量与质量，必须做好计量与验收、领退和清查工作，准确的计量和严格的质量检测是保证原始记录真实可靠的前提，是正确计算费用成本的依据。由于材料物资等存货品种、规格多，进出频繁，应进行定期或不定期的清查盘点，进行账面调整，加强对存货的管理，做到账实相符。企业应设立专门的质量检测机构或小组，配备必要的计量和验收工具，以保证材料物资的真实性，确保所提供成本费用的信息真实、准确、及时、完整。

（四）建全内部结算价格制度

内部结算价格是指企业对内部各生产单位之间相互提供半成品、材料、燃料、动力、劳务等指定的结算价格。企业可以根据需要选择市场价格、公允价值、标准成本或计划成本等作为内部结算价格。合理的内部结算价格可以分清企业内部各单位的经济责任，可以作为各单位工作业绩以及总体评价与考核的依据，可以简化和加快成本核算工作。

任务二 成 本 核 算

任务目标

1. 理解成本核算对象的含义
2. 掌握各种费用支出的界限
3. 了解成本核算的一般程序

一、成本核算的对象

（一）成本核算对象的含义

成本核算对象是指确定归集和分配生产费用的具体对象，即生产费用的承担客体，也称成本计算对象或成本对象。成本计算对象的确定，是设立成本明细分类账户、归集和分配生产费用及正确计算产品成本的前提。为了正确计算产品成本，首先要确定成本计算对象，以便按照每一个成本计算对象，分别设置产品成本明细账（或成本计算单）。其次归集和分配产品所应承担的生产费用，计算出产品总成本和单位成本。具体的成本核算对象主要是根据企业生产的特点加以确定，同时还要考虑成本管理上的要求。正确确定成本计算对象，是保证成本核算质量的关键问题。

（二）成本核算对象的确定

由于企业对生产工艺、生产方式、成本管理等的要求不同，产品成本核算对象也不同。一般情况下，对工业企业而言，生产一种或几种产品的，以产品品种为成本核算对象；分批单件生产的产品，以每批或每件产品为成本核算对象；多步骤连续加工的产品，以每种产品及各个生产步骤为成本核算对象；产品规格繁多的，可将产品结构、耗用材料和工艺过程基本相同的各种产品，适当合并归类按类别作为成本核算对象。

成本核算对象确定后，各种会计核算方法、核算资料的归集应当与此一致，一般不应中途变更，以免造成成本核算不实、经济责任不清的弊端。成本核算对象的确定，有利于细化成本项目和考核成本管理绩效。

二、成本核算的意义

成本核算主要以会计核算为基础，以货币为主要计量单位。成本核算是成本管理工作的重要组成部分，它是将企业在生产经营过程中发生的各种耗费按照一定的成本核算对象进行归集并加以分配，计算其总成本和单位成本。成本核算的正确与否，直接影响企业的成本预测、计划、分析、考核和改进等控制工作，同时也对企业的成本决策和经营决策的正确与否产生重大影响。成本核算过程，是对企业生产经营过程中产生的各项耗费如实反映的过程，也是为更好地实施成本管理进行成本信息反馈的过程。因此，成本核算对企业成本计划的实施、成本水平的控制和目标成本的实现起着重要的作用。通过成本核算，可以检查、监督和考核成本预算计划的执行情况，对成本控制的绩效以及成本管理水平进行检查和测量，评价成本管理体系的有效性，研究可以降低成本的策略，对生产工艺、生产耗费进行持续改进，谋求利益最大化。

三、成本核算的要求

（一）做好各项基础工作

为了确保成本核算所提供的信息的准确可靠，企业应做好成本核算的基础管理工作，建立和健全相关制度，如建立和健全各项原始记录，做好材料物资的计量、收发、领退和盘点工作；做好定额消耗量和定额费用的制定及修订工作；做好厂内结算价格的制定和修订工作等。做好这些基础工作是成本核算及其他管理工作得以顺利进行的前提。

（二）正确划分各种费用支出的界限

为了正确地进行成本核算，正确地计算产品成本和期间费用，必须正确划分以下五个方面的费用界限。

1. 正确划分收益性支出和资本性支出的界限

收益性支出指受益期不超过一年或一个营业周期的支出，即发生该项支出仅仅是为了取得本期收益；资本性支出是指受益期超过一年或一个营业周期的支出，即发生该项支出不仅是为了取得本期收益，而且也是为了取得以后各期收益。

在会计核算中首先将收益性支出与资本性支出加以区分，然后将收益性支出计入成本费用账户，如为生产产品发生的材料、薪酬支出等通过生产成本等列入资产负债表，行政部门的经营管理支出作为当期损益列入损益表；将资本性支出计入资产账户，如构建固定资产等支出列入资产负债表。前者称为支出费用化，后者称为支出资本化。资本化的支出随着每期对资产的耗费，按照受益原则和耗费比例通过转移、折旧和摊销等方法，逐渐转化为成本费用。可见，按照权责发生制和配比原则的要求，在一定会计期间，与取得本期收益有关的支出，即本期的成本和费用：一是直接计入费用账户的收益性支出，二是从资产账户转入费用账户的资本性支出。

正确地区分收益性支出与资本性支出，可以有效保证正确地计量资产的价值和正确地计算各期的产品成本、期间费用及当期损益。

2. 正确划分成本费用、期间费用和营业外支出的界限

成本费用、期间费用是与日常生产经营活动息息相关的。生产费用需要直接或间接地计入产品成本，而期间费用则是直接计入当期损益，是不计入在产品、产成品成本的费用。它们都是一种耗费，都必须从营业收入中得到补偿，但是它们补偿的时间不同。构成产品成本的费用要待产品销售时才能得到补偿，而期间费用则直接从当期收入中得到补偿。

营业外支出是指企业发生的与其日常活动无直接关系的各项支出，是计入当期利润的损失，主要包括非流动资产处置损失、盘亏损失、罚款支出、公益性捐赠支出、非常损失等。

3. 正确划分本期费用与以后期间费用的界限

本期费用指那些能带来本期收入的耗费。广义上是指为取得本期收入而发生的费用和应属于本期生产成本的费用。本期发生的耗费，不一定都能在本期冲减收入。其中一部分耗费在本期冲减收入，属于本期费用；另一部分耗费要分摊给以后会计期间，冲减以后会计期间的收入，称为跨期费用。如企业按照规定从成本、费用中预提但尚未实际支付的费用（应付的利息费用）；企业过去已经支付但应由本期和以后各期共同负担的，分摊期限在一年以上的费用（长期待摊费用）。

4. 正确划分各种产品成本费用的界限

企业已发生的各种生产费用中，还必须划清应由哪种产品负担。划分的依据是"受益原则"，凡是能够分清应由哪一种产品负担的费用，应直接计入该产品的成本；凡是由几种产品共同负担的费用，应按照受益原则，选择合理的分配标准，在各受益对象之间进行分配后计入各种产品的成本。

5. 正确划分本期完工产品与期末在产品成本的界限

通过费用的归集和分配，企业所发生的各项生产费用均已归集在"生产成本"账户及有关的产品成本明细账中。如果期末没有在产品，产品成本明细账所归集的生产费用即为完工产品总成本；如果期末有在产品，应当注意确认期末在产品的数量及完工程度，将产品成本明细账所归集的生产费用按一定的分配方法在完工产品和月末在产品之间进行分配，从而计算出完工产品成本和期末在产品成本。

以上五个方面费用界限的划分过程，也就是产品生产成本的计算和各项期间费用的归集过程。在这一过程中，应贯彻受益原则，即何者受益何者负担费用，何时受益何时负担费用，负担费用的多少应与受益程度的大小成正比。

（三）根据生产特点和成本管理要求采用适当的成本计算方法

产品成本的计算，关键是选择适当的产品成本计算方法，而成本计算方法的确定在很大程度上取决于企业生产经营的特点和成本管理的要求。企业需要按一定的成本计算对象归集生产费用，计算各成本计算对象的总成本和单位成本。由于企业的规模、生产组织形式和技术特点不同，成本计算对象、成本计算方法也不可能有一个统一的模式。最基本的成本计算方法有品种法、分批法、分步法。除此之外，还有一些可与基本方法结合使用的辅助成本计算方法，如分类法、定额法、标准成本法等。需要指出的是，由于企业生产情况错综复杂，在实际工作中，各种成本计算方法往往是同时使用或结合使用的，采用合理的成本计算方法，其目标是力求达到既要正确计算产品成本，保证产品成本的真实性，又要简化成本的核算工作。

四、成本核算的一般程序

（1）根据生产特点和成本管理的要求，确定成本核算对象。

（2）确定成本项目。企业计算产品生产成本，一般应当按需设置直接材料、燃料及动力、直接人工、制造费用、废品损失、停工损失等成本项目。

（3）设置有关成本和费用明细账，如生产成本明细账、制造费用明细账、产成品、自制半成品明细账等。

（4）收集确定各种产品的生产量、入库量、在产品盘存量以及材料、工时、动力消耗等数据资料，并对所有已发生的费用进行审核。

（5）归集所发生的全部费用，并按照确定的成本计算对象予以分配，按成本项目计算各种产品的在产品成本、产成品总成本和单位成本。

（6）结转完工入库产品的生产成本。

任务三　成本核算的工作程序

任务目标

1. 认知成本核算的基本程序
2. 正确确定成本计算对象、产品成本项目和成本计算期
3. 对生产经营过程中发生的生产费用进行审核和控制
4. 正确归集和分配各项生产费用
5. 正确计算完工产品成本和在产品成本

成本核算的工作程序是指企业在计算产品成本过程中，从生产费用的归集、分配到完工产品成本确定的工作过程。企业可以根据生产经营特点、生产组织类型和成本管理要求，自行确定不同的成本计算方法。由于企业产品成本计算的目的是相同的，因此，各种类型企业的成本核算工作程序也是相同的，可以归纳为以下六个步骤。

一、确定成本计算对象

成本计算对象是指制造企业发生生产费用的承担者。确定了成本计算对象，也就确定了生产费用分配给谁、由谁来负担的问题。制造企业发生的生产经营费用，有的应当计入产品的成本，有的应当计入期间费用。计入产品成本的生产费用，应当由各种产品来负担。这样，各种产品就是成本计算对象。根据企业生产经营的特点和成本管理的要求，成本计算对象不仅是企业的产品品种，还可以是企业的产品批次、产品步骤和产品类别等。

二、确定成本项目

成本项目是指构成产品成本的项目，也是生产费用按其经济用途的分类。企业的产品成本项目通常由三大项目构成，即直接材料、直接人工、制造费用。直接材料，是指企业生产过程中直接消耗的，归属对象明确的各种材料、各种燃料和各种动力；直接人工，是指企业直接从事产品生产、提供劳务等人员的薪酬，包括人员的工资和其他各种薪酬；制造费用，是指企业的各个分厂、车间为生产产品、提供劳务而发生的不能直接计入产品成本的各种间接费用。企业的产品成本项目还可根据其生产特点和成本管理的要求确定。例如，燃料和动力费用比较大的企业，可以将"直接材料"项目分成"原材料""燃料和动力"两个成本项目；需要单独核算废品损失企业，可以增设"废品损失"项目，经常有停工损失的企业，可以增设"停工损失"项目。

三、确定成本计算期

成本计算期是指企业多长时间进行成本计算。根据企业生产经营特点和成本管理要求，成本计算期可按月定期进行，即在每月末计算产品成本，这样，成本计算期和会计报告期一致，和生产周期不一致；成本计算期也可不固定进行，即当产品完工时才计算其成本，这样，成本计算期和生产周期一致，和会计报告期不一致。国家统一会计制度、准则规定，企业成本计算对象、成本项目一经确定，不得随意变更。如需变更，应当根据管理权限，经股东大会或董事会，或经理（厂长）会议或类似机构批准并在会计报表附注中予以说明。

四、审核生产费用

审核生产费用是指对企业发生的生产费用进行审查和核实。审核生产费用，是以国家有关法律、法规和财政、财务、会计准则以及企业内部有关制度和管理办法等为依据，审核费用的开支，以确定应计入产品的生产费用和不计入产品的期间费用数额。

费用审核实际上就是成本核算要求所讲的严格执行成本费用的开支范围、正确划分各期费用成本的界限、正确划分生产费用和期间费用的界限。企业应当严格遵守国家规定的费用、成本开支范围，严格按照企业内部财务会计制度和成本费用核算办法中规定的费用审核标准进行费用的审核和控制。只有对所发生的费用支出进行严格的审查和核实，才可以保证产品成本计算的真实准确。

五、归集和分配生产费用

企业将发生的各项生产费用，按照经济用途进行归集分配。企业如果只生产一种产品，生产费用可以直接由该种产品负担，按费用性质直接计入产品成本明细账相应的成本项目中；企业如果生产多种产品，凡能分清各产品负担的生产费用，按费用性质直接计入各种产品成本明细账相应的成本项目中；凡不能分清产品负担的生产费用，应选择合理的分配标准，按照受益原则在各种产品之间进行分配，然后按费用性质计入产品成本明细账相应的成本项目中。

生产费用在各个成本核算对象之间进行归集和分配，实际上就是成本核算要求所讲的要正确划分各种产品成本的界限，正确计算各种产品（各成本核算对象）负担的生产费用。

六、计算完工产品成本和在产品成本

经过费用的审核和控制以及生产费用在各成本对象之间的分配这两个步骤，确定了本期发生的应计入各成本核算对象的生产费用，应通过编制产品成本计算单（或产品成本明细账）来反映。

如果期末产品全部完工，则各成本核算对象所归集的生产费用就是本期完工产品的生产成本；如果本期没有完工产品，则各成本核算对象所归集的生产费用就是期末在产品成本；如果本期既有完工产品又有期末在产品，就需要采用一定的分配方法将生产费用在本月完工产品和期末在产品之间进行分配，在分配生产费用时应注意以下问题。

1. 费用的分配应当分成本项目进行

因为不同成本项目的生产费用发生的情况有所不同，有的费用在生产开始时一次发生，有的费用按生产工序分几次发生，有的费用随生产进度陆续发生。如青河工厂生产甲产品消耗"直接材料费用"，生产开始时一次投料，则投料率为100%；投料程度随生产进程陆续投入，则投料率可按平均50%确定；投料程度须按照生产进度的需要而定，则投料率需进行计算才能确定，投料率也会影响产品的完工程度。

2. 分配的费用数额是该对象承担的生产费用合计数

生产费用合计数即期初在产品成本加上本期发生的生产费用。经过生产费用在本月完工产品和期末在产品之间的分配，可以确定各成本核算对象本期完工产品的实际总成本，除以完工总产量，就可以求得完工产品的单位成本，相关数据信息应填列在产品成本明细账中（如表1.3-1）。

表1.3-1　青河工厂产品成本计算单

产品：甲产品　产量：2 300件　　2016年8月　　　　　　　　　　单位：元

摘要	直接材料	直接人工	制造费用	合计
月初在产品成本	45 600	25 495	19 608	90 703
本月生产费用	331 500	274 089	202 664	808 253
生产费用合计	377 100	299 584	222 272	898 956
本月完工产品数量	2 300	2 300	2 300	2 300
月末在产品约当产量	214	116	116	
生产总量	2 514	2 416	2 416	

续表

摘要	直接材料	直接人工	制造费用	合计
费用分配率（产品单位成本）	150	124	92	366
本月完工产品总成本	345 000	285 200	211 600	841 800
月末在产品成本	32 100	14 384	10 672	57 156

备注：
① 生产费用合计＝月初在产品成本＋本月生产费用
② 生产总量＝本月完工产品数量＋月末在产品约当产量
③ 费用分配率＝生产费用合计÷生产总量
④ 本月完工产品总成本＝本月完工产品数量×费用分配率
⑤ 月末在产品成本＝月末在产品约当产量×费用分配率

由上述内容可知，生产费用在本期完工产品和期末在产品之间进行分配，也就是成本核算要求所讲的正确划分本期完工产品成本与期末在产品成本的界限。因此，成本核算的工作程序是按照成本核算的要求完成的。

任务四　成本核算的账户设置及账务处理程序

任务目标

1. 掌握成本核算的总分类账户和明细分类账户
2. 掌握设置期间费用的总分类账户和明细分类账户
3. 掌握各类账户的基本结构
4. 运用账务处理程序核算产品成本和期间费用

一、成本核算的账户设置

为了核算和监督企业生产过程中发生的各项费用，正确计算产品和劳务成本，企业需要设置有关成本费用类账户，进行生产费用的总分类核算和明细分类核算，计算产品和劳务的实际总成本和单位成本。工业企业设置的成本费用类账户主要如下。

（一）"生产成本"账户

"生产成本"账户用来核算企业进行工业性生产，包括生产各种产成品、自制半成品、自制材料、自制工具、自制设备和提供劳务等所发生的各项生产费用，计算产品和劳务的实际成本。工业企业的生产单位由于任务不同，可以分为基本生产和辅助生产，根据企业生产费用核算和产品成本计算的需要，可以在"生产成本"这一总分类账户下分设"基本生产成本"和"辅助生产成本"两个二级账户；也可以将"生产成本"这一账户，分设为"基本生产成本"和"辅助生产成本"两个总分类账户。

1. "生产成本——基本生产成本"账户

基本生产是指为完成企业主要生产任务而进行的产品生产或劳务供应。在本账户下应按成本计算对象（产品的品种、批别、类别、生产步骤等）设置明细账，按成本项目设专栏组织生产费用的核算和产品成本的计算。

"生产成本——基本生产成本"账户的借方，登记企业从事基本生产活动的生产单位（车间、分厂）所发生的直接材料费用、直接人工费用和自"制造费用"账户分配转入基本生产单位发生的制造费用；该账户的贷方，登记结转基本生产单位完工入库产品成本和已完成的劳务成本；该账户的期末余额在借方，表示基本生产单位期末尚未完工的在产品成本。

2. "生产成本——辅助生产成本"账户

辅助生产是指为企业基本生产单位或其他部门服务而进行的产品生产或劳务供应，如企业内部的供水、供气、自制工具等产品和运输、修理等劳务供应。在本账户下应按成本计算对象（辅助生产车间产品或劳务项目）设置明细账，按成本项目设专栏组织生产费用的核算和产品成本的计算。企业辅助生产单位的产品和劳务，虽然有时也对外销售一部分，但主要任务是服务于企业基本生产单位和其他部门。

"生产成本——辅助生产成本"账户的借方，登记企业从事辅助生产活动的生产单位（分厂、车间）所发生的直接材料费用、直接人工费用和自"制造费用"账户转入的辅助生产单位发生的制造费用；该账户的贷方，登记结转的辅助生产单位完工入库产品（如自制材料、工具等）成本和分配给各受益对象的已完成的动力（如水、电）或劳务（如修理服务）成本；该账户期末如果有余额，应该在借方，表示辅助生产单位期末尚未完工的在产品（如自制材料、工具等）成本。

本书按照一般工业企业的情况，为简化核算，不设置"生产成本"总分类账户，分别设置"基本生产成本"和"辅助生产成本"两个总分类账户，按照产品或车间设置明细账，用来核算企业发生的基本生产成本和辅助生产成本。

（二）"制造费用"账户

"制造费用"账户用来核算企业各个生产单位（分厂、车间）为生产产品和提供劳务所发生的各项间接费用。本账户按照企业生产单位设置明细账，并按费用项目设专栏组织明细账核算。

"制造费用"账户的借方登记企业各生产单位为生产产品和提供劳务而发生的各项间接费用；贷方登记期末分配结转（转入"生产成本"等账户）的制造费用；除季节性生产企业外，期末结转以后该账户应无余额。

（三）"长期待摊费用"账户

为了正确划分各期费用的界限，企业应当设置"长期待摊费用"账户。长期待摊费用是指企业已经发生的但应由本期和以后各期负担的摊销期在一年以上的各项费用，如企业以经营租赁方式租入固定资产发生的改良支出等。本账户应按费用项目设置明细账进行明细核算。

"长期待摊费用"账户的借方登记企业发生的各项长期待摊费用；贷方登记分期摊销计入相关费用的数额；期末余额在借方，表示企业已经发生尚未摊销完毕的费用数额。

（四）期间费用账户

期间费用虽然不进入产品成本，但也是成本会计核算的对象，为了正确核算直接计入当期损益的期间费用，工业企业应当设置"管理费用""财务费用""销售费用"等账户。

1. "管理费用"账户

管理费用是指企业行政管理部门为组织和管理生产经营活动所发生的费用。包括企业的董事会和行政管理部门在企业的经营管理中发生的，或者应当由企业统一负担的公司经费、董事会费、工会经费、职工教育经费、待业保险费、劳动保险费、聘请中介机构费、咨询费、诉讼费、排污费、绿化费、税金、土地使用费（海域使用费）、矿产资源补偿费、技术转让费、技术开发费、无形资产摊销、开办费摊销、业务招待费、坏账损失、存货跌价准备、存货盘亏、毁损和报废（减盘亏）以及其他管理费用。本账户应按费用项目设置明细账进行明细核算。

"管理费用"账户的借方登记企业本期发生的各项管理费用；贷方登记期末转入"本年利润"账户的管理费用数额；期末结转以后，该账户应无余额。

2. "财务费用"账户

财务费用是指企业为筹集生产经营所需资金而发生的费用，包括企业生产经营期间发生的利息净支出（利息支出减利息收入）、现金折扣、汇兑净损失以及金融机构的手续费用等。本账户应按费用项目设置明细账进行明细核算。

"财务费用"账户的借方登记企业本期发生的各项财务费用，企业发生的应冲减财务费用的利息收入、汇兑收益等，用红字在本账户的借方登记；该账户贷方登记期末转入"本年利润"账户的财务费用数额；期末结转以后，该账户应无余额。

3. "销售费用"账户

销售费用是指企业在销售商品和提供劳务等活动中发生的各项费用。包括一般销售费用、广告费、展览费、租赁费，专设销售机构的各项经费。本账户应按费用项目设置明细账进行明细核算。

"销售费用"账户借方登记企业本期发生的各项销售费用；贷方登记期末转入"本年利润"账户的销售费用数额；期末结转后，该账户应无余额。

二、成本核算的账务处理程序

（一）核算本期发生的各项费用

企业本期为生产产品和提供劳务而发生的材料费用、人工费用、折旧费和其他各项费用，在记入"原材料""应付职工薪酬""累计折旧""银行存款"和"库存现金"等账户贷方的同时，应当根据费用的用途和所属期间，分别记入"生产成本""制造费用""管理费用""销售费用""财务费用"和"长期待摊费用"等账户的借方。

（二）摊销长期费用

按照权责发生制原则，应由本期产品成本和期间费用负担的已经发生或支付的费用，应当摊销记入本期产品成本和期间费用。本期摊销的费用，在记入"长期待摊费用"账户贷方的同时，分别记入"制造费用""管理费用""销售费用"等账户的借方。

（三）分配结转辅助生产费用

按受益原则，辅助生产单位提供的水、电、气、修理、运输等产品和劳务，需要采用一定标准，在接受产品和劳务的各受益对象之间进行分配，转入各受益对象的成本费用之中。各个受益对象应负担的辅助生产费用（即产品和劳务的成本），应从"生产成本——辅助生产成本"账户的贷方,分别转入"生产成本——基本生产成本""生产成本——辅助生产成本""制造费用——基本生产单位""管理费用""销售费用""主营业务成本"(或"其他业务支出")、"在建工程"等账户的借方。提供水、电、气等不需要入库的产品和提供修理、运输等劳务的辅助生产单位,在期末进行产品和劳务成本结转(费用分配)以后,辅助生产成本明细账户应无余额。

(四)分配结转制造费用

期末,应当将本期发生的制造费用通过明细账归集起来,按照受益原则,采用一定的方法计算分配给各种产品和劳务,在记入"制造费用"账户贷方的同时,记入"生产成本"等账户的借方。制造费用分配结转后,除季节性生产外,该账户期末一般无余额。

(五)结转完工入库产品成本

期末,按照一定的方法计算出本期完工产品成本以后,应当将完工入库产品的总成本或已实现销售的劳务总成本,结转到"库存商品""自制半成品"等账户中。

结转本期完工入库产品成本,结转本期辅助生产单位对外修理、运输等已实现销售的劳务总成本,在记入"生产成本"账户贷方的同时,记入"库存商品""自制半成品""主营业务成本"(或"其他业务成本")等账户的借方。

(六)结转期间费用

期末,应将"管理费用""财务费用"和"销售费用"等账户归集的期间费用,转入"本年利润"账户之中。结转期间费用,在记入"管理费用""财务费用"和"销售费用"等账户贷方的同时,记入"本年利润"账户的借方;期末结转后,"管理费用""财务费用"和"销售费用"等账户应无余额。

上述生产费用和期间费用总分类核算的一般程序,可以集中见图 1-2,图中①、②、③、④ 表示生产费用和产品成本核算四个步骤;①、②、⑤表示期间费用核算的三个步骤。

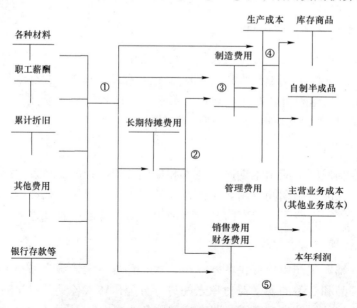

图 1-2 生产费用和期间费用总分类核算程序图

小　　结

1. 成本是商品价值中的 $c+v$ 部分，是企业为生产产品、提供劳务而发生的各种经济资源的耗费。

2. 以工业企业为例，一定时期的生产经营费用通常由生产费用和期间费用构成。

3. 生产费用与产品成本在经济内容上是完全一致的，产品成本也称为产品生产成本或产品制造成本，产品成本是对象化的生产费用。

4. 根据企业生产经营的特点和成本管理的要求，成本计算对象不仅是企业的产品品种，还可以是企业的产品批次、产品步骤和产品类别等。

5. 企业的产品成本项目通常由三大项目构成，即直接材料、直接人工、制造费用。

6. 企业需要设置有关成本费用类账户，进行生产费用的总分类核算和明细分类核算，计算产品和劳务的实际总成本和单位成本。

7. 企业将发生的各项生产费用，应选择合理的分配标准，按照受益原则在各种产品之间进行分配。

8. 企业需要设置有关成本费用类账户，进行生产费用的总分类核算和明细分类核算，计算产品和劳务的实际总成本和单位成本。

项目二

生产费用的归集和分配

知识目标

- 理解要素费用项目与成本项目的区别
- 掌握材料费用、外购动力费用、人工费用的核算
- 掌握折旧费、利息、税金及其他费用的核算
- 掌握辅助生产费用、制造费用的核算
- 掌握废品损失的核算
- 掌握生产费用在完工产品和在产品之间的分配

能力目标

- 能理解要素费用核算的内容
- 能熟练进行各项要素费用的归集和分配
- 能熟练进行在产品的成本计算并进行会计处理
- 能熟练运用规定的方法将生产费用在完工产品和在产品之间进行分配

制造企业为了生产经营需要发生一定的耗费,这些耗费有的能直接或间接地计入产品成本,有的则不能计入产品成本,企业应按照"受益原则",采用合理的方法,将各项耗费在受益对象中进行分配,最终确认应由产品负担的成本和应计入当期损益的期间费用。企业为生产一定种类、一定数量的产品而发生的直接材料、直接人工、制造费用等应于月末进行归集和分配,适当选择产品成本的计算方法,最终计算出完工产品的成本及月末在产品成本,分析产品成本中各项目的构成,从而达到降低成本、扩大利润的目的。

任务一 要素费用核算的要求

任务目标

1. 掌握要素费用与成本项目的区别
2. 掌握要素费用核算的内容

一、区别要素费用项目与成本项目

（一）要素费用

工业企业生产过程中发生的费用，按经济内容进行分类，称为要素费用，包括以下方面：

（1）外购材料，是指企业为生产耗用而从外部购进的原材料、辅助材料、半成品、包装物、低值易耗品、修理用备件以及其他直接材料。

（2）外购动力，企业为生产耗用而从外部购进的各种动力。

（3）外购燃料，企业为生产耗用而从外部购进的各种燃料，包括固体燃料、液体燃料、气体燃料等。

（4）职工薪酬，企业所有应计入生产费用的职工工资、职工福利、社会保险费用、住房公积金、工会经费、职工教育经费等。

（5）折旧费与摊销费，企业计提的固定资产折旧费和无形资产等的摊销费。

（6）利息费用，借款利息支出减去利息收入后的金额。

（7）税金，计入管理费用的各种税金，包括房产税、印花税、车船使用税、土地使用税等。

（8）其他费用，如差旅费、办公费、租赁费、保险费和诉讼费等。

工业企业的费用按照要素费用分类核算，反映了工业企业在一定时期内发生了哪些费用及其金额，可以用于分析各个时期费用的构成和各个要素所占的比例，进而分析考核各时期各种要素费用支出的执行情况。

（二）成本项目

生产费用按经济用途进行分类，称为产品成本项目或成本项目。主要包括直接材料、燃料及动力、直接人工、制造费用等项目。设置成本项目可以反映产品成本的构成情况，满足成本管理的需要，有利于了解企业生产费用的经济用途，便于分析和考核产品成本计划的执行情况。

1. 直接材料

直接材料，是指企业在生产过程或提供劳务过程中所消耗的直接用于产品生产并构成产品实体的各种主要材料、辅助材料、修理用备件（备品备件）、外购半成品、包装材料及其他直接材料等。

2. 燃料及动力

燃料及动力是指直接用于产品生产的外购和自制的燃料和动力。

3. 直接人工

直接人工是指企业在生产产品和提供劳务过程中直接从事产品生产人员的薪酬。

4. 制造费用

制造费用指企业车间为组织和管理产品生产和提供劳务而发生的间接费用，如机物料消耗、车间管理人员的薪酬，车间管理用房屋和设备的折旧费、修理费、租赁费和保险费，车间管理用具摊销费，车间管理用的照明费、水费、取暖费、劳动保护费、设计制图费、试验检验费、差旅费、办公费以及季节性和修理期间停工损失等。

由于生产的特点，各种费用支出的比重及成本管理和核算的要求不同，企业可根据具体情况，选择适合本企业的成本项目。有的企业规模比较大，生产过程比较复杂，成本项目可以详细反映，如设置原材料、燃料和动力、直接人工、制造费用、废品损失、停工损失等成本项目；有的企业规模很小，生产过程也很简单，可以合并成本项目，如只划分为两个成本项目，即直接材料、其他费用。

（三）要素费用项目与成本项目区别

要素费用是按经济内容进行的分类，成本项目是按经济用途进行的分类。一个要素费用对应的内容在分配后可按用途对应多个成本项目。如："外购材料"是一种要素费用，当生产产品耗用材料时，属于直接归属于产品的材料费，可以将材料费用计入该产品生产成本中的"直接材料"成本项目，当车间修理机器耗用材料时，属于间接服务于产品，则这时的材料费用应计入"制造费用"成本项目；"职工薪酬"是一种要素费用，产品生产工人的薪酬应计入该产品生产成本中的"直接人工"成本项目，而车间管理人员的薪酬属于间接服务于产品，则这时的职工薪酬费用应计入产品生产成本中的"制造费用"成本项目。最终，某种产品生产成本中的要素费用总额应该与各成本项目金额的合计数相等。

二、要素费用核算的内容

在计算产品成本时，计入产品成本的各项生产费用，按计入产品成本的方法，可以分为直接计入费用和间接计入费用。如果某一受益对象（产品或劳务）可以根据原始单证直接确认费用的受益金额，属于直接计入费用，则可以将费用直接计入该受益对象（产品或劳务）的成本；如果为多种受益对象共同发生的费用，属于间接计入费用，则不能根据原始单证直接确认费用的受益金额，需要采用合理的方法分配费用。

费用的分配过程一般由四个要素构成，分别为受益对象、分配标准、分配率、分配金额。首先，确认受益对象（产品或劳务）；其次，确认分配标准，分配标准应当与受益程度息息相关，费用分配方法通常都以分配标准命名；再次，按照受益原则进行分配，由总费用除以总的分配标准来求得分配率；最终，确定各受益对象（产品或劳务）应承担的金额。

费用的分配过程一般是通过编制表格的形式来反映的。编制要素费用分配表的程序一般包括：确定各个生产费用受益对象的分配标准；确定待分配费用总额；计算费用分配率；计算每一受益对象应负担的费用金额；根据分配结果编制生产费用分配表；对费用分配结果进行账务处理及成本分析。

（一）材料、燃料、动力的核算

发生材料、燃料和动力等各项要素费用时，无论是外购的，还是自制的，一般根据"领料单"或"材料费用分配汇总表"等单证作为材料费用分配的依据。对于直接用于产品生产、构成产品实体的原材料等，均应计入产品成本。如果是产品分别领用的，应根据领退料凭证直接计入相应产品成本；对于几种产品共同耗用的，需要采用适当的分配方法，分配计入各相关产品成本。

（二）职工薪酬的核算

职工薪酬是企业在生产产品或提供劳务活动过程中所发生的各种直接和间接人工费用的总和。一般按车间、部门的产量记录和考勤记录等原始单证分别填制"薪酬结算单"，同时按人员类别编制"薪酬结算汇总表"，作为职工薪酬分配的依据。如果是直接进行产品生产的工人的薪酬，直接计入产品成本的"直接人工"成本项目；不能直接计入产品成本的职工薪酬，按工时、产品产量等方式进行合理分配，计入各有关产品成本的"制造费用"成本项目。

（三）辅助生产费用的核算

辅助生产费用的归集是通过辅助生产成本总账及明细账进行的。一般按车间、产品和劳务设立明细账。辅助生产车间费用的分配应通过辅助生产费用分配表进行，辅助生产费用的分配通常采用直接分配法、交互分配法、计划成本分配法、代数分配法和顺序分配法等。

（四）制造费用的核算

制造费用属于间接计入产品成本的费用，各生产车间发生的间接费用应先通过"制造费用"账户进行归集，月末按照一定的方法分配转入有关成本计算对象，一般通过编制"制造费用分配表"作为分配的依据。制造费用分配通常采用生产工人工时比例法（或生产工时比例法）、生产工人工资比例法（或生产工资比例法）、机器工时比例法和按年度计划分配率分配法等。

（五）废品损失和停工损失的核算

废品损失是在生产过程中发生的和入库后发现的废品产生的损失，包括不可修复废品的生产成本和可修复废品的修复费用，并扣除回收的废品残料价值和应收赔款以后的损失。

停工损失是生产车间或车间内某个班组在停工期间发生的各项费用，包括停工期间发生的原材料费用、人工费用和制造费用等。

企业一般应根据"损失报告单""损失计算单"等单证来归集和分配上述损失，最终将净损失计入所产产品的"生产成本"，由合格品承担净损失。

任务二 材料费用的核算

任务目标

1. 认知材料数量盘存的方法
2. 认知材料成本核算的方法
3. 掌握材料费用的分配

一、材料费用核算的任务

产品生产需要耗费材料，而材料属于存货的重要组成部分，要计算材料的成本，首先应确认材料的采购成本，而材料的采购成本包括购买价款、采购费用、相关税费、其他可归属于采购成本的费用;其次,应当确认生产产品领用材料的数量及消耗材料的实际成本;最后,按照"受益原则"采用正确的方法将直接材料费用在成本核算对象之间进行分配。这一系列供应和生产环节都需要成本会计人员熟练地掌握材料费用分配方法,准确地登记材料费用分配数量及金额,及时地进行账务处理。

二、材料费用的归集

产品成本中直接材料费用的计算是否准确,取决于材料数量的确定是否准确和计价方法的选择是否得当。企业消耗材料的数量要靠盘存来确定,常用的材料数量盘存方法主要有永续盘存制和实地盘存制。

(一)消耗材料数量的确定

1. 永续盘存制

永续盘存制也称账面盘存制,是指通过设置详细的材料明细账,逐日或逐笔地根据收发材料的原始单证来记录材料收入、发出的数量和金额,随时计算出结余材料的数量和金额的一种盘存方法。

采用永续盘存制,要求企业对材料分别按品名、规格设置明细账,生产领用材料时应根据"领料单""限额领料单"等登记消耗材料的数量。期末,对于生产单位已领未用的材料,应当填制"退料单",办理退料手续或假退料手续,从当月消耗数量中扣除。据此结出实耗数量和金额,作为会计核算的依据,从而准确地归集材料费用。

企业也可以根据全月领料业务的"领料单""限额领料单""退料单"等原始凭证加以汇总,在月末统一编制"发料凭证汇总表",按照领料用途和消耗材料类别分别登记汇总,采用适当的方法计算归属于产品的直接材料费用的数量和金额。

在永续盘存制下,通过材料明细记录资料,可以完整地反映材料的收入、发出、结存情况,消耗材料的数量和用途在账簿记录中明晰可比。通过日常账簿记录,可以随时了解材料的收、发、存情况,发现问题可以及时处理,利于加强管理,但日常工作量较大,企业应建立健全原始记录和验收制度,加强对材料的账面记录和管理,保证消耗材料数量真实可靠。

2. 实地盘存制

实地盘存制也称定期盘存制,是指会计期末通过对全部材料进行实地盘点来确定期末材料的数量,再乘以材料的单价,计算出期末材料的成本,据此计算出本期消耗材料的一种办法,通常称为"以存计耗"。

实地盘存制下,平时只记录材料购进的数量和金额,每次材料发出时都不作记录,期末通过对全部材料进行实地盘点来确定实际结存材料的数量,再倒挤出本期消耗材料的数量,材料消耗量的计算公式如下:

本期消耗材料的数量=期初结存材料数量+本期收入材料数量−期末结存材料数量

上式中,期初结存材料数量和本期收入材料数量可以从日常账簿记录中取得,期末结存材料数量则通过实地盘存取得,由此便可计算出本期消耗材料的数量。采用这种方法核算工作虽然简单,但手续不严密,如材料因丢失、损坏等其他原因减少时也会由产品来负担,导致产品成本提高,将会掩盖财产物资管理上存在的问题,致使成本核算不真实,因此,除非特殊情况,一般不宜采用。

（二）消耗材料成本的确定

现行制度规定，日常核算中，企业发出的材料可以按实际成本核算，也可以先按计划成本核算，如采用计划成本，会计期末应调整为实际成本核算。企业对于性质和用途相似的存货，应当采用相同的成本计算方法确定发出材料的成本。产品或劳务消耗的材料成本方法一经确认，不得随意变更，并应在会计报表附注中披露。

1. 按实际成本进行材料核算的企业

材料按实际成本进行核算的企业，从材料收发凭证到明细分类账和总分类账全部按实际成本计价。一般适用于规模较小、材料品种简单、采购业务不多的企业。

《企业会计准则第1号——存货》规定：企业应当采用先进先出法、加权平均法或者个别计价法确定发出存货的实际成本。确定发出材料所采用的方法不同直接影响发出材料成本的高低，进而影响当期利润。

（1）先进先出法。

先进先出法是以先购入的材料先发出这样一种材料实物流转假设为前提，据此确定发出材料成本的方法。采用这种方法，先购入的材料成本在后购入的材料成本之前转出。在明细账中，收入材料时，逐笔登记每一批材料的数量、单价、金额，发出材料时，以先进先出的原则计算发出材料的实际成本，并逐笔登记发出和结存材料的数量、单价、金额。消耗材料的成本是按最近购货的成本计算的，企业不能任意挑选材料成本来操纵当期利润，在先进先出法下，核算工作量较大，对材料收发频繁的企业尤其如此，而且当物价上涨时会高估企业的利润。

（2）全月一次加权平均法。

全月一次加权平均法是指以本月材料的期初结余成本与本月收入材料成本之和除以材料的期初与本月收入数量之和，计算材料的加权平均单位成本，来确定发出材料成本和结存材料成本。在这种方法下，发出材料成本和结存材料成本于月末一次计算。平时只登记发出材料的数量，不登记单价、金额，在市场价格波动情况下计算出的单位成本平均化，对材料成本的分摊较均衡，但平时无法从账上提供发出和结存材料的单价、金额，不利于加强对材料的管理。

（3）移动加权平均法。

移动加权平均法是指本次收入材料的成本加原有库存材料的成本，除以本次收入数量加原有库存材料的数量，计算一个加权平均单价，作为下次收入材料之前计算发出材料成本的依据的一种方法。因其每收入一次材料就要计算一次加权平均单价，比全月一次加权平均法更能客观地反映材料发出成本和结存成本，可以随时提供发出和结存材料的单价、金额，利于加强对材料的管理，但日常核算工作量较大。

（4）个别计价法。

个别计价法又称具体辨认法、分批认定法，是以每批材料取得时的实际单位成本作为计算发出材料成本和期末结存材料成本的方法。在这种方法下，材料成本的流转顺序与实物的流转顺序完全一致，计算结果较准确，但要求企业对材料按收入批次分别堆放，发出材料要逐一认定其批次，工作量繁重，操作难度大。材料各批次的单位成本不同时，选择不同批次的材料，可以增加或减少发出材料的成本，因而很容易成为经营者调节利润的杠杆。个别计价法适用于品种数量不多、单位成本较高或能分清批次、整批购进整批发出的材料。对于不能替代使用的材料、为特定项目专门购入或制造的材料以及提供劳务的成本，通常应当采用个别计价法确定发出材料的成本。

2. 按计划成本进行材料核算的企业

材料按计划成本进行核算的企业，从材料收发凭证到明细分类账和总分类账全部按计划成本计价。材料的实际成本与计划成本的差异通过"材料成本差异"科目核算。材料计划单位成本应尽可能地接近实际。《企业会计准则第 1 号——存货》规定：企业日常采用计划成本核算的，发出材料的成本应由计划成本调整为实际成本。

采用计划成本计价时，月末应根据按计划成本计价的领发料凭证，按领用部门和用途进行归类汇总，同时计算发出材料应负担的材料成本差异，编制"发料凭证汇总表"，据此编制会计凭证，进行发出材料的核算。由于发出材料是按计划成本计价，而计入产品成本的材料费用必须按实际成本计价，需要计算发出材料应分摊的材料成本差异，将本月发出材料的计划成本调整为实际成本。所以"发料凭证汇总表"既要反映计划成本，又要反映差异额。材料的实际成本是计划成本与应分摊的材料成本差异（超支差或节约差）的合计数。

三、材料费用的分配

生产车间发生的直接用于产品生产的直接材料成本，应专设"直接材料"成本项目。产品生产过程中领用的材料，有的可以直接计入产品成本中，有的需要采用一定的方法分配后才能计入有关产品的成本中去。确定哪些产品领用了材料后，即确定了成本核算对象。对于按产品品种分别领用的材料，属于直接计入费用，可以直接计入产品成本，应根据有关材料费用的原始凭证直接计入某产品成本的"直接材料"成本项目；对于两个或两个以上产品共同耗用的材料，属于间接计入费用，需要选择合理的分配方法，分配计入各种产品成本的"直接材料"成本项目。

（一）材料费用的分配方法

直接材料费用中，在消耗定额比较稳定、准确的情况下，材料和燃料费用的分配通常采用定额消耗量比例或定额成本比例进行分配。另外，对于不同规格的同类产品，如果产品的结构大小相近，也可以按产量或重量比例分配。

1. 定额消耗量比例分配法

定额消耗量比例分配法，是以产品的材料消耗总定额为标准来分配直接材料费用的方法。在消耗定额比较稳定、准确的情况下，作为分配标准的材料消耗总定额可以是材料定额消耗量，也可以是材料定额成本。在分配过程中，首先应计算出各种产品的材料定额消耗量或材料定额成本，然后计算分配率，将受益对象（产品或劳务）按分配标准的数量或数额确认分配金额，计入产品和劳务的成本。日常核算工作中，材料费用的分配一般是通过"材料费用分配表"进行的，根据"领料单"等原始凭证汇总登记，按材料的用途和类别编制，表中应包括受益对象、分配标准、分配率、分配金额等基本内容。

$$产品材料定额消耗量＝产品实际产量×单位产品材料消耗定额$$

$$产品材料定额成本＝产品实际产量×单位产品材料消耗定额成本$$

$$费用分配率 = \frac{应分配的材料费用}{产品定额消耗量（或定额成本）之和}$$

某种产品应分配的材料数量（或成本）＝该种产品材料定额消耗量（或定额成本）×费用分配率

直接用于产品生产、专设成本项目的各种直接材料费用，应借记"生产成本"科目及其所属各产品成本明细账的"直接材料"成本项目。根据发出材料的相关单证（如领料单、发料汇总表、材料费用分配表等）贷记"原材料"等科目。

【例2-1】

2015年9月海诚公司基本生产车间生产甲、乙两种产品，共同领用A材料5 650千克，单价13.2元，材料成本合计74 580元。本月投产的甲产品为180件，单位产品材料消耗定额为20千克；乙产品为200件，单位产品材料消耗定额为12千克。按定额耗用量比例分配法分配产品成本，结果见表2.2-1、表2.2-2。

表2.2-1 材料定额耗用量计算表

材料名称：A材料　　　　　　2015年9月　　　　　　计量单位：千克

产品名称	投产量/件	单位产品材料消耗定额	产品材料定额消耗量
甲产品	180	20	3 600
乙产品	200	12	2 400
合计			6 000

甲产品材料定额消耗量＝180×20＝3 600（千克）
乙产品材料定额消耗量＝200×12＝2 400（千克）

表2.2-2 材料费用分配表

材料名称：A材料　　　　　　2015年9月　　　　　　金额单位：元

产品名称	产品材料定额消耗量/千克	材料费用分配率	应分配材料费用
甲产品	3 600		44 748
乙产品	2 400		29 832
合计	6 000	12.43	74 580

$$直接材料费用分配率 = \frac{74\,580}{3\,600 + 2\,400} = 12.43（元/千克）$$

甲产品应分配的材料费＝3 600×12.43＝44 748（元）
乙产品应分配的材料费＝2 400×12.43＝29 832（元）

由上述结果可知：材料实际消耗量为5 650千克，小于定额消耗量6 000千克，材料消耗量节约5.83%（5 650/6 000－1＝－5.83%），表明完成材料消耗定额任务。

【例2-2】

海诚公司按材料定额成本比例法分配上述材料费用，本月投产的甲产品为180件，乙产品为200件，单位产品材料消耗定额成本分别为264元、158.4元。分配结果见表2.2-3、

表 2.2-4。

表 2.2-3　材料定额成本计算表

材料名称：A 材料　　　　　　　2015 年 9 月　　　　　　　　金额单位：元

产品名称	投产量/件	单位产品材料消耗定额成本	产品材料定额成本
甲产品	180	264	47 520
乙产品	200	158.4	31 680
合计	—	—	79 200

甲产品材料定额成本 = 180 × 264 = 47 520（元）
乙产品材料定额成本 = 200 × 158.4 = 31 680（元）

表 2.2-4　材料费用分配表

材料名称：A 材料　　　　　　　2015 年 9 月　　　　　　　　金额单位：元

产品名称	产品材料定额成本	材料费用分配率	应分配材料费用
甲产品	47 520		44 749.58
乙产品	31 680		29 830.42
合计	79 200	0.941 7	74 580

$$直接材料费用分配率 = \frac{74\ 580}{47\ 520 + 31\ 680} \approx 0.941\ 7（元）$$

甲产品应分配的材料费 = 47 520 × 0.941 7 = 44 749.58（元）
乙产品应分配的材料费 = 74 580 − 44 749.58 = 29 830.42（元）

由上述结果可知：材料实际耗费为 74 580 元，小于定额耗费 79 200 元，材料消耗费用节约 4 620 元，节约比例为 5.83%（74 580/79 200 − 1 = −5.83%），表明完成材料消耗定额任务。

2. 标准产量比例分配法（系数分配法）

标准产量比例分配法，是将直接材料费用在某类产品（多种产品划分成一类）中按标准总产量进行分配的方法。该方法适用于企业生产不同规格的产品较多的情况。根据生产经营特点及成本管理要求，可以先将这些产品按其产品结构和所耗原材料及工艺过程等划分为一类，再按类别进行成本费用的分配。

（1）选择标准产品：在某类产品中选定一种产品为标准产品，将选出的标准产品的系数定位"1"，标准产品的选择应以该产品生产稳定、规格适中、产量较大等指标为基础。

（2）计算系数：企业可以根据单位产品的定额消耗量、定额费用、售价、面积、体积、长度等计算系数，按系数分别计算某类内各种产品的消耗定额系数和总系数（即标准总产量）。

$$类内某产品系数 = \frac{该种产品定额消耗量（或定额费用、售价等）}{标准产品定额消耗量（或定额费用、售价等）}$$

某产品总系数＝该种产品实际产量×该种产品系数

（3）分配费用：

$$分配率＝\frac{应分配的材料费用}{各受益产品总系数（标准总产量）之和}$$

类内某产品应分配材料费用＝该产品总系数×分配率

【例 2-3】

海诚公司生产 201、202、203、204 四种产品，共同耗费 B 种原材料费用合计为 189 520 元，按其生产工艺及产品结构等将其划分为甲类产品，其中标准产品为 203 号产品。将材料费用在四种产品中分配，按材料消耗定额比例计算系数，按标准产量比例法（系数分配法）分配材料费用（分配过程见表 2.2-5）。

表 2.2-5　材料费用分配表（系数分配法）

产品：甲类产品　　单位消耗定额：元　　2015 年 9 月　　　　产量：件　金额单位：元

品名	产量①	消耗定额②	系数③	总系数④	分配率⑤	分配金额⑥
201	1 650	23	0.92	1 518		34 914
202	2 350	28	1.12	2 632		60 536
203	3 100	25	1	3 100		71 300
204	1 500	16.5	0.66	990		22 770
合计				8 240	23	189 520

备注：③＝②÷25；④＝①×③；⑥＝④×⑤

$$分配率＝\frac{189\ 520}{8\ 240}＝23（元/件）$$

201 产品应分配 B 材料费用＝1 518×23＝34 914（元）

（其他产品应分配 B 材料费用计算过程略）

原材料费用除按上述方法分配外，还可以采用其他方法分配。分配标准可以是产品的产量、面积、体积、长度等。例如，对于不同规格的同类产品，如果产品的结构大小相近，而材料耗用量的多少与产品重量有直接联系，也可以按产量或重量比例分配法分配材料费用。产品生产耗用的辅助材料、燃料、包装材料等的分配也可以按照上述方法进行。

（二）材料费用分配的账务处理

在实际工作中，材料费用的分配一般是通过"材料费用分配表"和"发出材料汇总表"等作为账务处理依据，表中按照材料的用途和材料类别，根据归类后的领料凭证编制，将直接计入和分配计入的材料费用合并编制会计分录。

【例 2-4】

2015 年 3 月靖远公司所产甲产品、乙产品耗费材料费用，月末根据"领料单""材料费用分配表"等填制本月"发出（耗用）材料汇总表"（表 2.2-6），编制会计分录。

表 2.2-6　发出（耗用）材料汇总表

2015 年 3 月 31 日　　　　　　　　　　　　　　　　　　　　　　　　　　单位：元

应借科目		原料及主要材料		燃料	辅助材料	修理用备件	包装材料	小计	低值易耗品	合计
		A 材料	B 材料							
基本生产成本	甲产品	28 000	33 000	360	3 210	2 200	600	67 370	150	67 520
	乙产品	25 620	39 650	450	3 280	1 400	650	71 050	220	71 270
	小计	53 620	72 650	810	6 490	3 600	1 250	138 420	370	138 790
辅助生产成本	供水车间	6 300		2 600	300	450		9 650	60	9 710
	机修车间		5 000	1 000	450	1 500		7 950	50	8 000
	小计	6 300	5 000	3 600	750	1 950		17 600	110	17 710
制造费用——基本生产车间		2 100	980	320	220			3 620	100	3 720
销售费用				860	600		410	1 870	80	1 950
管理费用				500		420	130	1 050	650	1 700
合计		62 020	78 630	6 090	8 060	5 970	1 790	162 560	1 310	163 870

会计分录如下：

借：基本生产成本——甲产品　　　　　　　　　　　　　　67 520
　　　　　　　　　——乙产品　　　　　　　　　　　　　　71 270
　　辅助生产成本——供水车间　　　　　　　　　　　　　　9 710
　　　　　　　　　——机修车间　　　　　　　　　　　　　8 000
　　制造费用——基本生产车间　　　　　　　　　　　　　　3 720
　　销售费用　　　　　　　　　　　　　　　　　　　　　　1 950
　　管理费用　　　　　　　　　　　　　　　　　　　　　　1 700
　　贷：原材料——原料及主要材料—A 材料　　　　　　　62 020
　　　　　　　　——原料及主要材料—B 材料　　　　　　78 630
　　　　　　　　——燃料　　　　　　　　　　　　　　　6 090
　　　　　　　　——辅助材料　　　　　　　　　　　　　8 060
　　　　　　　　——修理用备件　　　　　　　　　　　　5 970
　　　　　　　　——包装材料　　　　　　　　　　　　　1 790
　　　　周转材料——低值易耗品　　　　　　　　　　　　1 310

燃料费用的分配与核算和原材料费用的分配与核算基本相同。企业对发生的燃料费用是否需要单独进行分配与核算，取决于企业燃料费用金额的大小和企业对燃料费用进行成本管理的要求。通常情况下，燃料费用可以并入原材料费用统一核算，计入"直接材料"成本项目，将燃料费用连同原材料费用分配后一并计入有关的成本费用项目即可。如果燃料费用发生额较大，企业需要对其加强管理，可以单设"燃料"账户对燃料进行核算，对燃料费用也可以与动力费用一起，在基本生产成本明细账中单设"燃料及动力"成本项目予以反映。在单设"燃料"账户进行核算时,对领用燃料而发生的燃料费用,比照原材料费用的分配方法进行处理,根据受益对象将燃料费用记入有关成本费用项目。

任务三 外购动力费用的核算

任务目标

1. 认知外购动力费用
2. 掌握外购动力费用的分配方法
3. 掌握外购动力费用的账务处理

一、外购动力费用核算的任务

产品成本中的动力费用是指产品生产直接消耗的电力、燃气（天然气）和蒸汽等,包括外购和自制两种来源。外购动力费用是指企业从外部购买的各种动力,如电力、热力、天然气等所支付的费用。外购动力是由企业外部有关单位（如供电公司、供气公司等）提供的,自制动力是由企业辅助生产单位（如供电车间、供气车间等）提供的。企业自制动力费用的核算将在其辅助生产费用的核算中讲述,本节主要讲述外购动力费用的核算。

企业生产经营耗用的动力费用,有的直接用于产品生产,如生产工艺用电力;有的间接用于产品生产,如生产车间照明电力;有的则用于经营管理,如企业行政管理部门照明用电力。生产耗用的外购动力费用属于直接费用,在成本项目的设置上,有三种处理办法：当动力费用在产品成本中所占的比重较大时,为了体现重要性原则和便于考核,一般应当单独设置"燃料及动力"（或"动力费用"）成本项目；当动力费用在产品成本中所占的比重不大时,从动力费用属于直接费用、燃料属于原材料考虑,可以将其并入"直接材料"成本项目；从动力费用一般为间接计入费用考虑,为了简化核算,也可以将其并入"制造费用"成本项目。企业应根据自身的经营特点和成本核算要求设置成本项目,对外购动力费用进行核算。

二、外购动力费用的归集

外购动力费用进行核算时,由于没有实物形态,核算比较简单,不存在收、付、存业务,没有领发料过程。在有计量装置或仪器记录的情况下,可以直接根据计量仪器显示的实际耗用数和合同或协议规定的单价归集应分配的外购动力费用；在没有计量仪器记录的情况下,要按照一定的标准将动力费用在各种产品之间进行分配。如各车间、部门的动力用电和照明用电一般分别装有电表,外购电力费用在各车间、部门可按用电度数归集。车间中的动力用电,一般不按产品分别安装电表,因而车间动力用电费用在各种产品之间一般需按一定标准进行分配。

三、外购动力费用的分配

（一）外购动力费用的分配方法

动力费用的分配,与材料费用的分配方法基本相同,即在明确被分配的动力费用额与分配标准的基础上,确定动力费用分配率,进而确定每一受益对象应负担的动力费用。动力费用的分配标准通常为仪表记录,如果没有仪表记录,可以用产品实际或定额消耗工时、机器功率时数(机器功率×机器运转小时数)、定额动力耗用量等作为分配标准。常用方法有生产工时分配法、机器工时分配法等。

$$费用分配率 = \frac{应分配的外购动力费用}{各受益产品工时之和}$$

某产品应分配的动力费 = 该产品实际发生工时 × 费用分配率

【例2-5】

2015年4月靖远公司基本生产车间生产甲、乙产品,共同耗用外购动力费用22 790元,按产品生产工时分配见表2.3-1。

表 2.3-1 动力费用分配表

2015年4月   金额单位:元

产品名称	生产工时	分配率	分配额
甲产品	30 700		15 350
乙产品	14 880		7 440
合计	45 580	0.50	22 790

$$费用分配率 = \frac{22\ 790}{30\ 700 + 14\ 880} = 0.50(元/工时)$$

甲产品应分配动力费 = 30 700 × 0.50 = 15 350(元)

乙产品应分配动力费 = 14 880 × 0.50 = 7 440(元)

(二)外购动力费用分配的账务处理

实际工作中,本月的外购动力费用一般于下月支付,费用分配期与外购动力付款期不一致,企业应于各期期末按照权责发生制原则和受益原则将当期归集的外购动力费用分配给各个车间和部门,对当月应付的外购动力款项,通过"应付账款"账户核算。

直接归属于产品生产的动力费用,借记"基本生产成本"科目;直接归属于辅助生产的动力费用,借记"辅助生产成本"科目;用于基本生产车间和辅助生产车间及行政管理部门、营销部门的动力费用,应分别借记"制造费用""辅助生产成本""管理费用""销售费用"等科目。如果基本生产成本和辅助生产成本不单独设置"燃料及动力"成本项目,发生的动力费用则应借记"制造费用——基本车间""制造费用——辅助车间"科目及所属明细账的有关项目,贷记"应付账款"或"银行存款"科目。

【例2-6】

2015年4月靖远公司共发生应付外购动力费45 688.2元,其中基本生产车间生产甲、乙产品,共同耗用外购动力费用22 790元,按产品生产工时分配,其他车间按用电度数分配,各车间和部门实际耗电资料见表2.3-2,编制会计分录。

表 2.3-2　外购动力费用分配表

2015 年 4 月　　　　　　　　　　　　　　　　　　　　金额单位：元

应借科目		费用项目	生产工时 （分配率 0.50）	用电度数 （单价 0.65）	分配金额
基本生产 成本	甲产品	燃料及动力	30 700		15 350
	乙产品	燃料及动力	14 880		7 440
	小计		45 580		22 790
辅助生产 成本	供水车间	燃料及动力		9 576	6 224.40
	机修车间	燃料及动力		14 136	9 188.40
	小计			23 712	15 412.80
制造费用	基本车间	电费		1 200	780
	供水车间	电费		828	538.20
	机修车间	电费		5 388	3 502.20
	小计			7 416	4 820.40
管理费用		电费		3 120	2 028
销售费用		电费		980	637
合计					45 688.20

会计分录：

借：基本生产成本——甲产品　　　　　　　　　　　　　　　　15 350
　　　　　　　　——乙产品　　　　　　　　　　　　　　　　 7 440
　　辅助生产成本——供水车间　　　　　　　　　　　　　　　 6 224.40
　　　　　　　　——机修车间　　　　　　　　　　　　　　　 9 188.40
　　制造费用——基本生产车间　　　　　　　　　　　　　　　　780
　　　　　　——供水车间　　　　　　　　　　　　　　　　　 538.20
　　　　　　——机修车间　　　　　　　　　　　　　　　　　 3 502.20
　　管理费用　　　　　　　　　　　　　　　　　　　　　　　 2 028
　　销售费用　　　　　　　　　　　　　　　　　　　　　　　 637
　　贷：应付账款——市供电局　　　　　　　　　　　　　　　 45 688.20

任务四　人工费用的核算

任务目标

1. 认知直接人工费用
2. 掌握直接人工费用的分配方法
3. 掌握直接人工费用的账务处理

一、人工费用核算的任务

产品成本中的直接人工费用,是直接从事产品生产的生产工人的薪酬。2014 年 7 月 1 日起,修订后的职工薪酬会计准则正式施行。职工薪酬是指企业为获得职工提供的服务或解除劳动关系而给予的各种形式的报酬或补偿。职工薪酬包括短期薪酬、离职后福利、辞退福利和其他长期职工福利。企业提供给职工配偶、子女、受赠养人、已故员工遗属及其他受益人等的福利,也属于职工薪酬。

(1)短期薪酬,是指企业在职工提供相关服务的年度报告期间结束后 12 个月内需要全部予以支付的职工薪酬,因解除与职工的劳动关系给予的补偿除外。

短期薪酬具体包括:
① 职工工资、奖金、津贴和补贴;
② 职工福利费;
③ 医疗保险费、工伤保险费和生育保险费等社会保险费;
④ 住房公积金;
⑤ 工会经费和职工教育经费;
⑥ 短期带薪缺勤;
⑦ 短期利润分享计划;
⑧ 非货币性福利以及其他短期薪酬。

(2)带薪缺勤,是指企业支付工资或提供补偿的职工缺勤,包括年休假、病假、短期伤残、婚假、产假、丧假、探亲假等。利润分享计划,是指因职工提供服务而与职工达成的基于利润或其他经营成果提供薪酬的协议。

(3)离职后福利,是指企业为获得职工提供的服务而在职工退休或与企业解除劳动关系后,提供的各种形式的报酬和福利(养老保险、失业保险等),短期薪酬和辞退福利除外。

(4)辞退福利,是指企业在职工劳动合同到期之前解除与职工的劳动关系,或者为鼓励职工自愿接受裁减而给予职工的补偿。

(5)其他长期职工福利,是指除短期薪酬、离职后福利、辞退福利之外所有的职工薪酬,包括长期带薪缺勤、长期残疾福利、长期利润分享计划等。

产品成本中的人工费用是企业在生产经营过程中发生的各种耗费支出的主要组成部分,直接关系到产品成本和产品价格的高低,直接影响企业生产经营的成果。明确企业使用各种人力资源所付出的全部代价,以及产品成本中人工费用所占比重,有利于有效监督和控制生产经营过程中的人工费用支出,改善费用支出结构,节约成本,降低产品价格,提高企业的市场竞争力。

二、人工费用的归集

(一)工资、奖金、津贴和补贴的计算

工资总额是指各单位在一定时期内直接支付给本单位全部职工的劳动报酬总额。工资总额的计算应以直接支付给职工的全部劳动报酬为根据。工资总额由六个部分组成:计时工资;计件工资;奖金;津贴和补贴;加班加点工资;特殊情况下支付的工资。各单位支付给职工

的劳动报酬以及其他根据有关规定支付的工资，不论是计入成本的还是不计入成本的，不论是按国家规定列入计征个税项目的还是未列入计征个税项目的，不论是以货币形式支付的还是以实物形式支付的，均应列入工资总额的计算范围。

1. 计时工资的计算

计时工资是指按照劳动者的工作时间来计算工资的一种方式。计时工资可分为年薪制、月薪制、周薪制、日薪制、钟点工资制，一般采用月薪制。

实行计时工资制的单位，应付职工的计时工资是根据工资标准、考勤记录和有关制度计算的。月标准工资可以根据工资卡片的记录取得，缺勤记录可以根据考勤记录取得，职工全年月平均制度工作天数和工资折算办法分别如下：

（1）制度工作时间的计算。

年工作日：365 天 – 104 天（休息日）– 11 天（法定假日）= 250 天

季工作日：250 天 ÷ 4 季 = 62.5 天/季

月工作日：250 天 ÷ 12 月 = 20.83 天/月

工作小时数的计算：以月、季、年的工作日乘以每日的 8 小时。

法定假日：元旦、清明节、端午节、劳动节、中秋节各 1 天，春节 3 天，国庆节 3 天。

（2）日工资、小时工资的折算。

按照《劳动法》的规定，法定节假日用人单位应当依法支付工资，即折算日工资、小时工资时不剔除国家规定的 11 天法定节假日。据此，日工资、小时工资的折算如下：

月计薪天数：（365 天 – 104 天）÷ 12 月 = 21.75 天/月

日工资：月工资收入 ÷ 月计薪天数

小时工资：月工资收入 ÷（月计薪天数 × 8 小时）

采用月薪制计时工资时，计时工资的计算公式如下：

应付计时工资 = 月标准工资 – 缺勤天数 × 日工资率 + 病假天数 × 日工资率 × 扣款率

或

应付计时工资 = 实际出勤天数 × 日工资率 + 病假天数 × 日工资率 ×（1 – 扣款率）

其中：缺勤期间的节假日、星期天不算缺勤，不扣工资。一般来说，按缺勤天数扣减月工资的计算方法更简便易行，符合按劳分配原则。

采用小时工资制，由月工资除以法定月平均工作小时（每日工作 8 小时）计算求得。

在实际工作中，无论采用哪一种方法计算职工工资，由企业自行确定，但确定以后不应随意变动。

2. 计件工资的计算

计件工资是指对已做工作按计件单价支付的劳动报酬。根据职工在月内所产产品产量记录乘以规定的产品计件单价计算应付的工资。产品产量应包括合格品数量和料废品数量，不应包含工废品数量。料废品是指由于被加工的原材料、半成品和零部件质量不符合要求而造成的废品，料废品的产生不应由生产工人承担责任。工废品是由于生产工人操作失误造成的，应由生产工人承担责任。如为集体计件工资则可以将计件工资总额按个人工资标准和工作日数（或工作时数）的乘积作为标准进行分配。

产品计件单价 = 工时定额 × 小时工资率

$$应付月计件工资 = \Sigma（月内完成的产品产量 \times 产品计件单价）$$

3. 奖金、津贴和补贴的计算

奖金是指支付给职工的超额劳动报酬和增收节支的劳动报酬，包括生产奖、节约奖、劳动竞赛奖、机关和事业单位的奖励工资、其他奖金。

津贴和补贴是指为了补偿职工特殊或额外的劳动消耗和因其他特殊原因支付给职工的津贴，以及为了保证职工工资水平不受物价影响支付给职工的物价补贴。

4. 加班加点工资的计算

加班加点工资是指按规定支付的加班工资和加点工资。加班、加点费习惯称加班费。计算基数可按合同约定或集体协商的基数确定，无约定的按正常出勤月工资的70%确定。2017年最新的《劳动法》规定：加班费不得低于工资的一定倍数，其计算方法如下：

$$正常加班工资 = 加班工资的计算基数 \div 21.75 \times 150\%$$
$$公休加班工资 = 加班工资的计算基数 \div 21.75 \times 200\%$$
$$节假加班工资 = 加班工资的计算基数 \div 21.75 \times 300\%$$

5. 特殊情况下支付的工资

特殊情况下支付的工资包括：根据国家法律、法规和政策规定，因病、工伤、产假、计划生育假、婚丧假、事假、探亲假、定期休假、停工学习、执行国家或社会义务等原因按工资标准的一定比例支付的工资；此外，企业还可能向职工支付附加工资、保留工资等。

6. 工资结算汇总表的编制

根据职工考勤记录和工作量记录等计算出工资后，企业应填制"工资结算单"，根据工资的受益部门编制"工资费用分配汇总表"，归集工资费用。

（二）职工福利费的计算

职工福利费，是指职工所在单位通过举办集体福利设施、建立各种补贴、提供服务等办法，为本单位职工提供方便，帮助职工解决生活上难以解决的困难，改善职工生活和环境，解决职工在生产过程中某些共同的和特殊的需要，以改善职工的物质文化生活，保证他们正常和有效地进行劳动。职工福利也可以概括为，职工所在单位在工资和社会保险之外，对职工提供经济上的帮助、生活上的照顾和方便，以补充满足其基本的、经常的、共同的或特殊的生活需要所采取的福利措施和举办的福利事业的总称。

职工福利费开支范围包括：

（1）职工医药费。

（2）职工的生活困难补助：是指对生活困难的职工实际支付的定期补助和临时性补助，包括因公或非因工负伤、残废需要的生活补助。

（3）职工及其供养直系亲属的死亡待遇。

（4）集体福利的补贴：包括职工浴室、理发室、洗衣房、哺乳室、托儿所等集体福利设施支出与收入相抵后的差额的补助，以及未设托儿所的托儿费补助和发给职工的修理费等。

（5）其他福利待遇：主要是指上下班交通补贴、计划生育补助、住院伙食费等方面的福利费开支。

列入成本费用的职工福利费应按职工工资总额的一定比例计入成本费用中并据实列支。其计算公式如下：

$$应付福利费 = 工资总额 \times 规定的提取比例$$

福利费的计提一般是通过编制"应付福利费提取及分配表"进行的。在实际工作中也可以与前面所述的"工资费用分配汇总表"结合在一起进行编制。

(三)"五险一金两费"的计算

"五险"即医疗保险费、养老保险费(包括补充养老保险)、失业保险费、工伤保险费和生育保险费,是指企业按照国家规定的基准和比例计算,向社保机构缴纳的保险费,以及根据《企业年金试行办法》《企业年金基金管理试行办法》等相关规定,向有关单位(企业年金基金账户管理人)缴纳的补充养老保险费。其中企业为职工缴纳的医疗保险费、工伤保险费、生育保险费等社会保险费属于短期薪酬。

"一金"即住房公积金,是指企业按照国家《住房公积金管理条例》规定的基准和比例计算,向住房公积金管理机构缴纳的住房公积金。

"两费"为工会经费和职工教育经费,是指企业为改善职工文化生活、提高职工业务素质而开展职工教育及职业技能培训和工会活动,按照国家规定的基准和比例,从成本费用中提取的向工会和人力部门缴纳的工会经费和职工教育经费。

实际生活中,除企业承担的"五险一金",职工个人也要承担一部分比例的金额,即医疗保险费、养老保险费、失业保险费、住房公积金,企业负责从职工薪酬中代扣代缴。

企业为职工缴纳的"五险一金两费"应当在职工为其提供服务的会计期间,根据工资总额的一定比例计算。而职工福利费等职工薪酬,国家确定了计提基础和计提标准的,按规定标准计提。没有规定计提比例和计提基础的,企业应该根据历史经验和实际情况,合理预计当期应付职工薪酬。实际发生金额大于预计数,应该补提;实际发生额小于预计数,应冲回。

三、人工费用的分配

(一)人工费用的分配方法

计入成本中的直接人工费用的数额,是根据当期"工资结算汇总表"和"职工福利费计算表"等人工费用分配表来确定的。其中,"工资结算汇总表"是进行工资结算和分配的原始依据。它是根据"工资结算单"按人员类别(工资用途)汇总编制的。"工资结算单"应当依据职工工作卡片、考勤记录、产量记录等计算工资的原始记录编制。"职工福利费计算表"等是依据"工资结算汇总表"确定的各类人员工资总额,按照规定的提取比例计算后编制的。

在计件工资制下的职工薪酬一般可以按照产量和单件人工费分别产品加以汇总,可直接计算出计入所生产产品的成本。在计时工资制下的职工薪酬,直接用于产品生产的人工费用可分为直接计入人工费用、间接计入人工费用,前者可直接计入产品成本,后者则应在各成本核算对象之间进行分配,按适当的分配方法分配后再计入产品成本中。

常见的直接人工费用分配方法包括:按产品生产工时(或定额工时)、直接材料成本、系数法分配。以工时分配为例:

$$工资费用分配率 = \frac{应分配的工资费用}{各受益产品生产工时(或定额工时)之和}$$

$$某产品应分配的工资费用 = 该产品生产工时(或定额工时) \times 工资费用分配率$$

【例 2-7】

2015 年 4 月靖远公司基本生产车间生产甲、乙两种产品，产品生产工时分别为 35 200 工时、24 880 工时，共发生应付计时工资总额为 390 520 元，编制工资费用分配表（见表 2.4-1）及分配工资的会计分录。

表 2.4-1 工资费用分配表

车间：基本生产车间　　　　　　　　　2015 年 4 月　　　　　　　　金额单位：元

产品名称	产品生产工时	工资费用分配率	应分配工资费用
甲产品	35 200		228 800
乙产品	24 880		161 720
合计	60 080	6.50	390 520

分配工资的会计分录如下：

借：基本生产成本——甲产品　　　　228 800
　　　　　　　　——乙产品　　　　161 720
　　贷：应付职工薪酬——工资　　　　390 520

【例 2-8】

2015 年 5 月江淮公司根据各车间、部门的"工资结算单"汇总后填制"工资结算汇总表"，按照国家规定的基准和比例计算相应的职工福利费、"五险一金两费"并据此编制"职工福利费计算表""社会保险费计算表""住房公积金、工会经费、职工教育经费计算表""应付职工薪酬汇总计算表"，分配职工薪酬，资料见表 2.4-2～表 2.4-6。

表 2.4-2 工资结算汇总表

2015 年 5 月　　　　　　　　　　　　　　　　　　　　单位：元

应借科目		工资				合计
		计时工资	奖金	津贴补贴	加班加点工资	
基本生产成本	甲产品	128 000	14 880	10 800	5 960	159 640
	乙产品	64 000	5 440	4 000	3 936	77 376
	小计	192 000	20 320	14 800	9 896	237 016
辅助生产成本	供水车间	5 040	400	160	144	5 744
	机修车间	5 760	496	160	80	6 496
	小计	10 800	896	320	224	12 240
制造费用	基本车间	6 640	1 280	144	120	8 184
	供水车间	1 200	160	80	56	1 496
	机修车间	1 040	160	80	48	1 328
	小计	8 880	1 600	304	224	11 008
管理费用		19 200	4 640	400	240	24 480
销售费用		2 560	800	240	320	3 920
合计		233 440	28 256	16 064	10 904	288 664

表 2.4–3　职工福利费计算表

2015 年 5 月　　　　　　　　　　　　　　　　　　　　　　　　　单位：元

应借科目		工资总额	计提比例	合计
基本生产成本	甲产品	159 640		12 771.20
	乙产品	77 376		6 190.08
	小计	237 016		18 961.28
辅助生产成本	供水车间	5 744		459.52
	机修车间	6 496		519.68
	小计	12 240		979.20
制造费用	基本车间	8 184		654.72
	供水车间	1 496		119.68
	机修车间	1 328		106.24
	小计	11 008		880.64
管理费用		24 480		1 958.40
销售费用		3 920		313.60
合计		288 664	8%	23 093.12

表 2.4–4　社会保险费计算表

2015 年 5 月　　　　　　　　　　　　　　　　　　　　　　　　　单位：元

应借科目		工资总额（基数）	失业保险（2%）	工伤保险（1%）	生育保险（0.5%）	养老保险（22%）	医疗保险（12%）	社保合计（37.5%）
基本生产成本	甲产品	159 640	3 192.80	1 596.40	798.20	35 120.80	19 156.80	59 865
	乙产品	77 376	1 547.52	773.76	386.88	17 022.72	9 285.12	29 016
	小计	237 016	4 740.32	2 370.16	1 185.08	52 143.52	28 441.92	88 881
辅助生产成本	供水车间	5 744	114.88	57.44	28.72	1 263.68	689.28	2 154
	机修车间	6 496	129.92	64.96	32.48	1 429.12	779.52	2 436
	小计	12 240	244.80	122.40	61.20	2 692.80	1 468.80	4 590
制造费用	基本车间	8 184	163.68	81.84	40.92	1 800.48	982.08	3 069
	供水车间	1 496	29.92	14.96	7.48	329.12	179.52	561
	机修车间	1 328	26.56	13.28	6.64	292.16	159.36	498
	小计	11 008	220.16	110.08	55.04	2 421.76	1 320.96	4 128
管理费用		24 480	489.60	244.80	122.40	5 385.60	2 937.60	9 180
销售费用		3 920	78.40	39.20	19.60	862.40	470.40	1 470
合计		288 664	5 773.28	2 886.64	1 443.32	63 506.08	34 639.68	108 249

表 2.4-5 住房公积金、工会经费、职工教育经费计算表

2015年5月   单位：元

应借科目		工资总额（基数）	住房公积金（7%）	工会经费（2%）	职工教育经费（2.5%）	合计（11.5%）
基本生产成本	甲产品	159 640	11 174.80	3 192.80	3 991.00	18 358.60
	乙产品	77 376	5 416.32	1 547.52	1 934.40	8 898.24
	小计	237 016	16 591.12	4 740.32	5 925.40	27 256.84
辅助生产成本	供水车间	5 744	402.08	114.88	143.60	660.56
	机修车间	6 496	454.72	129.92	162.40	747.04
	小计	12 240	856.80	244.80	306.00	1 407.60
制造费用	基本车间	8 184	572.88	163.68	204.60	941.16
	供水车间	1 496	104.72	29.92	37.40	172.04
	机修车间	1 328	92.96	26.56	33.20	152.72
	小计	11 008	770.56	220.16	275.20	1 265.92
管理费用		24 480	1 713.60	489.60	612.00	2 815.20
销售费用		3 920	274.40	78.40	98.00	450.80
合计		288 664	20 206.48	5 773.28	7 216.60	33 196.36

表 2.4-6 应付职工薪酬汇总计算表

2015年5月   单位：元

应借科目		工资总额	职工福利费（8%）	社会保险费（37.5%）	一金两费（11.5%）	合计（157%）
基本生产成本	甲产品	159 640	12 771.20	59 865	18 358.60	250 634.80
	乙产品	77 376	6 190.08	29 016	8 898.24	121 480.32
	小计	237 016	18 961.28	88 881	27 256.84	372 115.12
辅助生产成本	供水车间	5 744	459.52	2 154	660.56	9 018.08
	机修车间	6 496	519.68	2 436	747.04	10 198.72
	小计	12 240	979.20	4 590	1 407.60	19 216.80
制造费用	基本车间	8 184	654.72	3 069	941.16	12 848.88
	供水车间	1 496	119.68	561	172.04	2 348.72
	机修车间	1 328	106.24	498	152.72	2 084.96
	小计	11 008	880.64	4 128	1 265.92	17 282.56
管理费用		24 480	1 958.40	9 180	2 815.20	38 433.60
销售费用		3 920	313.60	1 470	450.80	6 154.40
合计		288 664	23 093.12	108 249	33 196.36	453 202.48

（二）直接人工费用分配的账务处理

直接人工费用应计入产品成本中。企业应当在职工为其提供服务的会计期间，将应付的职工薪酬确认为负债，除因解除与职工的劳动关系给予的补偿外，应当根据职工提供服务的受益对象，分别处理：应由生产产品、提供劳务负担的职工薪酬，计入存货成本或劳务成本；应由在建工程、无形资产负担的职工薪酬，计入建造固定资产或无形资产成本；其他职工薪酬，确认为当期费用。

【例2-9】

2015年5月末江淮公司根据"工资结算单""工资结算汇总表""职工福利费计算表""社会保险费计算表""住房公积金、工会经费、职工教育经费计算表"等资料分配结转各车间和部门的职工薪酬。2015年6月初支付薪酬时，代扣职工个人应付社保费11%（医疗2%、养老8%、失业1%）31 753.04元及住房公积金（7%）20 206.48元，代扣个人所得税2 900元。实发工资薪金为233 804.48元，并通过银行支付。相关会计处理如下：

1. 5月末分配应付职工薪酬

借：基本生产成本——甲产品　　　　　　　　　　　　　　250 634.80
　　　　　　　　——乙产品　　　　　　　　　　　　　　121 480.32
　　辅助生产成本——供水车间　　　　　　　　　　　　　　9 018.08
　　　　　　　　——机修车间　　　　　　　　　　　　　 10 198.72
　　制造费用——基本生产车间　　　　　　　　　　　　　 12 848.88
　　　　　　——供水车间　　　　　　　　　　　　　　　　2 348.72
　　　　　　——机修车间　　　　　　　　　　　　　　　　2 084.96
　　管理费用　　　　　　　　　　　　　　　　　　　　　 38 433.60
　　销售费用　　　　　　　　　　　　　　　　　　　　　　6 154.40
　　贷：应付职工薪酬——工资　　　　　　　　　　　　　288 664
　　　　　　　　　　——职工福利费　　　　　　　　　　 23 093.12
　　　　　　　　　　——社会保险费　　　　　　　　　　108 249
　　　　　　　　　　——住房公积金　　　　　　　　　　 20 206.48
　　　　　　　　　　——工会经费　　　　　　　　　　　　5 773.28
　　　　　　　　　　——职工教育经费　　　　　　　　　　7 216.60

2. 6月初支付薪酬

借：应付职工薪酬——工资　　　　　　　　　　　　　　　288 664
　　贷：其他应付款——代扣个人社保费　　　　　　　　　 31 753.04
　　　　　　　　　——代扣个人公积金　　　　　　　　　 20 206.48
　　　　应交税费——应交个人所得税　　　　　　　　　　　2 900
　　　　银行存款　　　　　　　　　　　　　　　　　　　233 804.48

任务五　折旧、利息、税金及其他费用的核算

任务目标

1. 认知折旧、利息、税金及其他费用的含义
2. 掌握折旧、利息、税金及其他费用的归集和分配

一、折旧费用核算的任务

（一）折旧费用的确认

折旧费用是指企业所拥有的或控制的固定资产按照使用情况计提的折旧费用，是固定资产由于损耗（包括有形损耗和无形损耗）而减少的价值。

固定资产损耗是指由于使用、自然力作用或技术进步而使机器设备、厂房建筑物等逐渐丧失使用价值或发生贬值的过程。固定资产损耗分为有形损耗和无形损耗。

1. 有形损耗

（1）由于使用引起的。机器设备在运转过程中由于摩擦、化学反应等，会使精度、效率逐渐降低，最终退废。

（2）由于自然力的作用而发生的。如钢铁部件会生锈，木料会腐朽，橡胶轮带、传送带会自然老化，这种情况在使用或不使用时都会发生。

2. 无形损耗

（1）由于社会劳动生产率的提高，使同类性能的机器设备，能以更少的社会必要劳动时间生产出来，从而引起原有固定资产的贬值。

（2）由于科学技术的进步，出现了新的性能更好、效率更高的机器设备，继续使用原有机器设备很不经济，不得不提前退废，从而引起价值损失。

固定资产经过使用后，其价值会因为固定资产磨损而逐步计入产品成本和费用，构成产品成本和期间费用的一部分，并从实现的收益中得到补偿。因此，折旧费用是定期地计入成本费用中的固定资产的转移价值，是固定资产价值的下降。

折旧费用应该按固定资产的使用部门和用途进行分配，折旧费用的分配是通过编制折旧费用分配表进行的，并据此编制记账凭证，登记有关总账及所属明细账。

（二）计提折旧的范围

1. 时间范围

企业在具体计提折旧时，一般应按月提取折旧，当月增加的固定资产，当月不提折旧，从下月起计提折旧；当月减少的固定资产，当月照提折旧，从下月起不提折旧。固定资产提足折旧后，不论能否继续使用，均不再提取折旧；提前报废的固定资产，也不再补提折旧。

当月固定资产应提折旧额＝上月固定资产折旧额＋
上月增加固定资产的折旧额－上月减少固定资产的折旧额

2. 空间范围

（1）不计提折旧的固定资产包括：已提足折旧超龄使用的固定资产不再计算折旧；按规

定单独估价作为固定资产入账的土地不计算折旧；未使用和不需用的固定资产，以及以经营租赁方式租入的固定资产不计算折旧；提前报废的固定资产，不补提折旧。

（2）应计提折旧的固定资产包括：房屋和建筑物由于有自然损耗，不论使用与否都应计算折旧；在用的机器设备、仪器仪表、运输工具、工具器具；季节性停用、大修理停用的固定资产；融资租入和以经营租赁方式租出的固定资产。

（3）企业新建或改扩建的固定资产，已达到可使用状态的，如果尚未办理竣工决算，应当按照估值暂估入账，并计提折旧，待办理了竣工决算手续后，将原来暂估价值调整为实际成本，但不需调整原已计提的折旧额。

处于更新改造过程停止使用的固定资产，应将其账面价值转入在建工程，不再计提折旧。更新改造项目达到预定可使用状态转为固定资产后，再按照重新确定的折旧方法和该项固定资产尚可使用寿命计提折旧。

二、折旧费用的核算

（一）折旧费用的归集

企业的各个车间、部门所生产的产品或服务的对象和职责不同，则其配置的固定资产不同，受益对象也不同。因此，折旧费用必须按车间、部门进行归集，以便分别计算车间、部门应承担的折旧费用。影响固定资产折旧的因素包括：

（1）固定资产原值，即固定资产的账面成本。

（2）固定资产的净残值，是指假定固定资产预计使用寿命已满并处于使用寿命终了时的预期状态，企业目前从该项资产处置中获得的扣除预计处置费用以后的金额。由于在计算折旧时，对固定资产的残余价值和清理费用是人为估计的，所以净残值的确定有一定的主观性。

（3）固定资产减值准备，是指固定资产已计提的固定资产减值准备累计金额。

（4）固定资产的使用寿命，是指企业使用固定资产的预计期间，或者该固定资产所能生产产品或提供劳务的数量。固定资产使用寿命的长短直接影响各期应计提的折旧额。除国务院财政、税务主管部门另有规定外，固定资产计算折旧的最低年限如下：房屋、建筑物，20年；飞机、火车、轮船、机器、机械和其他生产设备，10年；与生产经营活动有关的器具、工具、家具等，5年；飞机、火车、轮船以外的运输工具，4年；电子设备，3年。

企业应当根据固定资产的性质和消耗方式、固定资产有关的经济利益的预期实现方式，合理地确定固定资产的预计使用年限和预计净残值，并根据科技发展、环境及其他因素，选择合理的固定资产折旧方法，将固定资产取得成本按合理且系统的方式，在预计有效使用期间内进行分配。

不同的折旧方法直接关系到企业当期成本的大小、利润的高低和应纳税所得额的多少。折旧方法的确定不仅是为了收回投资，使企业在将来有能力重置固定资产，而且是为了把资产的成本分配于各个受益期，从而实现期间收入与费用的正确配比。固定资产的预计使用年限和预计净残值、折旧方法一经确定，不得随意变更，如要变更需在财务报表的附注中加以说明。

（二）折旧率的确认

根据折旧资产的范围不同，折旧率有个别折旧率、分类折旧率和综合折旧率之分。

1. 个别折旧率

个别折旧率是根据每一项固定资产的折旧率计算其折旧额。

2. 分类折旧率

分类折旧率是指固定资产分类折旧额与该类固定资产原价的比率，采用这种方法，应先把性质、结构和使用年限相近的固定资产归为一类，再按类计算平均折旧率，用该类折旧率对该类固定资产计提折旧。如将房屋、建筑物归为一类，将机械设备归为一类等。

固定资产分类折旧率的计算公式如下：

$$某类固定资产年折旧率 = \frac{该类固定资产年折旧额之和}{该类固定资产原值之和} \times 100\%$$

3. 综合折旧率

综合折旧率是以企业全部固定资产的加权平均折旧率为依据计提折旧。

固定资产综合折旧率的计算公式如下：

$$固定资产综合折旧率 = \frac{各项固定资产折旧之和}{该类固定资产原值之和} \times 100\%$$

采用个别折旧率，计算结果准确，但计算折旧额的工作量较大。采用综合折旧率，计算折旧额比较简便，工作量较小，但计算结果不够准确。所以，在实际工作中，一般采用分类折旧率计算折旧额，这样，既能使计算结果比较准确，又能减轻计算折旧的工作量。

（三）折旧计算方法

折旧计算方法包括年限平均法、工作量法、双倍余额递减法、年数总和法等。其中，双倍余额递减法和年数总和法属于加速折旧方法。

1. 年限平均法

年限平均法又称直线法，是将固定资产的应计折旧额均衡地分摊到固定资产预计使用寿命内的一种方法。采用这种方法计算的每期折旧额都是等额的。其计算公式如下：

$$年折旧额 = \frac{固定资产原值 \times (1 - 残值率)}{折旧年限}$$

$$月折旧额 = \frac{年折旧额}{12}$$

或

$$年折旧率 = \frac{(1 - 残值率)}{折旧年限} \times 100\%$$

$$月折旧率 = \frac{年折旧率}{12}$$

$$月折旧额 = 固定资产原值 \times 月折旧率$$

采用年限平均法计算固定资产折旧通俗易懂，核算简便，但也存在一些局限性。年限平均法没有考虑固定资产在不同使用年限提供的经济效益不同，一般是前期经济效益较高后期较低，另外后期发生的维修费用也较多，收入与费用在后期不符合配比原则。年限平均法也没有考虑到无形损耗对固定资产的影响。

只有当固定资产各期的使用情况大致相同、负荷程度相同、各期应分摊相同的折旧费时，采用年限平均法计算折旧才是合理的。

实际工作中，年限平均法适用于房屋、建筑物等固定资产折旧的计算。

2. 工作量法

工作量法是指根据实际工作量（总工作小时、总工作台班、总行驶里程数等）计算每期应计提固定资产折旧额的一种方法。这种方法应用于某些价值很大，但又不经常使用或生产变化大、磨损又不均匀的生产专用设备和运输设备等的折旧额计算。根据设备的用途和特点又可以分别按工作时间、工作台班或行驶里程等不同的方法计算折旧。其计算公式如下：

$$单位工作量折旧额 = \frac{固定资产原值 \times (1 - 残值率)}{总工作量}$$

$$月折旧额 = 当月工作量 \times 单位工作量折旧额$$

工作量法同年限平均法一样，没有考虑到无形损耗对固定资产的影响，未能考虑修理费用递增以及经济效益递减等因素，同时固定资产所能提供的服务数量也难以准确估计。但该方法弥补了年限平均法只重使用时间，不考虑使用强度的缺点。

实际工作中，对于运输企业、专业车队、客货汽车、某些价值大而又不经常使用或季节性使用的大型机器设备，可以用工作量法来计提折旧。

3. 双倍余额递减法

双倍余额递减法是指在不考虑固定资产预计净残值的情况下，根据每期期初固定资产原值减去累计折旧后的金额（即固定资产净值）和双倍的直线法折旧率计算固定资产折旧的一种方法，是加速折旧法的一种。

双倍余额递减法下，应注意不能使固定资产的净值低于其预计净残值，一般应在固定资产使用寿命到期前两年内，将固定资产账面净值扣除预计净残值后的净值平均摊销。其计算公式如下：

$$年折旧率 = \frac{2}{折旧年限} \times 100\%$$

$$年折旧额 = 每年年初固定资产账面净值 \times 年折旧率$$

4. 年数总和法

年数总和法是指将固定资产的原值减去预计净残值后的余额，乘以一个逐年递减的分数计算每年的折旧额的一种方法，也属于加速折旧法。

$$年折旧率 = \frac{尚可使用年限}{折旧年限的年数总和} \times 100\%$$

$$月折旧额 = (固定资产原值 - 预计净残值) \times 月折旧率$$

年数总和法所计算的折旧费用随着年数的增加而逐渐递减，这样可以保持固定资产使用成本的均衡性和防止固定资产因无形损耗而遭受的损失。

双倍余额递减法和年数总和法都具有加速固定资产折旧的特点，也称为加速折旧法，具有其科学性和合理性，考虑了有形损耗和无形损耗对固定资产的影响。同时早期多提折旧也符合配比性原则和谨慎性原则。加速折旧法适用于技术进步快、在国民经济中具有重要地位的企业,如电子生产企业、船舶工业企业、飞机制造企业、汽车制造企业、化工医药等。

【例 2-10】

福润公司一辆货车原值为 160 000 元,预计总行驶里程为 50 万千米,预计净残值为 5%,2015 年 9 月行驶里程为 4 000 千米,按工作量法计提折旧,当月货车应提折旧额如下:

$$单位折旧额 = \frac{160\,000 \times (1-5\%)}{500\,000} = 0.304\,(元/千米)$$

9 月应提折旧额 = 4 000 × 0.304 = 1 216(元)

【例 2-11】

福润公司某设备原值为 180 000 元,预计使用年限为 5 年,预计残值为 12 300 元,清理费用为 2 300 元,分别采用年限平均法、加速折旧法计算各年应提折旧额。

预计净残值 = 12 300 - 2 300 = 10 000(元)

1. 年限平均法。

$$各年折旧额 = \frac{180\,000 - 10\,000}{5} = 34\,000\,(元)$$

2. 双倍余额递减法(见表 2.5-1)。

表 2.5-1 双倍余额递减法下各年折旧额计算表

年数	年初固定资产账面价值 ①=上年⑤	折旧率 ②	折旧额 ③=①×②	折旧额累计 ④	年末固定资产账面价值 ⑤=180 000-④
1	180 000	2/5=40%	72 000	72 000	180 000-72 000=108 000
2	108 000	2/5=40%	43 200	115 200	180 000-115 200=64 800
3	64 800	2/5=40%	25 920	141 120	180 000-14 1 120=38 880
4	38 880	—	14 440	155 560	180 000-155 560=24 440
5	24 440	—	14 440	170 000	180 000-170 000=10 000

备注:第 4 年和第 5 年改为年限平均法,折旧额各年均为 (38 880-10 000)/2=14 440(元)

3. 年数总和法(见表 2.5-2)。

表 2.5-2 年数总和法下各年折旧额计算表

年数	原值-净残值①	尚可使用年限	折旧率②	折旧额③=①×②	折旧额累计④
1	170 000	5	5/15	56 667	56 667
2	170 000	4	4/15	45 333	102 000
3	170 000	3	3/15	34 000	136 000
4	170 000	2	2/15	22 667	158 667
5	170 000	1	1/15	11 333	170 000

备注:原值-净残值 = 180 000 - 10 000 = 170 000(元)

年数总和 = 1+2+3+4+5 = 15(年)

折旧额保留整数,第 5 年折旧额倒挤为 170 000 - 158 667 = 11 333(元)

三、折旧费用的分配

(一)基本生产车间固定资产的折旧费用

按现行会计制度规定,基本生产车间固定资产折旧费用作为间接费用先按受益车间计入制造费用,月末随同其他制造费用一起分配计入产品成本。

(二)辅助生产车间固定资产的折旧费用

辅助生产车间固定资产折旧费用同基本生产车间一样,也应计入辅助生产车间的制造费用,月末随同其他制造费用一起分配计入相应辅助生产成本。如果辅助生产车间不单独核算制造费用,则其固定资产折旧费用可以直接计入辅助生产成本。

(三)企业行政管理部门和专设营销机构等固定资产的折旧费用

企业行政管理部门所使用的固定资产,其折旧费计入管理费用。专设营销机构所使用的固定资产,其折旧费计入销售费用。

【例 2-12】

福润公司 2015 年 9 月末编制"固定资产折旧费用分配表"(见表 2.5-3)并计提折旧费用,该公司辅助车间的间接费用不通过"制造费用"科目核算,编制会计分录。

表 2.5-3　固定资产折旧费用分配表

2015 年 9 月　　　　　　　　　　　　　　　　单位:元

应借科目	使用部门	上月固定资产折旧额	上月增加固定资产折旧额	上月减少固定资产折旧额	本月固定资产折旧额
制造费用	一车间	8 900	2 450	1 300	10 050
	二车间	7 200	1 600	1 000	7 800
辅助生产成本	供水车间	5 400	520	230	5 690
管理费用	管理部门	33 540	6 800	2 500	37 840
销售费用	销售部门	68 470	2 890	560	70 800
合计		123 510	14 260	5 590	132 180

会计分录如下:

借:制造费用——一车间　　　　　　　　　　　　　　　　10 050
　　　　　　——二车间　　　　　　　　　　　　　　　　 7 800
　　辅助生产成本——供水车间　　　　　　　　　　　　　 5 690
　　管理费用　　　　　　　　　　　　　　　　　　　　　37 840
　　销售费用　　　　　　　　　　　　　　　　　　　　　70 800
　　贷:累计折旧　　　　　　　　　　　　　　　　　　　　　132 180

四、利息、税金及其他费用核算的任务

（一）利息费用

利息费用是指企业在生产经营中为了筹资而发生的资金占用费，是根据本金和利率计算出来的金额。对制造企业来说，利息费用即是利息收支净额，包括短期借款利息、长期借款利息、应付票据利息、票据贴现利息、应付债券利息、长期应付引进国外设备款利息等的利息支出减去银行存款等的利息收入后的净额。

利息费用包括财务费用中的利息费用和计入固定资产等资产类账户成本的资本化利息。因此，利息费用在发生时，企业应分清费用化或资本化的金额，将其直接计入当期损益或资产成本。

（二）税金

要素费用中的税金是指计入管理费用的印花税、车船税、房产税和土地使用税等。

（三）其他费用

其他费用是指除前面所述各要素以外的其他费用支出，包括修理费、差旅费、邮电费、保险费、劳动保护费、运输费、办公费、技术转让费、业务招待费等。其他费用应在发生时，根据受益原则，按照发生的车间、部门和用途进行归集和分配。

五、利息、税金及其他费用的核算

（一）利息的核算

1. 短期借款利息的核算

（1）如果短期借款的利息是按月预提、到期支付，应采用预提的办法，按月预提计入费用。预提时，按预计应计入费用的借款利息，借记"财务费用"账户，贷记"应付利息"账户；实际支付月份，按照已经预提的利息金额，借记"应付利息"账户，按当月应负担的金额部分，借记"财务费用"账户，按实际支付的利息金额，贷记"银行存款"账户。

（2）如果企业的短期借款利息是按月支付的，应在实际支付或收到银行的计息通知时，直接计入当期损益，借记"财务费用"账户，贷记"银行存款"账户。

【例2-13】

海涛公司于2015年1月1日向银行借款120 000元，用于生产经营，期限为6个月，年利率为4%。根据协议，利息分月预提，按季支付，到期后一次归还本金，账务处理如下：

1. 取得短期借款。

借：银行存款　　　　　　　　　　　　　　　　　　　　　　　120 000
　　贷：短期借款　　　　　　　　　　　　　　　　　　　　　　120 000

2. 1月末，计提1月份应付利息。

应计利息费用 = 120 000 × 4% ÷ 12 = 400（元）

借：财务费用　　　　　　　　　　　　　　　　　　　　　　　　400
　　贷：应付利息　　　　　　　　　　　　　　　　　　　　　　　400

2月末计提2月份利息费用的处理与1月份相同。

3. 3月末支付第一季度银行借款利息。

借：财务费用	400
应付利息	800
贷：银行存款	1 200

第二季度的会计处理同上。

4. 到期偿还银行借款本金。

借：短期借款	120 000
贷：银行存款	120 000

2. 长期借款利息的核算

长期借款的利息应根据借款用途分别核算，一是在发生时直接确认为当期费用（即费用化），二是于发生时直接计入资产（即资本化）。具体做法是：

（1）筹建期间发生的长期借款利息（除为购建固定资产而发生的长期借款利息外），应当根据其发生额先计入长期待摊费用，借记"长期待摊费用"账户，贷记"长期借款"账户，然后于开始生产经营当月一次性计入当期损益。

（2）属于生产经营期间的长期借款利息，直接计入财务费用，借记"财务费用"账户，贷记"长期借款"账户。

（3）属于与购建或者生产的资产有关的专门借款费用，达到预定可使用状态或者可销售状态前，按规定应予以资本化的，计入相关资产成本，借记"在建工程""制造费用""研发支出"等账户，贷记"长期借款"账户。

（4）购建或者生产的资产达到预定可使用或者可销售状态后所发生的借款费用以及规定不能予以资本化的借款费用，包括暂停资本化期间发生的借款利息，直接计入当期损益，予以费用化，借记"财务费用"账户，贷记"长期借款"账户。

【例 2-14】

江南公司以生产特种设备为主，接到建造大型特殊设备的产品订单后，基于生产该设备而于2015年1月1日向银行借款100万元，期限18个月，合同规定年利率为12%，到期一次还本付息，不计复利。借款当日投产该设备，2016年6月末完工并顺利交付购买方。经确认，2015年1月至2016年3月的利息费用符合资本化条件，计入所产产品的成本。

1. 取得借款时的情况。

借：银行存款	1 000 000
贷：长期借款——本金	1 000 000

2. 2015年末计提全年利息。

全年应计利息 = 1 000 000 × 12% = 120 000（元）

借：制造费用	120 000
贷：长期借款——应计利息	120 000

3. 2016年计提1—3月利息。

借：制造费用	30 000
贷：长期借款——应计利息	30 000

4. 2016年计提4—5月利息。

借：财务费用	20 000

  贷：长期借款——应计利息   20 000

5. 2016年6月偿还本息。

  借：长期借款——本金   1 000 000

    长期借款——应计利息   170 000

    财务费用   10 000

    贷：银行存款   1 180 000

（二）税金的核算

1. 印花税

在中华人民共和国境内书立、领受《中华人民共和国印花税暂行条例》所列举凭证的单位和个人，都是印花税的纳税义务人，应当按照规定缴纳印花税，具体有立合同人、立账簿人、立据人、领受人。

现行印花税只对印花税条例列举的凭证征税，具体有五类：经济合同，产权转移书据，营业账簿，权利、许可证照和经财政部确定征税的其他凭证。

企业缴纳的印花税不通过"应交税费"科目核算，直接计入企业的管理费用。企业购买印花税票时，借记"管理费用"，贷记"银行存款"；如果需要计提，则计提时借记"管理费用"，贷记"其他应付款"，缴纳时借记"其他应付款"，贷记"银行存款"。

2. 房产税、车船使用税、土地使用税

这些税费应通过"应交税费"科目核算。计算这些税费时，借记"管理费用"，贷记"应交税费"；在缴纳税金时，借记"应交税费"，贷记"银行存款"等。

【例2-15】

江南公司2015年4月开业，其记载资金的账簿中实收资本为2 000 000元，资本公积为800 000元，应按上述所载资金总额的0.5‰贴花；其他账簿8本，应按件贴花5元；领受房产证、工商营业执照、商标注册证、专利证、土地使用证各一件，5项权利、许可证照，应于领取时按件贴花5元；同月与其他单位签订了一项经济合同，总造价50 000 000元，按规定，该项合同应按合同金额的0.3‰贴花。该企业应纳印花税额及会计分录如下：

  应纳印花税额 = (2 000 000 + 800 000) × 0.5‰ + 8 × 5 + 5 × 5 + 50 000 000 × 0.3‰

        = 1 400 + 40 + 25 + 15 000

        = 16 465（元）

  借：管理费用——印花税   16 465

    贷：银行存款（或库存现金）   16 465

（三）其他费用的核算

（1）属于基本生产车间发生的，如基本生产车间订阅的报刊费、财产保险费、差旅费等，应记入"制造费用"总账及所属明细账的有关项目。

（2）属于辅助生产车间发生的，应记入"辅助生产成本"总账及所属明细账的有关项目。

（3）属于行政管理部门发生的，应记入"管理费用"总账及所属明细账的有关项目。

（4）属于销售部门发生的，应记入"销售费用"总账及所属明细账的有关项目。

（5）对影响几个会计期间的费用，如预付的财产保险费、支付一年以上的固定资产租赁费等，应根据权责发生制的原则记入"预付账款"或"长期待摊费用"科目。

【例 2-16】

江南公司 2015 年 6 月末编制税金及其他费用分配汇总表,相关费用及税金均通过银行存款支付,根据表 2.5-4 中的汇总资料,编制下列会计分录。

表 2.5-4　税金及其他费用分配汇总表

2015 年 6 月

应借科目		项目					
		保险费	办公费	交通费	税金	其他	合计
制造费用	一车间	4 550	860	1 600		500	7 510
	二车间	5 640	950	2 000		890	9 480
辅助生产成本	供电车间	2 300	500	800		230	3 830
	供水车间	3 300	650	1 200		130	5 280
管理费用		2 600	5 800	6 000	8 600	2 400	25 400
销售费用		1 800	4 500	3 900		1 780	11 980
合计		20 190	13 260	15 500	8 600	5 930	63 480

```
借：制造费用——一车间                              7 510
          ——二车间                              9 480
    辅助生产成本——供电车间                        3 830
              ——供水车间                        5 280
    管理费用                                     25 400
    销售费用                                     11 980
  贷：银行存款                                   63 480
```

任务六　辅助生产费用的核算

任务目标

1. 确定辅助生产费用的核算内容
2. 设置辅助生产费用核算账户
3. 掌握辅助生产成本结转的特点
4. 会运用辅助生产费用的分配方法完成辅助生产费用的核算

一、辅助生产费用与基本生产费用的关系

工业企业的生产车间按其职能不同分为基本生产车间和辅助生产车间。辅助生产车间是指为企业基本生产单位或其他部门服务而进行的产品生产或劳务供应的生产单位,辅助生产单位为生产产品和提供劳务而耗费的各项生产费用之和称为辅助生产费用,构成其产品和劳务的成本称为辅助生产成本。基本生产车间是指为完成主要生产目的而进行产品生产的单位,

基本生产单位为生产产品而耗费的各项生产费用之和称为基本生产费用，构成其产品的成本称为基本生产成本。生产费用是基本生产车间、辅助生产车间为生产产品或提供劳务而发生的各种耗费。其中：基本生产车间发生的耗费，称为基本生产费用；辅助生产车间发生的费用，称为辅助生产费用。

二、辅助生产费用核算的任务

企业内部的辅助生产单位包括生产辅助产品的车间，提供产品和劳务的供水车间、供电车间、供气车间和机修车间等，这些车间从事的生产活动称为辅助生产。企业内部辅助生产单位提供的产品主要有自制工具和模具、自制材料和包装物以及供水、供电、供气等，提供的劳务主要有机器设备的修理以及运输劳务等。

企业辅助生产单位的产品和劳务，有时也对外销售一部分，但主要任务是服务于企业基本生产单位和其他部门。因此，辅助生产产品和劳务成本的高低，对于企业基本生产产品成本和经营管理费用的水平有着很大的影响，正确、及时地组织辅助生产费用的核算，对于节约费用、降低成本，以及正确计算产品成本有着重要的意义。

辅助生产费用核算的任务分为辅助生产费用的归集和辅助生产成本的结转两方面，其核算特点如下。

（一）辅助生产费用的归集

辅助生产费用是通过企业设置的辅助生产成本明细账归集的。一般有两种处理方法：一是如果企业的辅助生产规模比较大，发生的制造费用比较多，企业成本管理要求单独归集辅助生产车间的制造费用，并按规定的成本项目核算辅助生产车间的产品和劳务成本，在这种情况下，辅助生产成本明细账应按产品或劳务的种类设置，账户中按规定的成本项目设置专栏。发生辅助生产费用时，直接材料、直接人工费用，分别根据有关凭证直接记入辅助生产成本明细账及相应的成本项目中；辅助生产的间接费用，则根据有关凭证，先通过"制造费用"明细账的借方单独归集，月末直接或分配转入辅助生产成本明细账及相应的成本项目中。二是如果企业的辅助生产车间规模比较小，制造费用发生得比较少，并且辅助生产不对外提供产品或劳务服务，企业也不需要按规定的成本项目核算辅助生产的产品和劳务的成本，这种情况下，为了简化成本核算工作，辅助生产车间的制造费用可不通过"制造费用"账户单独核算，而直接记入辅助生产成本账户，这样辅助生产成本明细账中可将产品或劳务的成本项目与制造费用的费用项目结合起来设置项目栏。发生的辅助生产费用，均根据有关凭证直接记入辅助生产成本账户的借方，登记在所属明细账相应的费用项目中。

（二）辅助生产成本的结转

各个辅助生产单位提供的产品和劳务种类不同，辅助生产费用分配和成本结转的方式也不一样。按照费用分配和成本结转方式的不同，辅助生产可以分为两种类型：一种是生产需要验收入库的产品，如辅助生产单位自制的材料、工具、模具等产品；另一种是生产不需要入库的产品及提供劳务，如辅助生产单位生产的电、蒸气、水等产品和提供的运输、修理等劳务。下面分别介绍两种类型辅助生产成本结转的特点。

1. 需要验收入库的产品成本的结转

辅助生产单位为企业提供的自制材料和包装物，自制工具和模具等产品，完工以后需要办理验收入库手续，再由各生产单位到仓库领用。在这种情况下，辅助生产单位应当以各种产品的品种作为成本核算对象，分别计算各种产品的实际总成本和单位成本。辅助生产单位当月发生的各项费用，应当直接记入或在各成本核算对象之间进行分配以后记入各种产品生产成本明细账；记入产品生产成本明细账的费用，应当在本期完工产品和期末在产品之间进行分配，计算出本期完工产品的实际总成本和单位成本。完工产品验收入库，结转其成本，在记入"生产成本——辅助生产成本"账户贷方的同时，应当记入"库存商品"或"周转材料"账户的借方。

结转完工入库产品成本以后，如果辅助生产成本二级账及所属明细账还有余额，就是该辅助生产单位月末在产品成本。这类辅助生产单位产品成本的计算程序和方法，与基本生产单位产品的计算程序和方法是相同的。

2. 需要分配给各受益对象的产品或劳务成本的结转

提供水、电、气等不需入库和提供修理、运输等劳务的辅助生产单位，也应当以各种产品和劳务作为成本核算对象，分别计算各种产品和劳务的实际总成本与单位成本。因为这类生产一般没有期末在产品，也无法存放于仓库，辅助生产单位当月发生的各项费用，应当直接记入或在各成本核算对象之间分配以后记入各种产品和劳务的生产成本明细账。因此，这类辅助生产单位发生的费用（产品或劳务的实际总成本），需要采用一定标准，在接受产品和劳务的各受益对象之间进行分配，转入各受益对象的成本费用之中。

辅助生产单位提供的水、电、气、修理、运输等产品和劳务的受益对象，可以是企业基本生产单位、企业管理部门和企业外部的客户；同时，辅助生产单位之间也可以相互提供产品和劳务，如供水车间需要供电车间提供电力，需要机修车间提供修理服务，机修车间需要供水车间和供电车间提供水、电，供电车间需要供水车间提供水和需要修理车间提供修理服务等。所以，在分配辅助生产费用时，不仅在辅助生产车间以外的部门进行分配，还应在辅助生产单位之间进行分配。

各个受益对象应负担的辅助生产费用（即产品和劳务的成本），应从"生产成本——辅助生产成本"账户的贷方，分别转入"生产成本——基本生产成本""生产成本——辅助生产成本""制造费用——基本生产单位""管理费用""销售费用""主营业务成本"（或"其他业务支出"）、"在建工程"等账户的借方。提供水、电、气等不需要入库的产品和提供修理、运输等劳务的辅助生产单位，在期末进行产品和劳务成本结转（费用分配）以后，辅助生产成本明细账户应无余额。

（三）辅助生产费用核算的账户设置

1. "生产成本"明细账的设置

辅助生产单位发生的费用，可以通过在"生产成本"账户中设置"辅助生产成本"二级账户来归集；也可以将"辅助生产成本"作为总分类账户，再按辅助生产单位设置二级账户来归集。本书将"辅助生产成本"作为总分类账户来举例。

辅助生产成本应按各辅助生产单位分别设置明细账。同时，还应按照辅助生产单位的成本核算对象（即产品和劳务的种类）开设"产品生产成本明细账"（产品成本计算单），用来归集辅助生产费用，计算出辅助生产单位生产的各种产品和提供的各种劳务的实际总成本和单位成本。辅助生产单位产品和劳务的成本项目可以设置直接材料、直接人工和制造费用等成本项目,也可以根据辅助生产单位自身的生产特点另行确定成本项目。辅助生产成本及所属的产品生产成本明细账,都应当按企业确定的成本项目设专栏,组织辅助生产费用的明细核算和辅助生产单位产品和劳务成本的计算。

2. "制造费用"明细账的设置

辅助生产单位发生的制造费用,有两种归集方法:一是在"制造费用"总分类账户下,按辅助生产单位设置制造费用明细账,归集辅助生产单位发生的制造费用以后,月末再分配转入辅助生产成本及其所属的产品生产成本明细账;二是直接记入或分配记入辅助生产成本及其所属的产品生产成本明细账,不设置辅助生产单位的制造费用明细账。

需要验收入库的辅助生产单位产品成本的计算和结转,与基本生产单位产品成本的计算程序和方法相同。本书重点介绍需要分配给各受益对象的产品或劳务成本的计算和结转方法。在一般情况下,辅助生产单位的制造费用,应先通过按辅助生产单位设置的制造费用明细账归集,这样有利于考核和分析辅助生产单位制造费用预算的执行情况。

三、辅助生产费用的分配

提供水、电、气和修理、运输等产品和劳务的辅助生产单位,期末将辅助生产费用按照受益原则分配给各受益对象,常用的分配方法有直接分配法、交互分配法、代数分配法、计划成本分配法和顺序分配法。

(一)直接分配法

直接分配法是将辅助生产单位发生的费用(产品或劳务的总成本)直接分配给辅助生产单位以外的各受益对象的分配方法。

采用直接分配方法进行分配,辅助生产单位互相提供的产品和劳务不参与分配过程,因此在计算费用分配率(即产品或劳务的单位成本)时,应剔除辅助生产单位互相提供的产品和劳务数量。其计算公式如下:

$$费用分配率 = \frac{某辅助生产单位待分配费用总额}{该生产单位供应给辅助生产单位以外部门的产品(劳务)供应量}$$

$$某受益对象应负担费用 = 该受益对象耗用的产品(劳务)数量 \times 费用分配率$$

【例 2-17】

青河工厂设有供水和机修两个辅助生产车间,本月"辅助生产成本"账户归集的辅助生产费用供水车间为 38 480 元,机修车间为 18 000 元。该厂 2015 年 9 月辅助生产车间提供的产品和劳务供应量见表 2.6-1。采用直接分配法分配辅助生产费用,有关计算过程如下:

表 2.6-1 辅助生产车间产品(劳务)供应量汇总表

2015 年 9 月

受益对象	供水数量/吨	修理工作量/工时
辅助生产车间——供水车间		500
辅助生产车间——机修车间	800	

续表

受益对象	供水数量/吨	修理工作量/工时
基本生产车间——甲产品	9 000	
基本生产车间——乙产品	8 500	
基本生产车间——一般耗用	1 000	1 700
厂部管理部门	1 500	300
合计	20 800	2 500

1. 分配供水车间费用。

$$费用分配率 = \frac{38\,480}{20\,800 - 800} = 1.924（元/吨）$$

基本生产车间甲产品应负担的水费 = 9 000×1.924 = 17 316（元）
基本生产车间乙产品应负担的水费 = 8 500×1.924 = 16 354（元）
基本生产车间一般耗用应负担的水费 = 1 000×1.924 = 1 924（元）
厂部管理部门应负担的水费 = 1 500×1.924 = 2 886（元）

2. 分配机修车间费用。

$$费用分配率 = \frac{18\,000}{2\,500 - 500} = 9（元/工时）$$

基本生产车间一般耗用应负担的修理费 = 1 700×9 = 15 300（元）
厂部管理部门应负担的修理费 = 300×9 = 2 700（元）

3. 根据上述计算的各受益对象应负担的费用，编制辅助生产费用分配表（见表2.6-2）。

表2.6-2　辅助生产费用分配表（直接分配法）

2015年9月　　　　　　　　　　　　　　　　　　　　金额单位：元

项　目	分配水费		分配修理费		对外分配金额合计
	数量/吨	金额	数量/工时	金额	
待分配费用		38 480		18 000	56 480
劳务供应总量	20 800		2 500		
其中：辅助生产车间以外单位	20 000		2 000		
费用分配率（单位成本）		1.924		9.00	
受益对象					
供水车间			（500）		
机修车间	（800）				
基本生产车间——甲产品	9 000	17 316			17 316
基本生产车间——乙产品	8 500	16 354			16 354

续表

项目	分配水费		分配修理费		对外分配金额合计
	数量/吨	金额	数量/工时	金额	
基本生产车间——一般耗用	1 000	1 924	1 700	15 300	17 224
厂部管理部门	1 500	2 886	300	2 700	5 586
合计	20 000	38 480	2 000	18 000	56 480

4. 根据辅助生产费用分配表（表2.6-2），编制分配结转辅助生产费用的会计分录。

借：基本生产成本——甲产品　　　　　　　　　　　　　17 316
　　　　　　　　——乙产品　　　　　　　　　　　　　16 354
　　制造费用——基本生产车间　　　　　　　　　　　　17 224
　　管理费用　　　　　　　　　　　　　　　　　　　　 5 586
　　贷：辅助生产成本——供水车间　　　　　　　　　　38 480
　　　　　　　　　　——机修车间　　　　　　　　　　18 000

采用直接分配法，分配过程比较简单，但由于各辅助生产单位之间相互提供的产品和劳务没有相互分配费用，因此会影响分配结果的准确性。这种方法适用于辅助生产单位之间相互提供的产品和劳务成本差额较小的企业。

（二）交互分配法

交互分配法是将辅助生产单位相互提供的产品或劳务先行互相分配，然后将各辅助生产单位互相分配后的实际生产费用再分配给辅助生产单位以外的各受益对象的分配方法。

交互分配法分两步来分配辅助生产费用，先是根据各辅助生产单位相互提供产品或劳务的数量和费用分配率，在各辅助生产单位之间进行一次交互分配（也称内部分配）；再将交互分配以后辅助生产单位的全部应分配费用（即交互分配前的待分配费用，加上交互分配转入费用，减去交互分配转出的费用），在辅助生产单位以外的各受益对象之间进行分配（也称外部分配）。其计算公式如下：

$$交互分配费用分配率 = \frac{交互分配前辅助生产单位的待分配费用总额}{该辅助生产单位提供产品（劳务）供应总量}$$

某辅助生产单位应负担的费用 =
该辅助生产单位接受劳务数量 × 交互分配费用分配率

$$对外分配费用分配率 = \frac{交互分配前待分配费用总额 + 交互分配转入费用 - 交互分配转出费用}{该生产单位供应给辅助生产单位以外部门的产品（劳务）总量}$$

某受益对象应负担费用 = 该受益对象接受的产品（劳务）数量 × 对外分配费用分配率

【例2-18】
利用表2.6-1提供的青河工厂资料，采用交互分配法分配费用，有关计算过程如下：

1. 交互分配辅助生产费用。

① 分配供水车间费用	② 分配机修车间费用
费用分配率 = $\dfrac{38\,480}{20\,800}$ = 1.85（元/吨）	费用分配率 = $\dfrac{18\,000}{2\,500}$ = 7.20（元/工时）
机修车间应负担水费 = 800 × 1.85 = 1 480（元）	供水车间应负担修理费 = 500 × 7.20 = 3 600（元）

2. 计算对外应分配的辅助生产费用。

供水车间：38 480 + 3 600 − 1 480 = 40 600（元）

机修车间：18 000 + 1 480 − 3 600 = 15 880（元）

3. 对外分配供水车间费用。

$$费用分配率 = \dfrac{40\,600}{20\,800 - 800} = 2.03（元/吨）$$

基本生产车间甲产品应负担的水费 = 9 000 × 2.03 = 18 270（元）

基本生产车间乙产品应负担的水费 = 8 500 × 2.03 = 17 255（元）

基本生产车间一般耗用应负担的水费 = 1 000 × 2.03 = 2 030（元）

厂部管理部门应负担的水费 = 1 500 × 2.03 = 3 045（元）

4. 对外分配机修车间费用。

$$费用分配率 = \dfrac{15\,880}{2\,500 - 500} = 7.94（元/工时）$$

基本生产车间一般耗用应负担的修理费 = 1 700 × 7.94 = 13 498（元）

厂部管理部门应负担的修理费 = 300 × 7.94 = 2 382（元）

5. 根据上述交互分配和对外分配金额，编制辅助生产费用分配表（见表 2.6 – 3）。

表 2.6 – 3　辅助生产费用分配表（交互分配法）

2015 年 9 月　　　　　　　　　　　　　　　　　　　　金额单位：元

项目	交互分配				对外分配				合计
	分配水费		分配修理费		分配水费		分配修理费		
	数量	金额	数量	金额	数量	金额	数量	金额	
待分配费用		38 480		18 000		40 600		15 880	56 480
劳务总量	20 800		2 500		20 000		2 000		
费用分配率		1.85		7.20		2.03		7.94	
受益对象									
供水车间			500	3 600					
机修车间	800	1 480							
生产甲产品					9 000	18 270			18 270
生产乙产品					8 500	17 255			17 255
一般耗用					1 000	2 030	1 700	13 498	15 528
管理部门					1 500	3 045	300	2 382	5 427
合计		1 480		3 600	20 000	40 600	2 000	15 880	56 480

6. 根据辅助生产费用分配表（表2.6-3），编制会计分录如下：

（1）交互分配的会计分录：

借：辅助生产成本——供水车间	3 600
——机修车间	1 480
贷：辅助生产成本——供水车间	1 480
——机修车间	3 600

（2）对外分配的会计分录：

借：基本生产成本——甲产品	18 270
——乙产品	17 255
制造费用——基本生产车间	15 528
管理费用	5 427
贷：辅助生产成本——供水车间	40 600
——机修车间	15 880

7. 实际工作中，可将分配金额汇总编制会计分录如下：

借：辅助生产成本——供水车间	3 600
——机修车间	1 480
基本生产成本——甲产品	18 270
——乙产品	17 255
制造费用——基本生产车间	15 528
管理费用	5 427
贷：辅助生产成本——供水车间	42 080
——机修车间	19 480

采用交互分配法，辅助生产单位内部相互提供的产品和劳务进行了交互分配（即相互分配了费用），与直接分配法比较，提高了费用分配结果的正确性。但由于在分配费用时都要计算交互分配和对外分配两个费用分配率，进行两次分配，增加了计算的工作量。

（三）代数分配法

代数分配法是根据数学上解联立方程的原理，计算出辅助生产单位产品和劳务的实际单位成本，再按照产品或劳务的实际供应量，在各个受益对象之间分配辅助生产费用的方法。其计算公式如下：

$$\text{某辅助生产单位产品（或劳务）的单位成本} = \frac{\text{该辅助生产单位的待分配费用} + \text{耗用其他辅助单位产品（或劳务）数量} \times \text{单位成本}}{\text{该辅助生产单位提供产品（劳务）供应总量}}$$

【例2-19】

仍利用表2.6-1青河工厂的资料，采用代数分配法分配费用，有关计算过程如下：

1. 计算辅助生产费用分配率，保留四位小数。

设青河工厂供水车间每吨水的成本为 x 元，机修车间每小时的成本为 y 元，根据资料设立的二元一次方程组为

方程组	解方程组得
$38\,480 + 500y = 20\,800x$	$x = 2.038\,8$（元/吨）
$18\,000 + 800x = 2\,500y$	$y = 7.854\,1$（元/工时）

计算结果表明：

供水车间每吨水的实际成本为 2.038 8 元，机修车间每小时的实际成本为 7.854 1 元。

2. 分配供水车间费用。

$$机修车间应负担的水费 = 800 \times 2.038\,8 = 1\,631.04（元）$$
$$基本生产车间甲产品应负担的水费 = 9\,000 \times 2.038\,8 = 18\,349.20（元）$$
$$基本生产车间乙产品应负担的水费 = 8\,500 \times 2.038\,8 = 17\,329.80（元）$$
$$基本生产车间一般耗用应负担的水费 = 1\,000 \times 2.038\,8 = 2\,038.80（元）$$
$$厂部管理部门应负担的水费 = (38\,480 + 500 \times 7.854\,1) -$$
$$(1\,631.04 + 18\,349.2 + 17\,329.80 + 2\,038.8) = 3\,058.21（元）$$

3. 分配机修车间费用。

$$供水车间应负担的修理费 = 500 \times 7.854\,1 = 3\,927.05（元）$$
$$基本生产车间一般耗用应负担的修理费 = 1\,700 \times 7.854\,1 = 13\,351.97（元）$$
$$厂部管理部门应负担的修理费 = (18\,000 + 800 \times 2.038\,8) -$$
$$(3\,927.05 + 13\,351.97) = 2\,352.02（元）$$

4. 根据上述计算的受益对象应负担的费用，编制辅助生产费用分配表（见表 2.6-4）。

表 2.6-4 辅助生产费用分配表（代数分配法）

2015 年 9 月　　　　　　　　　　　　　　　　金额单位：元

项　目	分配水费		分配修理费		对外分配金额合计
	数量/吨	金额	数量/小时	金额	
待分配费用		38 480		180 00	56 480
劳务供应总量	20 800		2 500		
费用分配率（单位成本）		2.038 8		7.854 1	
受益对象					
供水车间			500	3 927.05	
机修车间	800	1 631.04			
基本生产车间——甲产品	9 000	18 349.20			18 349.20
基本生产车间——乙产品	8 500	17 329.80			17 329.80
基本生产车间——一般耗用	1 000	2 038.80	1 700	13 351.97	15 390.77
厂部管理部门	1 500	3 058.21	300	2 352.02	5 410.23
合计	20 800	42 407.05	2 500	19 631.04	56 480

5. 根据辅助生产费用分配表（表 2.6-4），编制会计分录如下：

借：辅助生产成本——供水车间　　　　　　　　　　　　3 927.05
　　　　　　　　——机修车间　　　　　　　　　　　　1 631.04
　　基本生产成本——甲产品　　　　　　　　　　　　　18 349.20
　　基本生产成本——乙产品　　　　　　　　　　　　　17 329.80
　　制造费用——基本生产车间　　　　　　　　　　　　15 390.77
　　管理费用　　　　　　　　　　　　　　　　　　　　 5 410.23
　　贷：辅助生产成本——供水车间　　　　　　　　　　42 407.05
　　　　　　　　　——机修车间　　　　　　　　　　　19 631.04

代数分配法是通过解联立方程组求得产品和劳务的实际单位成本的，因此，分配结果最为准确。但当企业的辅助生产单位比较多时，计算工作会比较复杂，这种方法适宜已经实现会计电算化的企业。

（四）计划成本分配法

计划成本分配法是先按辅助生产单位产品或劳务的实际供应量和计划单位成本的总金额，在各受益对象（包括各辅助生产单位在内）之间分配辅助生产费用，然后计算辅助生产单位实际应分配的费用（原待分配费用＋辅助生产单位内部按计划成本分配转入的费用）与按计划单位成本分配转出费用的差额（即辅助生产成本差异）的方法。

为了简化分配工作，辅助生产的成本差异一般不再分配给其他各受益对象，全部调整记入管理费用。

计划成本＝该辅助生产单位实际供应量×产品的计划单位成本
实际成本＝该辅助生产单位待分配费用＋按计划单位成本分配转入的其他辅助生产费用
辅助生产成本差异＝实际成本－计划成本

采用计划成本分配法，由于预先制定了产品和劳务的计划单位成本，各辅助生产费用只需分配一次，简化和加速了成本计算和分配工作。同时，通过计算和分配辅助生产单位的成本差异，可以查明辅助生产单位成本计划的完成情况，也便于考核和分析各受益单位和部门的经济责任。这种方法适于预先制定的计划单位成本比较准确的企业。

【例 2-20】

仍利用表 2.6-1 提供的青河工厂的资料，假设该厂确定的计划单位成本每吨水为 2.04 元，每修理工时为 7.82 元。

采用计划成本分配法分配，有关计算过程如下：

1. 按计划成本分配率分配供水车间费用。

机修车间应负担的水费＝800×2.04＝1 632（元）
基本生产车间甲产品应负担的水费＝9 000×2.04＝18 360（元）
基本生产车间乙产品应负担的水费＝8 500×2.04＝17 340（元）
基本生产车间一般耗用应负担的水费＝1 000×2.04＝2 040（元）
厂部管理部门应负担的水费＝1 500×2.04＝3 060（元）

分配金额合计：1 632＋18 360＋17 340＋2 040＋3 060＝42 432（元）
或：20 800×2.04＝42 432（元）

2. 按计划成本分配率分配机修车间费用。

$$供水车间应负担的修理费 = 500 \times 7.82 = 3\,910（元）$$
$$基本生产车间一般耗用应负担的修理费 = 1\,700 \times 7.82 = 13\,294（元）$$
$$厂部管理部门应负担的修理费 = 300 \times 7.82 = 2\,346（元）$$

分配金额合计：$3\,910 + 13\,294 + 2\,346 = 19\,550$（元）

或 $2\,500 \times 7.82 = 19\,550$（元）

3. 计算辅助生产单位实际应分配的费用。

$$供水车间费用 = 38\,480 + 3\,910 = 42\,390（元）$$
$$机修车间费用 = 18\,000 + 1\,632 = 19\,632（元）$$

4. 计算辅助生产成本差异。

$$供水车间成本差异 = 42\,390 - 42\,432 = -42（元）$$
$$机修车间成本差异 = 19\,632 - 19\,550 = 82（元）$$

5. 根据上述计算的受益对象应负担的费用，编制辅助生产费用分配表（见表 2.6-5）。

表 2.6-5 辅助生产费用分配表（计划成本分配法）

2015 年 9 月　　　　　　　　　　　　　　金额单位：元

项目	分配水费		分配修理费		对外分配金额合计
	数量/吨	金额	数量/小时	金额	
待分配费用		38 480		18 000	56 480
劳务供应总量	20 800		2 500		
费用分配率（计划单位成本）		2.04		7.82	
受益对象					
供水车间			500	3 910	
机修车间	800	1 632			
基本车间——生产甲产品	9 000	18 360			18 360
基本车间——生产乙产品	8 500	17 340			17 340
基本车间——一般耗用	1 000	2 040	1 700	13 294	15 334
厂部管理部门	1 500	3 060	300	2 346	5 406
计划成本分配合计		42 432		19 550	
实际分配辅助生产费用		42 390		19 632	
辅助生产成本差异		-42		82	40

6. 根据辅助生产费用分配表（表 2.6-5），编制分配结转辅助生产费用的会计分录如下：

（1）按计划单位成本分配的会计分录。

借：辅助生产成本——供水车间　　　　　　　　　　　　　　　　3 910

	——机修车间	1 632
	基本生产成本——甲产品	18 360
	基本生产成本——乙产品	17 340
	制造费用——基本生产车间	15 334
	管理费用	5 406
	贷：辅助生产成本——供水车间	42 432
	——机修车间	19 550

（2）分配结转成本差异。

	借：管理费用	40
	贷：生产成本——辅助生产成本（供水车间）	-42
	——辅助生产成本（机修车间）	82

上述分配结转辅助生产成本差异的会计分录属于调整分录，不论成本差异是超支差异还是节约差异，账户的对应关系是相同的，在登记账户时，超支差异用蓝字表示补加，节约差异用红字表示冲减。

（五）顺序分配法

顺序分配法又称阶梯法。它是指各种辅助生产部门分配费用按照受益多少的顺序排列，受益少的排在前面、先行分配，受益多的排在后面、再行分配的一种方法。其分配特点是前者分配给后者，而后者不分配给前者，后者的分配额等于其直接费用加上前者分配来的费用之和。

【例 2-21】

仍利用表 2.6-1 青河工厂的资料，采用顺序分配法分配费用，有关计算过程如下：

1. 确定辅助生产车间费用分配顺序。

根据交互分配法交互分配结果，机修车间受益 1 480 元，供水车间受益 3 600 元。受益少的先分配，因此，机修车间分配顺序排在第一位，供水车间分配顺序排在第二位。

2. 分配机修车间费用。

$$费用分配率 = \frac{18\ 000}{2\ 500} = 7.20（元/工时）$$

供水车间负担的机修费用 = 500 × 7.20 = 3 600（元）

基本生产车间一般耗用应负担的修理费 = 1 700 × 7.20 = 12 240（元）

厂部管理部门应负担的修理费 = 300 × 7.20 = 2 160（元）

3. 计算供水车间待分配费用。

供水车间费用 = 38 480 + 3 600 = 42 080（元）

4. 分配供水费用。

$$费用分配率 = \frac{42\ 080}{20\ 800 - 800} = 2.104（元/吨）$$

基本生产车间甲产品应负担的水费 = 9 000 × 2.104 = 18 936（元）

基本生产车间乙产品应负担的水费 = 8 500 × 2.104 = 17 884（元）

基本生产车间一般耗用应负担的水费 = 1 000 × 2.104 = 2 104（元）

厂部管理部门应负担的水费 = 1 500 × 2.104 = 3 156（元）

5. 根据辅助生产费用分配表（表2.6-6），编制分配结转辅助生产费用的会计分录。

借：辅助生产成本——供水车间　　　　　　　　　　　　　　　3 600
　　基本生产成本——甲产品　　　　　　　　　　　　　　　　18 936
　　基本生产成本——乙产品　　　　　　　　　　　　　　　　17 884
　　制造费用——基本生产车间　　　　　　　　　　　　　　　14 344
　　管理费用　　　　　　　　　　　　　　　　　　　　　　　 5 316
　　贷：辅助生产成本——供水车间　　　　　　　　　　　　　42 080
　　　　　　　　　　　——机修车间　　　　　　　　　　　　18 000

6. 根据上述计算的受益对象应负担的费用，集中编制辅助生产费用分配表见表2.6-6。

表2.6-6　辅助生产费用分配表（顺序分配法）

2015年9月　　　　　　　　　　　　　　　　　　　　　　　金额单位：元

项　目	分配修理费		分配水费		对外分配金额合计
	数量/小时	金额	数量/吨	金额	
待分配费用		18 000		42 080	
劳务供应总量	2 500		20 800		
其中：辅助生产以外单位			20 000		
费用分配率（单位成本）		7.20		2.104	
受益对象					
供水车间	500	3 600			
机修车间			（800）		
基本车间——生产甲产品			9 000	18 936	18 936
基本车间——生产乙产品			8 500	17 884	17 884
基本车间——一般耗用	1 700	12 240	1 000	2 104	14 344
厂部管理部门	300	2 160	1 500	3 156	5 316
合计	2 500	18 000	20 000	42 080	56 480

顺序分配法的分配顺序按受益的劳务金额从小到大排列，分配过程是前者分配给后者，后者不分配给前者，每一辅助生产车间被分配的辅助生产费用是原辅助生产费用加上其他辅助生产车间分来的生产费用。顺序分配法适用于辅助生产车间较多、相互耗用的劳务金额相差较大的企业。

应当指出，辅助生产费用分配方法不会改变辅助生产费用归集和分配的特点，不管采用何种方法，分配结转后辅助生产成本明细账应无余额，对外分配金额的合计数是相同的。上述五种方法下辅助生费用产对外分配金额以及在辅助生产成本明细账中的登记结果可以集中见表 2.6-7 和表 2.6-8。

表 2.6-7　辅助生产费用对外分配结果比较表

2015 年 9 月　　　　　　　　　　　　　　　　　　金额单位：元

辅助生产费用分配方法	对外分配费用			
	基本生产成本	制造费用	管理费用	合计
直接分配法	33 670	17 224	5 586	56 480
交互分配法	35 525	15 528	5 427	56 480
代数分配法	35 679	15 390.77	5 410.23	56 480
计划成本分配法	35 700	15 334	5 446	56 480
顺序分配法	36 820	14 344	5 316	56 480

表 2.6-8　辅助生产成本明细账比较表

2015 年 9 月　　　　　　　　　　　　　　　　　　金额单位：元

辅助生产费用分配方法		供水车间生产成本明细账		机修车间生产成本明细账	
		借方金额	贷方金额	借方金额	贷方金额
直接分配法		38 480	38 480	18 000	18 000
交互分配法	发生额	38 480 3 600	1 480 40 600	18 000 1 480	3 600 15 880
	合计	42 080	42 080	19 480	19 480
代数分配法	发生额	38 480 3 927.05	42 407.05	18 000 1 631.04	19 631.04
	合计	42 407.05	42 407.05	19 631.04	19 631.04
计划成本分配法	发生额	38 480 3 910	42 432 -42	18 000 1 632	19 550 82
	合计	42 390	42 390	19 632	19 632
顺序分配法	发生额	38 480 3 600	42 080	18 000	18 000
	合计	42 080	42 080	18 000	18 000

任务七 制造费用的核算

任务目标

1. 认知制造费用与期间费用的区别
2. 掌握制造费用核算账户
3. 掌握制造费用的分配

一、制造费用与期间费用比较

（一）制造费用

1. 制造费用概念

制造费用是指企业为生产产品和提供劳务而发生的各项间接费用，主要包括企业各个生产单位（车间、分厂）为组织和管理生产而发生的费用，以及在产品生产过程中发生但不能直接归属于所制造的产品成本中的各种生产费用。具体包括工资和福利费、折旧费、修理费、办公费、水电费、机物料消耗、劳动保护费、季节性和修理期间的停工损失等。

2. 制造费用范围

（1）直接用于产品生产未单独设置成本项目的费用。

包括：直接用于某产品生产设备的折旧费、租赁费、保险费；生产车间的低值易耗品摊销费、图纸设计费和产品试验检验费用；企业所发生的用于产品生产的动力费用等，如果该动力费用未单独设置"燃料及动力"成本项目，也可以将其中的动力费用其按所属关系计入"制造费用"。

（2）间接用于产品生产不能单设产品成本项目的费用。

包括：生产用的房屋、建筑物、设备的折旧费、保险费、租赁费、机物料消耗费；车间的水电、取暖、排污、通信、除尘等费用；工人的劳保费用；季节性停工或固定资产大修理期间停工所造成的损失等。

（3）为组织和管理产品生产而发生的费用。

包括：生产车间管理人员的薪酬；生产管理部门使用的固定资产折旧费用、保险费用及租赁费用；生产管理过程中使用低值易耗品的摊销费用；生产车间管理部门发生的水电、取暖、排污、通信、差旅、办公费用等。如果企业的组织机构分为车间、分公司和总公司等若干层次，则分公司也与车间相似，也是企业的生产单位，因而分公司用于组织和管理生产的费用，也作为制造费用核算。

（二）期间费用

1. 期间费用概念

期间费用是企业在日常活动中发生的不能计入特定核算对象的成本而应计入发生当期损益的费用。

2. 期间费用内容

期间费用包括销售费用、管理费用和财务费用。期间费用符合以下两种情况：一是企业发生的支出不产生经济利益，或者即使产生经济利益但不符合或者不再符合资产确认条件的，应当在发生时确认为费用，计入当期损益；二是企业发生的交易或者事项导致其承担了一项负债，而又不确认为一项资产的，应当在发生时确认为费用，计入当期损益。

（三）制造费用与期间费用区别

（1）费用分为生产费用和非生产费用，其中生产费用就是指制造产品的费用（最终形成产品的成本），包括直接材料、直接人工、制造费用等；非生产费用是指期间费用（管理费用、销售费用和财务费用）。

（2）制造费用一般是间接计入费用，当制造费用发生时一般无法直接判定它所归属的成本计算对象，因而不能直接计入所生产的产品成本中去，而须按费用发生的地点先行归集，月终时再采用一定的方法在各成本计算对象之间进行分配，计入各成本计算对象的成本中。所以制造费用不属于期间费用，制造费用最终形成产品的成本。

期间费用是企业日常活动中所发生的经济利益的流出。之所以不计入一定的成本核算对象，主要是因为期间费用是为组织和管理企业整个经营活动所发生的费用，与可以确定一定成本核算对象的材料采购、产品生产等支出没有直接关系，因而期间费用不计入有关核算对象的成本，而是直接计入当期损益。

（3）制造费用期末需结转至生产成本，最终计入库存商品，期末列示在资产负债表中。

期间费用在期末需结转至本年利润，期末列示在利润表中。

二、制造费用核算任务

（一）归集制造费用

（1）为了正确反映生产单位的制造费用发生和分配情况，企业应设置"制造费用"总分类账户，按生产单位设置明细分类账户，按费用种类设置多栏式账页进行明细分类核算，归集生产单位为组织和管理生产而发生的全部间接费用。"制造费用"账户的借方登记发生的各项制造费用，贷方登记分配转销的制造费用，除季节性生产企业外，期末制造费用分配后一般没有余额。

（2）企业辅助生产车间发生的制造费用可以单独设置"制造费用"账户归集，月末再分配转入"辅助生产成本"所属的产品生产成本明细账户，"制造费用"明细账应分别按"基本生产车间""辅助生产车间"设置；如果辅助车间规模较小、产品及制造费用较少，则可以不单独设置"制造费用"账户，而将辅助车间发生的所有费用计入"辅助生产成本"所属的产品生产成本明细账，则"制造费用"账户仅核算基本生产车间的间接费用。

（二）分配制造费用

月末，企业应按制造费用发生的地点和费用项目进行归集，明确制造费用受益的对象、分配标准，根据受益原则进行分配，最终计入车间生产的产品成本。

企业应提高间接费用归集和分配的质量，加强制造费用的核算，监督制造费用的合理性、合法性，保证成本信息的真实可靠。

三、制造费用分配的核算

企业生产车间发生的各项间接费用，如机物料消耗，车间管理人员薪酬，固定资产折旧费，办公费、水电费，季节性的停工损失等，借记"制造费用"科目，贷记"原材料""应付职工薪酬""累计折旧""银行存款"等科目。

期末，将归集的制造费用分配计入有关的成本核算对象，借记"基本生产成本""辅助生产成本""劳务成本"等科目，贷记"制造费用"科目。

生产一种产品的车间、部门，发生的制造费用应直接计入该种产品的成本。生产多种产品的车间、部门，发生的制造费用则属于间接计入费用，应采用适当的分配方法，分配计入各产品生产成本中。制造费用分配的方法较多，主要有工时比例法、工资比例法、机器工时比例法、年度计划分配率法等。企业可以根据实际情况选择使用，但不得随意变更已经确定的制造费用分配方法。

（一）工时比例法

工时比例法是按照各种产品所耗生产工人工时的比例分配制造费用的方法。分配公式如下：

$$某车间制造费用分配率 = \frac{该车间制造费用总额}{该车间实际生产产品工时总量}$$

$$某产品应负担的制造费用 = 该产品所耗工时 \times 制造费用分配率$$

采用工时比例法分配制造费用，使制造费用的分配与劳动生产率相结合，分配结果比较合理，在实际工作中应用较广泛。为保证分配结果的正确，分配公式中的工时，应按实际消耗工时计算。在没有实际工时记录时，也可以按定额工时分配制造费用。

【例 2-22】

2015 年 7 月，海河公司第一车基本生产车间共发生下列间接费用：

计提设备折旧费 4 300 元，摊销无形资产 3 000 元，用支票支付办公费 600 元，摊销上年末已支付的设备保险费 850 元，计提车间管理人员薪酬 12 800 元，用现金报销差旅费 1 230 元及其他费用 170 元。月末归集一车间制造费用，按产品生产工时分配制造费用。

1. 月末归集一车间制造费用

借：制造费用——一车间	22 950
贷：累计折旧	4 300
累计摊销	3 000
银行存款	600
预付账款	850
应付职工薪酬	12 800
库存现金	1 400

该基本车间生产甲、乙、丙三种产品，生产工时分别为 3 000 小时、2 600 小时、2 050 小时，按生产工时分配制造费用，填制"制造费用分配表"（见表 2.7-1），编制会计分录。

表 2.7-1 制造费用分配表

车间：一车间　　　　　　　　　　2015 年 7 月　　　　　　　　　　单位：元

产品名称	生产工时	分配率	分配金额
甲产品	3 000		9 000
乙产品	2 600		7 800
丙产品	2 050		6 150
合计	7 650	3	22 950

根据制造费用分配表，编制会计分录如下：

借：基本生产成本——一车间（甲产品）　　　　　　　　　9 000
　　　　　　　　　　　　　　（乙产品）　　　　　　　　　7 800
　　　　　　　　　　　　　　（丙产品）　　　　　　　　　6 150
　　贷：制造费用——一车间　　　　　　　　　　　　　　22 950

2. 工资比例法

工资比例法是按照计入各种产品成本的生产工人工资比例分配制造费用的方法。分配公式如下：

$$某车间制造费用分配率 = \frac{该车间制造费用总额}{该车间生产工人工资总额}$$

某产品应负担制造费用 = 该产品负担的生产工人工资 × 制造费用分配率

采用工资比例法分配制造费用，分配依据容易取得，但其正确性受机械化程度的影响较大。机械化程度高的产品，负担的生产工人工资额相对较少，负担的制造费用就少；反之，负担的制造费用就多。因此，使用工资比例法时，要注意各种产品的机械化程度应当基本相近。值得说明的是，如果计入产品成本的生产工人工资是按工时比例分配的，则工资比例分配法与工时比例分配法对制造费用进行分配的结果是相同的。

企业可以根据产品发生的直接材料成本分配制造费用，也可以按照直接材料和直接人工成本之和（直接成本）来分配制造费用。

3. 机器工时比例法

机器工时比例法是按照各种产品所消耗的机器工时总额分配制造费用的方法。分配公式如下：

$$某车间制造费用分配率 = \frac{该车间制造费用总额}{该车间所耗机器工时总额}$$

某产品应负担制造费用 = 该产品耗用的机器工时 × 制造费用分配率

在机械化程度较高的企业中，机器设备成为生产的主要因素，按照机器工时比例分配制造费用就显得更为合理。采用机器工时比例法时，要有完整的机器工时原始记录，才能正确分配制造费用。

【例 2-23】

海河公司基本生产车间二车间生产甲、乙、丙三种产品，2015 年 7 月该车间共发生制造费用 18 750 元，三种产品的机器工时分别为 4 000 小时、5 000 小时、6 000 小时。该车间按机器工时比例分配制造费用，编制制造费用分配表（见表2.7-2）及会计分录。

表2.7-2 制造费用分配表

车间：二车间　　　　　　　　　　2015年7月　　　　　　　　　　单位：元

产品名称	机器工时	分配率	分配金额
甲产品	4 000		5 000
乙产品	5 000		6 250
丙产品	6 000		7 500
合计	15 000	1.25	18 750

根据制造费用分配表，编制会计分录如下：
借：基本生产成本——二车间（甲产品）　　　　　　　　　　　5 000
　　　　　　　　　　　　　　　　（乙产品）　　　　　　　　　6 250
　　　　　　　　　　　　　　　　（丙产品）　　　　　　　　　7 500
　　贷：制造费用——二车间　　　　　　　　　　　　　　　　18 750

4. 年度计划分配率法

年度计划分配率法是企业在正常生产经营条件下，依据年度制造费用预算数与各种产品预计产量的相关定额标准（如工时、机时等）确定计划分配率，并以此分配制造费用的方法。分配公式如下：

$$某车间制造费用计划分配率 = \frac{该车间年度制造费用预算数}{\sum(该车间各种产品计划产量 \times 标准单位定额)}$$

某产品应负担制造费用 = 该产品实际产量 × 标准单位定额 × 制造费用计划分配率

采用年度计划分配率法分配制造费用后，必定会使实际发生并归集的制造费用与按计划分配率分配转出的制造费用之间产生差异。对两者之间的差异，可在年末按12月份的制造费用计划分配额为标准再进行一次分配。对实际制造费用大于已分配的计划制造费用的差异，补计入各产品的生产成本；对实际制造费用小于已分配的计划制造费用的差异，用红字冲回多记的产品生产成本。

制造费用差异额的分配公式如下：

$$制造费用差异分配率 = \frac{年度制造费用差异额}{当年12月份制造费用计划分配额（或分配标准）}$$

$$某产品应负担制造费用差异额 = 某产品12月份负担的制造费用计划额 \times 制造费用差异分配率$$

采用年度计划分配率法分配制造费用，分配手续简便，有利于及时计算产品成本，适用于季节性生产企业，使单位产品负担的制造费用相对均衡。季节性生产企业基本生产车间的制造费用，一般可按制造费用的全年或停工月度预算数和产品的全年计划产量计算确定计划分配率，据以进行分配。制造费用的实际发生数、产品的实际产量与预算数、计划产量相差较大时，应当及时调整计划分配率。为了保证产品成本计算的正确性，要求采用年度计划分配率法的企业有比较准确的定额标准和较高的计划管理水平。

年度计划分配率法下,制造费用科目借方登记各月实际发生的制造费用金额,贷方登记实际产量下按计划分配率分配转入产品成本的制造费用金额,平时月末余额可能为借方也可能为贷方,反映实际与计划分配额的差额,超支额为借方,节约额为贷方。年末,应将制造费用全年实际发生额与计划分配额的差额(超支或节约差额)追加分配计入产品成本,借记"生产成本",贷记"制造费用"(节约用红字),年末结转后,制造费用总账及明细账应无余额。

无论采用何种方法分配制造费用,都要将分配结果编制"制造费用分配表",并根据制造费用分配表进行账务处理。

根据会计分录(记账凭证)登记制造费用明细账后,一般会结平各个制造费用明细账户,但季节性生产企业在采用年度计划分配率分配制造费用时,由于存在制造费用分配差异,在月末分配制造费用后,很可能会有余额存在,企业应于年末确认制造费用全年实际发生额与分配额的差额,除其中属于为下一年开工生产做准备的可留待下一年分配外,其余部分均应调整计入12月份的产品成本,实际发生额大于分配额的差额,借记"生产成本"科目,贷记"制造费用"科目;实际发生额小于分配额的差额,用红字登记会计分录。只有在年末分配制造费用差异并将差异分配结果记入各产品"生产成本"明细账后,才能结平制造费用明细账户。

【例2-24】

黄石公司为季节性生产企业,基本生产车间生产甲、乙两种产品,2015年基本生产车间全年计划制造费用总额为1 097 100元,甲、乙两种产品年度计划产量分别为28 000件、30 000件,甲、乙两种产品单位工时定额分别为6小时、5小时。7月实际发生制造费用为83 500元,甲、乙两种产品实际产量分别为2 500件、1 880件。

1. 计算年度制造费用计划分配率。

$$制造费用计划分配率 = \frac{1\ 097\ 100}{28\ 000 \times 6 + 30\ 000 \times 5} = 3.45(元/小时)$$

2. 编制5月份制造费用分配表(见表2.7-3)。

表2.7-3 制造费用分配表

车间:基本生产车间　　　　　　　　2015年7月　　　　　　　　　　单位:元

产品名称	产量/件	单位工时/小时	总工时/小时	计划分配率	分配金额
甲产品	2 500	6	15 000		51 750
乙产品	1 880	5	9 400		32 430
合计			24 400	3.45	84 180

根据制造费用分配表,编制会计分录如下:

借:基本生产成本——甲产品　　　　　　　　　　　　　51 750
　　　　　　　　——乙产品　　　　　　　　　　　　　32 430
　　贷:制造费用　　　　　　　　　　　　　　　　　　84 180

【例2-25】

黄石公司为季节性生产企业,基本生产车间生产甲、乙两种产品,2015年基本生产车间按全年计划制造费用分配率分配的制造费用总额为 1 120 000 元,全年实际发生制造费用为 1 118 000 元,节约额为 2 000 元,年末,将节约额追加分配,按照甲、乙两种产品 12 月份累计实际工时(甲乙产品工时分别为 6 500 工时、3 500 工时)分配,编制会计分录。

$$追加分配率 = \frac{-2\ 000}{6\ 500 + 3\ 500} = -0.2(元/工时)$$

甲产品追加分配额 = 6 500 × (-0.2) = -1 300(元)

乙产品追加分配额 = 6 500 × (-0.2) = -700(元)

借:基本生产成本——甲产品   -1 300
         ——乙产品   -700
    贷:制造费用   -2 000

【例 2-26】

2015 年 6 月,江南公司辅助模具车间生产甲、乙、丙三种模具,月末根据记账凭证编制制造费用明细账(见表 2.7-4),汇总显示模具车间共发生制造费用总额为 47 080 元,甲、乙、丙三种模具生产工时分别为 8 800 工时、6 530 工时、6 070 工时,月末按产品生产工时分配制造费用,编制制造费用分配表(见表 2.7-5)。填写会计分录,结清制造费用明细账。

表 2.7-4 制造费用明细账

车间名称:模具车间   2015 年 6 月   单位:元

2015 年 月/日		摘要	借方										贷方	余额
			薪酬	折旧费	租赁费	保险费	动力费	差旅费	办公费	劳保费	低耗品摊销	合计		
6	30	计提折旧费		16 500								16 500		16 500
	30	摊销设备租赁费			8 010							8 010		24 510
	30	摊销设备保险费				5 300						5 300		29 810
	30	分配水电费					2 560					2 560		32 370
	30	摊销劳保费								3 200		3 200		35 570
	30	支付办公费							980			980		36 550
	30	摊销低值易耗品									1 050	1 050		37 600
	30	报销差旅费						2 680				2 680		40 280
	30	分配薪酬	6 800									6 800		47 080

续表

2015年 月/日		摘要	借方										贷方	余额
			薪酬	折旧费	租赁费	保险费	动力费	差旅费	办公费	劳保费	低耗品摊销	合计		
6	30	分配转出											47 080	0
		本月合计											47 080	0

表 2.7-5　制造费用分配表

车间：模具车间　　　　　　　　2015 年 6 月　　　　　　　　单位：元

产品名称	生产工时	分配率	分配金额
甲产品	8 800		19 360
乙产品	6 530		14 366
丙产品	6 070		13 354
合计	21 400	2.20	47 080

根据制造费用分配表，编制会计分录如下：
借：辅助生产成本——模具车间（甲产品）　　　　　　　　　19 360
　　　　　　　　　　　　　（乙产品）　　　　　　　　　14 366
　　　　　　　　　　　　　（丙产品）　　　　　　　　　13 354
　　贷：制造费用——模具车间　　　　　　　　　　　　　　47 080

四、任务设计

（一）任务实例——制造费用的分配

江华公司有一个加工车间和一个运输车间，前者生产甲、乙两种产品，后者提供运输劳务。该企业辅助车间的间接费用通过"制造费用"科目核算。2015 年 6 月有关资料如下：

1. 月末归集并结转"制造费用——运输车间"账户，其借方发生额合计为 5 000 元。

2. 月末，汇总"辅助生产成本——运输车间"账户，其借方发生额合计为 35 000 元，其中包括材料费 20 000 元、人工费 10 000 元，转入的制造费用 5 000 元。采用直接分配法分配后：基本车间甲产品负担 14 000 元，乙产品负担 13 000 元，加工车间一般耗用 1 500 元，行政部门耗用 4 000 元，建设工程耗用 2 500 元。

3. 月末"制造费用——加工车间"账户借方发生额合计为 38 000 元，按产品生产工时分配给甲产品 20 000 元、乙产品 18 000 元。

任务要求：
根据上述资料归集和分配运输车间和加工车间的制造费用，编制会计分录。
工作步骤：

第一步：结转运输车间的制造费用
借：辅助生产成本——运输车间　　　　　　　　　　　　　　5 000
　　贷：制造费用——运输车间　　　　　　　　　　　　　　　5 000
第二步：分配运输车间生产费用
借：基本生产成本——甲产品　　　　　　　　　　　　　　 14 000
　　　　　　　　——乙产品　　　　　　　　　　　　　　 13 000
　　制造费用——加工车间　　　　　　　　　　　　　　　 1 500
　　管理费用　　　　　　　　　　　　　　　　　　　　　 4 000
　　在建工程　　　　　　　　　　　　　　　　　　　　　 2 500
　　贷：辅助生产成本——运输车间　　　　　　　　　　　　35 000
第三步：分配结转加工车间的制造费用
借：基本生产成本——甲产品　　　　　　　　　　　　　　 20 000
　　　　　　　　——乙产品　　　　　　　　　　　　　　 18 000
　　贷：制造费用——加工车间　　　　　　　　　　　　　　38 000

（二）任务实例——制造费用的归集和分配

黄安公司有一个基本生产车间和一个辅助生产车间，前者生产甲、乙两种产品，后者提供一种劳务。该企业辅助车间未设置"制造费用"科目。2015 年 8 月发生经济业务如下：

1. 生产耗用原材料 13 590 元，其中：直接用于甲产品生产 4 500 元，用于乙产品生产 3 200 元，用于基本生产车间一般消耗 1 210 元；直接用于辅助劳务生产 2 700 元，用于辅助生产车间一般消耗 930 元；用于企业行政管理部门 1 050 元。

2. 计提工资费用 9 800 元。其中：基本生产车间甲产品生产工人工资 3 400 元，乙产品工人工资 2 000 元，管理人员工资 1 300 元；辅助生产车间生产工人工资 1 100 元，管理人员工资 500 元；企业行政管理人员工资 1 500 元。

3. 按工资总额的 14% 计提职工福利费。

4. 计提固定资产折旧费 6 430 元。其中基本生产车间 2 740 元，辅助生产车间 1 530 元，行政管理部门 2 160 元。

5. 用银行存款支付其他费用 5 900 元。其中基本生产车间 2 600 元，辅助生产车间 1 400 元，行政管理部门 1 900 元。

6. 辅助生产车间提供的劳务采用直接分配法分配，其中应由行政部门负担 3 140 元。

7. 基本生产车间的制造费用按产品机器工时比例分配，机器工时如下：甲产品 3 200 小时，乙产品 3 438 小时。

任务要求：

根据以上资料编制会计分录；填制"辅助生产成本""基本生产成本""制造费用"的明细账（本例用"T"型账户代替）；计算和分配辅助生车间和基本生车间的制造费用。

工作步骤：

第一步：根据上述经济业务编制会计分录

（1）借：基本生产成本——甲产品　　　　　　　　　　　　　　4 500
　　　　　　　　　　——乙产品　　　　　　　　　　　　　　3 200
　　　　辅助生产成本　　　　　　　　　　　　　　　　　　　3 630
　　　　制造费用　　　　　　　　　　　　　　　　　　　　　1 210
　　　　管理费用　　　　　　　　　　　　　　　　　　　　　1 050
　　　贷：原材料　　　　　　　　　　　　　　　　　　　　　13 590
（2）借：基本生产成本——甲产品　　　　　　　　　　　　　　3 400
　　　　　　　　　　——乙产品　　　　　　　　　　　　　　2 000
　　　　辅助生产成本　　　　　　　　　　　　　　　　　　　1 600
　　　　制造费用　　　　　　　　　　　　　　　　　　　　　1 300
　　　　管理费用　　　　　　　　　　　　　　　　　　　　　1 500
　　　贷：应付职工薪酬——工资　　　　　　　　　　　　　　　9 800
（3）借：基本生产成本——甲产品　　　　　　　　　　　　　　476
　　　　　　　　　　——乙产品　　　　　　　　　　　　　　280
　　　　辅助生产成本　　　　　　　　　　　　　　　　　　　224
　　　　制造费用　　　　　　　　　　　　　　　　　　　　　182
　　　　管理费用　　　　　　　　　　　　　　　　　　　　　210
　　　贷：应付职工薪酬——福利费　　　　　　　　　　　　　　1 372
（4）借：制造费用　　　　　　　　　　　　　　　　　　　　　2 740
　　　　辅助生产成本　　　　　　　　　　　　　　　　　　　1 530
　　　　管理费用　　　　　　　　　　　　　　　　　　　　　2 160
　　　贷：累计折旧　　　　　　　　　　　　　　　　　　　　6 430
（5）借：制造费用　　　　　　　　　　　　　　　　　　　　　2 600
　　　　辅助生产成本　　　　　　　　　　　　　　　　　　　1 400
　　　　管理费用　　　　　　　　　　　　　　　　　　　　　1 900
　　　贷：银行存款　　　　　　　　　　　　　　　　　　　　5 900

第二步：根据会计分录填制明细账户（"T"型账户）

辅助生产成本				制造费用		
(1)	3 630			(1)	1 210	
(2)	1 600			(2)	1 300	
(3)	224			(3)	182	
(4)	1 530			(4)	2 740	
(5)	1 400			(5)	2 600	
(6)		8 384		(6)		5 244
				(7)		13 276
合计	8 384	8 384		合计	13 276	13 276

基本生产成本——甲产品	
（1）	4 500
（2）	3 400
（3）	476
（7）	6 400
合计	14 776

基本生产成本——乙产品	
（1）	3 200
（2）	2 000
（3）	280
（7）	6 876
合计	12 356

第三步：归集辅助生产费用

辅助生产费用分配前发生额＝3 630＋1 600＋224＋1 530＋1 400＝8 384（元）

第四步：采用直接分配法分配结转辅助生产费用，编制会计分录，填制明细账户

直接分配法下：

行政部门负担3 140元应计入管理费用，其余则应计入基本生产车间的制造费用。

基本生产车间负担的辅助生产费用＝8 384－3 140＝5 244（元）

（6）借：制造费用　　　　　　　　　　　　　　　　　　　　5 244
　　　　管理费用　　　　　　　　　　　　　　　　　　　　3 140
　　　贷：辅助生产成本　　　　　　　　　　　　　　　　　　8 384

第五步：归集制造费用

制造费用分配前发生额＝1 210＋1 300＋182＋2 740＋2 600＋5 244＝13 276（元）

第六步：按产品机器工时比例分配结转制造费用，编制会计分录，填制明细账户

13 276/(3 200＋3 438)＝2（元/工时）

甲产品应分配制造费用＝3 200×2＝6 400（元）

乙产品应分配制造费用＝3 438×2＝6 876（元）

（7）借：基本生产成本——甲产品　　　　　　　　　　　　　6 400
　　　　　　　　　　　——乙产品　　　　　　　　　　　　　6 876
　　　贷：制造费用　　　　　　　　　　　　　　　　　　　13 276

任务八　生产损失的核算

任务目标

1. 了解废品损失和停工损失核算的要求
2. 熟悉废品损失和停工损失核算的账务处理

生产损失是指企业在生产产品过程中发生的各种耗费，由此造成的人力、物力、财力的损失应计入产品成本中，主要包括废品损失、停工损失、在产品盘亏毁损等。在此重点介绍废品损失和停工损失。

一、废品损失的核算

工业企业生产中的废品是指那些质量不符合技术标准的规定,不能按照原定用途加以利用的,或是只有通过加工修复后才能利用的产成品、半成品和零部件等。废品的范围包括生产中发现的废品和入库后发现的属于生产中原因造成的废品。

废品按其不符合技术标准的程度,分为可修复废品和不可修复废品两种。可修复废品指在技术上可修复,并且支付的修复费用在经济上合算的废品;不可修复废品指在技术上不能修复或者技术上虽然可以修复,但支付的修复费用在经济上不合算的废品。

废品按产生的原因分为料废品和工废品。料废品是由于加工过程中的原材料、半成品和零部件质量不符合要求造成的废品;工废品是由于工人在生产操作中的过失造成的废品,应由工人承担责任。

废品损失指由于废品的产生而形成的损失性费用,由可修复废品的修复费用与不可修复废品的生产成本扣除废品残值和责任单位及过失人赔款后的净损失构成。由于废品产生或发现的环节不同,并不是所有废品产生的损失都确认为废品损失。实行包修、包退、包换"三包"的企业,在产品出售后才发现是废品产生的损失,应计入"销售费用"等科目;产品入库后,由于管理不善等原因而损坏或变质的废品,其损失应作为"管理费用"等科目处理;虽属于不合格品但仍可以降价出售的,其产生的降价损失表现为销售环节的损益。

(一)废品损失的核算任务

为了单独核算废品损失,企业应增设"废品损失"总账账户,在成本计算单(或生产成本明细账)的成本项目中应增设"废品损失"成本项目,用以归集和分配基本生产车间所发生的废品损失;废品损失也可不单独核算,相应费用等体现在"生产成本"总账下设置的"废品损失"明细账户。辅助生产车间一般不单独核算废品损失。

"废品损失"账户用来归集和分配废品的损失性费用。该账户的借方登记不可修复废品的生产成本和归集的可修复废品的修复费用;贷方登记回收的残料价值和应收的赔偿款项,月末应将废品净损失分配结转到"基本生产成本""其他应收款"等账户,即成本计算单(或生产成本明细账)"废品损失"成本项目,废品净损失一般应由本月同种产品完工的产成品成本负担;期末结转后无余额。该账户的明细账应按成本计算对象设置,并按成本项目分设专栏,以反映废品损失的构成。

企业质检部门在发现废品时应填制"废品通知单",也可由产生废品的单位(分厂、车间或班组)填制。"废品通知单"是计算废品损失的主要原始凭证。"废品通知单"应包括的内容有:废品的种类、数量、生产工时;产生废品的原因和过失单位或人员责任;可修复废品的修复费用;不可修复废品的生产成本等。"废品通知单"一般为一式三联:一联由生产单位存查,一联交质检部门,一联交财会部门核算废品损失。财会部门和质检部门应逐项进行审核,只有审核无误的"废品通知单"才能作为核算废品损失的原始凭证。

废品损失应计入当月同种产品的完工产品成本中,月末在产品一般不负担废品损失。废品损失应由同种合格品产品负担,由于产生了废品,虽然导致合格品的总成本降低,但合格品的单位成本却提高了。

1. 不可修复废品损失的核算

不可修复废品的损失是指不可修复废品的生产成本减去残料价值及应收赔偿款后的净损失。不可修复废品的生产成本包括直接材料、直接人工和制造费用等项目。这些费用与同种合格品的成本是同时发生的,并已归集计入了该种产品的成本计算单(或生产成本明细账)中。因此,应将不可修复废品的生产成本采用一定的方法从产品成本计算单(或生产成本明细账)中转出,即从"基本生产成本"科目贷方转入"废品损失"科目借方。在实际工作中,不可修复废品的生产成本有两种核算方法:一是按废品所耗实际费用计算;二是按废品所耗定额费用计算。

(1) 按所耗实际费用计算的废品损失。

按所耗实际费用计算的废品损失,是在废品报废时根据废品与合格品发生的实际费用,采用一定的分配方法,在合格品与废品之间进行分配,计算出废品的实际成本。

废品按所耗实际费用计算时,由于废品发生的各项费用是与合格产品一起计算的,因而应将废品与合格品一起发生的各项费用,采用适当的分配方法,在合格品与废品之间进行分配,计算出废品的实际成本,计算过程较复杂。

【例 2-27】

2016 年 3 月联行工厂加工车间共生产甲产品 1 000 件,生产中发现合格品 990 件,不可修复废品 10 件,合格品生产工时 580 小时,废品所耗生产工时 20 小时。按所耗实际费用计算废品损失,产品成本明细账中累计直接材料费用为 125 000 元,人工费用为 36 000 元,制造费用为 24 000 元。原材料为生产开始时一次投入,则直接材料费用应在合格品和废品实际产量中同等分配(990+10=1 000 件),直接人工费用与制造费用按工时分配(580+20=600 工时)。废品回收残料为 100 元,应收个人赔款为 800 元。编制废品生产成本计算表、废品损失明细账、生产成本明细账(见表 2.8-1~表 2.8-3)及废品损失相关的会计分录。

表 2.8-1 废品生产成本计算表

车间:加工车间　　　　产品名称:甲产品　　　　2016 年 3 月　　　　废品产量:10 件

成本项目	费用分配率	废品生产成本
直接材料	$\dfrac{125\ 000}{990+10}=125$(元)	$10 \times 125 = 1\ 250$(元)
直接人工	$\dfrac{3\ 600}{580+20}=60$(元)	$20 \times 60 = 1\ 200$(元)
制造费用	$\dfrac{24\ 000}{580+20}=40$(元)	$20 \times 40 = 800$(元)
合计	$125+60+40=225$(元)	$1\ 250+1\ 200+800=3\ 250$(元)

编制废品损失相关的会计分录如下:

1. 结转废品成本

借：废品损失——甲产品　　　　　　　　　　　　　　　　　　　　　　　3 250
　　贷：基本生产成本——甲产品　　　　　　　　　　　　　　　　　　　　　3 250

2. 回收废品残料

借：原材料　　　　　　　　　　　　　　　　　　　　　　　　　　　　　　100
　　贷：废品损失——甲产品　　　　　　　　　　　　　　　　　　　　　　　　100

3. 应收赔偿款

借：其他应收款　　　　　　　　　　　　　　　　　　　　　　　　　　　　800
　　贷：废品损失——甲产品　　　　　　　　　　　　　　　　　　　　　　　　800

4. 结转废品净损失

借：基本生产成本——甲产品　　　　　　　　　　　　　　　　　　　　　2 350
　　贷：废品损失——甲产品　　　　　　　　　　　　　　　　　　　　　　2 350

表2.8-2　废品损失明细账

车间：加工车间　　　　　　　　　　　　　　　　　　　　　　　　　　单位：元
产品名称：甲产品　　　　　　　2016年3月　　　　　　　　　　废品产量：10件

2016年 月/日		凭证号数	摘要	直接材料	直接人工	制造费用	合计
3	31	1	结转废品成本	1 250	1 200	800	3 250
	31	2	回收废品残料	-100			-100
	31	3	应收赔偿款		-800		-800
	31		废品净损失	1 150	400	800	2 350
	31	4	结转废品净损失	-1 150	-400	-800	-2 350

表2.8-3　生产成本明细账

车间：加工车间　　　　　　　　　　　　　　　　　　　　　　　　　　单位：元
产品名称：甲产品　　　　2016年3月　　　合格品产量：990件　　　废品产量：10件

2016年 月/日		凭证号数	摘要	直接材料	直接人工	制造费用	废品损失	合计
3	31		累计生产费用	125 000	36 000	24 000		185 000
	31	1	结转废品成本	-1 250	-1 200	-800		-3 250
	31	4	结转废品净损失				2 350	2 350
	31		合格品总成本	123 750	34 800	23 200	2 350	184 100
	31		合格品单位成本	125	35.15	23.43	2.38	185.96

(2) 按所耗定额费用计算的废品损失。

按所耗定额费用计算废品损失的核算，就是按废品的数量和各项消耗定额、费用定额计算废品的生产成本。实际成本与定额成本的差额全部由合格产品成本负担。

废品按定额费用计算时，由于费用定额事先规定，不仅计算工作比较简便，还可以使计入产品成本的废品损失数额不受废品实际费用水平高低的影响。也就是说，废品损失大小只受废品数量差异（量差）的影响，不受废品成本差异（价差）的影响，从而有利于分析和考核废品损失和产品成本。但是，采用这一方法计算废品生产成本，必须具备准确的消耗定额和费用定额资料。

【例 2-28】

2016 年 5 月，海天玩具工厂加工车间在生产 A68 号遥控玩具飞机过程中发现不可修复废品 5 架，合格品 995 架。按所耗定额费用计算不可修复废品的生产成本。

A68 号产品成本明细账中累计直接材料费用为 185 000 元，人工费为 63 000 元，制造费用为 54 000 元，废品原材料已全部投入，单位产品原材料费用定额为 440 元，已完成的定额工时为 120 小时，每小时的费用定额为：人工费用 2.5 元，制造费用 1.2 元。废品的残料作价 400 元以辅助材料入库，应由过失人员赔偿 350 元。编制废品生产成本计算表、废品损失明细账（见表 2.8-4～表 2.8-6）及废品损失相关的会计分录。

表 2.8-4 废品生产成本计算表

车间：加工车间　　　　产品名称：A68 号　　　　2016 年 5 月　　　　废品产量：5 件

成本项目	单位废品人工费用定额	废品生产成本
直接材料	440（元）	5×440=2 200（元）
直接人工	120×2.5=300（元）	5×300=1 500（元）
制造费用	120×1.2=144（元）	5×144=720（元）
合计	440+300+144=884（元）	2 200+1 500+720=4 420（元）

编制废品损失相关的会计分录如下：

1. 结转废品成本

借：废品损失——A68 产品　　　　　　　　　　　　　　4 420
　　贷：基本生产成本——A68 产品　　　　　　　　　　　　4 420

2. 回收废品残料

借：原材料　　　　　　　　　　　　　　　　　　　　　400
　　贷：废品损失——A68 产品　　　　　　　　　　　　　　400

3. 应收赔偿款

借：其他应收款　　　　　　　　　　　　　　　　　　　350
　　贷：废品损失——A68 产品　　　　　　　　　　　　　　350

4. 结转废品净损失

借：基本生产成本——A68 产品　　　　　　　　　　　　3 670
　　贷：废品损失——A68 产品　　　　　　　　　　　　　3 670

表 2.8-5　废品损失明细账

车间：加工车间　　　　　　　　　　　　　　　　　　　　　　　　　单位：元
产品名称：A68 号　　　　　　　　2016 年 5 月　　　　　　废品产量：5 件

2016 年 月/日		凭证号数	摘要	直接材料	直接人工	制造费用	合计
5	31	1	结转废品成本	2 200	1 500	720	4 420
	31	2	回收废品残料	-400			-400
	31	3	应收赔偿款		-350		-350
	31		废品净损失	1 800	1 150	720	3 670
	31	4	结转废品净损失	-1 800	-1 150	-720	-3 670

表 2.8-6　生产成本明细账

车间：加工车间　　　　　　　　　　　　　　单位：元
产品名称：A68 号　　　　　　　2016 年 5 月　　　合格品产量：995 件，废品产量：5 件

2016 年 月/日		凭证号数	摘要	直接材料	直接人工	制造费用	废品损失	合计
5	31		累计生产费用	185 000	63 000	54 000		302 000
	31	1	结转废品成本	-2 200	-1 500	-720		-4 420
	31	4	结转废品净损失				3 670	3 670
	31		合格品总成本	182 800	61 500	53 280	3 670	301 250
	31		合格品单位成本	183.72	61.81	53.55	3.69	302.76

2. 可修复废品损失的核算

可修复废品损失是指在修复过程中所发生的各项修复费用扣除回收的残料价值和应收赔款以后的净损失。可修复废品返修以前发生的生产费用不是废品损失，不需要计算其生产成本，而应留在"基本生产成本"科目和所属有关产品成本明细账中，不需要转出。修复费用包括材料费用、人工费用和制造费用等，这些费用发生时应根据相关原始凭证归集到"废品损失"账户。材料费用根据"材料费用分配汇总表"归集；人工费用根据"工资及福利费用分配汇总表"直接或按生产工时等资料分配计入；制造费用根据"制造费用分配表"分配计入。月末将归集的修复费用转入同种产品的"生产成本"账户，提高了该种产品的完工产品总成本及单位成本。

如果不单独核算废品损失，则不需要设置"废品损失"总分类账户和"废品损失"成本项目，返修过程中的相关费用应根据会计凭证分别计入"生产成本"明细账的"直接材料、直接人工、制造费用"成本项目，回收的残料计入"直接材料"（扣减）；应收的赔款计入"直接人工"（扣减）。"基本生产成本"科目和所属有关产品成本明细账归集的完工产品总成本，除以扣除废品数量以后的合格品数量，就是合格品的单位成本。

【例 2-29】

2016 年 8 月，皓跃工厂加工车间在生产丙产品过程中发现可修复废品 15 件，根据"废品通知单""材料费用分配汇总表""职工薪酬费用分配汇总表""制造费用分配表"等原始单证显示，返修过程中共计领用材料费用为 200 元，耗用总工时为 28 小时，每小时的人工费用率 2.5 元，每小时制造费用率 1.2 元，应由过失人员赔偿 80 元。编制废品损失相关的会计分录。

废品所耗费用如下：

$$材料费用 = 200（元）$$
$$人工费用 = 28 \times 2.5 = 70（元）$$
$$制造费用 = 28 \times 1.2 = 33.6（元）$$

编制废品损失相关的会计分录如下：

1. 结转废品成本

借：废品损失——丙产品　　　　　　　　　　　　　　　303.6
　　贷：原材料　　　　　　　　　　　　　　　　　　　　　200
　　　　应付职工薪酬　　　　　　　　　　　　　　　　　　　70
　　　　制造费用　　　　　　　　　　　　　　　　　　　　33.6

2. 应收赔偿款

借：其他应收款　　　　　　　　　　　　　　　　　　　　80
　　贷：废品损失——丙产品　　　　　　　　　　　　　　　80

3. 结转废品净损失

借：基本生产成本——丙产品　　　　　　　　　　　　　223.6
　　贷：废品损失——丙产品　　　　　　　　　　　　　223.6

【例 2-30】

如上述皓跃工厂不单独核算废品损失，加工车间发生的 15 件可修复丙产品相关的会计分录如下：

1. 发生的修复费用

借：基本生产成本——丙产品　　　　　　　　　　　　　303.6
　　贷：原材料　　　　　　　　　　　　　　　　　　　　200
　　　　应付职工薪酬　　　　　　　　　　　　　　　　　　70
　　　　制造费用　　　　　　　　　　　　　　　　　　　33.6

2. 应收赔偿款

借：其他应收款　　　　　　　　　　　　　　　　　　　　80
　　贷：基本生产成本——丙产品　　　　　　　　　　　　80

二、停工损失的核算

停工损失是指生产车间或车间内某个班组在停工期间发生的各项费用，包括停工期间发生的原材料费用、人工费用和制造费用及其他费用等。停工损失核算范围的主要有：停电、停水、待料等原因发生的停工损失；机器设备发生故障或进行大修理造成的停工损失；自然灾害造成的停工损失；计划减产造成的停工损失等。

停工可分为计划内停工和计划外停工：计划内停工是计划规定停工，计划外停工是各种事故意外造成的。停工计算损失的时间和空间界限一般由企业主管部门规定，因而一定时间和一定范围内的停工不计算损失，只有超过一定时间和范围的停工才计算损失。不满一个工作日的停工，一般不计算停工损失。属于季节性停工的，在停工期间发生的费用不作为停工损失进行核算，而在"制造费用"账户进行核算。

（一）停工损失的核算任务

单独核算停工损失的企业，应增设"停工损失"科目，在"基本生产成本"明细科目下设置"停工损失"明细科目，以归集和分配基本生产车间所发生的停工损失。企业应按生产单位设置"停工损失"明细账，该账户借方登记发生的停工损失，贷方登记应收赔款数及的分配结转的停工净损失，月末结转后无余额。

根据停工报告单和各种费用分配表等有关凭证，将停工期内发生、应列作停工损失的费用记入"停工损失"账户的借方进行归集。过失单位、过失人员或保险公司的赔款，应从该账户的贷方转入"其他应收款"等账户的借方，将停工净损失从该账户贷方转出，属于自然灾害部分转入"营业外支出"账户的借方，应由本月产品成本负担的部分则转入"基本生产成本"账户的借方。

分配停工净损失时，企业在停工期间所发生的计划内停工损失应由开工生产的产品负担，计入产品生产成本；计划外的停工损失计入当期损益，即营业外支出；由于非常灾害造成的停工损失和由于计划压缩产量而使主要生产车间连续停产一个月以上或整个企业连续停产十天以上所造成的停工损失，按制度规定由营业外支出列支。

不单独核算停工损失的企业，不设立"停工损失"科目，直接反映在"制造费用"和"营业外支出"等科目中。辅助生产车间一般不单独核算停工损失。

（二）停工损失的核算

发生停工损失，必须经车间填写"停工报告单"，在"停工报告单"上写明停工的原因、时间和过失单位或个人等事项，经审核后的"停工报告单"才能作为财会部门登记"停工损失明细账"的依据。

对于应计入产品成本的停工损失，如果停工车间只生产一种产品，应将"停工损失"科目所归集的材料、燃料及动力、职工薪酬、制造费用等计入该产品成本明细账的"停工损失"成本项目；如果停工车间生产多种产品，一般按照制造费用分配方法在各种产品之间进行分配。

停工期间发生的损失性费用应当根据停工发生的原因进行归集和结转。可以获得赔偿的停工损失，应当积极索赔；由于自然灾害等引起的非正常停工损失，应计入营业外支出；机器设备大修理期间的停工损失计入该生产单位的制造费用；季节性生产企业在停工期间发生的费用不作为停工损失，采用待摊、预提的方法，由开工期间内的成本负担。其他原因造成的停工损失，计入该种产品成本计算单的"停工损失"成本项目下。

【例2-31】

皓跃工厂加工车间于2016年6月发生停工，时间为6天，原因为工人操作失误、线路老化等机器故障，根据"停工报告单""材料费用分配汇总表""职工薪酬费用分配汇总表""制造费用分配表"等原始单证显示，停工期间共计领用材料费用为6 700元，应分配薪酬为2 800

元，应分配制造费用为 1 300 元。查明责任后，明确应由过失人员赔偿 3 800 元；车间所产甲、乙产品各负担损失金额为 3 000 元、2 000 元；净损失列入当期损益。编制相关的会计分录。

1. 发生停工损失。

借：停工损失——加工车间 10 800
  贷：原材料 6 700
    应付职工薪酬 2 800
    制造费用 1 300

2. 结转停工净损失。

借：基本生产成本——甲产品 3 000
    ——乙产品 2 000
  其他应收款 3 800
  营业外支出——非常损失 2 000
  贷：停工损失——加工车间 10 800

【例 2-32】

如上述皓跃工厂加工车间不单独核算停工损失，未设置"停工损失"账户，则 2016 年 6 月根据"停工报告单""材料费用分配汇总表""职工薪酬费用分配汇总表""制造费用分配表"等原始单证编制相关的会计分录。

借：基本生产成本——甲产品 3 000
    ——乙产品 2 000
  其他应收款 3 800
  营业外支出——非常损失 2 000
  贷：原材料 6 700
    应付职工薪酬 2 800
    制造费用 1 300

任务九　生产费用在完工产品和在产品之间的分配

任务目标

1. 正确确定在产品的数量
2. 理解熟悉本月完工产品和月末在产品的关系
3. 掌握生产费用在完工产品和在产品之间的分配方法
4. 选用合适的方法计算完工产品成本和在产品成本

一、在产品的确定

（一）在产品数量的确定

1. 在产品的含义

工业企业的在产品是指尚未最终完工的产品，包括广义的在产品和狭义的在产品。

广义的在产品是对整个企业的生产过程而言的，指期末没有完成全部生产过程、不能作为商品销售的产品,它包括正在各个生产单位加工的在制品、已完成一个或几个生产步骤还需继续加工的半成品、已完工等待验收入库的产品、正在返修或等待返修的废品等。

狭义的在产品是对企业某一车间、分厂或某一生产步骤而言的,仅指本生产单位或生产步骤正在加工的在制品,已完工的自制半成品不包括在内。

2. 在产品与完工产品关系

期末在产品与本期完工产品的关系,是指期末在产品与本期完工产品在承担费用方面的关系。企业通常需要按月计算产品成本,期末在产品与本期完工产品一般也就是指月末在产品与本月完工产品。

企业本月发生的各项生产费用通过一定方法进行归集和分配,已经全部记入各成本核算对象的产品生产成本明细账(产品成本计算单)。如果有月初在产品成本,则产品生产成本明细账(产品成本计算单)中登记的生产费用合计,就是月初在产品成本加上本月发生的生产费用,也称累计生产费用。月末,如果某种产品全部完工,没有在产品,则本月累计生产费用就是本月完工产品总成本;如果某种产品全部没有完工,则本月累计生产费用就是月末在产品总成本;如果某种产品既有完工产品,又有在产品,则本月累计生产费用需要在完工产品和月末在产品之间进行分配,最终得以正确确定本月完工产品的实际总成本和单位成本。

本月完工产品成本与月末在产品成本之间的关系,可以用公式表示如下:

生产费用合计=月初在产品成本+本月发生生产费用

月初在产品成本+本月发生生产费用=本月完工产品成本+月末在产品成本

从上述公式可以得知,公式前两项是已知数,后两项是未知数,要正确确定本月完工产品成本,关键是正确计算月末在产品成本,则有

本月完工产品成本=月初在产品成本+本月发生生产费用-月末在产品成本

3. 在产品数量的确定

要正确计算月末在产品成本,必须先确定月末在产品数量。工业企业在产品品种多、数量大,又处于不断流动之中,从加强实物管理的角度出发,企业必须设置有关凭证账簿,来反映在产品的收入、发出和结存情况。各生产单位或生产步骤在产品收入、发出和结存的日常核算,可以通过设置"在产品台账"来进行。

"在产品台账"应当分生产单位或生产步骤并按照产品品种和在产品名称设置,根据有关领料凭证、在产品内部转移凭证、产品检验凭证和产品交库单等原始凭证逐笔登记。其基本格式见表2.9-1。

设置"在产品台账",使企业可以从账面上随时掌握在产品动态;在账面结存数与实际结存数核对以后,又可以为计算月末在产品成本提供资料。

表2.9-1 青山工厂在产品台账

车间名称:第二车间　　　　　产品名称:甲产品　　　　　计量单位:个

2016年		摘要	收入		转出		结存	
月	日		凭证号	数量	凭证号	合格品	已完工	未完工
9	1	上月结转						200
	8	收入	收1	320				520

续表

2016年		摘要	收入		转出		结存	
月	日		凭证号	数量	凭证号	合格品	已完工	未完工
	10	发出			转1	440		80
		本月合计		500		600		100

（二）在产品清查的核算

在产品与其他存货一样，是企业的重要资产，企业为了保证在产品的安全、完整，应当定期进行在产品的清查盘点，做到账实相符。

在产品的清查应当在每月月末采用实地盘点法进行。企业应当根据清查结果编制"在产品盘点盈亏报告表"，列明月末在产品的账面结存数，实际结存数，盘盈、盘亏和损毁数，以及盈亏原因和处理意见等。成本会计人员应对"在产品盘点盈亏报告表"进行认真审核，按照企业内部财务会计制度规定的审批程序报有关部门审批，并及时进行账务处理。为了反映在产品盘盈、盘亏和损毁的处理过程，应当设置"待处理财产损溢"账户。借方登记盘亏和损毁在产品价值，贷方登记盘盈在产品价值。盘盈、盘亏、损毁在产品经批准转销后，该账户应无余额。企业盘盈的在产品，冲减管理费用；盘亏、损毁的在产品，扣除过失人或者保险公司赔款和回收的残料价值以后，计入管理费用，在产品因非常损失造成的损毁，扣除保险公司赔款和回收的残料价值后，计入营业外支出。具体账务处理程序如下：

1. 盘盈的会计处理。
（1）发生盘盈时：
借：基本生产成本——××产品
　　贷：待处理财产损溢——待处理流动财产损溢
（2）处理盘盈时：
借：待处理财产损溢——待处理流动财产损溢
　　贷：管理费用
2. 发生盘亏、损毁的会计处理。
（1）发生时盘亏时：
借：待处理财产损溢——待处理流动财产损溢
　　贷：基本生产成本——×产品
（2）处理盘亏、损毁时：
借：其他应收款
　　管理费用
　　营业外支出
　　贷：待处理财产损溢——待处理流动财产损溢

二、生产费用在完工产品和在产品之间的分配

生产费用在完工产品和在产品之间的分配，也称在产品成本计算。因为月末完工产品和在产品关系密切，计算在产品成本，其实最终目的是计算完工产品成本。

生产费用在本月完工产品和月末在产品之间的分配，是生产费用的纵向分配，也是产品成本核算的最后一个步骤。在那些在产品数量大、品种规格多、完工程度不一的企业，这一成本核算步骤是比较复杂的。

企业应当根据月末在产品数量的多少、各月月末在产品数量变化的大小、产品成本中各成本项目费用比重的大小、产品定额基础的好坏，以及企业成本管理要求等具体条件，选择合理的分配方法，正确计算月末完工产品成本和月末在产品成本。生产费用在完工产品和在产品之间的分配方法主要有以下七种。

（一）在产品不计算成本法

在产品不计算成本法，是指月末在产品不承担费用，本期归集的生产费用全部由完工产品承担的方法。该方法的特点是月末虽然有在产品，但由于数量较少，价值较低，且各月变动不大，对本月完工产品成本影响很小，为了简化成本计算工作，可以忽略不计算在产品成本，当月发生的生产费用全部由本月完工产品成本负担，并且账面上没有期末在产品成本。其计算公式表示如下：

本月完工产品成本＝本月发生生产费用

【例2-33】

青山工厂大量生产甲产品，该产品生产周期较短，月末在产品数量较少，价值较低。2016年9月甲产品基本生产成本明细账登记的生产费用总额600 000元，其中，直接材料260 000元，直接人工180 000元，制造费用160 000元。本月完工入库甲产品5 000千克。采用在产品不计算成本法编制甲产品成本计算单（见表2.9-2）。

表2.9-2 青山工厂产品成本计算单

产品：甲产品　　　　　产量：5 000千克　　　　　2016年9月　　　　　单位：元

摘要	直接材料	直接人工	制造费用	合计
本月生产费用	260 000	180 000	160 000	600 000
本月完工产品总成本	260 000	180 000	160 000	600 000
本月完工产品单位成本	52	36	32	120

该方法适用于月末在产品数量很少的产品。实际中，如采掘企业，由于工作面小，在产品数量很少，月末在产品可以不计算其成本。

（二）在产品固定成本计算法

在产品固定成本法，是指年内各月在产品成本都按年初固定的在产品成本计算，本月发生的生产费用就是本月完工产品总成本的方法。它的特点是企业所生产的产品中，月末在产品数量较大，但各月在产品数量变化不大，月初、月末在产品的成本也大体稳定。因此，各月在产品成本可以按年初在产品成本计算，即固定月初、月末在产品成本。本月完工产品成本等于当月该种产品发生的生产费用，但账面上有期初、期末在产品成本。

计算公式如下：

$$\begin{matrix}本月完工\\产品成本\end{matrix} = \begin{matrix}月初在产品成本\\（固定年初数额）\end{matrix} + \begin{matrix}本月发生\\生产费用\end{matrix} - \begin{matrix}月末在产品成本\\（固定年初数额）\end{matrix} = \begin{matrix}本月发生\\生产费用\end{matrix}$$

【例 2-34】

青山工厂生产乙产品，在产品数量比较稳定。2016 年 9 月初在产品成本为 12 000 元，其中，直接材料 6 000 元，直接人工 4 600 元，制造费用 1 400 元。本月发生生产费用为 800 000 元，其中，直接材料 420 000 元，直接人工 310 000 元，制造费用 70 000 元。完工入库乙产品 2 000 千克。根据月初在产品成本和本月发生的生产费用资料，采用在产品固定成本计算法编制乙产品成本计算单（见表 2.9-3）。

表 2.9-3 青山工厂产品成本计算单

产品：乙产品　　　　产量：20 000 千克　　　　2016 年 9 月　　　　单位：元

摘要	直接材料	直接人工	制造费用	合　计
月初在产品成本	6 000	4 600	1 400	12 000
本月生产费用	420 000	310 000	70 000	800 000
生产费用合计	426 000	314 600	71 400	812 000
本月完工产品总成本	420 000	310 000	70 000	800 000
本月完工产品单位成本	21.00	15.50	3.50	40.00
月末在产品成本	6 000	4 600	1 400	12 000

在产品成本固定计算法简单，但只适用于生产周期较短，各个月末在产品数额变动不大的情况。同时，采用这种方法时，不论年末在产品数量变动与否，都应对在产品进行实地盘点，并以实际盘存数为计算基础重新确定年末在产品成本。从全年来看，因为年初和年末的在产品都经过实地盘点，全年完工产品总成本的计算也是准确的。实际中，冶炼企业的炉内溶液、化工企业的输送带和管道内的在产品数量都比较稳定，各月末在产品成本可以按年初在产品成本固定计算。

（三）在产品按所耗材料成本计算法

在产品按所耗材料成本计算法，是指月末在产品只负担直接材料费用，而发生的人工费用、制造费用不需要在产品承担的方法。产品成本项目通常包括直接材料、直接人工费用和制造费用。直接材料是生产产品的材料成本，直接人工和制造费用是生产产品的加工成本。该方法的特点是月末在产品只计算材料成本，也就是加工费用全部计入完工产品成本，即直接人工和制造费用全部由本月完工产品成本负担。采用这种方法，本月完工产品成本等于月初在产品材料成本加上当月发生的全部生产费用，再减去月末在产品材料成本。

计算公式如下：

本月完工产品成本=月初在产品材料成本+本月发生生产费用-月末在产品材料成本

【例 2-35】

青山工厂生产的丙产品，直接材料费用在产品成本总额中所占比重较大。2016 年 9 月初丙产品在产品总成本（即在产品直接材料费用）为 35 850 元，本月发生生产费用 116 570 元，其中，直接材料 104 150 元，直接人工 7 200 元，制造费用 5 220 元。丙产品本月完工 9 000 千克，月末在产品 1 000 千克，月末在产品的原材料费用已全部投入，直接材料费用可以按完工产品和月末在产品的实有数量比例分配。采用在产品按所耗材料成本计算法，计算丙产品本月完工产品实际总成本和单位成本。根据计算结果编制丙产品成本计算单（见表 2.9-4）。

1. 计算月末在产品的材料费用。

$$直接材料费用分配率 = \frac{35\,850 + 104\,150}{9\,000 + 1\,000} = 14（元/千克）$$

$$月末在产品材料成本（月末在产品总成本）= 1\,000 \times 14 = 14\,000（元）$$

2. 计算本月完工产品成本。

$$本月完工产品直接材料成本 = 9\,000 \times 14 = 126\,000（元）$$

$$本月完工产品总成本 = 126\,000 + 7\,200 + 5\,220 = 138\,420（元）$$

或

$$= 35\,850 + 116\,570 - 14\,000 = 138\,420（元）$$

表 2.9-4　青山工厂产品成本计算单

产品：丙产品　　　　产量：10 000 千克　　　　2016 年 9 月　　　　单位：元

摘要	直接材料	直接人工	制造费用	合计
月初在产品成本	35 850			35 850
本月生产费用	104 150	7 200	5 220	116 570
生产费用合计	140 000	7 200	5 220	152 420
本月完工产品总成本	126 000	7 200	5 220	138 420
本月完工产品单位成本	14.00	0.8	0.58	15.38
月末在产品成本	14 000			14 000

该方法适用于产品成本项目中直接材料所占的比重较大，直接人工、制造费用占的比重较小的产品。实际工作中，如酿造、面粉加工等行业的产品，直接材料费用占产品成本总额较大，可以采用此方法核算成本。

（四）约当产量比例法

约当产量比例法，是指按照本月完工产品的数量和月末在产品的约当产量分配生产费用，以确定本月完工产品和月末在产品实际成本的方法。约当产量也称为在产品约当量，是将企业（车间）月末在产品的实际数量，按照其完工程度折合为相当于完工产品的数量。该方法的特点是将期初在产品成本与本期发生的生产费用之和，按完工产品数量和月末在产品约当量的比例分配，以计算完工产品成本和在产品成本，分配时按成本项目分别进行。

月末，企业应根据"产品交库单"确定本月完工产品数量，通过实地盘点（或"在产品收发结存明细账"）确定月末在产品数量，并根据月末在产品完工程度确定月末在产品约当量。计算公式如下：

$$月末在产品约当量 = 月末在产品数量 \times 在产品完工程度$$

采用约当产量比例法分配生产费用，关键在于计算在产品约当产量，而计算在产品约当量的关键在于计算在产品的完工程度。

月末在产品完工程度应按成本项目分别确定。因为直接材料费用的投入,与直接人工费用和制造费用的发生并不一致。有的企业生产的产品结构复杂、生产工序多,难以按一个比例计算月末在产品约当产量,因此,可以分阶段(工序)计算在产品的约当产量,再汇总确定在产品约当总量。

如果产品生产过程中的原材料是以不同方式投入,直接人工和制造费用发生的均衡程度不同,则要分别计算在产品直接材料项目的投料程度,以及直接人工和制造费用项目的完工程度。下面分别按成本项目计算在产品完工程度和在产品约当产量。

1. 直接材料项目在产品投料程度和约当产量的计算

用以分配直接材料费用的在产品约当产量一般是按在产品投料程度计算的。这是因为,月末在产品成本中的材料成本与在产品投料程度关系密切。在产品投料程度是指在产品累计已投入的材料费用占用完工产品应投入材料费用的比重,又叫在产品投料率。

在生产生产过程中,投料方式通常有三种,即在生产开工时一次投入、在生产过程中分阶段一次性投入以及在生产过程中陆续投入。由于投料方式不同,在产品投料程度也不一样。各生产工序在产品的投料程度可以用下列公式计算:

(1) 一次投料。

如果材料在生产开始时一次性投入,则单位在产品和单位完工产品所耗材料费用相同,因而在产品的投料程度为100%。

(2) 各工序开工时一次投料。

如果材料为分次投入,并在每工序开工时一次投入,则每一工序在产品的投料程度都不会相同。其计算公式如下:

$$某工序在产品投料程度 = \frac{至本工序止单位在产品累计已投入材料费用(或数量)}{单位完工产品应投入材料费用(或数量)} \times 100\%$$

(3) 各工序陆续投料。

如果材料随生产过程在每工序陆续投入,则各工序在产品投料程度可按上述公式计算,但本工序投入的材料费用一般可按照50%确定,这是因为原材料陆续投入,该工序在产品在每一时点投入的材料费用不同,为了简化投料程度的测定工作,在没有给定确定的投料程度时,可按平均投料程度50%计算,而在产品从上一道工序转入下一道工序时,其上一道工序材料已全部投入,因而前面各道工序的材料费用应按100%计算。其计算公式如下:

$$某工序在产品投料程度 = \frac{以前工序单位在产品累计投入材料费用(或数量) + 本工序单位在产品应投入材料费用(或数量) \times 50\%}{单位完工产品应投入材料费用(或数量)} \times 100\%$$

上述材料费用(或数量)可以是实际数也可以是定额数。

【例2-36】

青河工厂生产的甲产品经过三道工序加工,2016年9月甲产品单位产品原材料消耗定额为200元,其中,第一道工序投料定额为100元,第二道工序投料定额为40元,第三道工序投料定额为60元。月末盘点确定的甲产品在产品数量为340件,其中,第一道工序为140件,第二道工序为120件,第三道工序为80件。根据上述材料,甲产品在各工序的投料程度和月末在产品约当产量计算如下：

1. 材料在一工序生产开始时一次性投入。

则每工序在产品的投料程度均为100%。

$$三道工序在产品的约当产量 = 340 \times 100\% = 340（件）$$

2. 材料为分次投入，并在每工序开工时一次投入。

$$第一道工序月末在产品投料程度 = 100/200 \times 100\% = 50\%$$
$$第二道工序月末在产品投料程度 = (100+40)/200 \times 100\% = 70\%$$
$$第三道工序月末在产品投料程度 = (100+40+60)/200 \times 100\% = 100\%$$
$$第一道工序月末在产品约当产量 = 140 \times 50\% = 70（件）$$
$$第二道工序月末在产品约当产量 = 120 \times 70\% = 84（件）$$
$$第三道工序月末在产品约当产量 = 80 \times 100\% = 80（件）$$
$$三道工序在产品的约当产量合计 = 70 + 84 + 80 = 234（件）$$

月末在产品投料程度及约当产量可以通过编表计算。根据本例计算结果编制甲产品在产品投料程度及约当产量计算表（见表2.9-5）。

表2.9-5 青河工厂在产品投料程度及约当产量计算表

产品：甲产品　　　　　　　　　　2016年9月　　　　　　　　　　计量单位：件

项目	第一工序	第二工序	第三工序	合计
单位产品投料定额/元	100	40	60	200
在产品投料程度	50%	70%	100%	
月末在产品数量	140	120	80	340
在产品约当产量	70	84	80	234

3. 材料随生产过程在每工序陆续投入。

$$第一道工序月末在产品投料程度 = (100 \times 50\%)/200 \times 100\% = 25\%$$
$$第二道工序月末在产品投料程度 = (100 + 40 \times 50\%)/200 \times 100\% = 60\%$$
$$第三道工序月末在产品投料程度 = (100 + 40 + 60 \times 50\%)/200 \times 100\% = 85\%$$
$$第一道工序月末在产品约当产量 = 140 \times 25\% = 35（件）$$
$$第二道工序月末在产品约当产量 = 120 \times 60\% = 72（件）$$
$$第三道工序月末在产品约当产量 = 80 \times 85\% = 68（件）$$
$$三道工序在产品的约当产量合计 = 35 + 72 + 68 = 175（件）$$

月末在产品投料程度及约当产量可以通过编表计算。根据本例计算结果编制甲产品在产品投料程度及约当产量计算表（见表2.9-6）。

表2.9-6 青河工厂在产品投料程度及约当产量计算表

产品：甲产品　　　　　　　　　　2016年9月　　　　　　　　　　计量单位：件

项目	第一工序	第二工序	第三工序	合计
单位产品投料定额/元	100	40	60	200

续表

项目	第一工序	第二工序	第三工序	合计
在产品投料程度	25%	60%	85%	
月末在产品数量	140	120	80	340
在产品约当产量	35	72	68	175

2. 直接人工、制造费用项目在产品完工程度和约当产量的计算

用以分配直接人工、制造费用的在产品约当产量通常是按在产品投入的工时程度计算的,投入的工时越多,说明在产品完工程度越高。直接人工、制造费用项目可以按照统一完工程度来计算月末在产品约当产量。因为生产工时只能随生产进度陆续投入,为了简化在产品完工程度的测定,在产品在各工序完工程度可按平均完工程度 50% 计算,根据各工序的定额工时计算的各工序完工程度。其计算公式如下:

$$某工序在产品完工程度 = \frac{至该工序止单位在产品累计已完成的定额工时}{单位完工产品的定额工时} \times 100\%$$

在产品完工程度和在产品约当产量计算确定后,应采用约当产量比例法计算本月完工产品成本和月末在产品成本。计算公式如下:

$$某成本项目费用分配率 = \frac{该成本项目月初及本月生产费用合计}{本月完工产品数量 + 月末在产品约当产量}$$

完工产品应分配该项费用 = 完工产品数量 × 该项费用分配率

在产品应分配该项费用 = 在产品约当产量 × 该项费用分配率

或 = 该项目费用总额 − 完工产品应分配该项费用

【例 2-37】

依上例:青河工厂生产的甲产品单位产品工时定额为 50 小时,其中,第一道工序工时定额为 10 小时,第二道工序工时定额为 15 小时,第三道工序工时定额为 25 小时,各工序在产品在本工序的完工程度均为 50%。青河工厂甲产品在各工序的完工率和月末在产品约当产量计算如下:

1. 各工序月末在产品完工程度。

第一道工序月末在产品完工程度 = 10 × 50%/50 × 100% = 10%

第二道工序月末在产品完工程度 = (10 + 15 × 50%)/50 × 100% = 35%

第三道工序月末在产品完工程度 = (10 + 15 + 25 × 50%)/50 × 100% = 75%

2. 各工序直接人工和制造费用项目月末在产品约当产量。

第一道工序在产品约当产量 = 140 × 10% = 14 (件)

第二道工序在产品约当产量 = 120 × 35% = 42 (件)

第三道工序在产品约当产量 = 80 × 75% = 60 (件)

3. 甲产品直接人工和制造费用项目月末在产品约当总量。

月末在产品约当总量 = 14 + 42 + 60 = 116 (件)

根据计算结果编制甲产品在产品完工程度及约当产量计算表（见表 2.9－7）。

表 2.9－7　青河工厂在产品完工程度及约当产量计算表

产品：甲产品　　　　　　　　　　2016 年 9 月　　　　　　　　　　计量单位：件

项目	第一工序	第二工序	第三工序	合计
单位产品工时定额/小时	10	15	25	50
在产品完工程度	10%	35%	75%	
月末在产品数量	140	120	80	340
在产品约当产量	14	42	60	116

【例 2－38】

青河工厂生产甲产品经过三道工序加工，原材料分别在各个工序生产开始时一次投入，2016 年 9 月各工序在产品投料程度及在产品约当产量见表 2.9－5；各工序在产品人工、制造费用完工程度及在产品约当产量见表 2.9－7。根据"产品交库单"的统计资料，本月完工验收入库的甲产品为 2 300 件。

甲产品月初在产品成本为 93 703 元，其中，直接材料为 48 600 元，直接人工为 25 495 元，制造费用 19 608 元；本月发生的生产费用为 808 253 元，其中，直接材料为 331 500 元，直接人工为 274 089 元，制造费用为 202 664 元。

采用约当产量法计算完工产品成本和在产品成本。甲产品生产费用发生情况和有关计算分配结果见表 2.9－8。

计算如下：

1. 计算甲产品各成本项目的费用分配率。

$$\text{直接材料项目费用分配率} = \frac{48\ 600 + 331\ 500}{2\ 300 + 234} = 150\ (\text{元/件})$$

$$\text{直接人工项目费用分配率} = \frac{25\ 495 + 274\ 089}{2\ 300 + 116} = 124\ (\text{元/件})$$

$$\text{制造费用项目费用分配率} = \frac{19\ 608 + 202\ 664}{2\ 300 + 116} = 92\ (\text{元/件})$$

2. 计算本月完工甲产品成本。

$$\text{直接材料} = 2\ 300 \times 150 = 345\ 000\ (\text{元})$$

$$\text{直接人工} = 2\ 300 \times 124 = 285\ 200\ (\text{元})$$

$$\text{制造费用} = 2\ 300 \times 92 = 211\ 600\ (\text{元})$$

3. 计算月末在产品成本。

$$\text{直接材料} = 234 \times 150 = 35\ 100\ (\text{元})$$

$$\text{直接人工} = 116 \times 124 = 14\ 384\ (\text{元})$$

$$\text{制造费用} = 116 \times 92 = 10\ 672\ (\text{元})$$

表 2.9-8 青河工厂产品成本计算单

产品：甲产品　　　　　　产量：2 300 件　　　　　　2016 年 9 月　　　　　　单位：元

摘要	直接材料	直接人工	制造费用	合计
月初在产品成本	48 600	25 495	19 608	93 703
本月生产费用	331 500	274 089	202 664	808 253
生产费用合计	380 100	299 584	222 272	901 956
本月完工产品数量	2 300	2 300	2 300	2 300
月末在产品约当产量	234	116	116	
生产总量	2 534	2 416	2 416	
费用分配率（完工产品单位成本）	150	124	92	366
本月完工产品总成本	345 000	285 200	211 600	841 800
月末在产品成本	35 100	14 384	10 672	60 156

约当产量比例法适用于月末在产品数量较大，各月末在产品数量变化也较大，产品成本中直接材料费用、人工费用及制造费用的比重相差不大的产品。在这种情况下计算月末在产品成本，前三个方法都不适合应用，而必须考虑月末在产品数量，具体全面地计算各成本项目的费用。实际中大部分企业采用此方法进行完工产品和在产品成本的计算。

（五）在产品按完工产品成本计算法

在产品按完工产品成本计算法，是将月末在产品视同已经完工的产品，按照月末在产品数量与本月完工产品数量的比例来分配生产费用，以确定本月完工产品成本和月末在产品成本的方法。该方法的特点是在产品按完工产品成本计价，简化了成本计算工作。

在产品按完工产品计算法只适用于月末在产品已接近完工，或已经加工完成但尚未包装或尚未验收入库的产品，否则，会影响本月完工产品成本计算的正确性。

$$某成本项目费用分配率 = \frac{该成本项目月初及本月生产费用合计}{本月完工产品数量 + 月末在产品数量}$$

完工产品应分配该项费用 = 完工产品数量 × 该项费用分配率

在产品应分配该项费用 = 在产品数量 × 该项费用分配率

或　　　　　　　　　　 = 该项目费用总额 − 完工产品应分配该项费用

【例 2-39】

青河工厂生产乙产品，本月完工入库 1 000 件，月末在产品 400 件，有 100 件已经接近完工，有 300 件已经完工但尚未验收入库。月末在产品 400 件均按完工产品计算成本。采用在产品按完工产品成本计算法计算产品成本。乙产品生产费用发生情况和有关计算分配结果见表 2.9-9。

表 2.9-9 青河工厂产品生产成本明细账

产品：乙产品　　　　产量：1 400 件　　　　2016 年 9 月　　　　单位：元

摘要	直接材料	直接人工	制造费用	合计
月初在产品成本	40 000	27 500	34 000	101 500
本月生产费用	212 280	110 610	148 000	470 890
生产费用合计	252 280	138 110	182 000	572 390
本月完工产品数量	1 000	1 000	1 000	1 000
月末在产品数量	400	400	400	400
生产量合计	1 400	1 400	1 400	1 400
费用分配率（完工产品单位成本）	180.2	98.65	130	408.85
本月完工产品总成本	180 200	98 650	130 000	408 850
月末在产品成本	72 080	39 460	52 000	163 540

（六）在产品按定额成本计算法

在产品按定额成本计算法，是指月末在产品按照预先制定的定额成本计算，该产品的月初在产品成本加上本月发生的生产费用减去计算的月末在产品定额成本后的余额作为完工产品成本的一种计算方法。该方法的特点是：月末在产品定额成本应根据月末在产品实际盘存数量和预先制定的单位定额成本计算，然后从本月该种产品的全部生产费用中直接扣除，以求得完工产品的成本。有关计算公式如下：

月末在产品直接材料成本 = 月末在产品实际数量 × 单位在产品定额材料费用

月末在产品直接人工成本 = 月末在产品完成定额工时 × 单位工时定额人工费用

或　　　　　　　　　　 = 月末在产品实际数量 × 单位在产品定额人工费用

月末在产品制造费用 = 月末在产品完成定额工时 × 单位工时定额制造费用

或　　　　　　　　　 = 月末在产品实际数量 × 单位在产品定额制造费用

$$\text{本月完工产品实际总成本} = \text{月初在产品定额成本} + \text{本月发生生产费用} - \text{月末在产品定额成本}$$

在产品按定额成本计算法，简化了生产费用在本月完工产品和月末在产品之间的分配，但由于它将实际生产费用脱离定额的差异全部计入了当月完工产品成本，因此只适用于各项消耗定额和费用定额比较准确稳定，定额管理工作较好，并且各月在产品数量也比较稳定的产品，否则，会影响本月完工产品成本计算的准确性，不利于产品成本的分析和考核。

【例 2-40】

青河工厂 2016 年 9 月生产丙产品，资料如下：

1. 月初在产品定额成本为 218 000 元，其中，直接材料为 123 000 元，直接人工为 59 000 元，制造费用为 36 000 元；本月实际发生生产费用为 1 326 600 元，其中，直接材料为 694 000 元，直接人工为 362 200 元，制造费用为 270 400 元。

2. 本月完工丙产品 1 000 件，月末在产品 600 件，其中，第一道工序 400 件，第二道工序 200 件。丙产品单位在产品直接材料费用定额，第一道工序为 280 元，第二道工序为 350 元；单位产品定额工时为 70 小时，其中，第一道工序 20 小时，第二道工序 50 小时；月末在产品在各工序的加工程度均为 50%。丙产品单位定额工时直接人工费用定额为 5 元，单位定额工时制造费用定额为 3.80 元。

3. 采用在产品按定额成本计算法计算产品成本。丙产品生产费用发生情况和有关计算分配结果如下（见表 2.9–10）：

（1）在产品完成的定额总工时。

$$(20 \times 50\%) \times 400 + (20 + 50 \times 50\%) \times 200 = 13\,000（小时）$$

（2）月末在产品定额成本。

直接材料项目在产品定额成本 = 280 × 400 + 350 × 200 = 182 000（元）

直接人工项目在产品定额成本 = 13 000 × 5 = 65 000（元）

制造费用项目在产品定额成本 = 13 000 × 3.8 = 49 400（元）

在产品定额总成本 = 182 000 + 65 000 + 49 400 = 296 400（元）

（3）本月完工产品实际成本。

直接材料项目完工产品实际成本 = 817 000 − 182 000 = 635 000（元）

直接人工项目完工产品实际成本 = 421 200 − 65 000 = 356 200（元）

制造费用项目完工产品实际成本 = 306 400 − 49 400 = 257 000（元）

本月完工产品实际总成本 = 635 000 + 356 200 + 257 000 = 1 248 200（元）

本月完工产品单位成本 = 1 248 200 ÷ 1 000 = 1 248.20（元）

表 2.9–10　青河工厂产品成本计算单

产品：丙产品　　　　　　产量：1 000 件　　　　　2016 年 9 月　　　　　单位：元

摘要	直接材料	直接人工	制造费用	合计
月初在产品定额成本	123 000	59 000	36 000	218 000
本月发生生产费用	694 000	362 200	270 400	1 326 600
生产费用合计	817 000	421 200	306 400	1 544 600
本月完工产品总成本	635 000	356 200	257 000	1 248 200
本月完工产品单位成本	635	356.2	257	1 248.2
月末在产品定额成本	182 000	65 000	49 400	296 400

（七）定额比例法

定额比例法，是按照本月完工产品总定额成本与月末在产品总定额成本为比例来分配生产费用，以确定本月完工产品实际成本和月末在产品成本的方法。本月完工产品和月末在产品的总定额包括原材料定额耗用总量或原材料定额总成本、定额工时消耗总量或直接人工定额总成本、制造费用定额总成本等。该方法的特点是，直接材料项目一般按照材料定额消耗总量或定额成本比例分配；直接人工项目一般按照定额工时消耗总量或直接人工定额成本比例分配；制造费用项目一般按定额工时消耗总量或制造费用定额成本比例分配。定额比例法一般可以分以下三个步骤进行。

1. 计算本月完工产品的总定额和月末在产品的总定额

本月完工产品的总定额和在产品的总定额应当区分成本项目计算。各成本项目本月完工产品的总定额可以根据本月完工产品数量和单位完工产品定额消耗量（或定额成本）直接计算，月末在产品的总定额应按各生产步骤（工序）在产品数量和单位在产品定额消耗量（或定额成本）分别计算以后，再汇总确定全部在产品的总定额。计算公式如下：

本月完工产品总定额＝本月完工产品数量×单位产品定额消耗量（或定额成本）

$$\text{月末在产品总定额} = \sum \left(\text{某工序月末在产品数量} \times \text{该工序单位在产品定额消耗量（或定额成本）} \right)$$

2. 计算费用分配率

采用定额比例法，按各成本项目的定额成本分配该项目的生产费用。因此，费用分配率的计算公式可以有多种，但基本计算公式如下：

$$\text{某成本项目费用分配率} = \frac{\text{该成本项目月初及本月生产费用合计数}}{\text{本月完工产品总定额} + \text{月末在产品总定额}}$$

3. 计算月末在产品成本和本月完工产品成本

费用分配率是按成本项目计算的，本月完工产品和月末在产品成本也应按成本项目分别计算，计算公式如下：

本月完工产品成本＝月末完工产品总定额×费用分配率

月末在产品成本＝月末在产品总定额×费用分配率

或　　　　　　　＝月初在产品成本＋本月发生生产费用－本月完工产品成本

定额比例法适用于企业定额管理基础比较好，各项消耗定额资料比较完整、准确，生产工艺过程已经定型，但各月在产品数量变动较大的产品。

【例 2-41】

青河工厂 2016 年 9 月生产的丁产品是定型产品，有比较健全的定额资料。

1. 丁产品单位产品原材料消耗定额为 180 元，工时消耗定额为 20 小时。

2. 丁产品本月完工 1 000 件，月末盘点停留在各工序的在产品为 300 件，其中，第一道工序在产品为 160 件，单位在产品原材料消耗定额 125 元，单位工时消耗定额 6 小时；第二道工序在产品为 140 件，单位在产品原材料消耗定额为 180 元，单位工时消耗定额为 16.5 小时。

3. 根据"产品成本计算单（产品生产成本明细账）"的资料，丁产品月初在产品成本为 95 546 元，其中：直接材料 39 220 元，直接人工为 37 674 元，制造费用为 18 652 元；本月发生生产费用为 369 185 元，其中，直接材料为 190 484 元，直接人工为 113 581 元，制造费用为 65 120 元。

4. 根据上述资料，采用定额比例法计算本月完工产品成本和月末在产品成本。

（1）计算丁产品本月完工产品和月末在产品的总定额。

① 月末完工产品总定额。

原材料消耗总定额＝1 000×180＝180 000（元）

工时消耗总定额 = 1 000 × 20 = 20 000（小时）

② 月末在产品总定额。

原材料消耗总定额 = 160 × 125 + 140 × 180 = 45 200（元）

工时消耗总定额 = 160 × 6 + 140 × 16.5 = 3 270（小时）

（2）计算费用分配率。

根据资料，青河工厂丁产品各成本项目的费用分配率计算如下：

$$直接材料项目费用分配率 = \frac{39\ 220 + 190\ 484}{180\ 000 + 45\ 200} = 1.02$$

$$直接人工项目费用分配率 = \frac{37\ 674 + 113\ 581}{20\ 000 + 3\ 270} = 6.5$$

$$制造费用项目费用分配率 = \frac{18\ 652 + 65\ 120}{20\ 000 + 3\ 270} = 3.6$$

直接材料项目费用分配率公式中分母为定额成本，分子为实际成本，计算结果表示实际材料费用占定额材料费用的比例。本例计算结果为 1.02（102%），说明丁产品实际材料费用比定额材料费用超支 2%。直接人工和制造费用项目的费用分配率都是按定额工时消耗总量计算的，它表明丁产品每一定额工时实际分配的人工费用 6.5 元，实际分配的制造费用 3.6 元。

（3）根据资料计算丁产品本月完工产品成本和月末在产品成本。

① 本月完工 1 000 件产品成本：

直接材料项目完工产品成本 = 180 000 × 1.02 = 183 600（元）

直接人工项目完工产品成本 = 20 000 × 6.5 = 130 000（元）

制造费用项目完工产品成本 = 20 000 × 3.6 = 72 000（元）

本月完工产品总成本 = 183 600 + 130 000 + 72 000 = 385 600（元）

本月完工产品单位成本 = 385 600 ÷ 1 000 = 385.6（元）

② 月末 300 件在产品成本：

直接材料项目在产品成本 = 45 200 × 1.02 = 46 104（元）

或 = 39 220 + 190 484 − 183 600 = 46 104（元）

直接人工项目在产品成本 = 3 270 × 6.5 = 21 255（元）

或 = 37 674 + 113 581 − 130 000 = 21 255（元）

制造费用项目在产品成本 = 3 270 × 3.6 = 11 772（元）

或 = 18 652 + 65 120 − 72 000 = 11 772（元）

月末在产品总成本 = 46 104 + 21 255 + 11 772 = 79 131（元）

上述成本计算丁产品"产品成本计算单"中的登记见表 2.9-11。

表 2.9-11 青河工厂产品成本计算单

产品：丁产品　　产量：1 300 件　　2016 年 9 月　　单位：元

摘要	直接材料	直接人工	制造费用	合计
月初在产品成本	39 220	37 674	18 652	95 546
本月发生生产费用	190 484	113 581	65 120	369 185

续表

摘要	直接材料	直接人工	制造费用	合计
生产费用合计	229 704	151 255	83 772	464 731
本月完工产品总定额	180 000	20 000	20 000	
月末在产品总定额	45 200	3 270	3 270	
定额合计	225 200	23 270	23 270	
费用分配率	1.02	6.5	3.6	
本月完工产品总成本	183 600	130 000	72 000	385 600
本月完工产品单位成本	183.6	130	72	385.6
月末在产品总成本	46 104	21 255	11 772	79 131

三、完工产品成本结转

完工产品是指完成全部生产过程，符合技术条件与质量要求，验收入库后，可以对外销售的产品。为了反映完工产品入库、发出情况，需要设置"库存商品"账户进行核算。该账户是资产类账户，借方登记完工入库产品的实际成本，贷方登记结转已销商品的实际成本，余额在借方，表示在库商品的实际成本。企业根据编制的生产成本明细账（产品成本计算单）的计算结果，结合"产品入库单"进行会计处理，编制结转本月完工入库产品成本的会计分录如下：

借：库存商品（或自制半产品）
  贷：基本生产成本
    辅助生产成本

根据会计分录（记账凭证）登记生产成本明细账，根据"产品入库单"转出完工产品成本，确认月末在产品成本。同时应分析各成本项目在总成本中占用的比重，将其与计划数或定额数相比较，查明差额产生的原因，落实责任，进一步提高产品质量，节能减排。

小 结

本项目内容汇总见表 2.9-12、表 2.9-13。

表 2.9-12　生产费用分配标准汇总表

生产费用项目	分配标准或方法	原始数据或单证
材料费用	实际耗用量	每种产品的原材料投料记录
	定额耗用量	每种产品单位消耗定量×产品产量

续表

生产费用项目	分配标准或方法	原始数据或单证
材料费用	产品产量	产品投产产量记录
	标准产量	产品投产产量记录×产品系数
	产品重量	每种产品单位重量×产品产量
人工费用	实际工时	考勤记录、产量及工时记录
	定额工时	每种产品单位工时定额×产品产量
	直接材料成本	直接材料费用记录
	标准产量	产品投产产量记录×产品系数
外购动力费用	仪表记录	分仪表记录
	马力机时	机器动力标准×机器工作时间
辅助生产费用	直接分配	受益程度、各种仪表记录或其他原始记录
	交互分配	
	代数分配	
	顺序分配	
	计划成本分配	计划辅助生产费用÷计划提供劳务数量
制造费用	生产工时	考勤记录、产量及工时记录
	生产工人工资	工资结算表记录
	机器工时	机器工时记录
	计划分配率	年度计划制造费用额÷年度计划工时

表 2.9-13 生产费用在完工产品和在产品之间的分配方法汇总表

分配方法	分配要点
在产品成本不计算成本法	本月发生的产品费用,全部由其完工产品成本负担
在产品固定成本计算法	当月发生的费用,全部由当月完工产品成本负担。只有在年终时,才根据实际盘点的在产品数量,重新计算在产品成本
在产品按所耗材料成本计算法	在产品成本按其所耗用的原材料费用计算,其他费用全部由完工产品负担

续表

分配方法	分配要点
在产品按完工产品成本计算法	月末在产品视同已经完工的产品,按照月末在产品数量与本月完工产品数量的比例来分配生产费用
约当产量比例法	在产品约当产量=在产品数量×完工百分比 在分配直接材料费用时,应按原材料的不同投料方式(一次投入和分次投入)确认完工率;分配人工费用和制造费用时应按工时消耗定额确认完工率
定额比例法	直接材料一般按定额消耗量或定额费用比例分配,人工费用和制造费用一般按定额工时比例分配
在产品按定额成本计算法	月末在产品定额成本=月末在产品直接材料定额成本+月末在产品直接人工定额成本+月末在产品制造费用定额成本

产品成本计算方法概述

知识目标

- 了解工业企业生产的主要类型
- 掌握生产特点和管理要求对成本计算方法的影响
- 明确各种成本计算方法的特点及在实际中的应用
- 了解产品成本计算基本方法和辅助方法划分的意义和标准

能力目标

- 能够掌握企业生产按工艺过程的特点和按生产组织特点的不同分类
- 能够根据企业生产特点和管理要求选择具体的成本计算方法
- 能熟练掌握各种基本的成本计算方法在实际中的运用

产品成本是由产品生产过程中企业各个生产单位发生的生产费用形成的。因此，产品成本计算方法与企业生产单位的工艺技术过程和生产组织有密切的联系。同时，成本核算是成本会计的一个重要组成部分，而成本会计又是会计这一管理活动的一个重要分支。这就是说，确定产品成本计算方法的原则是：从企业的具体情况出发，充分考虑企业生产经营特点和成本管理上的要求。让我们一起来学习一下吧！

任务一 企业的生产类型及特点

任务目标

1. 理解制造业企业生产类型的划分
2. 掌握不同划分标准下的分类及其特点
3. 能正确判断制造业企业的生产类型

不同部门、行业企业的生产千差万别，对工业企业，可以根据生产工艺过程和生产组织的特点划分为不同类型。

一、企业按生产工艺过程特点的划分

产品的生产工艺过程是指从原材料投入到成品的产出，所经过的各个生产阶段和环节的一系列技术过程，工业企业的生产，按照生产工艺技术方面的特点，可以划分为单步骤生产和多步骤生产两种类型。

（一）单步骤生产

单步骤生产也称简单生产，是指在工艺技术上不可间断，或者由于工作地点的限制不便分散在几个不同地点进行的生产，如发电、供水、供气、熔铸、采掘、磨粉等企业的生产。该类生产通常只能由一个企业整体进行。

（二）多步骤生产

多步骤生产也称复杂生产，是指在工艺技术上是可以间断的、分散在不同的地点、分别在不同的时间进行的由若干个生产步骤所组成的生产，如纺织品、钢铁、机械、服装等的生产。该类生产可以由一个企业的各个生产单位进行，也可以由几个企业协作进行。

多步骤生产按其产品加工方式的不同，又可以分为连续式多步骤生产和装配式多步骤生产。

1. 连续式多步骤生产

连续式多步骤生产是指投入生产的原材料要依次经过各个生产步骤的加工，直到最后的生产步骤，才形成产成品的生产，如服装加工、纺织、冶金、搪瓷等企业的生产。

2. 装配式多步骤生产

装配式多步骤生产是指先将原材料分别加工为零件、部件，再将零件、部件装配为产成品的生产，如汽车制造、自行车制造、造船等企业的生产。

二、企业按生产组织特点的划分

工业企业的生产，按照生产组织的特点，可以划分为大量生产、成批生产和单件生产三种类型。

（一）大量生产

大量生产是指不断大量重复生产相同品种产品的生产。在这种生产类型的企业或车间中，产品的品种较少，而且比较稳定，如采掘、造纸、发电、酿酒等生产。

（二）成批生产

成批生产是指按照预先规定的产品批别、规格和数量，每隔一定时期重复生产某种产品的生产。在这种生产类型的企业或车间中，产品的品种较多，而且各种产品的生产往往成批重复进行，生产具有一定的重复性，如服装加工、制鞋、机械制造等就属于这种类型的生产。

成批生产按照产品批量的大小，又可以分为大批生产和小批生产。大批生产的性质接近于大量生产，小批生产的性质接近于单件生产。

(三) 单件生产

单件生产是指按照购买单位订单的要求，生产个别的、结构和性能特殊的产品的生产。在这种生产类型的企业或车间中，产品品种虽然很多，但却很少重复生产，如重型机械、船舶的制造等。

企业生产类型的划分如图 3-1 所示。

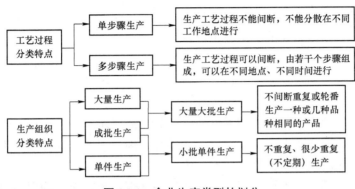

图 3-1　企业生产类型的划分

任务二　生产特点及管理要求对成本计算方法的影响

任务目标

1. 理解企业生产特点和成本管理要求对成本计算方法的影响
2. 掌握成本核算方法适用的基本原则和特点

企业的生产类型影响成本计算方法的选择，同时，企业的生产特点和成本管理要求，对确定成本计算对象、成本计算期以及生产费用在完工产品和在产品之间进行分配的方法均产生影响。同时，成本计算对象、成本计算期、生产费用在完工产品和在产品之间进行分配的方法这三个方面的有机结合，是构成某一种成本计算方法的主要特点。

一、对成本计算对象的影响

成本计算对象是指企业为了计算产品成本而确定的归集和分配生产费用的各个对象，即成本费用的承担者。企业在进行成本核算时，首先应确定成本计算对象。

在成本计算工作中，主要有三种成本核算对象：产品的品种、产品的批别、产品品种及所经过的生产步骤。成本核算对象要根据生产类型和管理的要求而定。

在单步骤大量大批生产的企业或管理上不要求分步骤计算成本的多步骤大量生产的企业，由于生产工艺过程不能间断，不可能也不需要划分几个生产步骤来计算产品成本，故应以产品品种作为成本核算对象。

在多步骤大量大批生产的企业，由于生产工艺过程由若干个可以间断的、分散在不同地点进行的生产步骤组成，为了计算各个生产步骤的成本，应以生产步骤作为成本计算对象。

在单步骤小批单件生产的企业或管理上不要求分步骤计算成本的多步骤小批单件生产的企业，由于产品批量小，每批产品同时投产，同时完工，因而应以产品批别作为成本核算对象。

管理上要求分步骤计算成本的多步骤大量生产或小批单件生产的企业，应以产品的品种及其所经过的生产步骤作为成本核算对象。

二、对成本计算期的影响

成本计算期是指每次计算产品成本的期间，即多长时间计算一次成本。生产特点对成本计算期的影响，主要是由企业的生产组织决定的。

在大量大批生产的企业中，生产活动是连续不断进行的，一般每月都会有产品完工入库，根据成本管理的要求，通常需要定期按月计算产品成本，因此，生产费用按月汇总，产品成本的计算也应在每月末定期进行，即成本计算期与会计报告期一致，而与生产周期不一致。

在小批单件生产的企业中，生产周期较长，其产品成本计算的对象是各批或单件产品，成本计算有可能在该批或该件产品完工后才能进行，因此，成本计算期是不定期的，即成本计算与生产周期一致，而与会计报告期不一致。

需要指出的是，不管成本计算期与会计报告期是否一致，企业均要按月估计本月发生的生产费用。

三、对生产费用在完工产品和在产品之间分配的影响

对于单步骤大量大批生产的企业，由于生产不能间断，生产周期较短，一般月末没有在产品。有的企业虽有在产品，但数量很少并且比较稳定，在计算产品成本时，一般不需要计算在产品成本，当月发生的生产费用全部由完工产品负担，因此，生产费用就不需要在完工产品和期末在产品之间进行分配。但如果在产品数量较大，且管理上要求计算在产品成本，那么生产费用就需要在完工产品和期末在产品之间进行分配。

对于多步骤大量大批生产的企业，由于生产不间断地进行，不断地投入产品，不断有完工产品，各步骤经常存在一定数量的在产品，而且由于生产过程比较复杂，期末在产品的数量较大，在这种情况下，一般管理上要求计算在产品成本，因此，生产费用需要在完工产品和期末在产品之间进行分配。

对于小批单件生产的企业，一般一批产品同时投产、同时完工，在每批或每件产品完工之前，产品成本计算单中所归集的生产费用都是在产品成本；在产品完工以后，成本计算单中归集的生产费用就是完工产品的成本，即成本计算期与生产周期一致，因此，不需要将生产费用在完工产品和期末在产品之间进行分配。

任务三　产品成本计算方法的主要方法

任务目标

1. 理解成本计算方法的特点
2. 掌握各种成本计算方法的关系
3. 能根据企业生产特点选择适合的成本计算方法

成本计算是对有关费用数据进行处理的过程，它是以一定的成本核算对象为依据，分配和归集生产费用并计算其总成本和单位成本的过程。成本核算对象是处理各项费用数据的中心，是产品成本计算方法的核心。在实际工作中存在的各种各样的产品成本计算具体方法，主要是根据成本核算对象来命名的。

一、成本计算基本方法的选择

根据生产工艺过程和生产组织特点及企业成本管理的要求，工业企业产品成本计算的基本方法有三种，即品种法、分批法和分步法。

（一）品种法

在大量大批单步骤生产或管理上不要求分步骤计算成本的多步骤大量大批生产的企业，只需以产品品种作为成本核算对象来归集和分配生产费用，计算出各种产品的实际总成本和单位成本。这就产生了品种法。

大量大批生产企业不可能等全部产品完工以后才计算产品的实际总成本，所以需要按月计算产成品成本，即成本计算期与会计报告期一致，但与生产周期不一致。因此在期末需要在完工产品和在产品之间分配生产费用。

（二）分批法

小批单件生产的企业，是按照客户的订单来组织生产的，客户的订单不仅在数量和质量上的要求不同，交货日期也不一样。因此，单件小批生产企业只能以生产的产品批次订单作为成本核算对象来归集和分配生产费用，计算出各批产品的实际总成本和单位成本。这就产生了分批法。

在分批法下，由于成本核算对象是产品批次订单，只有在该批产品全部完工以后，才能计算出其实际总成本和单位成本，因此分批法的成本计算期是不固定的，但与生产周期一致。

分批法的成本计算期与生产周期一致，也就不存在期末在产品，不需要在本月完工产品和在产品之间分配生产费用。

（三）分步法

大量大批多步骤生产的企业，如果企业成本管理上要求按生产步骤归集生产费用、计算产品成本，就应当把产成品及其所经生产步骤作为成本核算对象，来归集和分配生产费用，计算出各生产步骤和最终产成品的实际总成本和单位成本。这就产生了分步法。

采用分步法的大量大批多步骤生产企业，不可能等全部产品完工以后才计算成本，只能定期按月计算成品成本，成本计算期与会计报告期一致，但与生产周期不一致。一般情况下，每月末有在产品，因此，需要在月末完工产品和在产品之间分配生产费用。

二、成本计算辅助方法的选择

在实际工作中，除了上述三种产品成本计算的基本方法外，还有为了解决某一个特定问题而产生的其他方法，也称为产品成本计算的辅助方法。

（一）分类法

在产品规格繁多的企业，可以将产品结构、耗用原材料和工艺过程基本相同的产品，适当合并作为成本核算对象。为了解决成本核算对象的分类问题，产生了产品成本计算的分类法。分类法的成本核算对象是产品的类别，它需要运用品种法等基本方法的原理计算出各类产品的实际总成本，再采用一定的方法，求得类内各种规格产品的实际总成本和单位成本。

（二）定额法

在定额管理工作比较好的企业，为了配合和加强生产费用和产品成本的定额管理，将成本核算和成本控制结合起来，可以采用定额法。定额法将符合定额的费用和脱离定额的差异分别核算，以完工产品的定额成本为基础，加减脱离定额的差异、材料成本差异和定额变动差异来求得实际成本，解决了成本的日常控制问题。

（三）标准成本法

标准成本法是一种成本控制的方法，是一种特殊的成本计算方法，它只计算产品的标准成本，不计算产品的实际成本，实际成本脱离标准成本的差异直接计入当期损益。

（四）变动成本法

变动成本法是只将变动成本计入产品成本，固定成本全部作为期间费用直接计入当期损益的一种成本计算方法。

标准成本法和变动成本法在西方国家的企业采用较多。在我国，因为这两种方法没有计算出产品的实际制造成本，因此，将其作为管理会计的方法，不列入产品成本计算方法中。

三、成本计算方法在实际工作中的应用

产品成本计算的品种法、分批法、分步法和分类法、定额法等，是比较典型的成本计算方法，在实际工作中，一个企业总是将几种方法同时应用或结合应用。

（一）几种方法同时应用

1. 一个企业的各个车间可能同时采用几种成本计算方法

一个企业往往有若干个基本生产车间和辅助生产车间，各个车间的生产特点和管理要求并不一定相同，因此，在一个工业企业中，不同的生产车间同时采用几种成本计算方法的情况是很多的。例如，纺织厂的基本生产车间，一般都属于多步骤的大量生产，一般应采用分步法计算半成品和产成品成本；而厂内供电、供气等辅助生产车间，都属于单步骤大量生产，则应采用品种法计算成本。

2. 一个车间的各种产品可能同时采用几种成本计算方法

一个车间所生产的各种产品，其生产类型可能不同，管理要求也可能不同，因而采用的成本计算方法也会有所不同。例如，机械制造，对于已经定型、已经大量大批生产的产品，可根据其生产的特点，采用品种法或分步法计算产品成本；对于正在试制的不定型的产品，只能小批、单件生产的，采用分批法计算成本。

（二）几种方法结合应用

一个企业的各个车间，一个车间的各种产品，除了可能同时应用几种成本计算方法外，在计算某种产品成本时，由于生产的特点不同，还可能将几种成本计算方法结合起来应用。例如，在小批单件生产的机械制造企业，铸造车间生产铸件，可以采用品种法计算铸件的成

本；加工车间将铸件加工为零部件，交装配车间装配，可以采用分批法计算各批产品的成本；铸造车间和加工车间之间以及加工车间和装配车间之间，可以采用分步法计算成本。这样，产成品成本的计算，结合采用了品种法和分步法。

企业采用分类法、定额法等计算产品成本时，因为它们是成本计算的辅助方法，必须结合品种法、分批法和分步法等成本计算的基本方法加以应用。

小　结

本项目内容结构见表 3.3-1。

表 3.3-1　成本计算方法的选择

成本计算方法	具体成本计算方法	特点
成本计算基本方法的选择	1. 品种法	适用于单步骤生产或管理上不要求分步骤计算成本的多步骤大量大批生产的企业
	2. 分批法	适用于单步骤生产或管理上不要求分步骤计算成本的多步骤小批单件生产的企业
	3. 分步法	适用于管理上要求分步骤计算成本的多步骤大量大批生产的企业
成本计算辅助方法的选择	1. 分类法	在产品品种、规格繁多的企业，可以简化成本计算工作
	2. 定额法	适用于定额管理工作比较好的企业
	3. 标准成本法和变动成本法	在西方国家的企业采用较多
成本计算方法在实际工作中的应用	1. 几种成本计算方法同时应用	一个企业的各个车间可能同时采用几种成本计算方法
		一个车间的各种产品可能同时采用几种成本计算方法
	2. 几种成本计算方法结合应用	根据企业生产特点，一个企业的各个车间可以结合使用多种成本计算方法
	3. 基本方法和辅助方法结合应用	根据企业生产特点不同，可以将基本方法和辅助方法结合应用

项目四

成本计算基本方法的应用

知识目标

- 理解成本计算基本方法中各种方法的含义、特点和适用范围
- 掌握成本计算基本方法中各种方法的计算程序

能力目标

- 能利用产品成本资料，熟练运用成本计算基本方法中各种方法计算出完工产品的总成本和单位成本
- 能熟练进行会计处理，登记相关明细账

通过学习，我们掌握了成本计算方法的基本原理。为了正确计算产品成本，圆满完成产品成本核算任务，充分发挥产品成本核算的作用，实际工作中应根据企业生产特点和管理要求，采用适当的成本计算方法。本项目针对具体的成本计算方法进行详细的应用分析。

任务一 品 种 法

任务目标

1. 了解品种法含义和适用范围
2. 掌握品种法的特点和计算程序
3. 能够熟练地运用品种法计算产品成本

一、品种法的含义

产品成本计算的品种法，是指以产品品种为成本核算对象，来归集生产费用并计算产品生产成本的方法。各种成本计算方法最终都要计算出各产品的实际总成本和单位成本，所以，按照产品品种计算产品成本是成本计算最起码的要求，因此，品种法是企业产品成本计算的最基本的方法。

二、品种法的适用范围

品种法广泛应用于大量大批单步骤生产,如发电、供水、采掘等。在大量大批多步骤生产的企业,如果企业的规模比较小,而且管理上不要求按照生产步骤计算成本,也可以采用品种法核算。

三、品种法的特点

(一)以产品品种为核算对象,设置生产成本明细账

采用品种法计算成本时,如果企业只生产一种产品,成本核算对象就是该种产品。生产成本明细账就按该种产品设置,所有生产费用都可直接计入该产品生产成本明细账中。如果生产多种产品,则应按产品品种分别设置成本明细账,发生的直接费用可以直接计入各产品成本明细账,间接费用应另行归集,然后采用适当的分配方法在各成本核算对象之间分配,再计入各产品成本明细账。

(二)成本计算定期按月进行

采用品种法计算成本的企业是大量大批生产组织形式,不可能在产品全部完工后才计算成本,成本计算是定期按月进行的,与会计报告期一致,与产品生产周期不一致。

(三)期末生产费用需要在完工产品和在产品之间进行分配

工业企业的成本计算一般按月进行。在月末计算产品成本时,如果没有在产品或者在产品数量很少,可以不计算在产品成本,在这种情况下,产品成本明细账中按成本项目归集的生产费用就是该产品的总成本,除以总产量,就可以得到产品的单位成本。如果月末有在产品,而且数量较多,就需要将产品成本明细账中归集的生产费用,按照适当的方法在完工产品和在产品之间进行分配,计算完工产品和月末在产品成本。

四、品种法的核算程序

(一)按照产品的品种设置有关成本明细账

企业应在"生产成本"总分类账户下设置"基本生产成本"和"辅助生产成本"二级账,同时按照成本计算对象即产品品种设置基本生产成本明细账,按照辅助生产单位提供的产品或劳务的品种,设置辅助生产成本明细账;在"制造费用"总分类账户下,按生产单位(分厂、车间)设置制造费用明细账。

(二)按品种归集和分配本月发生的各项费用

企业应按照产品品种归集和分配生产费用。凡能直接计入有关生产成本明细账的应直接计入,不能直接计入的,应按照受益原则分配,再计入有关产品生产成本明细账。各生产单位发生的制造费用,计入有关制造费用明细账。

(三)分配辅助生产费用

根据辅助生产明细账编制辅助生产成本分配表,确定辅助生产费用分配方法,分别编制各辅助生产单位的"辅助生产费用分配表",分配辅助生产成本。

辅助生产单位发生的制造费用,如果通过制造费用明细账归集,应在分配辅助生产费用

前分别转入各辅助生产成本明细账,并计入该辅助生产单位本期费用总额。

(四)分配基本生产单位制造费用

根据制造费用明细账,编制制造费用分配表,在各种产品之间分配制造费用,并据以登记基本生产成本明细账。

(五)计算本月完工产品实际总成本和单位成本

根据各产品基础生产明细账编制产品成本计算单,分配完工产品实际总成本和在产品实际总成本,同时,根据实际总产量计算出完工产品本月单位成本。

(六)结转本月完工产品成本

根据产品成本计算结果,编制本月"完工产品成本汇总表",结转产成品成本,计入产品生产成本明细账和库存商品明细账。

五、品种法任务设计

金山工厂为大量大批生产组织形式、单步骤生产类型的企业。该厂设有一个基本车间,大量生产甲、乙两种产品,另设有机修和供电两个辅助生产车间,采用品种法计算产品生产成本。

金山工厂以生产的产品或劳务作为成本核算对象,开设"基本生产成本"和"辅助生产成本"总分类账户,并按甲产品、乙产品和机修、供电分别开设产品成本计算单;"制造费用"总分类账户开设基本车间一个明细账组织核算;机修车间和供电车间均未设置制造费用账户,其发生的制造费用直接记入对应"辅助生产成本"明细账户的"制造费用"项目。

任务要求:

(一)2016年4月末根据下列资料归集和分配各项费用,编制会计分录。

(二)登记相关成本费用明细账,结转完工产品成本,进行成本管理和控制。

工作步骤:

(一)月末归集和分配各项成本费用,编制会计分录(记账凭证略)。

第一步:根据表4.1-1分配材料费用。

表4.1-1 金山工厂耗用材料汇总表

2016年4月 金额单位:元

总账		成本或费用项目	原材料	低值易耗品	包装物	合计
基本生产成本	甲产品	直接材料	100 000			100 000
	乙产品	直接材料	60 000			60 000
	小计		160 000			160 000
辅助生产成本	机修车间	直接材料	1 000			1 000
	供电车间	直接材料	1 800			1 800
	小计		2 800			2 800
制造费用	基本车间	一般消耗		2 000		2 000
管理费用		一般消耗			3 500	3 500
合计			162 800	2 000	3 500	168 300

根据表 4.1-1 编制会计分录如下：

借：基本生产成本——甲产品　　　　　　　　　　　　　　　100 000
　　　　　　　　——乙产品　　　　　　　　　　　　　　　 60 000
　　辅助生产成本——机修车间　　　　　　　　　　　　　　 1 000
　　　　　　　　——供电车间　　　　　　　　　　　　　　 1 800
　　制造费用——基本车间　　　　　　　　　　　　　　　　 2 000
　　管理费用　　　　　　　　　　　　　　　　　　　　　　 3 500
　　贷：原材料　　　　　　　　　　　　　　　　　　　　　162 800
　　　　周转材料——低值易耗品　　　　　　　　　　　　　 2 000
　　　　　　　　——包装物　　　　　　　　　　　　　　　 3 500

第二步：根据表 4.1-2 分配薪酬费用。产品生产工人的薪酬按生产工时比例在甲、乙两种产品之间进行分配。

表 4.1-2　金山工厂应付职工薪酬汇总表

2016 年 4 月　　　　　　　　　　　　　　　　　金额单位：元

总账	明细账户	成本或费用项目	生产工时	应付职工薪酬
基本生产成本	甲产品	直接人工	6 500	29 640
	乙产品	直接人工	3 500	15 960
	小计		10 000	45 600
辅助生产成本	机修车间	职工薪酬		8 700
	供电车间	职工薪酬		10 200
	小计			18 900
制造费用	基本生产车间	职工薪酬		5 800
管理费用		职工薪酬		57 000
	合计			127 300

根据表 4.1-2 编制会计分录如下：

借：基本生产成本——甲产品　　　　　　　　　　　　　　　 29 640
　　　　　　　　——乙产品　　　　　　　　　　　　　　　 15 960
　　辅助生产成本——机修车间　　　　　　　　　　　　　　 8 700
　　　　　　　　——供电车间　　　　　　　　　　　　　　 10 200
　　制造费用——基本车间　　　　　　　　　　　　　　　　 5 800
　　管理费用　　　　　　　　　　　　　　　　　　　　　　 57 000
　　贷：应付职工薪酬　　　　　　　　　　　　　　　　　　127 300

第三步：根据表 4.1-3 计提折旧费用。

表 4.1-3　金山工厂固定资产折旧费用分配表

2016 年 4 月　　　　　　　　　　　　　　　　　　　　　　　金额单位：元

总账	明细账户	费用项目	折旧费用			
			房屋建筑物	机器设备	其他设备	合计
辅助生产成本	机修车间	折旧费	5 000	2 500	500	8 000
	供电车间	折旧费	3 500	900	600	5 000
	小计		8 500	3 400	1 100	13 000
制造费用	基本车间	折旧费	6 000	5 000	2 000	13 000
管理费用		折旧费	6 500	2 000	1 500	10 000
合计						36 000

根据表 4.1-3 编制会计分录如下：
借：辅助生产成本——机修车间　　　　　　　　　　　　　　8 000
　　　　　　　　——供电车间　　　　　　　　　　　　　　5 000
　　制造费用——基本车间　　　　　　　　　　　　　　　 13 000
　　管理费用　　　　　　　　　　　　　　　　　　　　　 10 000
　　贷：累计折旧　　　　　　　　　　　　　　　　　　　 36 000

第四步：根据表 4.1-4 分配其他费用。本月以银行存款支付的其他费用合计为 55 270 元。

表 4.1-4　金山工厂其他费用分配表

2016 年 4 月　　　　　　　　　　　　　　　　　　　　　　　　单位：元

总账	明细账户	费用项目	合计
辅助生产成本	机修车间	办公费	2 500
		其他	400
		小计	2 900
	供电车间	办公费	2 700
		其他	300
		小计	3 000
制造费用	基本车间	办公费	10 600
		差旅费	1 670
		小计	12 270
管理费用		办公费	15 600
		差旅费	20 000
		水电费	800
		劳动保险费	700
		小计	37 100
合计			55 270

根据表 4.1-4 编制会计分录如下：

借：辅助生产成本——机修车间　　　　　　　　　　　　　　2 900
　　　　　　　　——供电车间　　　　　　　　　　　　　　3 000
　　制造费用——基本车间　　　　　　　　　　　　　　　　12 270
　　管理费用　　　　　　　　　　　　　　　　　　　　　　37 100
　　贷：银行存款　　　　　　　　　　　　　　　　　　　　　　55 270

第五步：根据表 4.1-5 分配长期待摊费用。

表 4.1-5　金山工厂长期待摊费用分配表

2016 年 4 月　　　　　　　　　　　　　　　　　　　　　金额单位：元

总账	明细账户	费用项目	长期待摊费用合计
制造费用	基本车间	改良支出	3 330
管理费用		改良支出	3 500
合计			6 830

根据表 4.1-5 编制会计分录如下：

借：制造费用——基本生产车间　　　　　　　　　　　　　　3 330
　　管理费用　　　　　　　　　　　　　　　　　　　　　　3 500
　　贷：长期待摊费用　　　　　　　　　　　　　　　　　　　　6 830

（二）根据上述原始凭证分配汇总表及会计分录，分别登记相关成本费用明细账。

第一步：归集分配机修、供电车间辅助生产费用，登记辅助生产成本明细账（见表 4.1-6、表 4.1-7）。

月末归集辅助生产费用，根据机修车间、供电车间提供的受益对象和劳务供应量（见表 4.1-8），采用直接分配法分配辅助生产费用，编制"辅助生产费用分配表"（见表 4.1-9）。分配辅助生产费用，登记辅助生产成本明细账。

表 4.1-6　金山工厂辅助生产成本明细账

车间名称：机修车间　　　　　　　　　　　　　　　　　　　金额单位：元

2016 年 月/日		凭证号数	摘要	材料费	薪酬	折旧费	办公费	其他	合计
4	30	4.1-1	分配材料费	1 000					1 000
		4.1-2	计提薪酬		8 700				8 700
		4.1-3	计提折旧费			8 000			8 000
		4.1-4	支付其他费用				2 500	400	2 900
			合计	1 000	8 700	8 000	2 500	400	20 600
		4.1-9	分配转出	-1 000	-8 700	-8 000	-2 500	-400	-20 600

表4.1-7　金山工厂辅助生产成本明细账

车间名称：供电车间　　　　　　　　　　　　　　　　　　　　　　　金额单位：元

2016年月/日		凭证号数	摘要	材料费	薪酬	折旧费	办公费	其他	合计
4	30	4.1-1	分配材料费	1 800					1 800
		4.1-2	计提薪酬		10 200				10 200
		4.1-3	计提折旧费			5 000			5 000
		4.1-4	支付其他费用				2 700	300	3 000
			合计	1 800	10 200	5 000	2 700	300	20 000
		4.1-9	分配转出	-1 800	-10 200	-5 000	-2 700	-300	-20 000

表4.1-8　金山工厂辅助生产车间提供劳务量一览表

2016年4月

受益部门	耗用数量	
	修理工时/小时	耗电度数/度
供电车间	100	
机修车间		2 000
基本车间	340	18 400
管理费用	60	1 600
合计	500	22 000

表4.1-9　辅助生产费用分配表（直接分配法）

2016年4月　　　　　　　　　　　　　　　　　　　　　　　　　　　金额单位：元

项目		分配修理费		分配电费		对外分配金额合计
		数量	金额	数量	金额	
待分配费用			20 600		20 000	40 600
劳务供应总量		500		22 000		
辅助生产以外部门耗用		400		20 000		
费用分配率			51.5		1	
受益部门及账户	费用项目					
制造费用 ——基本车间	修理费	340	17 510			17 510
	水电费			18 400	18 400	18 400
	小计					35 910
管理部门	修理费	60	3 090			3 090
	水电费			1 600	1 600	1 600
	小计					4 690
合计			20 600		20 000	40 600

根据表 4.1-9 编制会计分录如下：

借：制造费用——基本车间　　　　　　　　　　　　　　　　　　　　　35 910
　　管理费用　　　　　　　　　　　　　　　　　　　　　　　　　　　　4 690
　　贷：辅助生产成本——机修车间　　　　　　　　　　　　　　　　　　20 600
　　　　　　　　　　——供电车间　　　　　　　　　　　　　　　　　　20 000

第二步：归集分配基本车间制造费用，登记制造费用明细账（见表 4.1-10）。

登记基本生产车间制造费用明细账，月末汇总合计数，采用工时比例法分配制造费用，编制"制造费用分配表"（见表 4.1-11），登记制造费用明细账。

表 4.1-10　金山工厂制造费用明细账

车间名称：基本生产车间　　　　　　　　　　　　　　　　　　　　　　　　金额单位：元

2016年月/日		凭证号数	摘要	职工薪酬	折旧费	改良支出	修理费	物料消耗	水电费	办公费	差旅费	合计
4	30	4.1-1	材料费					2 000				2 000
		4.1-2	薪酬	5 800								5 800
		4.1-3	折旧费		13 000							13 000
		4.1-4	其他费							10 600	1 670	12 270
		4.1-5	改良支出			3 330						3 330
		4.1-9	辅助费用				17 510		18 400			35 910
			合计	5 800	13 000	3 330	17 510	2 000	18 400	10 600	1 670	72 310
		4.1-11	分配转出	-5 800	-13 000	-3 330	-17 510	-2 000	-18 400	-10 600	-1 670	-72 310

表 4.1-11　金山工厂制造费用分配表

车间名称：基本车间　　　　　　　　2016 年 4 月　　　　　　　　　　金额单位：元

总账	明细账	分配标准（生产工时）	分配率	分配金额
基本生产成本	甲产品	30 000		43 386
	乙产品	20 000		28 924
合计		50 000	1.446 2	72 310

根据表 4.1-11 编制会计分录如下：

借：基本生产成本——甲产品　　　　　　　　　　　　　　　　　　　　43 386
　　　　　　　　　——乙产品　　　　　　　　　　　　　　　　　　　　28 924
　　贷：制造费用——基本车间　　　　　　　　　　　　　　　　　　　　72 310

第三步：登记甲、乙两种产品成本计算单（生产成本明细账），计算完工产品成本和月末在产品成本（见表 4.1-12、表 4.1-13）。

1. 金山工厂甲产品各项消耗定额和费用定额比较准确、稳定，定额管理基础工作较好，并且各月在产品数量也比较稳定。该厂甲产品本月完工1 000件，月末在产品400件，根据有关资料确定，月末400件在产品的定额成本为27 000元，其中，直接材料为13 000元，直接人工为8 000元，制造费用为6 000元，采用月末在产品按定额成本计算法，分配结果见表4.1-12。

表4.1-12　金山工厂产品成本计算单

车间：基本车间　　　　　　　　　　　　　　　　　　　　完工产量：1 000件
产品名称：甲产品　　　2016年4月　　在产品产量：400件　　　　　　单位：元

2016年 月/日		凭证号数	摘要	直接材料	直接人工	制造费用	合计
4	1		月初在产品成本	12 000	7 500	8 000	27 500
	30	4.1-1	分配材料费	100 000			100 000
		4.1-2	计提薪酬		29 640		29 640
		4.1-11	分配制造费用			43 386	43 386
			生产费用合计	112 000	37 140	51 386	200 526
			月末在产品成本	13 000	8 000	6 000	27 000
		4.1-13	转出完工产品总成本	-99 000	-29 140	-45 386	-173 526
			完工产品单位成本	99	29.14	45.39	173.53

2. 金山工厂乙产品的原材料于生产开始时一次投入，直接人工和制造费用在生产过程中陆续投入，乙产品本月完工400件，月末在产品100件，在产品的完工程度50%，采用约当产量法分配，计算结果见表4.1-13。

表4.1-13　金山工厂产品成本计算单

车间：基本车间　　　　　　　　　　完工产量：400件
产品名称：乙产品　　　2016年4月　　在产品产量：100件 完工率：50%　　　单位：元

2016年 月/日		凭证号数	摘要	直接材料	直接人工	制造费用	合计
4	1		月初在产品成本	11 000	6 100	2 200	118 300
	30	4.1-1	分配材料费	60 000			60 000
		4.1-2	计提薪酬		15 960		15 960
		4.1-11	分配制造费用			28 924	28 924
			生产费用合计	71 000	22 060	31 124	124 184
			约当总产量	500	450	450	
			完工产品单位成本	142	49.02	69.16	169.4
		4.1-13	转出完工产品总成本	-56 800	-19 608	-27 664	-104 072
			月末在产品成本	14 200	2 452	3 460	20 112

乙产品约当总产量计算过程：

直接材料项目约当总产量＝400＋100＝500（件）

直接人工项目约当总产量＝400＋100×50%＝450（件）

制造费用项目约当总产量＝400＋100×50%＝450（件）

根据成本计算单的数据信息填制产成品入库单（略），结转完工入库的甲乙产品成本，编制会计分录如下：

借：库存商品——甲产品　　　　　　　　　　　　　　　　　　　　　173 526
　　　　　　——乙产品　　　　　　　　　　　　　　　　　　　　　104 072
　　贷：基本生产成本——甲产品　　　　　　　　　　　　　　　　　173 526
　　　　　　　　　　——乙产品　　　　　　　　　　　　　　　　　104 072

任务二　分　批　法

任务目标

1. 了解分批法的含义、特点和适用范围
2. 掌握分批法的成本计算程序

一、分批法的含义

产品成本计算的分批法是以产品的批别作为成本计算对象，用以归集生产费用并计算产品成本的一种方法。

二、分批法的适用范围

分批法主要适用于单件小批类型的生产，如重型机械、船舶、精密仪器以及服装、印刷工业生产等。

三、分批法的特点

（一）以产品批别作为成本计算对象

在单件小批生产的企业中，生产一般是根据购货单位的订单来组织的，因此，分批法也称为订单法。但是，订单和分批并不是同一个概念。如果一张订单中有几种产品，或虽然只有一种产品但数量很多，购买者要求分批交货，则可以分多批组织生产和计算成本；如果同一期间几张订单中有相同的产品，也可以将其合并为一批组织生产和计算成本。在这种情况下，分批法的成本核算对象就不是购货单位的订货单，而是企业生产计划部门下达的"生产任务通知单"，也称为内部订单或工作令号。财会部门应按生产批号开设生产成本明细账，归集生产费用，计算产品成本。因此，分批法的成本核算对象是产品批别或工作令号。

（二）成本计算期与生产周期一致

在分批法下，要按月汇集各批产品的实际生产费用，但只有该批产品全部完工，才能计算其实际成本。因此，分批法的成本计算期与产品生产周期相同，与会计报告期不一致。

（三）一般不需要在完工产品和在产品之间分配生产费用

在分批法中，由于成本计算周期与生产周期一致，因此，月末计算产品成本时一般不存在完工产品和在产品之间费用分配的问题。按产品批别归集的生产费用，如果到月末该批产品都已完工，这些生产费用就是本月完工产品的实际总成本；如果该批产品全部未完工，这些生产费用就是月末在产品成本。

当然，也有可能出现另外一种情况，就是批内产品跨月陆续完工并交付购货单位。在这种情况下，需要采用一定的方法计算本月完工产品成本。如果批内产品少量完工，可以采用计划单位成本、定额单位成本或近期相同产品的实际单位成本计算完工产品成本，待该批产品全部完工再计算该批产品的实际总成本和单位成本。如果批内产品跨月陆续完工情况较多、数量较大，为了提高产品成本计算的正确性，可以采用适当的方法（如约当产量法、定额比例法），在完工产品和月末在产品之间分配生产费用，正确计算完工产品成本和月末在产品成本。

四、分批法的核算程序

（一）按照产品批别设置生产成本明细账

分批法以产品批别作为成本核算对象，因此，应当按照产品批别开设生产成本明细账，归集和分配生产费用，计算各批产品的实际总成本和单位成本。

（二）按产品批别归集和分配本月发生的生产费用

企业当月发生的生产费用，能够按照批次划分的直接计入费用，包括直接耗用的材料、人工等费用，都要在有关原始凭证上注明生产批号和订单号，以便直接计入各批产品生产成本明细账。对于多批产品共同发生的直接材料和直接人工等费用，应在费用原始凭证上注明费用用途，以便按费用项目进行归集，在各批产品之间进行分配以后，再计入各批产品的生产成本明细账。

（三）分配辅助生产费用

在设有辅助生产单位的企业，月末，应将归集的辅助生产费用分配给各收益单位，包括直接分配给产品的生产成本和基本生产单位的制造费用。

（四）分配基本生产单位制造费用

基本生产单位的制造费用由该生产单位的各批产品成本负担，月末，应将归集的基本生产单位的制造费用分配给各受益对象。

（五）计算并结转完工产品成本

月末，把各批完工产品成本明细账所归集的生产费用加总，求得完工产品总成本及单位成本。月末各批未完工成本明细账所归集的生产费用，即月末在产品成本。根据成本计算结果结转本月完工产品的实际总成本。

五、分批法的任务设计

光华工厂设有一个基本车间，按照生产任务通知单组织生产，属于小批生产类型的企业。该厂 2016 年 7 月份投产 701 批号甲产品 100 件，于 8 月末全部完工。8 月份投产 801 批号乙产品 40 件，802 批号丙产品 80 件，乙产品当月完工 30 件，月末未完工 10 件。假定材料在生产开始时一次投入，其他费用发生较均衡，乙产品采用约当产量法进行完工产品和在产品的成本分配。802批号丙产品8月全部未完工。

任务要求：

分批号编制成本计算单，计算并结转完工产品成本。

工作步骤：

第一步：登记甲产品成本计算单（生产成本明细账），计算完工产品成本和月末在产品成本（见表4.2-1）。

表4.2-1 产品成本计算单

产品批号：701　　　　　　　　产品名称：甲产品　　　　　　开工日期：7月10日
订货单位：杰克公司　　　　　　批量：100件　　　　完工日期：8月22日 完工100件

2016年 月/日		凭证号数	摘要	直接材料	直接人工	制造费用	合计
7	31		月末在产品成本	51 000	4 000	13 300	68 300
8	31	略	根据材料费用分配表	21 600			21 600
			根据工资费用分配表		10 000		10 000
			根据制造费用分配表			28 000	28 000
			生产成本合计	72 600	14 000	41 300	127 900
			本月完工产品总成本	72 600	14 000	41 300	127 900
			本月完工产品单位成本	726	140	413	1 279

第二步：登记乙产品成本计算单（生产成本明细账），按约当产量法计算完工产品成本和月末在产品成本（见表4.2-2）。

表4.2-2 产品成本计算单

产品批号：801　　　　　　　　产品名称：乙产品　　　　　　　开工日期：8月1日
订货单位：海英公司　批量：40件　完工日期：8月30日　完工30件　约当产量：50%

2016年 月/日		凭证号数	摘要	直接材料	直接人工	制造费用	合计
8	31	略	根据材料费用分配表	31 000			31 000
			根据工资费用分配表		35 000		35 000
			根据制造费用分配表			7 000	7 000
			生产成本合计	31 000	35 000	7 000	73 000
			完工产品数量	30	30	30	
			在产品约当产量	10	5	5	
			生产总量	40	35	35	
			本月完工产品单位成本	775	1 000	200	1 975
			本月完工产品总成本	23 250	30 000	6 000	59 250
			月末在产品成本	7 750	5 000	1 000	13 750

第三步：登记丙产品成本计算单（生产成本明细账，见表4.2-3）。

表4.2-3　产品成本计算单

产品批号：802　　　　　　　产品名称：丙产品　　　　　　开工日期：8月3日
订货单位：创客公司　　　　　批量：80件　　　　　　　　　完工日期：　月　日

2016年 月/日		凭证 号数	摘要	直接材料	直接人工	制造费用	合计
8	31	略	根据材料费用分配表	11 000			11 000
			根据工资费用分配表		23 000		23 000
			根据制造费用分配表			8 000	8 000
			生产成本合计	11 000	23 000	8 000	42 000

第四步：月末结转完工产品的成本。

借：库存商品——甲产品　　　　　　　　　　　　　　　127 900
　　　　　　——乙产品　　　　　　　　　　　　　　　 59 250
　　贷：生产成本——701批次　　　　　　　　　　　　127 900
　　　　　　　　——801批次　　　　　　　　　　　　 59 250

六、简化分批法

（一）简化分批法的含义

有的单件小批的生产企业，同一月份投产的产品批数非常多，如果采用前述分批法计算各批产品成本，各项间接计入成本的费用在各批产品之间的分配和登记工作极为繁重。在这种情况下，可以将间接计入费用在各批产品之间的分配和在完工产品与在产品之间的分配结合起来，采用简化的分批法，将大大简化成本的核算工作。

采用简化的分批法，只有在各批产品完工时才分配结转间接计入费用，对于未完工的各批产品不分配间接计入费用，不计算各批产品的在产品成本，而是将其累计起来，在基本生产成本二级账中以总额反映，因此，这种方法也称作"不分批计算在产品成本的分批法"。

（二）简化分批法的特点

1. 必须设置基本生产成本二级账

采用简化的分批法，除仍应按产品批别设置产品生产成本明细账外，还必须按生产单位设置基本生产成本二级账。

产品生产成本明细账按月登记各批产品的直接计入费用（如直接材料费用）和生产工时。各月发生的间接计入费用（如直接人工和制造费用）不按月在各批产品之间进行分配，而是按成本项目登记在基本生产成本二级账中。只有在有完工产品的月份，才将基本生产成本二级账中累计起来的费用，按照完工产品生产工时占全部累计工时的比例，向完工产品分配；未完工产品的间接费用，保留在基本生产成本二级账中。本月完工产品从基本生产成本二级账分配转入的间接计入费用，加上生产成本明细账中原来登记的直接计入费用，即本月完工产品的总成本。

2. 不分批计算月末在产品成本

将本月完工产品应负担的间接计入费用转入各完工产品生产成本明细账以后，基本生产成本二级账中反映全部批次月末在产品的成本。各批次未完工产品的生产成本明细账只反映累计直接计入费用和累计生产工时，不反映各批次月末在产品成本。月末，基本生产成本二级账与产品生产成本明细账只能核对直接计入费用，不能核对全部余额。

3. 通过计算累计间接计入费用分配率分配间接计入费用

各批完工产品分配间接计入费用，都是通过计算累计间接计入费用分配率进行的。各项累计间接计入费用分配率，既是在各批完工产品之间，也是在完工产品批别与月末在产品批别之间，以及某批产品的完工产品和月末在产品之间分配间接计入费用的依据。基于这一特点，简化的分批法也称为累计间接计入费用分配法。其计算公式如下：

$$\text{全部产品累计间接计入费用分配率} = \frac{\text{全部产品累计间接计入费用}}{\text{全部产品累计工时}}$$

$$= \frac{\text{月初结存间接计入费用} + \text{本月发生间接计入费用}}{\text{月初在产品工时} + \text{本月发生工时数}}$$

某批完工产品应负担间接计入费用 = 该批完工产品累计工时 × 累计间接计入费用分配率

七、简化分批法的任务设计

新月工厂设有一个基本车间，根据客户订单生产甲、乙、丙、丁四种产品。该厂为小批生产类型企业，产品种类和批次都较多。为了简化成本计算，采用简化分批法。2016年3月各批产品资料如下：101批号甲产品10件，1月份投产，本月完工；201批号乙产品10件，2月份投产，本月完工5件；202批号丙产品15件，2月份投产，本月尚未完工；301批号丁产品20件，3月份投产，本月尚未完工。

任务要求：

设置基本生产成本二级账，分批号编制成本计算单，计算并结转完工产品成本。

工作步骤：

第一步：设置基本生产成本二级账，按月填列所有批次产品所耗费的材料费、人工费、制造费用及生产工时等项目，在3月份将各项费用数据累计，计算累计间接计入费用（人工费、制造费用）分配率（见表4.2-4）。

表 4.2-4 基本生产成本二级账

生产单位：基本生产车间

2016年月/日		凭证号数	摘要	直接材料	生产工时/小时	直接人工	制造费用	合计
2	29		月末在产品成本	210 000	10 250	18 000	7 200	235 200
3	31	略	本月发生的生产费用	411 000	49 750	72 000	10 800	493 800
			生产费用累计	621 000	60 000	90 000	18 000	729 000
			累计间接计入费用分配率			1.5	0.3	
			本月完工产品成本	320 500	19 000	28 500	5 700	354 700
			月末在产品成本	300 500	41 000	61 500	12 300	374 300

注：累计直接人工分配率 = 90 000/60 000 = 1.5（元/工时）

累计制造费用分配率 = 18 000/60 000 = 0.3（元/工时）

第二步：按批别设置产品成本计算单（见表 4.2－5～表 4.2－8）。按月分批登记直接材料费用和生产工时。

第三步：3 月末，确定有完工产品的批次，根据生产成本二级账中确认的累计间接计入费用（人工费、制造费用）分配率及该批次完工产品耗费的累计工时，计算完工产品的直接人工费用和制造费用。

表 4.2－5　产品成本明细账

产品批号：101　　　　　　　产品名称：甲产品　　　　　　投产日期：1 月 18 日
订货单位：东海公司　　　　　产品批量：10 件　　　　　　完工日期：3 月 30 日

2016 年 月/日		凭证号数	摘要	直接材料	生产工时/小时	直接人工	制造费用	合计
1	31	略	本月发生生产费用	100 000	3 000			100 000
2	29		本月发生生产费用	80 000	2 200			80 000
3	31		本月发生生产费用	90 000	2 800			90 000
			累计生产费用及间接计入费用分配率	270 000	8 000	1.5	0.3	270 000
			本月完工产品成本	270 000	8 000	12 000	2 400	284 400
			完工产品单位成本	27 000		1 200	240	28 440

注：完工甲产品负担直接人工费用＝8 000×1.5＝12 000（元）
　　完工甲产品负担制造费用＝8 000×0.3＝2 400（元）

表 4.2－6　产品成本明细账

产品批号：201　　　　　　　产品名称：乙产品　　　　　　投产日期：2 月 10 日
订货单位：建华公司　　　　　产品批量：10 件　　　　　　完工日期：3 月 30 日　完工 5 件

2016 年 月/日		凭证号数	摘要	直接材料	生产工时/小时	直接人工	制造费用	合计
2	29	略	本月发生生产费用	10 000	3 050			10 000
3	31		本月发生生产费用	91 000	18 950			91 000
			累计生产费用及间接计入费用分配率	101 000	22 000	1.5	0.3	101 000
			本月完工产品成本	50 500	11 000	16 500	3 300	70 300
			完工产品单位成本	10 100		3 300	660	7 030
			在产品成本	50 500	11 000			

注：完工乙产品负担直接人工费用＝11 000×1.5＝16 500（元）
　　完工乙产品负担制造费用＝11 000×0.3＝3 300（元）

表 4.2-7　产品成本明细账

产品批号：202　　　　　　　产品名称：丙产品　　　　　　投产日期：2月20日
订货单位：深华公司　　　　　产品批量：15件　　　　　　　完工日期：

2016年 月/日		凭证号数	摘要	直接材料	生产工时/小时	直接人工	制造费用	合计
2	29	略	本月发生生产费用	20 000	2 000			
3	31		本月发生生产费用	180 000	16 000			

表 4.2-8　产品成本明细账

产品批号：301　　　　　　　产品名称：丁产品　　　　　　投产日期：3月5日
订货单位：程控公司　　　　　产品批量：20件　　　　　　　完工日期：

2016年 月/日		凭证号数	摘要	直接材料	生产工时/小时	直接人工	制造费用	合计
3	31	略	本月发生生产费用	50 000	12 000			

第四步：计算并结转完工产品成本及单位成本。
借：库存商品——甲产品　　　　　　　　　　　　　　　284 400
　　　　　　——乙产品　　　　　　　　　　　　　　　 70 300
　　贷：基本生产成本——101 批次　　　　　　　　　　284 400
　　　　　　　　　　——201 批次　　　　　　　　　　 70 300

八、简化分批法的优缺点

采用简化的分批法，可以大大简化费用的分配和登记工作，月末未完工产品的批数越多，核算工作就越简化。如果月末未完工的批数不多，则不宜采用。因为在这种情况下，绝大多数产品的批号仍然要分配登记各项间接计入费用，核算工作量依旧较大。

因此，要使简化分批法充分发挥其简化成本核算工作的优点，保证各月成本计算的正确性，采用这种方法时必须具备以下条件：同一月份投产的产品批数很多，且月末未完工批数较多，同时各月份的间接计入费用的水平相差不多的企业。

任务三　分　步　法

任务目标

1. 了解分步法含义、分类、特点和适用范围
2. 掌握分步法成本核算的步骤程序

一、分步法的含义

产品成本计算的分步法，是指以产品的品种和所经生产步骤作为成本核算对象，归集生

产费用,计算产品成本的一种方法。

采用分步法计算产品成本时,由于不同企业对于生产步骤成本管理有不同要求,出于简化成本核算的考虑,按产品生产步骤归集费用、计算成本时,各个生产步骤成本的计算和结转有逐步结转和平行结转两种方法,分步法也就分为逐步结转分步法和平行结转分步法两种。

逐步结转分步法是按照生产步骤逐步计算并结转半成品成本,直到最后步骤计算出产成品成本的方法。计算各生产步骤所产半成品成本,是逐步结转分步法的显著特征。因此,逐步结转分步法也称作计算半成品成本的分步法。

平行结转分步法是将各生产步骤应计入最终产成品成本的份额平行汇总,以求得产成品成本的方法。平行结转分步法按生产步骤归集费用,但只计算完工产成品在各生产步骤的成本"份额",不计算和结转各生产步骤的半成品成本。因此,平行结转分步法也称作不计算半成品成本的分步法。

二、分步法的适用范围

分步法主要适用于大量大批多步骤生产的企业,如机械、冶金、纺织、造纸、印刷等。在这些企业中,为了加强各生产步骤的成本管理,不仅要求按照产品的品种计算各种产成品的实际总成本和单位成本,还要求按照生产步骤归集生产费用,计算各生产步骤的成本,以便考核产成品及其所经生产步骤计划的执行情况。

三、分步法的特点

(一)以产品的品种和所经生产步骤作为成本计算对象

采用分步法计算产品成本时,应当按照产品的生产步骤设置生产成本明细账。如果只生产一种产品,成本计算对象就是该种产品及其所经过的各生产步骤,产品成本明细账应该按各生产步骤设置;如果生产多种产品,成本计算对象则是各种产品及其所经过的生产步骤,产品生产成本明细账应该按照生产步骤分产品品种开设。

(二)成本计算定期按月进行,与产品生产周期不一致

分步法以产品品种及其所经生产步骤作为成本核算对象,企业生产组织通常又是大量大批生产,因此,成本计算期与生产周期无法一致,而是与会计报告期一致,即定期按月计算产品成本。

(三)通常需要在本月完工产品和在产品之间分配生产费用

大量大批多步骤生产的企业,月末各步骤经常有在产品。因此,企业在计算产品成本时,还需要将归集在生产成本明细账中的生产费用,采用适当的分配方法在完工产品与月末在产品之间进行分配,以便正确计算完工产品和在产品的成本。

(四)各步骤之间存在成本结转

产品生产是分步骤进行的,上一步骤生产的半成品是下一步骤的加工对象,为了计算各种产品的成本,还需要按照产品品种,计算和结转各步骤成本。也就是说,与其他成本计算方法不同,采用分步法计算产品成本时,各步骤之间还需要进行成本结转,这是分步法的一个重要特点。

四、逐步结转分步法

逐步结转分步法就是为了分步计算半成品成本而采用的一种分步法,其成本计算对象是各种产成品的成本及其各步骤的半成品成本。其成本结转特点是各步骤的半成品成本要随着半成品实物数量的转移而进行逐步转移,以便逐步计算出各步骤半成品成本和最后一个步骤的产成品成本。

逐步结转分步法主要适用于管理上要求核算半成品成本的大量、大批多步骤连续式生产企业。在这类企业中,各步骤半成品往往具有独立的经济意义,成本管理需要成本核算提供各生产步骤的半成品成本资料。

采用逐步结转分步法,每月月末,各项生产费用(包括所耗上一步半成品的费用)在各步骤产品成本明细账中归集以后,如果既有完工的半产品,又有加工中的在产品,则需要采用适当的方法,将每步骤的各项生产费用在每步骤完工半产品和在产品之间进行分配,以便正确计算完工半成品(最后一步为产成品)成本和在产品成本。

逐步结转分步法下其成本计算程序如下:计算第一步骤所产半成品成本,并将其转入第二步骤;将第二步骤发生的各项费用,加上第一步骤转入的半成品成本,计算出第二步骤所产半成品成本,并将其转入第三步骤;依此类推,按照生产步骤逐步计算并且结转半成品成本以后,在最后步骤计算出完工产成品成本。在设有半成品仓库的企业,还应当在半成品仓库和有关生产步骤之间,随着半成品实物的收入和发出,进行半成品成本的核算及结转。

从图4-1所示的成本计算程序可以看到,三个生产步骤各自的成本核算方法与品种法是相同的。因此,也有人认为逐步结转分步法就是品种法的多次连续应用。在采用品种法计算上一步骤的半成品成本以后,按照下一步骤需要数量转入下一步骤生产成本明细账;下一步骤再次按照品种法的原理归集本步骤发生费用和所耗上步骤半成品成本,计算出本步骤所产半成品成本,同样按照再下一步骤所需数量转入再下一步骤生产成本明细账;如此逐步结转,直到最后一个步骤,计算出产成品成本。

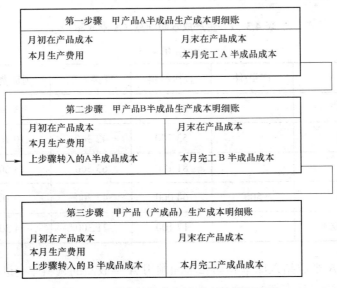

图4-1 逐步结转分步法成本计算程序图

采用逐步结转分步法，各生产步骤之间半成品成本的结转，按照半成品成本在下一步骤产品明细账中的反映方式的不同，又可以分为综合逐步结转和分项逐步结转两种。

（一）综合逐步结转分步法

1. 综合逐步结转分步法的核算程序

半成品成本的综合逐步结转，是将上一生产步骤转入下一生产步骤的半成品成本，按照上一生产步骤产品成本计算单确定的实际总成本（不分成本项目），综合计入下一生产步骤成本计算单中，从第二个生产步骤开始，成本计算单上反映了该步骤所耗上一步骤所产半成品的综合成本及该步骤发生的直接人工费、制造费用等。因此，从第二个生产步骤开始，成本计算单中应设置"自制半成品"成本项目代替"直接材料"成本项目，直至最后的生产步骤计算确认完工产成品成本。

在综合逐步结转分步法下，企业根据需要可以设置半成品仓库，半成品仓库收入的半成品，按照每一生产步骤产品成本计算单确定的实际成本入账；发出的半成品，可以采用先进先出法、全月一次加权平均法、移动加权平均法等计价方法，确定下一步骤生产领用的半成品的实际成本。

2. 综合逐步结转分步法的任务设计

大华工厂设有两个基本车间，该厂2016年8月大量生产甲产品。甲产品顺序经过第一、第二车间加工。其中，第一车间生产的A半成品完工后交半成品仓库，第二车间按所需量从仓库领用半成品，所耗用的半成品成本按全月一次加权平均单价计算。两个车间的月末在产品成本均按定额成本计价。

任务要求：

编制成本计算单，采用综合逐步结转分步法计算并结转完工产品成本。

工作步骤：

第一步，根据各种生产费用分配表、半成品入库单、第一车间在产品定额成本等资料，登记第一车间A半成品生产成本明细账（见表4.3-1）。

表4.3-1　生产成本明细账（A半成品）

部门：第一车间　　　　　　　　2016年8月　　　　　　　　　　单位：元

摘要	产量/件	直接材料	直接人工	制造费用	合计
月初在产品定额成本		27 400	21 140	3 400	51 940
本月生产费用		53 700	42 360	10 200	106 260
合计		81 100	63 500	13 600	158 200
完工A半成品成本	500	64 000	42 200	9 100	115 300
月末在产品定额成本		17 100	21 300	4 500	42 900

第二步，根据A半成品入库单和第二车间领用A半成品的领料单，进行账务处理，登记自制A半成品明细账（见表4.3-2）。

表 4.3-2 自制半成品明细账（A 半成品）

部门：第一车间　　　　　　　　　　2016 年 8 月　　　　　　　　　　　　单位：元

摘要	收入		发出		结存	
	数量/件	金　额	数量/件	金　额	数量/件	金　额
上月结转					200	46 000
一车间交库	500	115 300			700	161 300
二车间领用			400	92 172	300	69 128

注：加权平均单位成本 =（46 000 + 115 300）/（200 + 500）= 230.43（元/件）

领用 A 半成品的实际成本 = 400 × 230.43 = 92 172（元）

① 一车间 A 半成品交库：

借：自制半成品——A 半成品 115 300

　　贷：生产成本——第一车间（A 半成品）115 300

② 二车间领用 A 半成品：

借：生产成本——第二车间（甲产品）92 172

　　贷：自制半成品——A 半成品　　　　　　　　　　　　　　　　　　　92 172

第三步，根据第二车间在产品定额成本、各种生产费用分配表、半成品领用单、产成品入库单等资料，登记第二车间甲产品生产成本明细账（见表 4.3-3）。

表 4.3-3 生产成本明细账（甲产品）

部门：第二车间　　　　　　　　　　2016 年 8 月　　　　　　　　　　　　单位：元

摘要	产量/件	半成品	直接人工	制造费用	成本合计
月初在产品定额成本		53 200	21 000	7 900	82 100
本月生产费用		92 172	57 600	26 300	176 072
合计		145 372	78 600	34 200	258 172
完工产品成本	600	100 872	56 200	26 400	183 472
完工产品单位成本		168	94	44	306
月末在产品定额成本		44 500	22 400	7 800	74 700

第四步：月末结转完工产品的成本。

借：库存商品——甲产品　　　　　　　　　　　　　　　　　　　　　183 472

　　贷：生产成本——甲产品　　　　　　　　　　　　　　　　　　　　183 472

3. 综合结转分步法的成本还原

采用综合结转法，上一生产步骤转入的自制半成品成本，综合登记在本步骤生产成本明细账中的"自制半成品"项目。综合结转法虽然可以简化成本核算工作，但是在最后生产步骤计算出的产品成本中，除了本步骤发生的加工费用是按原始成本项目反映外，前面各步骤发生的各种费用都集中在"自制半成品"一个成本项目中。这样计算出来的产成品成本，不能按原始成本项目反映产品成本,因而不能从整个企业的角度考核分析产品成本的构成和水平。为了便于成本分析,寻求降低成本的途径,在管理上要求提供按原始成本项目反映成本的资料,需要将综合结转的产成品成本进行成本还原。

成本还原是指将产成品耗用各步骤半成品的综合成本,逐步分解还原为原来的成本项目。成本还原要求从最后一个步骤起进行还原,一直还原到第一个步骤。

成本还原的具体做法是:从最后的生产步骤开始,逐步将各步骤所耗上一步骤的半成品综合成本,按上步骤的成本项目进行分解,然后将还原后的各步骤成本项目数加总起来,计算出按原始成本项目反映的产成品成本。

成本还原通常有以下两种方法:

第一种方法:项目比重还原法

采用这种方法,首先要确定各步骤完工半成品的成本结构,即各成本项目占全部成本的比重;然后将产成品成本中的半成品综合成本乘以上步骤该种半成品的各成本项目的比重,就可以把综合成本进行分解。如果成本计算是两步以上,那么第一项成本还原后,还会有未还原的半成品成本,这时应将未还原的半成品成本,再乘以上步骤该种半成品的各成本项目的比重。依此类推,直到半成品成本还原为原始项目为止。

其计算公式如下:

$$半成品成本构成(各成本项目比重) = \frac{上步骤完工半成品各成本项目}{上步骤完工半成品成本合计} \times 100\%$$

半成品成本还原 = 本月产成品耗用上步骤半成品的成本 × 半成品成本构成

还原后产品的总成本 = 半成品成本项目还原费用 + 最后步骤完工产品的其他成本项目

第二种方法:还原分配率法(系数法)

其计算公式如下:

$$成本还原分配率 = \frac{本月本步骤产成品耗用上一步骤半成品成本合计}{本月上步骤完工该半成品成本合计}$$

本步骤成本项目还原费用 = 本月上步骤完工半成品成本 × 还原分配率

还原后产品的总成本 = 半成品成本项目还原费用 + 最后步骤完工产品的其他成本项目

4. 成本还原任务设计

根据上述大华工厂第一车间 A 半成品生产成本明细账、第二车间甲产品成本明细账的资料显示完工甲产品的总成本为 183 472 元,耗用的 A 半成品成本为 100 872 元。

任务要求:

运用两种方法对完工甲产品的总成本进行成本还原,计算甲产品各成本项目的成本。编制产品成本还原计算表。

方法一:通过上步骤所产半成品成本构成(成本项目比重)进行成本还原(见表4.3-4)

工作步骤:

第一步:计算本月 A 半成品成本项目比重。

直接材料项目在 A 半成品成本中的比重 = 64 000/115 300 × 100% = 55.51%

直接人工在成本项目中的比重 = 42 200/115 300 × 100% = 36.6%

制造费用在成本项目中的比重 = 9 100/115 300 × 100% = 7.89%

第二步:产成品中 A 半成品的成本还原。

直接材料费用=100 872×55.51%=55 994（元）
直接人工费用=100 872×36.6%=36 919（元）
制造费用=100 872×7.89%=7 959（元）

第三步：产成品成本还原。

直接材料费用=55 994（元）
直接人工费用=36 919+56 200=93 119（元）
制造费用=7 959+26 400=34 359（元）

表 4.3-4　产品成本还原计算表

品名：甲产品　产量：600 件　　　　2016 年 8 月　　　　　　　　　　　单位：元

项目	A 半成品	直接材料	直接人工	制造费用	成本合计
还原前产成品成本	100 872		56 200	26 400	183 472
A 半成品成本构成		55.51%	36.6%	7.89%	100%
产成品中半成品成本还原	−100 872	55 994	36 919	7 959	—
还原后产成品总成本		55 994	93 119	34 359	183 472
还原后产成品单位成本		93	155	58	306

方法二：通过计算成本还原分配率进行成本还原（见表 4.3-5）

工作步骤：

第一步：计算还原分配率（保留至 0.000 1）。

还原分配率=100 872/115 300=0.874 9

第二步：进行半成品成本项目还原。

本步骤直接材料项目还原=64 000×0.874 9=55 991（元）
本步骤直接人工项目还原=42 200×0.874 9=36 920（元）
本步骤制造费用项目还原=100 872−55 991−36 920=7 961（元）

第三步：产成品成本还原。

还原后产成品的总成本=55 991+（36 920+56 200）+（7 961+26 400）=183 472（元）

表 4.3-5　产品成本还原计算表

产成品产量：600 件　　　　　　　　2016 年 8 月　　　　　　　　　　　单位：元

项目	还原分配率	半成品	直接材料	直接人工	制造费用	成本合计
还原前产成品成本		100 872		56 200	26 400	183 472
本月完工 A 半成品成本			64 000	42 200	9 100	115 300
产成品中半成品成本还原	0.874 9	−100 872	55 991	36 920	7 961	—
还原后产成品总成本			55 991	93 120	34 361	183 472
还原后产成品单位成本			94	155	57	306

5. 综合逐步结转分步法的优缺点

优点：综合逐步结转分步法可以在各生产步骤的产品明细账中反映该步骤完工产品耗用上步骤半成品费用的水平和本步骤加工费用的水平，有利于企业分析和考核各步骤所耗半成品费用水平，加强内部成本控制，加强成本管理。

缺点：为了从整个企业的角度反映产成品的成本构成，加强企业综合的成本管理，必须进行成本还原，核算工作量较大。因此，这种方法适用于半成品具有独立的经济意义，管理上要求计算各步骤所耗半成品费用又不要求成本还原的情况。

（二）分项逐步结转分步法

1. 分项逐步结转分步法的核算程序

半成品按实际成本分项结转，是将上一生产步骤转入下一生产步骤的半成品成本，按其原始成本项目，分别计入下一步骤产品成本明细账对应的成本项目中。如果半成品通过半成品仓库收发，在自制半成品明细账中登记半成品成本时，需要按照成本项目（直接材料、直接人工、制造费用）分别进行登记。

2. 分项逐步结转分步法的任务设计

为便于比较，仍采用大华工厂的实例计算甲产品成本。

任务要求：

编制成本计算单，采用分项逐步结转分步法计算并结转完工产品成本。

工作步骤：

第一步：根据各种生产费用分配表、半成品入库单、第一车间在产品定额成本等资料，登记第一车间 A 半成品生产成本明细账（同上见表 4.3-1）。

第二步：根据 A 半成品入库单和第二车间领用 A 半成品的领料单，进行账务处理，按成本项目登记自制 A 半成品明细账（见表 4.3-6）。

① 一车间 A 半成品交库：

借：自制半成品——A 半成品　　　　　　　　　　　　　　　115 300
　　贷：生产成本——第一车间（A 半成品）　　　　　　　　　　　115 300

② 二车间领用 A 半成品：

借：生产成本——第二车间（甲产品）　　　　　　　　　　　92 172
　　贷：自制半成品——A 半成品　　　　　　　　　　　　　　　　92 172

表 4.3-6　自制半成品明细账（A 半成品）

部门：第一车间　　　　　　　　　2016 年 8 月　　　　　　　　　单位：元

项目	数量/件	实际成本			
		直接材料	直接人工	制造费用	成本合计
月初余额	200	18 100	12 200	15 700	46 000
本月增加	500	48 200	36 200	30 900	115 300
累计	700	66 300	48 400	46 600	161 300
单位成本（保留至 0.01）		94.71	69.14	66.57	230.34
本月减少	400	37 886	27 657	26 629	92 172
月末余额	300	28 414	20 743	19 971	69 128

第三步：根据各种费用分配表、A 半成品领用单、第二车间在产品定额成本资料，登记第二车间甲产品成本明细账（见表 4.3-7）。

表 4.3-7　生产成本明细账（甲产品）

部门：第二车间　　　　　　　　　　2016 年 8 月　　　　　　　　　　　　单位：元

摘要	产量/件	直接材料	直接人工	制造费用	成本合计
月初在产品定额成本		38 805	41 263	2 032	82 100
本月本步骤加工费用		—	57 600	26 300	83 900
本月耗用半成品费用		37 886	27 657	26 629	92 172
生产费用累计		76 691	126 520	54 961	258 172
完工产品成本	600	55 991	93 120	34 361	183 472
完工产品单位成本（保留至 0.01）		93.32	155.20	57.27	305.79
月末在产品定额成本		20 700	33 400	20 600	74 700

第四步：月末结转完工产品的成本。

　　借：库存商品——甲产品　　　　　　　　　　　　　　　　　　　　183 472
　　　　贷：生产成本——甲产品　　　　　　　　　　　　　　　　　　183 472

3. 分项逐步结转分步法的优缺点

优点：分项逐步结转分步法可以直接、真实地反映产品成本的原始构成，便于从整个企业角度考核和分析产品成本计划的执行情况，不需要进行成本还原。

缺点：成本结转工作比较复杂，尤其是半成品通过半成品库收发时，半成品明细账上也要按照分成本项目进行登记，领用时还需要分成本项目求加权平均单位成本或先进先出单位成本，成本计算、结转和登记的工作量较大。

五、平行结转分步法

1. 平行结转分步法的含义和适用范围

平行结转分步法是将各生产步骤应计入相同产成品成本的"份额"平行汇总，以求得产成品成本的分步法。平行结转分步法按照生产步骤归集，但只计算完工产成品在各生产步骤的成本份额，不计算和结转各生产步骤的半成品成本。因此，平行结转分步法又称不计算半成品成本的分步法。

平行结转分步法主要适用于在成本管理上要求分步骤归集生产费用，但不要求计算半成品成本的企业，特别是半成品不对外销售的大量大批多步骤生产企业。在这些企业中，从原材料投入生产到产成品制成，各生产步骤所产半成品仅供下一步骤继续加工，对外销售情况较少，为了简化成本核算工作，可以采用平行结转分步法。

2. 平行结转分步法的核算程序

平行结转分步法的成本核算程序是：先按产品生产步骤和产品品种开设生产成本明细账，各步骤成本明细账按成本项目归集发生的生产费用（不包括耗用上一步骤半成品的成本）；再将各步骤归集的生产费用在最终产成品与广义在产品之间进行分配，计算各步骤应计入最终产成品成本的费用份额；最后将各步骤应计入最终产成品成本的费用份额平行结转，汇总后计算出完工产成品总成本及单位成本。

从图4-2可以看出，在平行结转分步法下，各步骤生产费用并不随着半成品实物的转移而结转。不论半成品是直接在各步骤之间转移还是通过半成品库收发，都不通过"自制半成品"科目进行核算。在产成品验收入库时，各步骤将应计入产成品成本的份额，借记"库存商品"科目，贷记"基本生产成本"科目。

采用平行结转分步法时，为了计算各步骤生产费用应由产成品负担的份额，需要将各步骤的生产费用选择适当的方法，在产成品和广义在产品之间进行分配，可以采用约当产量法、定额比例法、定额成本法等方法。

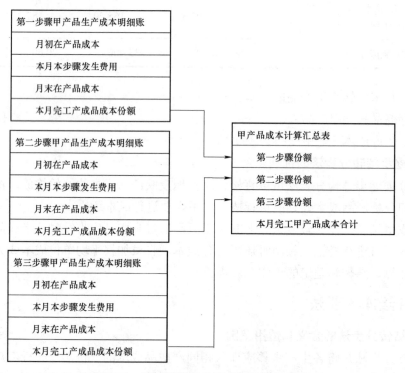

图4-2 平行结转分步法成本计算程序图

3. 平行结转分步法的任务设计

2016年9月明辉工厂生产甲产品，由一、二、三车间分步骤连续加工完成。直接材料在一车间生产时一次性投入。各步骤月末在产品完工程度均为60%，生产费用在完工产品和在产品之间采用约当产量法进行分配。假定单件产成品耗用各步骤半成品均为1件。相关资料见表4.3-8～表4.3-11。

表 4.3-8　各车间产量记录

品名：甲产品　　　　　　　　2016 年 9 月　　　　　　　　单位：件

项　目	一车间	二车间	三车间
月初在产品数量	80	20	40
本月投产数量	400	440	400
本月完工数量	440	400	420
月末在产品数量	40	60	20

表 4.3-9　一车间成本计算单

品名：甲产品　　　　　　　　2016 年 9 月　　　　　　　　单位：元

项　目	直接材料	直接人工	制造费用	合计
月初在产品成本	3 820	820	1 080	5 720
本月发生费用	9 600	2 800	3 800	16 200
计入产成品成本的份额				
月末在产品成本				

表 4.3-10　二车间成本计算单

品名：甲产品　　　　　　　　2016 年 9 月　　　　　　　　单位：元

项　目	直接材料	直接人工	制造费用	合计
月初在产品成本		900	680	1 580
本月发生费用		15 900	16 100	32 000
计入产成品成本的份额				
月末在产品成本				

表 4.3-11　三车间成本计算单

品名：甲产品　　　　　　　　2016 年 9 月　　　　　　　　单位：元

项　目	直接材料	直接人工	制造费用	合计
月初在产品成本		600	520	1 120
本月发生费用		9 100	4 000	13 100
计入产成品成本的份额				
月末在产品成本				

任务要求：
编制成本计算单，采用平行结转分步法计算并结转完工产品成本。
工作步骤：
第一步：采用约当产量法分配一车间生产费用。
分配直接材料费用：
约当总产量 = 20 + 40 + 440 + 40 = 40 + 60 + 20 + 420 = 540（件）
计入产成品的份额 =（3 820 + 9 600）/540 × 420 = 10 437.78（元）
计入在产品的份额 =（3 820 + 9 600）/540 ×（540 − 420）= 2 982.22（元）
分配直接人工费用：
约当总产量 = 20 + 40 + 440 + 40 × 60% = 40 × 60% + 60 + 20 + 420 = 524（件）
计入产成品的份额 =（820 + 2 800）/524 × 420 = 2 901.53（元）
计入在产品的份额 =（820 + 2 800）/524 ×（524 − 420）= 718.47（元）
分配制造费用：
约当总产量 = 20 + 40 + 440 + 40 × 60% = 40 × 60% + 60 + 20 + 420 = 524（件）
计入产成品的份额 =（1 080 + 3 800）/524 × 420 = 3 911.45（元）
计入在产品的份额 =（1 080 + 3 800）/524 ×（524 − 420）= 968.55（元）
根据上述计算结果，登记一车间成本计算单，见表 4.3 − 12。

表 4.3 − 12　一车间成本计算单

品名：甲产品　　　　　　　　　　2016 年 9 月　　　　　　　　　　单位：元

项　目	直接材料	直接人工	制造费用	合计
月初在产品成本	3 820	820	1 080	5 720
本月发生费用	9 600	2 800	3 800	16 200
计入产成品成本的份额	10 437.78	2 901.53	3 911.45	17 250.76
月末在产品成本	2 982.22	718.47	968.55	4 669.24

第二步：采用约当产量法分配二车间生产费用。
分配直接人工费用：
约当总产量 = 40 + 400 + 60 × 60% = 60 × 60% + 20 + 420 = 476（件）
计入产成品的份额 =（900 + 15 900）/476 × 420 = 14 823.53（元）
计入在产品的份额 =（900 + 15 900）/476 ×（476 − 420）= 1 976.47（元）
制造费用分配：
约当总产量 = 40 + 400 + 60 × 60% = 60 × 60% + 20 + 420 = 476（件）
计入产成品的份额 =（680 + 16 100）/476 × 420 = 14 805.88（元）
计入在产品的份额 =（680 + 16 100）/476 ×（476 − 420）= 1 974.12（元）
根据上述计算结果，登记二车间成本计算单，见表 4.3 − 13。

表 4.3-13　二车间成本计算单

品名：甲产品　　　　　　　　　2016 年 9 月　　　　　　　　　单位：元

项目	直接材料	直接人工	制造费用	合计
月初在产品成本		900	680	1 580
本月发生费用		15 900	16 100	32 000
计入产成品成本的份额		14 823.53	14 805.88	29 629.41
月末在产品成本		1 976.47	1 974.12	3 950.59

第三步：采用约当产量法分配三车间生产费用。
分配直接人工费用：
约当总产量＝420＋20×60%＝432（件）
计入产成品的份额＝（600＋9 100）/432×420＝9 430.56（元）
计入在产品的份额＝（600＋9 100）/432×（432－420）＝269.44（元）
分配制造费用：
约当总产量＝420＋20×60%＝432（件）
计入产成品的份额＝（520＋4 000）/432×420＝4 394.44（元）
计入在产品的份额＝（520＋4 000）/432×（432－420）＝125.56（元）
根据上述计算结果，登记三车间成本计算单如表 4.3-14。

表 4.3-14　三车间成本计算单

品名：甲产品　　　　　　　　　2016 年 9 月　　　　　　　　　单位：元

项　目	直接材料	直接人工	制造费用	合计
月初在产品成本		600	520	1 120
本月发生费用		9 100	4 000	13 100
计入产成品成本的份额		9 430.56	4 394.44	13 825
月末在产品成本		269.44	125.56	395

第四步：根据上述计算结果编制甲产品产成品成本汇总表，见表 4.3-15。

表 4.3-15　产成品成本汇总表

品名：甲产品　　　　　　　　　2016 年 9 月　　　　　　　　　单位：元

项目	直接材料	直接人工	制造费用	合计
一车间	10 437.78	2 901.53	3 911.45	17 250.76
二车间		14 823.53	14 805.88	29 629.41
三车间		9 430.56	4 394.44	13 825
合计	10 437.78	27 155.62	23 111.77	60 705.17

第五步：月末结转完工产品的成本。

借：库存商品——甲产品　　　　　　　　　　　　　　60 705.17
　　贷：生产成本——一车间（甲产品）　　　　　　　17 250.76
　　　　　　　　——二车间（甲产品）　　　　　　　29 629.41
　　　　　　　　——三车间（甲产品）　　　　　　　13 825

4. 平行结转分步法的优缺点

平行结转分步法的优点：

（1）各步骤可以同时计算产品成本，然后将应计入完工产品成本的份额平行结转、汇总计入产成品成本，不必逐步结转半成品成本，可以简化和加速成本计算工作。

（2）平行结转分步法一般是按成本项目平行结转、汇总各步骤成本中应计入产成品成本的份额，因而能够直接按原始成本项目反映产成品成本，不必进行成本还原。

平行结转分步法的缺点：

（1）平行结转分步法不能提供各步骤半成品成本资料及所耗上一步骤半成品费用资料，不能全面地反映各步骤生产耗费的水平，不利于各步骤的成本管理。

（2）平行结转分步法中各步骤之间不结转半成品成本，使半成品实物转移与半成品成本结转相脱离，不能为各步骤在产品的实物管理和资金管理提供资料。

平行结转分步法一般只适宜在半成品种类较多，逐步结转半成品成本的工作量较大，管理上又不要求提供各步骤半成品成本资料的情况下采用，所以要加强各步骤在产品收发结存的数量核算，以便更好地进行在产品的实物管理和资金管理。同时，还要加强各步骤废品损失的核算和在产品的清查工作，以便及时发现在产品的报废和短缺、毁损情况，及时反映在产品加工报废和盘亏、毁损造成的损失，从而弥补在产品成本与在产品实物脱节所产生的缺陷。

小　结

本项目重点介绍了品种法、分批法和分步法的特点、适用范围、核算程序，并举例分析了上述方法的实际应用操作。

品种法是以产品品种作为成本计算对象，按照品种设置有关成本明细账，归集生产费用，计算产品成本的方法。它是制造业产品成本计算的最基本方法，广泛适用于大量大批单步骤生产的企业；适用于成本管理上不要求按生产步骤计算产品成本的大量大批多步骤生产的企业；适用于企业的辅助生产单位。

分批法是以产品的订单或批别来归集生产费用、计算产品成本的一种方法，适用于小批单件的多步骤但管理上不要求分步骤计算产品成本的多步骤生产。一般情况下批内产品能同时全部完工，不需要将生产费用在完工产品和月末在产品之间进行分配。其中，简化分批法要求平时只登记各批次产品发生的直接材料成本与耗用的生产工时，月末有产品完工入库时，根据生产成本二级账中归集的间接费用，计算累计间接费用分配率，并按完工产品耗用的生产工时转出完工产品应负担的间接费用。因此，简化分批法也称为不分批计算月末在产品成本的分批法。

分步法是按照产品的品种及其生产步骤来归集生产费用、计算产品成本的一种方法，适用于大量大批多步骤生产的企业。这种方法按照是否计算和结转半成品成本为标志可分为逐步结转分步法和平行结转分步法。逐步结转分步法是按照产品加工步骤的先后顺序，逐步计算并结转各步骤半成品成本，直至最后计算出产成品成本的方法。平行结转分步法是不计算各步骤的半成品成本，而只计算本步骤发生的费用和应由产成品负担的份额，将各步骤成本计算单中产成品负担的份额平行汇总来计算产品成本的一种方法。

项目五

成本计算辅助方法的应用

知识目标

- 理解成本计算辅助方法中各种方法的含义、特点和适用范围
- 掌握成本计算辅助方法中各种方法的计算程序
- 掌握成本计算辅助方法中各种方法的账务处理

能力目标

- 能利用提供的产品成本资料,熟练运用成本计算基本方法中各种方法计算出完工产品的总成本和单位成本
- 能熟练进行会计处理,登记相关明细账

本项目主要介绍产品成本计算的两种辅助方法:分类法和定额法。通过学习掌握辅助方法的基本要求,能够根据产品的具体情况,选择合适的辅助方法,使成本计算更加科学合理。

任务一 分 类 法

任务目标

1. 理解分类法特点和适用范围
2. 掌握分类法成本核算的程序和步骤
3. 能有效地完成成本核算工作
4. 解析分类法的操作过程并能够举一反三
5. 能够合理选择成本计算的辅助方法

一、分类法概述

1. 分类法含义

分类法是以产品的类别作为成本核算对象,用以归集生产费用,计算出各类产品实际成本,按照一定标准在类别内各产品之间进行成本分配,计算出类别内各产品生产成本的方法。

分类法是产品成本计算的辅助方法,从属于某种基本方法,它不是一种独立的成本计算方法,可以和品种法、分批法、分步法等结合起来应用,即分类法可以是品种法下的分类法,也可以是分批法下的分类法,或是分步法下的分类法。

分类法与企业的生产类型没有直接联系,只要具备条件,无论是大量生产、成批生产、单件生产,还是单步骤生产、多步骤生产,在各种类型的生产企业或企业的生产单位都可以配合相应的成本计算基本方法而应用。

2. 分类法适用范围

分类法一般适用于使用同样的原材料,通过基本相同的加工工艺过程,品种、规格、型号繁多的产品;联产品的生产;主要产品生产过程中附带生产的非主要产品;零星产品的生产等。所生产的产品因其性质、用途、耗用的材料和工艺过程类似,若按品种或批次、步骤核算产品成本,工作量繁重,所以将其按一定标准整合为一定的类别进行核算。可以将产品按一定标准予以分类的企业或企业生产单位如电子元件制造业、食品加工企业、炼油化工企业、服装鞋帽企业、灯泡厂等。

分类法下,类别可以视同品种法下的品种分类对待。如生产同一系列不同等级不同价值的产品:联产品的生产、等级产品的生产、主副产品的生产。作为成本计算的辅助方法,分类法是为了简化成本核算。在下列范围内可以采用分类法:

(1) 产品品种、规格繁多。

很多企业生产的产品品种、规格繁多,例如,食品厂生产的各种饼干(单步骤大量生产)的成本,可以采用品种法和分类法相结合的方法计算,先采用品种法计算饼干这一类产品的成本,然后再采用分类法分配计算其中各种饼干的成本。

(2) 产品可以按照一定的标准分类。

采用分类法必须能够明确对产品、规格繁多的产品按照一定要求和标准进行分类。分类时应注意以下两方面。一方面,分类的标准应容易确定、使用方便且该标准客观存在。常用的分类标准一般有产品的定额量(定额消耗量、定额费用、定额成本)、价值量(计划成本、产品售价、产值)以及实物量(重量、体积、长度)等。另一方面,产品便于分类。产品应具有较明确的区别,能够进行准确的分类。上述两方面必须同时具备,缺一不可。

3. 分类法的特点

(1) 以产品类别作为成本计算对象。

分类法是以每一类产品作为成本计算对象,按照产品的类别计算各类完工产品的成本。分类法下类别的划分应以产品的性能结构、用途、耗用材料、工艺过程等因素为标准,类别划分时不宜过粗或过细:类别划分过粗,会影响成本计算的正确性;类别划分过细,产品成本计算对象过多,会使成本计算复杂化,加大工作量,失去分类法的意义。

(2) 成本计算期取决于所依托的成本计算的基本方法。

由于分类法不单独使用,其产品成本计算期取决于所从属的成本计算基本方法。分类法可以与基本方法结合,适用于任何企业。若采用的分类法从属于品种法、分步法,则成本计算在月末定期进行,即成本计算期与会计周期一致;若采用的分类法从属于分批法,则成本计算一般在产品完工时进行,即成本计算期与会计周期不一致。

(3)需要采用一定的方法将成本在类内各种产品中进行分配。

分类法下,按照产品的类别计算各类完工产品的总成本后,还应再按照一定的方法在各类别内各产品之间分配费用,从而计算出类别内各产品的成本。类别内各完工产品与在产品的生产费用分配方法视其采用的基本方法而定。分配时应选择与产品成本高低有密切联系的分配标准,一般选择工时定额消耗量、产品定额成本、产品销售价格、产品重量等。

二、分类法的核算程序

(一)按产品类别设置生产成本明细账

分类法下,应选择一定的标准(产品结构、所耗材料、工艺过程等)将产品划分为若干类别,以产品类别为成本计算对象,设置生产成本明细账,归集生产费用。

(二)运用成本计算基本方法,计算各类产品的实际总成本

根据企业生产经营的特点和成本管理的要求,选择品种法或分批法、分步法等成本计算的基本方法,计算出各类产品的生产成本。

(三)选择合理的分配标准,计算出类内各产品的实际总成本和单位成本

类内各种不同规格、型号的产品之间成本的分配,应选择合理、准确的分配标准,常用的分配标准如前所述。各成本项目可以采用统一分配标准,也可以按照成本项目的性质分别采用不同的分配标准。

产品成本在同类产品内部分配的方法一般有系数法和定额比例法。

1. 系数法

系数法是指计算出各类产品总成本后,按照系数分配类别内各种产品成本的方法。为了简化成本分配工作,实际工作中,常常将分配标准折合成系数。按系数分配生产费用的方法称为系数分配法,或标准产量法。

通常的做法是在类别内选择一种产量大、生产稳定、规格适中的产品作为标准产品,把标准产品的系数确定为1,用其他各种产品的分配系数标准额与标准产品的分配系数额相比,求出其他产品的分配系数额与标准产品的分配标准额的比率,即系数。系数一经确定,应相对稳定不变。

系数分配法的计算公式如下:

$$某产品系数 = \frac{该产品售价(或定额消耗量、体积等)}{标准产品售价(或定额消耗量、体积等)}$$

$$某产品总系数(标准产量) = 该产品实际产量 \times 该产品系数$$

$$费用分配率 = \frac{应分配成本总额}{各种产品总系数之和}$$

$$某产品应分配费用 = 该产品总系数 \times 费用分配率$$

2. 定额比例法

定额比例法是以类别内各种产品的定额作为分配标准，确定类别内各种产品成本的方法。

运用定额比例法分配时，首先，分别成本项目计算出各类产品的本月定额成本或定额消耗量总数，在实际工作中通常计算原材料定额成本（定额消耗量）和工时定额消耗量；然后根据各成本项目原材料定额成本（定额消耗量）或工时定额消耗量比例进行分配。

三、系数法的任务设计

2016年10月华硕工厂生产的产品按照工艺过程分为甲、乙两类，其中甲类包括A、B、C、D四种产品。原材料费用系数按照单位产品原材料费用定额确定，其他费用系数按照单位产品工时消耗定额确定。甲类产品成本明细账见表5.1-1，甲类产品系数计算见表5.1-2。已知本月A、B、C、D四种产品的产量分别为420件、240件、60件、80件。

表5.1-1 产品成本明细账

产品：甲类产品　　　　　2016年10月　　　　　单位：元

项　目	直接材料	直接人工	制造费用	合　计
月初在产品成本	21 000	1 560	3 120	25 680
本月生产费用	393 763	29 040	61 530	484 333
合　计	414 763	30 600	64 650	510 013
本月完工成品成本	376 272	28 096	59 704	464 072
月末在产品成本	38 491	2 504	4 946	45 941

任务要求：

（一）以A产品为标准产品，运用系数法计算甲类内各种产品成本。

（二）登记相关成本计算表，结转完工产品成本，进行成本管理和控制。

工作步骤：

第一步：按照确定的费用分配产品的标准计算系数。

表5.1-2 产品系数计算表

产品：甲类产品　　　　　2016年10月

产品名称	材料消耗定额	工时消耗定额	材料系数	工时系数
A产品	300	24	1	1
B产品	330	30	1.1	1.25
C产品	240	36	0.8	1.5
D产品	270	20.4	0.9	0.85

根据表5.1-2中资料，以A产品为标准产品，因此A产品的系数为1，则

B产品的材料系数=330/300=1.1　工时系数=30/24=1.25

C产品的材料系数=240/300=0.8　工时系数=36/24=1.5

D产品的材料系数=270/300=0.9　工时系数=20.4//24=0.85

第二步：将各种产品的实际产量按系数折算为标准产品产量，即总系数。

材料总系数，其中：

$$A 产品总系数 = 420 \times 1 = 420$$
$$B 产品总系数 = 330 \times 1.1 = 264$$
$$C 产品总系数 = 60 \times 0.8 = 48$$
$$D 产品总系数 = 80 \times 0.9 = 72$$
$$材料总系数合计 = 420 + 264 + 48 + 72 = 804$$

工时总系数，其中：

$$A 产品总系数 = 420 \times 1 = 420$$
$$B 产品总系数 = 240 \times 1.25 = 300$$
$$C 产品总系数 = 60 \times 1.5 = 90$$
$$D 产品总系数 = 80 \times 0.85 = 68$$
$$工时总系数合计 = 420 + 300 + 90 + 68 = 878$$

第三步：计算费用分配率。

根据表 5.1-1 中本月甲类完工产品成本和总系数，计算费用分配率。

其中：

$$直接材料费用分配率 = 376\,272/804 = 468$$
$$直接人工费用分配率 = 280\,96/878 = 32$$
$$制造费用分配率 = 597\,04/878 = 68$$

第四步：计算类别内各种产品的生产成本（见表 5.1-3）。

表 5.1-3　甲类产品成本计算表

产品：甲类产品　　　　　2016 年 10 月　　　　实物单位：件　　金额单位：元

项目	产量	材料系数	材料总系数	直接材料	其他系数	其他总系数	直接人工	制造费用	总成本	单位成本
分配率				468			32	68		
A 产品	420	1	420	196 560	1	420	13 440	28 560	238 560	568
B 产品	240	1.1	264	123 552	1.25	300	9 600	20 400	153 552	639.8
C 产品	60	0.8	48	22 464	1.5	90	2 880	6 120	30 654	510.9
D 产品	80	0.9	72	33 696	0.85	68	2 176	4 624	40 496	506.2
合计			804	376 272		878	28 096	55 080	464 072	

第五步：结转完工入库产品成本，编制会计分录。

借：库存商品——A 产品　　　　　　　　　　　238 560
　　　　　　——B 产品　　　　　　　　　　　153 552
　　　　　　——C 产品　　　　　　　　　　　 30 654
　　　　　　——D 产品　　　　　　　　　　　 40 496
　　贷：生产成本——甲产品　　　　　　　　　464 072

四、联产品概述

联产品是使用同种原材料,经过同一生产过程生产出的两种或两种以上经济价值较大的主要产品。例如,炼油厂经过同一加工过程,从原油中提炼出价值较大的汽油、煤油、柴油、润滑油等联产品;奶制品企业加工牛奶时生产出的奶粉、奶酪、奶油等联产品。

联产品都是企业的主要产品,耗用的原料和工艺过程相同,成本构成一致,销售价格较高。要生产一种产品,通常要生产所有联产品,其种类一般分为补充联产品和代用联产品。联产品从原料投入到生产完工要经过三个阶段:分离前、分离时和分离后。分离点前发生的成本称为联合成本或共同成本;联产品分离时即是联合生产过程的结束,应采用合理的分配办法,将联合成本分配于各联产品。分离后,不需进一步加工即可销售或结转的联产品,其成本就是分配的联产品成本;分离后如需要进一步加工后再销售,而进一步加工的成本称为可归属成本,其分配的联合成本加上继续加工的成本为该产品的生产成本。

联产品成本的分配方法有系数分配法、实物量分配法、售价分配法等。

1. 系数分配法

(1)联产品分离前,将联产品归为一类作为一个成本计算对象,按联产品类别和生产步骤(或全厂)设置成本计算单,按月(或生产周期)分成本项目归集联产品分离前发生的生产费用,计算分离前总成本,然后将分离前总成本按一定标准(如重量比例、售价比例或定额成本比例)在各联产品之间进行分配,计算各联产品分离时成本。

(2)联产品成本分离后,再按各产品设置成本计算单,分别归集各产品分离后所发生的加工费用,用各联产品分离时成本加上分离后的加工费用,计算各联产品的全部成本。

联产品的成本计算一般是将联产品分离前发生的生产费用,按一个成本计算对象进行汇集,然后将此项综合成本按一定标准所确定的系数,对各产品进行分配。各产品分离后所发生的加工费用,按各产品分别归集。

2. 实物量分配法

以产品的实物数量比例为基础分配联合成本。这里的"实物数量"可以是体积、长度、重量。实物数量法通常适用于所生产产品的价格很不稳定或无法直接确定的情况。

3. 售价分配法

联合成本是以分离点上每种产品的销售价格为比例进行分配的。采用这种方法,要求每种产品在分离点时的销售价格能够可靠地计量。

如果联产品在分离点上即可供销售,则可采用销售价格进行分配。如果这些产品尚需要进一步加工后才可供销售,则需要对分离点上的销售价格进行估计。

五、副产品概述

副产品是指在生产主要产品的同一生产过程中附带产出经济地位较低、销售价值较低的非主要产品。如:肥皂制造过程中产生的甘油;原油加工过程产生的榨油、石油焦等。

与产品与联产品比较,联产品都是主要产品,是企业生产活动的主要目标,销售价格较高,对企业收入贡献较大,副产品则相反。如在食糖类加工厂中,水果糖、白糖互为联产品,而甘蔗皮则为副产品。二者的划分并非一成不变而是可以相互转化的。随着生产技术的发展和综合利用,在一定条件下,副产品也能转为主要产品从而成为联产品。反之,原来的联产品也可能因为生产目标的改变而成为副产品。

　　副产品和主要产品是企业使用同一原材料生产出来的，副产品成本无法单独归集，价值较低。副产品的成本计算可以采用分类法，将主要产品与副产品归为一类设立成本计算单，再采用一定方法计算并扣除副产品成本后即可得到主要产品的数据。

　　副产品的计价方法有以下几种：

1. 不计算成本法

　　当副产品价值极微时，假定其分配的联合成本为 0，联合成本全部由主产品负担，副产品的收入直接列入利润表的其他业务利润。

2. 按可归属产品成本计价

　　副产品只负担分离点后的进一步加工成本。联合成本全部计入主要产品，副产品的收入列入其他业务收入，副产品继续加工成本列入其他业务支出。

3. 副产品作价扣除

　　把副产品的销售价格扣除继续加工成本、销售费用、销售税费及合理利润后作为扣除价格，再从联合成本中扣除。

4. 联合成本在主副产品间分配

　　如果副产品在企业销售额中还能占据一定的比例，可以按照联产品分配的办法来分配联合成本，使副产品占少量成本，这种方法相对准确。副产品所分配的联合成本加上继续加工成本就是副产品的成本。

六、副产品的任务设计

　　2016 年 10 月华硕工厂采用同种原材料，在同一个工艺过程中生产乙产品的同时还生产 E 副产品，本月共发生联合成本 150 000 元，生产乙产品 100 00 千克，E 副产品 2 000 千克，E 副产品分离出来后，需进一步加工成丙产品才能对外销售。对 E 副产品进一步加工时又发生直接材料费 300 00 元，直接人工费用 100 00 元，制造费用 8 500 元。丙产品当月实际产量为 400 件，对外售价每件 168 元，销售费用为 8 元，销售利润率为 10%。E 副产品成本从乙产品直接材料项目中扣除，作为丙产品的材料费用。

任务要求：

（一）计算丙产品、E 副产品、乙产品成本。

（二）登记相关成本计算表，结转完工产品成本，进行成本管理和控制。

工作步骤：

第一步：计算丙产品、E 副产品成本。

　　　　丙产品总成本 = 400 × (168 − 8 − 168 × 10%) = 400 × 143.2 = 57 280（元）

　　　　E 副产品总成本 = 57 280 − (30 000 + 10 000 + 8 500) = 8 780（元）

　　　　乙产品成本 = 150 000 − 8 780 = 141 220（元）

第二步：编制产品成本计算单（见表 5.1 − 4、表 5.1 − 5）。

表 5.1-4　产品成本明细账

产品：乙产品　产量：10 000 千克　　2016 年 10 月　　　　　　　　　　单位：元

项　目	直接材料	直接人工	制造费用	合　计
本月生产费用合计	100 000	30 000	20 000	150 000
结转 E 副产品成本	8 780			8 780
本月完工乙产品成本	91 220	30 000	20 000	141 220
本月完工乙产品单位成本	9.12	3	2	14.12

表 5.1-5　产品成本明细账

产品：丙产品　产量：400 件　　2016 年 10 月　　　　　　　　　　　单位：元

项　目	直接材料	直接人工	制造费用	合　计
结转 E 副产品成本	8 780			8 780
本月生产费用	30 000	10 000	8 500	48 500
合　计	38 780	10 000	8 500	57 280
本月完工丙成品成本	38 780	10 000	8 500	57 280
本月完工丙产品单位成本	96.95	25	21.25	143.2

第三步：结转完工入库产品成本，编制会计分录。

1. 结转完工 E 副产品成本。

借：生产成本——丙产品　　　　　　　　　　　　　　　　　　　　　8 780
　　贷：生产成本——乙产品　　　　　　　　　　　　　　　　　　　　　　8 780

2. 结转完工入库乙、丙产品成本。

借：库存商品——乙产品　　　　　　　　　　　　　　　　　　　　　141 220
　　　　　　——丙产品　　　　　　　　　　　　　　　　　　　　　 57 280
　　贷：生产成本——乙产品　　　　　　　　　　　　　　　　　　　　　141 220
　　　　　　　——丙产品　　　　　　　　　　　　　　　　　　　　　 57 280

七、等级品概述

等级品是指使用同种原材料，在同一生产过程中同时生产的品种、性质与用途相同但等级或质量有差异的产品。

等级品与联产品、副产品比较，三者都是使用同种原材料，经过同一生产过程而产生的产品。等级品、联产品、副产品均可称为同源产品。联产品、副产品生产出来的是性质、用途不同的产品，而等级品则为同一品种的产品，只在质量上、售价上有所差别。由于原材料质量、工艺技术等客观原因，产品质量尚难控制，等级品在所难免，如电子元件、搪瓷制品等。

等级品与非合格品比较，二者概念不同。等级品属于合格品，质量上的差别属于设计合理范围内；非合格品是指等级以下的产品，质量未达到设计要求，属于废品范围。

因为加工过程相同，耗用的原材料相同，等级品只能在同一产品成本计算单中归集费用，通常无法按各等级产品分别设置成本计算单。按照产品的不同质量，在产品检验时要分为不同等级，制定不同的售价。同种产品等级不同，单位售价不同：质量好的等级高，售价也高；质量差的等级低，售价也低。

等级品的成本可能不同，也可能相同。总成本在等级品中的分配主要采用两种方法：实际数量分配法、系数分配法等。

1. 实际数量分配法

如果不同的等级品是运用相同的材料，经过相同的生产过程而制造出来的，是生产和管理的原因（如违反操作规程、技术不熟练等）造成了不同等级，那么它们应负担相同的成本，就可按实际产量直接把总成本分到每一种等级品中，各种等级品的单位成本相同。

不同售价要负担相同的成本，等级较低的产品，售价低，成本就相对高了，正可以从低利或亏损来发现生产管理中存在的问题。

2. 系数分配法

如果等级品是由于原料的质量、工艺技术条件不同引起的，难以控制产品的质量，那么不同的等级品应负担不同的成本。例如：不同煤层的煤炭可能由于含量不同，采掘出不同等级的煤；漂白粉由于含氯量不同，分为不同的等级；电子器件等由于电源、电压等的不同，也分为不同等级。等级品按系数分配时可以按售价制定系数，也可以根据含量等其他工艺参数制定系数。

任务二　定　额　法

任务目标

1. 理解定额法的特点和适用范围
2. 掌握定额法成本核算的程序和步骤
3. 能有效地完成成本核算工作
4. 解析定额法的操作过程并能够举一反三
5. 能够合理选择成本计算的辅助方法

一、适用范围及特点

1. 定额法的适用范围

定额法是以事先制定的产品定额成本为基础，调整产品实际费用与定额的差异、材料成本差异和定额变动差异，计算产品实际成本的一种成本计算方法。这种方法的计算用公式表示如下：

产品实际成本＝定额成本±脱离定额差异±材料成本差异±定额变动差异

其中：

（1）定额成本是根据企业现行材料消耗定额、工时定额、费用定额以及其他有关资料计算的一种成本控制目标。产品定额成本的制定过程也是对产品成本事前控制的过程。定额成本是计算产品实际成本的基础，也是企业对生产费用进行事中控制和事后分析的过程。

企业制定的定额成本和计划成本都是成本控制的目标，二者都是以产品生产耗费的消耗定额和计划价格确定的目标成本，制定过程都是对产品成本进行事前控制的过程，但二者有不同之处。

定额成本是根据企业现行消耗定额制定的，随着生产技术的进步和劳动生产率的提高，消耗定额需进行不断的修订，定额成本在年度内有可能因企业消耗定额的修订而变动。定额成本是计算产品实际成本的基础，是生产费用事中控制的依据。

计划成本是根据企业计划期内的平均消耗定额制定的，在计划期内，计划成本通常是不变的。计划成本是企业计划期内成本控制的目标，是考核和分析企业成本计划完成情况的依据。

（2）脱离定额差异是指产品生产过程中各项实际发生的生产费用脱离现行定额的差异。

它反映了企业各项生产费用支出的合理程度和执行现行定额的工作质量。脱离定额的差异应当包括材料成本差异，在实际工作中，为了便于产品成本的分析和考核，一般单独计算产品成本应负担的材料成本差异。

（3）材料成本差异是指产品生产费用脱离定额差异的一部分。采用定额法计算产品成本时，原材料的日常核算是按计划成本计价的，在原材料项目的脱离定额差异仅指消耗数量的差异（量差），不包括材料成本差异（价差），因此，应当单独计算产品成本应负担的材料成本差异。

（4）定额变动差异是指由于修订定额而出售的新旧定额之间的差异，它是定额自身变动的结果，与生产费用的节约与超支无关。定额变动差异是月初在产品账面定额成本与按新定额计算的定额成本之间的差异。

定额法主要适用于定额管理制度比较健全、定额管理基础工作比较好、产品生产已经定型、各项生产费用消耗定额比较准确稳定的企业。定额法最早应用于大批量的生产机械制造企业，后来逐渐扩展到具备上述条件的其他工业企业。

该种方法与企业生产类型没有直接联系，它是为了加强成本管理、进行成本控制而采用的一种成本计算与管理相结合的方法。

2. 定额法的特点

（1）定额法是成本计算的辅助方法之一，与企业生产类型没有直接联系，可以与品种法、分批法、分步法等基本方法结合起来使用，并且不受生产类型的限制。

（2）定额法下，成本计算对象和成本计算期取决于所从属的成本计算基本方法。

（3）定额成本法和一般核算方法的不同点是，它不纯粹是一种成本核算方法，而是将成本核算与成本控制相结合的一种成本方法。采用定额法的目的是加强成本管理，它不仅能实现成本的事前和事后控制，关键是能做到成本的日常控制，从而更有效地发挥成本核算对于节约生产费用、降低产品成本的作用。

（4）事前制定产品的定额成本。定额法是以产品的定额成本为基础来计算产品实际成本，企业事前应制定产品的各项消耗定额和费用定额，并以现行消耗定额和费用定额为依据，制定产品的定额成本，作为降低产品成本、节约费用的目标。定额法加强了成本费用的事先控制；能及时揭示实际费用与定额费用之间的差异，加强了成本的事中控制；月末，计算产品的定额成本，为成本的事后控制提供了资料。

二、核算程序

1. 制定定额成本

采用定额法，必须事先制定产品的各项消耗定额、费用定额，并据以制定单位产品的定额成本，以此作为成本控制的目标、成本计算的基础。产品的定额成本一般由企业的计划、技术、会计部门共同制定。

（1）定额成本是企业自行制定的，年内可以根据产品生产的实际情况进行调整，是企业对当时的产品成本进行自我控制和考核的依据。一年之内定额成本包括现行定额和旧定额两种。现行定额是指当月的新定额，旧定额是指以前月份使用过的定额。一般定额成本均指现行定额。因此，定额成本是根据现行定额和单位计划成本计算的成本。

（2）产品定额成本的基本计算公式如下：

直接材料费用定额＝原材料消耗定额×原材料计划单价

直接人工费用定额＝产品生产工时定额×计划小时工资率

制造费用定额＝产品生产工时定额×计划小时工资率

2. 核算脱离定额差异

脱离定额差异是指产品生产过程中各项生产费用的实际发生额脱离现行定额的数额，简称实际与定额的差异。脱离定额差异产生的原因是生产费用的超支或节约，它与定额是否修订、调整无关。

通过对实际数与定额数的比较，分析生产费用脱离定额的差异与原因，以便对生产费用进行日常控制。

脱离定额差异的计算包括直接材料费用脱离定额差异的计算、直接人工费用脱离定额差异的计算和制造费用脱离定额差异的计算三项内容。

（1）直接材料费用脱离定额差异的计算。

直接材料费用脱离定额差异的计算方法，一般包括限额法、切割核算法和盘存法。

限额法是指对材料的领用实行定额法的制度，符合定额的原材料应根据限额领料单等凭证领发。若增加产量需要增加用料，必须办理追加限额手续后，才可以根据定额凭证领发。由于其他原因发生的差额用料，则应填制专设的超额领料单，经过一定的审批手续后领发。

切割核算法是指对于需要切割才能使用的材料，如板材、棒材等，可以采用专设的材料切割核算凭证——"材料切割核算单"来核算材料脱离定额的差异。

盘存法是根据完工产品数量和在产品盘存数量计算产品投产数量（投产数量＝完工产品数量＋期末在产品数量－期初在产品数量），用投产数量乘以原材料消耗定额集散定额消耗量；根据限额领料单、超额领料单等凭证计算原材料的实际消耗量；将原材料的实际消耗量和定额消耗量比较，计算出原材料脱离定额的差异。在连续、大量生产的企业中，生产不能按照产品批别划分，可采用定期盘存法核算原材料脱离定额差异。

原材料脱离定额差异的计算公式如下：

原材料脱离定额差异＝原材料计划价格费用－原材料定额费用

＝实际消耗量×材料计划单价－定额消耗量×材料计划单价

＝（实际消耗量－定额消耗量）×材料计划单价

无论采用哪种方法核算原材料定额消耗量和脱离定额差异，都应分批或定期将这些核算资料按照成本计算对象进行汇总,编制原材料定额成本和脱离定额差异汇总表。其基本格式见表 5.2-1。

表 5.2-1 原材料定额成本和脱离定额汇总表

产品名称:S 产品　　　　　　　　　产量:200 件　　　　　　　　　金额单位:元

材料类别	计量单位	计划单价	定额成本		实际成本		脱离定额差异		差异分析
			消耗量	金额	消耗量	金额	数量	金额	
C 材料	千克	10	600	6 000	570	5 700	-30	-300	略
D 材料	千克	8	1 000	8 000	1 060	8 480	60	480	
合计				14 000		14 180		180	

(2) 直接人工费用脱离定额差异的计算。

直接人工费用脱离定额差异的计算和企业所采用的工资形式有关。

在计件工资制下,生产工人工资属于直接计入费用,其脱离定额差异的计算与原材料脱离定额差异的计算相似。

在计时工资制下,生产工人工资属于间接计入费用,其脱离定额差异不能在平时按照产品直接计算,只有在月末实际生产工人工资确定以后,才可按以下公式计算:

实际小时工资率=某车间实际生产工人薪酬总额÷该车间实际生产工时总额
计划小时工资率=某车间计划产量定额生产工人薪酬÷该车间计划产量定额生产工时
某产品的定额人工费用=该产品实际产量的定额生产工时×计划小时工资率
某产品的实际人工费用=该产品实际产量的实际生产工时×实际小时工资率
某产品直接人工费用脱离定额差异=该产品实际人工费用-该产品定额人工费用

不管采取哪种工资形式都应根据上述计算,按照成本计算对象汇总编制"人工费用定额及定额差异汇总表",见表 5.2-2。用该表来反映各种产品的定额工资、实际工资、工资差异以及产生差异的原因,并据此登记有关产品成本的计算单。

表 5.2-2 直接人工费用定额及定额差异汇总表

金额单位:元

产品名称	产量/件	单位工时定额	人工费用定额			实际人工费用			脱离定额差异
			定额工时	计划小时人工	定额人工	实际工时	实际小时人工	实际人工	
A 产品	300	4	1 200		6 000	1 100		6 600	600
B 产品	200	3	600		3 000	580		3 480	480
合计			1 800	5	9 000	1 680	6	100 80	1 080

(3) 制造费用脱离定额差异的计算。

制造费用通常与计时工资一样,属间接计入费用,其脱离定额差异不能在平时按照产品直接计算,只有在月末按照以下公式计算:

计划小时制造费用率＝某车间计划制造费用÷该车间计划产量的定额生产工时总数
实际小时制造费用率＝某车间实际制造费用÷该车间实际生产工时总额
某产品实际制造费用＝该产品实际生产工时×实际小时制造费用率
某产品定额制造费用＝该产品实际产量的定额工时×计划小时制造费用率
制造费用脱离定额差异＝该产品实际制造费用－该产品定额制造费用

制造费用定额和定额差异也应通过编制"制造费用定额及定额差异汇总表"进行计算，见表5.2－3。

表5.2－3 制造费用定额及定额差异汇总表

金额单位：元

产品名称	产量/件	单位工时定额	人工费用定额			实际人工费用			脱离定额差异
			定额工时	计划小时分配率	定额制造费用	实际工时	实际小时分配率	实际制造费用	
A产品	300	5	1 500		9 000	1 460		8 030	－970
B产品	200	4	800		4 800	820		4 510	－290
合计			2 300	6	13 800	1 280	5.5	12 540	－1 260

3. 核算材料成本差异

采用定额法，为了有利于产品成本的分析和考核，原材料的日常核算一般按计划成本进行，原材料脱离定额差异是以计划单价反映的消耗数量上的差异，不包括价格因素。因此，月末要将产品所消耗的原材料的计划成本调整为实际成本，这通过计算所耗原材料应分摊的成本差异，即所耗原材料的价格差异来完成。其计算公式如下：

$$\text{某产品应分配的原材料成本差异} = \left(\text{该产品原材料定额费用} \pm \text{原材料脱离定额}\right) \times \text{材料成本差异分配率}$$

【例5－1】

海康企业生产的A产品所耗原材料定额费用为86 000元，材料脱离定额差异为超支400元，原材料的成本差异率为－1.5%，则

A产品应负担的材料成本差异＝（86 000＋400）×（－1.5%）＝－1 296（元）

4. 计算定额变动差异

定额变动差异是指由于修订消耗定额（或生产耗费）的计划价格而产生的新旧定额之间的差额。定额成本的变动一般在月初、季初或年初定期进行，当期投产的产品，都应该按新定额计算其定额成本和脱离定额差异，但在定额变动的月份，月初在产品的定额成本是从上月末从产品定额成本转来的，它们仍然是按照旧的定额反映的，所以，需要按新定额计算月初在产品的由于定额本身变动而产生的定额变动差异。其计算公式如下：

定额变动系数＝按新定额计算的单位产品成本÷按旧定额计算的单位产品成本

月初在产品定额变动差异＝按旧定额计算的月初在产品成本×（1－定额变动系数）

【例5－2】

家森企业生产B产品，B产品的一些零件从9月1日起修订材料定额，单位产品旧的材

料消耗定额为 36 元，新的材料消耗定额为 34.2 元，该产品月初在产品按旧定额计算的材料定额成本为 9 600 元，则

$$定额变动系数 = 34.2 \div 36 = 0.95$$

$$月初在产品定额变动差异 = 9\,600 \times (1 - 0.95) = 480（元）$$

一般来讲，消耗定额的变动表现为不断下降的趋势，因而月初在产品定额变动的差异，通常表现为月初在产品价值的降低。所以，一方面，要从月初在产品定额费用中扣除该项差异；另一方面，还应将属于月初在产品实际支出的该项差异加入本月产品成本中。相反，若消耗定额提高，则应将此差异项加入月初在产品定额成本之中，同时从本月产品成本中予以扣除，因为实际上并未发生这部分支出，否则账目不平。因此，月初在产品定额成本调整的数额与计入产品实际成本的定额变动差异之和等于零。

5. 计算产品实际成本

在定额成本法下，产品成本的日常核算是将定额成本与各种差异分别核算，所以，完工产品与月末在产品的费用分配应按定额成本和各种差异分别进行，即先计算完工产品和月末在产品的定额成本，然后将脱离定额的差异在完工产品和月末在产品之间进行分配。脱离定额的差异，可按照完工产品和月末在产品的定额比例进行分配，为简化核算，材料成本差异和定额变动差异可全部由完工产品负担。实际成本的计算通过汇总产品成本明细账上各项定额差异、定额变动差异和材料成本差异而进行。

在定额法下，完工产品实际成本的计算公式如下：

完工产品实际成本 = 完工产品定额成本 ± 脱离定额差异 ± 月初在产品定额变动差异

三、定额法的任务设计

（一）任务设计一

吴越工厂生产车间 A 产品采用定额法计算成本。本月份有关 A 产品原材料费用如下：

1. 月初在产品原材料定额费用 1 000 元，原材料脱离定额差异为节约 147 元，月初在产品原材料定额调整为降低 100 元，定额变动差异完全由完工产品负担。
2. 本月投产原材料定额费用为 24 000 元，原材料脱离定额差异为节约 600 元。
3. 本月原材料成本差异额为节约 350 元，原材料成本差异全部由完工 A 产品成本负担。
4. 本月完工 A 产品原材料定额费用为 22 000 元。

任务要求：计算完工 A 产品和月末在产品实际原材料费用（列出计算过程）。

操作步骤：

1. 月末在产品定额原材料费用 =（1 000 - 100）+ 24 000 - 22 000 = 2 900（元）
2. 原材料脱离定额差异率 =（-147 - 600）/（900 + 24 000）× 100% = -3%
3. 完工产品分配原材料脱离定额差异 = 22 000 ×（-3%）= -660（元）
4. 月末在产品分配原材料脱离定额差异 = 2 900 ×（-3%）= -87（元）
5. 完工产品实际原材料费用 = 22 000 - 660 + 100 - 350 = 21 090（元）
6. 月末在产品实际原材料费用 = 2 900 - 87 = 2 813（元）

（二）任务设计二

民进工厂生产 A 产品，采用定额成本法对完工产品和月末在产品的材料费用进行分配。

月初在产品定额成本 1 000 元,脱离定额差异 –10 元;本月发生定额成本 9 000 元,脱离定额差异 110 元;本月产成品 85 件,每件定额成本 100 元,材料成本差异率为 2%。

任务要求:计算产成品实际成本。

操作步骤:

$$脱离定额差异率=(-10+110)/(1\,000+9\,000)=1\%$$
$$产成品定额成本=85×100=8\,500(元)$$
$$产成品脱离定额差异=8\,500×1\%=85(元)$$
$$产成品材料成本差异=(8\,500+85)×2\%=171.7(元)$$
$$产成品实际成本=8\,500+85+171.7=8\,756.7(元)$$

(三)任务设计三

新华工厂主要生产甲产品,采用定额法计算产品成本。资料如下:

1. 2016 年 6 月 1 日起甲产品材料费用定额由每件 28.6 元降低为 26 元,月初在产品定额成本调整的数额与计入产品实际成本的定额变动差异之和等于零。

2. 本月月初在产品 50 件,投产甲产品 550 件,月末在产品 80 件。投料方式为一次投料。本月甲产品月初定额成本分别为直接材料 2 475 元,直接人工 1 522.5 元,制造费用 609 元;月初脱离定额差异分别为直接材料 –220 元,直接人工 21.6 元,制造费用 20 元。

3. 本月生产甲产品的定额成本分别如下:材料定额耗用总量 3 262.5 千克,计划单价 4 元/千克,定额消耗总工时为 1 015 小时(其中完工甲产品定额工时为 820 小时,月末在产品为 195 小时),计划小时人工费用为 10 元,计划小时制造费用为 5 元。

4. 本月实际发生费用分别如下:材料实际耗用总量 2 950 千克,材料成本差异率为 –1.25%,直接人工 10 498 元,制造费用 5 205 元。

任务要求:运用定额法计算产品成本,编制会计分录。

操作步骤:

第一步:计算月初在产品定额变动差异。

$$定额变动系数=26÷28.6=0.909\,1$$
$$月初在产品定额变动差异=2\,475×(1-0.909\,1)=225(元)$$

按新定额计算的月初在产品定额成本调整金额为 –225 元,则月初在产品定额变动差异金额应计入 225 元(月初在产品定额成本调整的数额与计入产品实际成本的定额变动差异之和等于零)。

第二步:计算本月投产产品的定额成本。

$$直接材料定额成本=3\,262.5×4=13\,050(元)$$
$$直接人工定额成本=1\,015×10=10\,150(元)$$
$$制造费用定额成本=1\,015×5=5\,075(元)$$

第三步:计算本月投产产品脱离定额差异。

$$直接材料脱离定额差异=(2\,950-3\,262.5)×4=11\,800-13\,050=-1\,250(元)$$
$$直接人工脱离定额差异=10\,498-10\,150=348(元)$$
$$制造费用脱离定额差异=5\,205-5\,075=130(元)$$

第四步:计算本月投产产品材料成本差异。

材料成本差异=(13 050-1 250)×(-1.25%)= -147.5(元)

第五步：分配本月发生的材料费用、人工费用，结转材料成本差异、制造费用，编制会计分录。

1. 分配材料费用并结转材料成本差异。

借：基本生产成本——甲产品（材料定额成本）　　　　　13 050
　　　　　　　　——甲产品（材料脱离定额差异）　　　　-1 250
　　　　　　　　——甲产品（材料成本差异）　　　　　　-147.5
　　贷：原材料　　　　　　　　　　　　　　　　　　　　11 800
　　　　材料成本差异　　　　　　　　　　　　　　　　　-147.5

2. 分配人工费用。

借：基本生产成本——甲产品（直接人工定额成本）　　　10 150
　　　　　　　　——甲产品（直接人工脱离定额差异）　　348
　　贷：应付职工薪酬　　　　　　　　　　　　　　　　　10 498

3. 结转制造费用。

借：基本生产成本——甲产品（制造费用定额成本）　　　　5 075
　　　　　　　　——甲产品（制造费用脱离定额差异）　　130
　　贷：制造费用　　　　　　　　　　　　　　　　　　　5 205

第六步：编制产品成本计算单，计算数据见表5.2-4。

第七步：结转完工产品实际成本，编制会计分录。

借：库存商品——甲产品　　　　　　　　　　　　　　　26 505.28
　　贷：基本生产成本——甲产品（定额成本）　　　　　　27 282
　　　　　　　　　　——甲产品（脱离定额差异）　　　　-854.22
　　　　　　　　　　——甲产品（材料成本差异）　　　　-147.5
　　　　　　　　　　——甲产品（定额变动差异）　　　　225

表5.2-4　产品成本计算单

产品：甲产品　　　　　2016年6月　　　　　完工产量520件；月末：80件

	成本项目	直接材料	直接人工	制造费用	合　计
月初在产品成本	定额成本（1）	2 475	1 522.5	609	4 606.5
	脱离定额差异（2）	-220	21.6	20	-178.4
月初在产品定额变动	定额成本调整（3）	-225	0	0	-225
	定额变动差异（4）	225	0	0	225
本月生产费用	定额成本（5）	13 050	10 150	5 075	28 275
	脱离定额差异（6）	-1 250	348	130	-772
	材料成本差异（7）	-147.5	0	0	-147.5
生产费用合计	定额成本(8)=(1)+(3)+(5)	15 300	11 672.5	5 684	32 656.5
	脱离定额差异(9)=(2)+(6)	-1 470	369.6	150	-950.4

续表

成本项目		直接材料	直接人工	制造费用	合 计
生产费用合计	材料成本差异（10）=（7）	-147.5	0	0	-147.5
	定额变动差异（11）=（4）	225	0	0	225
脱离定额差异分配率（12）=（9）÷（8）		-9.61%	3.17%	2.64%	
生产总产量（定额总工时）(13)		600	1 015	1 015	
单位定额成本（14）=（8）÷（13）		25.50	11.50	5.60	42.6
完工成品成本	完工产量（完工工时）(15)	520	820	820	
	定额成本（16）=（15）×（14）	13 260	9 430	4 592	27 282
	脱离定额差异（17）=（16）×（12）	-1 274	298.59	121.18	-854.22
	材料成本差异（18）=（10）	-147.5	0	0	-147.50
	定额变动差异（19）=（11）	225	0	0	225
	实际成本（20）=（16）+（17）+（18）+（19）	12 063.50	9 728.59	4 713.18	26 505.28
月末在产品成本	定额成本（21）=（8）-（16）	2 040	2 242.50	1 092	5 374.50
	脱离定额差异（22）=（9）-（17）	-196	71.01	28.82	-96.18

四、定额法的优缺点

（一）优点

由于采用定额成本计算法可以计算出定额与实际费用之间的差异额，并采取措施加以改进，所以采用这种方法有利于加强成本的日常控制；采用定额成本计算法可计算出定额成本、定额差异、定额变动差异等项指标，有利于进行产品成本的定期分析；通过对定额差异的分析，可以对定额进行修改，从而提高定额管理和计划管理水平。由于有了现成的定额成本资料，可采用定额资料对定额差异和定额变动差异在完工产品和在产品之间进行分配。

（二）缺点

需要分别核算定额成本、定额差异和定额变动差异，工作量较大，推行起来比较困难；不便于对各个责任部门的工作情况进行考核和分析；定额资料若不准确，则会影响成本计算的准确性。

小 结

分类法以产品的类别作为成本核算对象，用以归集费用，计算出各类产品实际成本，按照一定标准在类别内各产品之间进行成本分配，计算出类别内各产品生产成本的方法，它可以和品种法、分批法、分步法等结合起来应用。分类法与企业的生产类型没有直接联系，只要具备条件，在各种类型的生产企业或企业的生产单位都可以应用。分类法主要适用于产品品种、规格繁多并且可以按照一定要求和标准划分类别的企业或企业的生产单位。系数法分配类内产品成本时，计算步骤如下：

（1）选择标准产品，将其单位系数定位"1"。
（2）计算各产品的系数。
（3）计算各产品的总系数。总系数是各产品的实际产量与各产品单位系数的乘积。
（4）计算费用分配率，即各成本项目的金额与系数总和之比。
（5）计算各产品应负担的费用。各产品的系数与分配率的乘积就是其应分配的费用。

定额法是以产品定额成本为基础，调整产品实际费用与定额的差异、材料成本差异和定额变动差异，计算产品实际成本的一种成本计算方法。由于该种方法与企业生产类型没有直接联系，所以这种方法可以与品种法、分批法、分步法等基本方法结合起来使用。定额法主要适用于定额管理制度比较健全、定额管理基础工作比较好、产品生产已经定型、各项消耗定额比较准确稳定的企业。定额法最早应用于大批量的生产机械制造企业，后来逐渐扩展到具备上述条件的其他工业企业。

项目六

工业企业成本报表编制与分析

知识目标

- 了解成本报表的概念、特点和设置要求
- 了解成本报表的种类、结构
- 了解成本报表的编制方法和编制要求

能力目标

- 掌握产品生产成本表的编制和分析
- 掌握主要产品单位成本表的编制和分析
- 掌握制造费用的编制和分析
- 能够根据资料编制产品生产成本及销售成本表、产品生产成本表、主要产品单位成本表、制造费用明细表等成本报表

企业会计报表分为两大类:一类是需向外报送的会计报表,如资产负债表、利润表、现金流量表等,其具体格式和编制要求由企业会计制度做出规定;另一类是企业内部管理需要的报表,如成本报表等,其具体种类、格式由企业自行规定。成本报表是企业内部报表中的主要报表,本模块主要阐述工业企业成本报表的种类及其编制方法和成本报表的分析方法。

任务一 工业企业成本报表概述

任务目标

1. 了解工业企业成本报表的概念和特点
2. 了解工业企业成本报表的种类

一、工业企业成本报表的概念

工业企业成本报表,是根据工业企业产品成本和期间费用核算资料及其他有关资料编制的,用来反映和监督工业企业一定时期产品成本和期间费用水平及其构成情况的报告文件。编制和分析成本报表,是成本会计工作的重要内容。

二、工业企业成本报表的特点

工业企业成本报表是服务于企业内部经营管理的内部管理会计报表,不对外报送或公布,与财务会计报告中的资产负债表、利润表和现金流量表等对外会计报表相比,具有以下特点。

(一)工业企业成本报表是为企业内部经营管理的需要而编制的

反映工业企业一定日期内的产品成本和期间费用水平及其构成的成本报表是企业的商业秘密,不对外报送和公开。而在企业内部的生产经营管理工作中,成本费用水平及其构成等成本信息是非常重要的。正确编制和及时报送成本报表,在考核企业成本计划的执行情况、分析成本管理工作中的成绩和问题、挖掘企业降低成本及节约费用的潜力、及时作出决策、指导生产经营活动等方面,具有任何其他管理工作无法替代的作用。因此,为企业内部经营管理的需要而编制,内容更具针对性,是成本报表的主要特点。

(二)工业企业成本报表的种类、格式、项目和内容等由企业自行决定

工业企业的成本资料总与其自身的生产过程相关,且各家企业对所获取的成本资料总有不同的侧重点。因此,成本报表可由企业自身根据需要确定报表的种类、格式、项目和内容。企业自行设计和编制的成本报表具有较大的灵活性和多样性,这是成本报表的又一重要特点。

(三)工业企业成本报表提供的成本指标反映企业各方面的工作质量

工业企业产品产量的多少,产品质量的高低,原材料、燃料及动务消耗的节约与浪费、工人劳动生产率和平均工资的高低、固定资产的利用程度,废品率的变动,生产单位和企业管理部门费用的节约与浪费,以及生产经营管理工作的好坏等,都会或多或少、直接或间接地反映到费用和成本指标上来。成本指标成为反映企业生产、技术、经营和管理工作水平的综合性质量指标,作为对内报表更具时效性。成本报表提供的成本信息可以综合反映企业生产经营管理工作的质量。

三、工业企业成本报表的种类

由于成本报表属于内部报表,因此,成本报表的种类、格式、项目、指标的设计和编制方法、编制日期、具体报送对象,由企业自行决定。

主管企业的上级机构为了对本系统所属企业的成管理工作进行指导和建议,也可以要求企业将其成本报表作为会计报表的附表上报。在这种情况下,企业成本报表的种类、格式、项目和编制方法也可以由主管企业的上级机构同企业共同商定。无论企业使用何种格式的成本报表,一般来说,可以有以下几种分类方式。

(一)按照报表反映的经济内容分类

成本报表按其反映的经济内容,一般可以分为反映报告期内企业各种产品的实际成本水

平及其构成情况的报表,主要有"产品成本表""主要产品单位成本"等;反映报告期内企业各种费用支出总额及其构成情况的报表,包括"制造费用明细表""管理费用明细表""销售费用明细表"和"财务费用明细表"等。

成本报表中的本期数据需要与计划、预算、上年实际、历史最好水平或同行业相近水平相比较,反映成本费用的变动情况和变动趋势。

（二）按照报送对象分类

成本报表按照报送对象可分为对外成本报表和对内成本报表。

对外成本报表是指企业向外部单位（如上级主管部门和联营主管单位）等报送的成本报表。主管部门为了监督和控制成本费用,了解目标成本完成的情况,进行行业的分析对比,并为成本预测和成本决策提供依据以及使投资者等了解企业经营状况和效益,都要求企业提供成本资料。它实际上也还是一种扩大范围的内部报表。对内成本报表是指为了企业本单位内部经营管理需要而编制的各种报表,其内容、种类、格式、编制方法和程序、编制时间和报送对象,均由企业根据自己生产经营和管理的需要来确定。

（三）按照报表编制的时间分类

有年度报表、半年度报表、季度报表、月度报表、旬报、周报、日报和班报。企业为了生产经营管理特别是成本控制和成本考核的需要,普遍采用旬报、周报甚至日报和班报等形式。目的在于满足日常、临时、特殊任务的需要,使成本报表资料及时服务于生产经营的全过程。

四、成本报表的作用

成本报表是为企业内部管理需要而编制的,对加强成本管理、提高经济效益有着重要作用。

（一）综合反映报告期内的产品成本

通过成本报表资料,能够及时发现在生产、技术、质量和管理等方面取得的成绩和存在的问题。

（二）评价和考核各成本环节成本管理的业绩

利用成本报表所提供的资料,经过有关指标计算、对比,可以明确各有关部门和人员在执行成本计划、费用预算过程中的成绩和差距,以便总结工作的经验和教训,奖励先进,鞭策后进,调动广大职工的积极性。

（三）可利用成本资料进行成本分析

通过成本报表资料的分析,可以揭示成本差异对产品成本升降的影响程度以及发现产生差异的原因和责任,从而可以有针对性地采取措施,把注意力放在解决那些属于不正常的、对成本有重要影响的关键性差异上,这样对于加强日常成本的控制和管理就有了明确的目标。

（四）是企业进行成本、利润的预测、决策以及编制产品成本和各项费用计划、制定产品价格的重要依据

企业要制定成本计划,必须明确成本计划目标。这个目标是建立在报告年度产品成本实

际水平的基础上,结合报告年度成本计划执行的情况,考虑计划年度中可能变化的有利因素和不利因素,来制定新年度的成本计划。所以说本期成本报表所提供的资料,是制定下期成本计划的重要参考资料。同时,管理部门也根据成本报表资料来对未来时期的成本进行预测,为企业制定正确的经营决策和加强成本控制与管理提供必要的依据。

五、成本报表的编制要求

(一)真实性

成本报表的指标数字必须真实可靠,能如实地集中反映企业实际发生的成本费用。

(二)及时性

按规定日期报送成本报表,保证成本报表的及时性,以便各方面利用和分析成本报表,充分发挥成本报表的应有作用。

(三)可比性

在会计计量和填报方法上,应保持前后会计期间的一致性,以便成本信息使用者正确利用。

(四)重要性

对于重要的项目(如重要的成本、费用项目),在成本报表中应单独列示,以显示其重要性;对于次要的项目,可以合并反映。

(五)准确性

成本报表的指标数字要计算正确;各种成本报表之间、主表与附表之间、各项目之间,凡是有勾稽关系的数字,应相互一致;本期报表与上期报表之间有关的数字应相互衔接。

(六)完整性

应编制的各种成本报表必须齐全;应填列的指标和文字说明必须全面;表内项目和表外补充资料不论根据账簿资料直接填列还是分析计算填列,都应当准确无缺,不得随意取舍。

六、工业企业成本报表的编制方法

工业企业的各种成本报表,有的反映本期的实际成本或费用,有的反映到本期止累计的实际成本或费用。为了考核和分析成本计划的执行情况,这些报表一般还反映有关的计划数和其他有关资料。一般情况下:

各成本报表中的"本期实际成本或费用",应根据有关的产品成本或费用明细账的本期实际发生额填列。

各成本报表中的"累计实际成本或费用",应根据本期报表中的本期实际成本或费用,加上上期报表中的累计实际成本或费用计算填列;如果有关的明细账中登记了期末累计实际成本或费用,可以直接根据有关的明细账相应数据填列。

各成本报表中的"计划数"应根据有关的计划填列。

各成本报表中的其他数据资料应按报表编制的有关规定填列。

任务二　工业企业成本报表的编制

任务目标

1. 了解工业企业产品生产成本表的结构内容
2. 了解工业企业主要产品单位成本表的结构内容
3. 了解工业企业产品制造费用表的结构内容
4. 掌握工业企业成本报表的编制方法

一、产品生产成本及销售成本表的结构和编制方法

（一）产品生产成本及销售成本表的结构

产品生产成本及销售成本表是反映工业企业在报告期内各种产品生产成本和销售成本及期末结存产品成本的报表，通常按月编制，其一般格式见表6.2-1。

表 6.2-1　产品生产成本及销售成本表（部分）

编制单位：青山工厂　　　　　　　　　2016年12月　　　　　　　　　　　　　单位：元

产品名称	规格	计量单位	生产量			单位生产成本				生产总成本	
			本年计划生产量	本月实际生产量	本年累计实际生产量	上年实际平均单位成本	本年计划单位成本	本月实际单位成本	本年累计实际平均单位成本	本月实际总成本	本年累计实际总成本
			①	②	③	④	⑤	⑥=⑧/②	⑦=⑨/③	⑧	⑨
主要产品										79 870	955 125
甲产品	略	件	550	50	605	1 250	1 215	1 175	1 200	58 750	726 000
乙产品	略	件	240	22	235	1 000	985	960	975	21 120	229 125
非主要产品										26 250	254 400
丙产品	略	件	220	25	240		1 100	1 050	1 060	26 250	254 400
合计										106 120	1 209 525

产品生产成本及销售成本表将企业全部产品按主要产品和非主要产品分别逐项反映，所设计的指标有产品生产量和销售量、单位产品生产成本、产品生产总成本和销售总成本、期末结存产品数量和总成本等。为了便于比较和分析，产品生产量和销售量、单位产品生产成本等指标，可以同时反映本年计划数、本月实际数、本年累计实际数等。

利用产品生产成本及销售成本表，可以反映工业企业在报告期内全部产品的生产总成本和销售总成本；通过产品单位成本的比较，可能反映企业产品成本水平和升降情况，借以确定企业成本分析的重点；可以反映企业各种产品的生产量、销售量和期库存量，借以考察企业产品是否适销对路，产销是否协调，是否存在超储积压的产品等。

（二）产品生产成本及销售成本表的编制方法

（1）生产量。在"生产量"栏中，本月实际和本年累计实际产量根据企业"产品产量统计表"提供的资料填列，也可以根据"库存商品明细账"中有关完工入库产品数量资料填列；本年（或本月）计划产量根据企业本年（或本月）产品生产计划资料填列。

（2）单位生产成本。在"单品生产成本"栏中，上年实际平均单位成本根据上年12月份本表中"本年累计实际平均单位成本"栏中数字填列；本年计划单位成本根据企业本年产品成本计划资料填列；本月实际单位成本根据本月"产品生产成本明细账"（产品成本计划单）提供的资料填列；本年累计实际平均单位成本需要计算填列，计算公式为

$$某种产品本年累计实际平均单位成本 = \frac{该产品年累计实际总成本}{该产品年累计实际总产量}$$

（3）生产总成本。在"生产总成本"栏中，上年累计实际总成本根据上年12月份本表"本年累计实际总成本"栏的数字填列；本月实际生产总成本根据本月"产品生产成本明细账"（或"库存商品明细账"）提供的资料填列；本年累计实际生产总成本根据该产品本年各月"产品生产成本明细账"提供的资料汇总计算填列，也可用本月实际生产总成本加上上月本表中的本年累计实际生产总成本后填列。

二、产品生产成本表的结构和编制方法

（一）产品生产成本表的结构

产品生产成本表是反映工业企业在报告期内生产产品所发生的生产费用总额和全部产品生产总成本的报表。该表一般有两种编制方法：一种是按成本项目反映；另一种是按产品种类反映。

1. 生产成本表（按成本项目反映）的结构

产品生产成本表（按成本项目反映）是按成本项目汇总反映工业企业在报告期内发生的全部生产费用以及产品生产总成本的报表。其一般格式见表6.2-2。

表6.2-2 产品生产成本表（按成本项目反映）

编制单位：青山工厂　　　　　2016年12月　　　　　　　　　　单位：元

项目	上年实际	本月实际	本年累计实际
生产费用			
1. 直接材料	450 000	44 100	593 245
其中：原材料	312 500	30 000	321 332
燃料及动力	137 500	14 100	271 913
2. 直接人工	298 250	24 800	309 560
3. 制造费用	280 765	27 200	306 000
生产费用合计	1 029 015	96 100	1 208 805
加：在产品及自制半成品期初余额	56 980	59 500	60 720
减：在产品及自制半成品期末余额	63 200	49 480	60 000
产品生产成本合计	1 022 795	106 120	1 209 525

按成本项目编制的产品生产成本表一般分为"生产费用合计""产品生产成本"和"在产品和自制半成品成本"等部分。其中生产费用合计数按照成本项目反映报告期内发生的直接材料、直接人工和制造费用等成本项目合计。产品生产成本是在生产费用合计数的基础上,加上在产品及自制成品的期初余额,减去在产品及自制半成品的期末余额。为了便于分析,按成本项目编制的产品生产成本表各项目应反映上年实际数、本年计划数、本月实际数和本年累计实际数等指标。

编制产品生产成本表(按成本项目反映)的作用有:

(1)可以反映报告期内全部产品费用的支出情况和各种费用的构成情况,并据以进行生产费用支出的一般评价。

(2)将本年累计实际生产费用与本年计划数和上年实际数相比较,考核和分析年度生产费用计划的执行结果,以及本年生产费用比上年的升降情况。

(3)将各期产品生产成本合计数与各该期的产值、销售收入或利润进行对比,计算成本产值率、成本销售收入率或成本利润率,考核和分析该期的经济效益。

(4)将本年累计实际的产品生产成本与本年计划数和上年实际数相比,考核和分析年度产品生产总成本计划的执行结果,以及本年产品总成本比上年的升降情况,并据以分析影响成本升降的各项因素。

2. 产品生产成本表(按产品种类反映)的结构

产品生产成本表(按产品种类反映)是按产品种类汇总反映工业企业在报告期内生产的全部产品的单位成本和总成本的报表。其一般格式见表6.2-3。

表6.2-3 产品生产成本表(按产品种类反映)

编制单位:青山工厂　　　　　　　2016年12月　　　　　　　　　　单位:元

产品名称	实际产量/件		单位成本/元				本月总成本			本年累计总成本		
	本月	本年累计	上年实际平均	本年计划	本月实际	本年累计实际平均	按上年实际平均单位成本计算	按本年计划单位成本计算	本月实际	按上年实际平均单位成本计算	按本年计划单位成本计算	本年实际
	(1)	(2)	(3)	(4)	(5)	(6)	(7)=(1)×(3)	(8)=(1)×(4)	(9)=(5)×(1)	(10)=(2)×(3)	(11)=(2)×(14)	(12)=/(2)×(6)
主要产品									79 870	991 250	966 550	955 125
甲产品	50	605	1 250	1 215	1 175	1 200	62 500	60 750	58 750	756 250	735 075	726 000
乙产品	22	235	1 000	985	960	975	22 000	21 670	21 120	235 000	231 475	229 125
非主要产品									26 250			
丙产品	25	240		1 100	1 050	1 060		27 500	26 250		264 000	254 400
合计	—	—						109 920	106 120		1 230 550	1 209 525

按产品种类编制的产品生产成本表,一般分为产品产量、单位成本、生产总成本等部分。单位成本包括上年实际平均单位成本、本年计划单位成本、本月实际单位成本和本年累计实际平

均单位成本等；产品产量包括本月实际产量和本年累计实际产量；总成本分为本月总成本和本年累计总成本。为了便于分析，产品实际产量的生产总成本应按不同单位成本分别计算。

编制产品生产成本表（按产品种类反映）的作用有：

（1）可以分析和考核各种产品本月和本年累计的成本计划的执行结果，对各种类产品成本的节约或超支情况进行评价。

（2）可以分析和考核各种可比产品本月和本年累计的成本比上年的升降情况。

（3）对于规定有可比产品成本降低计划的产品，可以分析和考核可比产品成本降低计划的执行情况，促使企业采取措施，不断降低产品成本。

（4）可以了解哪些产品成本节约较多，哪些产品成本超支较多，为进一步进行产品单位成本分析指明方向。

在设置有产品生产成本及销售成本表的企业，一般不单独编制按产品种类反映的产品生产成本表，因为产品生产成本及销售成本表包括了产品生产成本表的基本内容。

（二）产品生产成本表的编制方法

产品生产成本表一般按月编制。按产品种类编制的产品生产成本表因与产品生产成本及销售成本表的部分项目相同，不再介绍。按成本项目编制的产品生产成本表中，"上年实际"栏应当根据上年12月份编制的"产品生产成本表"中的"本年累计实际"栏内的金额填列；"本月实际"栏和"本年累计"栏的填列方法分别介绍如下：

（1）生产费用总额。生产费用总额及各成本项目的金额中，"本月实际"栏根据本月生产成本二级账（或明细账）的资料分析计算填列；"本年累计实际"根据本月本表中"本月实际"栏的金额加上上月本表中"本年累计实际"栏的金额填列，也可以根据生产成本二级账（或明细账）的资料分析计算填列。本表各成本项目的金额之和应等于生产费用总额。

（2）在产品及自制半成品期初余额。在产品及自制半成本期余额中，"本月实际"根据"生产成本"和"自制半成本"两个账户的本月月初余额之和填列；"本年累计实际"指年初余额，应根据上年12月份表中在产品及自制半成品期末余额（本月实际数和本年累计实际数一致）填列，这一数字与本年本表中"上年实际"栏第10行（在产品及自制半成本期末余额）的数字一致。

（3）在产品及自制半成本期末余额。在产品及自制半成本期末余额中，"本月实际"和"本年累计实际"两栏的数字是一致的，都应根据"生产成本"和"自制半成本"两个账户的本月月末余额之和填列。

（4）产品生产成本。产品生产成本的"本月实际"和"本年累计实际"数额，都可以由本月本表中生产费用总额，加上在产品及自制半成品期初余额，减去在产品及自制半成品期末余额计算求得。本月本表中本月实际和本年累计实际产品生产成本总额，应与本月"产品生产成本及销售成本表"以及按产品种类编制的"产品生产成本表"中全部产品本月实际和本年累计实际产品生产成本总额分别对应相符。

三、主要产品单位成本表的结构和编制方法

（一）主要产品单位成本表的结构

主要产品单位成本表是反映工业企业报告期内生产的各种主要产品的单位成本及其构成

情况的报表。

该表应按主要产品分别编制,即每种主要产品都要编制一张主要产品单位成本报表,是产品生产成本表(按产品种类反映)中某些主要产品成本的进一步反映。该表按成本项目,分别反映各种主要产品的历史先进水平单位成本、上年实际平均单位成本、本年计划单位成本、本月实际单位成本和本年累计实际平均单位成本等指标。为了便于分析,该表还可以提供有关产品产量的资料。其一般格式见表 6.2-4。

表 6.2-4 主要产品单位成本表

编制单位:青山工厂　　　　　　　　　　　　　　编制日期:2016 年 12 月
产品名称:甲产品　　　　　　　　　　　　　　　产品销售单价:1 355 元
产品规格:—　　　　　　　　　　　　　　　　　本月实际产量:50 件
计量单位:件　　　　　　　　　　　　　　　　　本年累计实际产量:605 件

成本项目	历史先进水平	上年实际平均	本年计划	本月实际	本年累计实际
单位产品生产成本	1 085	1 250	1 215	1 175	1 200
其中:直接材料	512	520	530	535	545
直接人工	278	280	325	330	328
制造费用	295	300	300	310	327

(二)主要产品单位成本表的编制方法

主要产品单位成本表中,产品销售单价应根据产品定价表填列;本月实际产量应根据产品成本明细账或产成品成本汇总表填列;本年累计实际产量应根据上月本表的本年累计实际产量加上本月实际产量计算填列。表中历史先进单位成本应根据历史上该种产品成本最低年度的成本计算资料填列;上年实际平均单位成本、本年计划单位成本、本月实际单位成本等指标的填列方法,与"产品生产成本表(按产品种类反映)"中单位生产成本的填列方法基本相同,主要产品单位成本表仅增加了分成本项目的资料。

编制主要产品单位成本表的作用有:

(1)可以按照成本项目考核主要产品单位成本计划的执行结果,分析各项单位成本节约或者超支的原因,为进一步分析产品成本升降的原因,寻找降低产品成本的途径指明方向。

(2)可以按照成本项目将本月实际单位成本和本年累计实际平均单位成本与上年实际平均单位成本和历史先进单位成本进行对比,了解其发展趋势。

(3)可以分析和考核主要产品的主要技术经济指标执行情况。

四、制造费用明细表的结构和编制方法

制造费用明细表是反映工业企业在报告期内发生的制造费用总额及其构成情况的报表。制造费用的构成,除了按照费用明细项目反映外,还应按照生产单位反映。该表汇集的制造费用只反映基本生产车间制造费用,不包括辅助生产车间制造费用。

(一)制造费用明细表的结构

该表一般按照制造费用的明细项目分别反映各该费用的本年计划数、上年同期实际数、

本月实际数和本年累计实际数。利用制造费用明细表，可以分析制造费用的构成和增减变动情况，考核制造费用预算的执行情况。制造费用明细表一般应当按月编制，在某些季节性生产企业，制造费用明细表也可以按年编制。制造费用明细表的一般格式见表6.2-5。

（二）制造费用明细表的编制方法

制造费用明细表中，"上年实际"栏根据上年12月份编制的制造费用明细表"本年累计实际"栏的数字填列；"本年计划"栏根据本年制造费用预算资料填列；"本月实际"栏根据制造费用明细账中各费用项目本月发生额填列；"本年累计实际"栏根据制造费用明细账中各费用项目本年累计发生额填列，也可以由本月实际数加上上月本表中本年累计实际数后填列。

表6.2-5　制造费用明细表

编制单位：青山工厂　　　　　　2016年12月　　　　　　　　　　单位：元

费用项目	上年实际	本年计划	本月实际	本年累计实际
职工薪酬	22 800	25 652	2 280	26 220
折旧费	158 720	180 000	14 000	175 000
租赁费	2 000	4 000	1 700	8 500
机物料消耗	16 000	18 000	2 200	20 000
低值易耗品摊销	4 000	5 000	400	5 000
水电费	30 000	32 000	2 800	33 600
办公费	2 000	2 248	320	2 000
差旅费	2 000	2 800	1 100	4 000
运输费	1 200	2 400	100	2 000
保险费	12 000	15 000	1 200	15 000
设计制图费	1 000			
试验检验费	1 000	1 200	100	1 000
劳动保护费	3 000	4 000	1 000	5 000
停工损失				8 680
其他				
合计	255 720	292 300	27 200	306 000

五、期间费用明细表的编制

（一）期间费用明细表的结构

期间费用明细表是反映企业一定会计期间内各项期间费用的发生额及其构成情况的报表，包括管理费用明细表、销售费用明细表和财务费用明细表。期间费用明细表通常按月编制。期间费用明细表的一般格式见表6.2-6~表6.2-8。

期间费用明细表一般按照其费用项目，分别反映该费用项目的上年实际数（或上年同期实际数）、本年（月）计划数、本月实际数和本年累计实际数。利用期间费用明细表，可以分析该项期间费用的构成及增减变动情况，考核期间费用计划（预算）的执行情况。

（二）期间费用明细表的编制方法

管理费用明细表、销售费用明细表和财务费用明细表中，"上年实际"栏应分别根据上年12月份各本年累计实际数填列；"本年计划"栏应分别根据本年管理费用预算、销售费用预算和财务费用预算中确定的本年计划数额填列；"本月实际"栏应分别根据管理费用明细账、销售费用明细账和财务费用明细账本月发生额合计数填列；"本年累计实际"栏应分别根据管理费用明细账、销售费用明细账和财务费用明细账本年累计发生额合计数填列，也可以根据上月该表的本年累计实际数与本月该表的本月实际数之和填列。

表6.2-6 销售费用明细表

编制单位：青山工厂　　　　　　2016年12月　　　　　　单位：元

费用项目	上年实际	本年计划	本月实际	本年累计实际
1. 专设销售机构费用	35 200	56 320	5 808	54 400
其中：职工薪酬	18 240	25 536	2 188	27 360
差旅费	4 800	4 800	1 600	9 600
办公费	960	800	80	2 080
业务费	1 600	1 184	800	1 600
折旧费	6 400	8 000	800	9 600
修理费	1 600	1 600	240	1 280
低值易耗品摊销	1 600	14 400	100	2 880
2. 运输费	16 000	19 200	1 760	18 880
3. 装卸费	4 800	5 600	800	6 400
4. 包装费	8 000	9 600	1 280	11 200
5. 保险费	16 000	17 600	1 600	19 200
6. 广告费	8 000	12 800		9 600
7. 其他				
合计	88 000	121 120	11 248	119 680

表6.2-7 管理费用明细表

编制单位：青山工厂　　　　　　2016年12月　　　　　　单位：元

费用项目	上年实际	本年计划	本月实际	本年累计实际
1. 公司经费	70 400	76 800	3 739	78 880
其中：职工薪酬	36 480	40 128	3 739	43 776
办公费	7 840	8 000	1 520	7 920
差旅费	6 720	8 000	1 760	8 080

续表

费用项目	上年实际	本年计划	本月实际	本年累计实际
折旧费	9 600	9 600	800	9 600
修理费	4 800	4 800	480	4 320
机物料消耗	3 360	4 352	779	3 264
低易品摊销	1 600	1 920	160	1 920
2. 工会经费	144 000	160 000	1 440	168 000
3. 职工教育经费	108 000	120 000	10 680	126 000
4. 劳动保险费	144 000	160 000	14 400	168 000
5. 待业保险费	72 000	80 000	7 200	84 000
6. 聘请中介机构费	16 000	16 000		56 400
7. 排污费	7 200	8 000		8 000
8. 税金	34 000	34 400	2 800	34 320
9. 其中：房产税	19 200	19 200	1 600	19 200
城镇土地使用税	9 600	9 600	800	9 600
车船税	4 800	4 800	400	4 800
印花税	400	800		720
10. 无形资产摊销	8 000	8 000	480	7 360
11. 业务招待费	8 000	8 000	640	8 480
12. 其他管理费用				
合计	611 600	671 200	46 878	739 440

表 6.2-8　财务费用明细表

编制单位：青山工厂　　　　　　　　2016 年 12 月　　　　　　　　单位：元

费用项目	上年实际	本年计划	本月实际	本年累计实际
1. 利息支出	96 000	120 000	6 400	96 000
减：利息收入	8 000	10 000	800	8 480
2. 汇总损益				
3. 金融机构手续费	400	480	96	1 440
4. 发生的现金折扣或收到的现金折扣				
5. 其他筹资费用				
合计	88 400	110 480	5 696	88 960

任务三　工业企业成本报表的分析

任务目标

1. 了解成本分析的概述和内容
2. 了解比较分析法、比率分析法和因素分析法的含义
3. 掌握比较分析法、比率分析法和因素分析法的应用
4. 能够进行产品成本计划完成情况的分析

一、工业企业成本报表分析的概念

成本分析是根据成本核算资料和成本计划资料及其他有关资料，运用一系列专门方法，揭示企业费用预算和成本计划的完成情况，查明影响费用预算和成本计划完成的原因，计算各种因素变动对费用预算和成本计划完成的影响程度，寻找降低成本、节约费用的途径，挖掘企业内部增产节约潜力的一项专门工作。成本分析是成本核算工作的继续，是成本会计的重要组成部分。

成本分析贯穿于费用发生和成本形成的全过程，包括的内容很多，主要有：
（1）全部产品成本计划完成情况的分析；
（2）可比产品（主要产品）成本计划完成情况的分析；
（3）主要产品单位成本的分析；
（4）制造费用预算执行情况的分析；
（5）期间费用预算执行情况的分析；
（6）技术经济指标对产品成本影响的分析。

二、工业企业成本报表的分析方法

成本报表分析方法是进行成本分析的重要手段，运用得当将对成本报表分析的整个过程带来有利影响。在成本报表分析方法中，可采用的技术方法很多，具体选用哪种方法，应根据成本分析的要求和所掌握的资料的情况而定。常用的方法有比较分析法、比率分析法、因素分析法及差额分析法等。

（一）比较分析法

比较分析法是将两个或两个以上相关的可比数据进行对比，从数量上确定差异的方法。准确地说，它是通过实际数与基期数的对比来揭示实际数与基期数之间的差异，分析产生差异的原因，借以了解经济活动中的成绩和问题的一种分析方法。它是成本分析中最简便、运用范围最广的一种方法。

在成本分析中运用比较分析法主要有以下几种比较方式。

1. 分析期实际数据与计划（预算）数据对比

分析期实际数据与计划（预算）数据对比，可以找出分析期实际成本或费用与计划成本（或费用预算）之间的差异，查明计划的执行情况。在具体比较时，需计算出下列指标：

实际比计划增加（或减少）数＝分析期指标的实际数据－分析期指标的计划数据

$$\text{实际比计划增减的差异率} = \frac{\text{分析期指标的实际数据} - \text{分析期指标的计划数据}}{\text{分析期指标的计划数据}} \times 100\%$$

此公式在费用总额和产品单位成本的分析中经常用到。实际费用总额大于预算费用总额或产品实际单位成本大于计划单位成本时,称为费用或成本的超支,反之为费用的节约或成本的降低。

在实际工作中,还经常要计算成本降低额指标。其计算公式如下:

与计划成本比较的成本降低额 = 实际产量 × 计划单位成本计算的总成本 − 实际总成本

$$\text{与计划成本比较的成本降低率} = \frac{\text{实际产量按计划单位成本计算的总成本} - \text{实际总成本}}{\text{实际产量按计划单位成本计算的总成本}} \times 100\%$$

上述公式中的计划总成本,是按实际产量进行调整以后的计划总成本(计划单位总成本×实际产量),它与实际总成本(实际单位成本×实际产量)之差,如为正数称为成本降低额(率),负数则为成本超支额(率)。

成本降低额(超支额)是比较分析法中实际脱离计划的差异额计算公式的另一种表现形式。

将分析期实际数据与计划(预算)数据相比较,如果实际数据与计划数据的差异额较大,必须对计划(预算)的编制情况进行检查。如果将实际数据与质量不高、不切实际的计划(预算)数据进行比较,得出的结论不能说明问题,这种比较分析就没有实际经济意义。

2. 本期实际数与前期实际数或以往年度同期实际数对比

将分析期实际成本或费用与前期(上月、上季、上年、上年同期等)实际成本或费用相比较,可以反映企业成本或费用的变动趋势。在有关成本计划和费用预算资料不全或成本计划和费用预算的质量不高时,这种比较尤其重要。其计算公式如下:

$$\text{可比产品实际成本降低额} = \text{实际产量按上年实际平均单位成本计算的总成本} - \text{实际产量按本年实际平均单位成本计算的总成本}$$

$$\text{可比产品实际成本降低率} = \frac{\text{可比产品实际成本降低额}}{\text{实际产量按上年实际平均单位成本计算的总成本}} \times 100\%$$

$$\text{可比产品计划成本降低额} = \text{计划产量按上年实际平均单位成本计算的总成本} - \text{计划产量按本年计划平均单位成本计算的总成本}$$

$$\text{可比产品计划成本降低率} = \frac{\text{可比产品计划成本降低额}}{\text{计划产量按上年实际平均单位成本计算的总成本}} \times 100\%$$

此外,还可以将本期实际数据与本企业的历史先进水平对比,将本企业实际数与国内外同行业的先进水平对比,可以发现与先进水平之间的差距。

对比分析法只适用于同质指标的数量对比,例如实际产品成本与计划产品成本对比、实际原材料费用与定额原材料费用对比、本期实际制造费用与前期实际制造费用对比等。在采用这种分析方法时,还应该注意相比指标的可比性、计算方法、计算期和影响指标形成的客观条件等方面因素。如果相比的指标之间有不可比因素,应先按可比的口径进行调整,然后再进行对比。

(二)比率分析法

比率是用倍数或比例表示的分数式,比率分析法是通过计算各项指标之间的比率进行分析的方法。在成本分析中,常用的比率分析法有相关指标比率分析法、构成比率分析法等。

1. 相关指标比率分析法

相关比率是两个相互联系、相互依存但性质不同的指标的比率。例如,企业由于规模大小不同等原因,单纯地对比产值、销售收入或利润等绝对数的多少比较,不能说明各个企业经济效益好坏。如果计算成本占产值的比例、销售收入占营业利润的比例,即产值成本率、销售收入成本率或成本利润率,就可以反映各企业经济效益的好坏。相关比率分析法就是通过计算两个性质不完全相同但又相关的指标的比率进行分析的方法。

在成本效益分析中,与成本指标性质不同而又相关的指标有反映企业生产成果的产值(工业总产值或商品产值)指标,反映企业销售成果的营业收入指标和反映企业财务成果的利润(营业利润和利润总额)指标等。运用相关比率分析法所计算的相关比率包括产值成本率、营业收入成本率和成本费用利润率等。

产值成本率是产品成本与工业总产值或商品产值的比率,反映企业一定时期内生产耗费与成果的关系,其计算公式如下:

$$产值成本率 = \frac{产品生产成本}{工业总产值或商品产值} \times 100\%$$

营业收入成本率是营业成本与营业收入的比率,反映企业一定时期内生产耗费和营业绩成果的关系,其计算公式如下:

$$营业收入成本率 = \frac{营业成本}{营业收入} \times 100\%$$

成本费用利润率是利润与成本费用的比率,反映企业一定时期内的财务成果与生产耗费的关系,其计算公式如下:

$$成本费用利润率 = \frac{利润总额}{成本费用总额} \times 100\%$$

从上列计算公式可以看出,产值成本率和营业成本率高的企业经济效益则差;反之,企业经济效益则好。成本费用利润率恰恰相反。

2. 构成比率分析法

构成比率也称为结构比率,它是局部数据与总体数据之比,即局部在总体中的比重,或称部分与全部的比率。例如,在单位产品成本或产品总成本中各个成本项目所占的比重,在费用总额中各个费用项目所占的比重等,都是构成比率。构成比率分析法就是通过计算构成比率来进行分析,也称作结构分析法。

在成本分析中,通过计算产品成本中各个成本项目的比重,费用总额中各个费用项目的比重,可以反映产品成本或者期间费用的构成是否合理,为寻找降低成本、节约费用的途径指明方向。

成本分析中有关构成比率的计算公式如下:

$$产品成本的构成比率 = \frac{直接材料(直接人工或制造费用)数额}{产品成本总额} \times 100\%$$

$$产品成本的构成比率 = \frac{直接材料(直接人工或制造费用)数额}{产品成本总额} \times 100\%$$

$$期间费用的构成比率 = \frac{管理费用（财务费用或销售费用）数额}{期间费用总额} \times 100\%$$

$$管理费用的构成比率 = \frac{某项管理费用数额}{管理费用总额} \times 100\%$$

在分别计算销售费用、管理费用、财务费用的费用项目的构成比率时，采用的计算公式与制造费用构成比率的计算公式相同。产品成本（或期间费用）各成本项目（费用项目）的构成比率之和等于 1。

（三）因素分析法

成本是反映企业工作质量的综合性指标，企业成本、费用的高低是多种因素共同影响的结果。因此，需要把成本指标分解成若干构成要素进行单独分析的，才能明确成本总指标完成好坏的原因和问题所在。

因素分析法也称连环替代法，是把某一综合指标分解为若干相互联系的因素，并分别计算、分析各因素变动对总指标的影响程度的方法。

运用因素分析法，必须确定某项综合指标的构成因素与各因素之间的排列顺序。明确各因素与分析指标的关系，如加减关系、乘除关系、乘方关系等，并根据分析的目的，将各因素进行分解，以测定某一因素对指标变动的影响方向和影响程度，为进一步深入分析提供方向。因素分析法的步骤如下：

第一步，根据综合性指标的特征和分析的目的，确定构成该项指标的因素。例如，在分析直接材料费用的变动原因时，可以确定材料的消耗量和单价是影响该指标的两项因素。

第二步，根据因素的依存关系，按一定顺序排列因素。如果改变因素的排列顺序，计算结果会有所不同。在连环替代法中，一般将反映数量的因素排在前面，反映质量的因素排在后面；或者反映实物量和劳动量的因素排在前面，反映价值量的因素排在后面。例如，影响材料消耗总额的因素有产品产量、单位材料消耗量和材料单价三个因素，一般按产量、单位材料消耗量、材料单价的顺序排列因素。

第三步，依次以各因素的本期实际数替代该因素的基期数，将每次替换以后的计算结果与其前一次替换以后的计算结果进行对比，顺序计算每项因素的影响程度，有几项因素就替换几次。

第四步，综合各个因素的影响（有的正方向影响，有的反方向影响）数值的代数和，其代数和应等于该经济指标的实际数与标准数的差异。

第五步，因素分析法的计算原理可用简单的数学公式表示如下：

设成本指标 C 是 X、Y、Z 三个因素的乘积，其计划成本指标与实际成本指标分别计算如下：

$$计划成本\ C_1 = X_1 \times Y_1 \times Z_1$$
$$实际成本\ C_2 = X_2 \times Y_2 \times Z_2$$
$$计划与实际差异总额 = C_2 - C_1$$

在分析各因素的变动对指标的影响时：首先，确定三个因素的替代顺序依次为 X、Y、Z；其次，假定在 Y、Z 这两个因素不变的条件下，计算第一个因素 X 变动对指标的影响；再次，在第一个因素已替代的基础上，计算第二个因素 Y 变动的影响，依此类推，直到各个因素变动的影响都计算出来为止；最后，计算各因素对综合指标影响值的代数和，以验证分析结果的正确性，或用公式表示如下：

第一个因素变动的影响（H_1）计算如下：

$$C_1 = X_1 \times Y_1 \times Z_1 \quad \text{①}$$
$$C_3 = X_2 \times Y_1 \times Z_1 \quad \text{②}$$
$$H_1 = \text{②} - \text{①} = C_3 - C_1$$

第二个因素变动的影响（H_2）计算如下：

$$C_4 = X_2 \times Y_2 \times Z_2 \quad \text{③}$$
$$H_2 = \text{③} - \text{②} = C_4 - C_3$$

第三个因素变动的影响（H_3）计算如下：

$$C_2 = X_2 \times Y_2 \times C_2 \quad \text{④}$$
$$H_3 = \text{④} - \text{③} = C_2 - C_4$$

将各因素变动的影响加以汇总，其结果应与实际脱离计划的总差异相等：

$$H = C_2 - C_1 = H_1 + H_2 + H_3$$

采用因素分析法必须注意，计算某项因素变动的影响程度时，是假定其他因素不变为条件的，只有这样才能算出该项因素变动的影响程度；同时还假定前面的因素已经变动，后面的因素尚未变动。这就要求在进行分析时，必须按照事物的发展规律和各因素的相互依存关系合理排列因素的顺序。

（四）差额分析法

差额分析法是直接利用各因素的实际数与基期数之间的差额计算确定各因素变动对综合指标影响程度的方法，是因素分析法的一种简化的计算方法。

三、成本报表的任务设计

（一）大江工厂原材料成本分析资料（表6.3–1）

表6.3–1 原材料成本资料表

产品：甲产品　产量：5 000千克　　2016年8月　　　　　　　　　　单位：元

项　　目	计划数（C_1）	实际数（C_2）
产品产量（X）	50件	60件
单位产品消耗量（Y）	25千克	20千克
材料单价（Z）	5元	6元
材料费用（C）	6 250	7 200

任务要求：采用因素分析法、差额分析法计算分析原材料成本。

以下为工作步骤。

第一步：分析原材料成本构成，确定分析对象。

产品的原材料费用由产品产量、单位产品原材料消耗量和原材料单价三个因素组成，那么，这三个因素的关系可用下列公式计算：

$$原材料费用 = 产品产量 \times 单位产品原材料消耗量 \times 原材料单价$$

第二步：确定材料成本差异总额。

$$C_2 - C_1 = 7\,200 - 6\,250 = 950（元）$$

第三步，对项目各因素进行连环替代，计算数据变动。

$$C_1 = X_1 \times Y_1 \times Z_1 = 50 \times 25 \times 5 = 6\,250（元） \qquad ①$$
$$C_3 = X_2 \times Y_1 \times Z_1 = 60 \times 25 \times 5 = 7\,500（元） \qquad ②$$
$$C_4 = X_2 \times Y_2 \times Z_2 = 60 \times 20 \times 5 = 6\,000（元） \qquad ③$$
$$C_2 = X_2 \times Y_2 \times Z_2 = 60 \times 20 \times 6 = 7\,200（元） \qquad ④$$

第四步：分析产量、单位产品消耗、材料单价变动对材料费用的影响。

产品产量变动的影响数：

$$② - ① = 7\,500 - 6\,250 = 1\,250（元）$$

单位产品原材料消耗变动影响数：

$$③ - ② = 6\,000 - 7\,500 = -1\,500（元）$$

材料单价变动影响数：

$$④ - ③ = 7\,200 - 6\,000 = 1\,200（元）$$

第五步：计算分析各因素对综合指标影响值。

$$H = 1\,250 - 1\,500 + 1\,200 = 950（元）$$

第六步：运用差额分析法计算分析各因素对综合指标影响值。

$$产品产量变动的影响数 = (60 - 50) \times 25 \times 5 = 1\,250（元）$$
$$单位产品原材料消耗变动影响数 = 60 \times (20 - 25) \times 5 = -1\,500（元）$$
$$材料单价变动影响数 = 60 \times 20 \times (6 - 5) = 1\,200（元）$$
$$1\,250 - 1\,500 + 1\,200 = 950（元）$$

从以上数据信息分析可以看出：该种产品所消耗材料费用超支950元，主要是由材料价格提高和产品产量增加而引起的。

（二）某企业乙产品的材料成本（表6.3－2）

任务要求：运用差额分析法分析各因素变动对材料成本的影响程度。

以下为工作步骤。

第一步：分析原材料成本构成，确定分析对象。

根据资料分析如下：

$$材料成本 = 产品产量 \times 单位产品材料消耗量 \times 材料单价$$

表6.3－2　原材料成本资料表

产品：乙产品　产量：6 500千克　　　2016年8月

项目	计量单位	计划数	实际数
产品产量	件	160	180
单位产品材料消耗量	千克/件	14	12

续表

项目	计量单位	计划数	实际数
材料单价	元/千克	8	10
材料费用	元	17 920	21 600

第二步：确定成本差异总额。

$$材料成本总差异 = 21\,600 - 17\,920 = 3\,680（元）$$

第三步：对项目各因素进行差额计算。

产量变动对材料成本的影响值：

$$(180 - 160) \times 14 \times 8 = 2\,240（元）$$

单位产品材料消耗变动对材料成本的影响值：

$$180 \times (12 - 14) \times 8 = -2\,880（元）$$

材料单价变动对材料成本的影响值：

$$180 \times 12 \times (10 - 8) = 4\,320（元）$$

第四步：计算分析各因素差额变动对综合指标影响值。

将以上三因素的影响值相加：

$$2\,240 + (-2\,880) + 4\,320 = 3\,680（元）$$

从以上数据信息分析可以看出：乙产品所消耗材料费用超支 3 680 元，主要是由产量变动、材料价格提高而引起的。

以上是工业企业成本报表进行分析时通常会采用的方法，不论采用何种分析方法，都只能为进一步调查研究指明方向而不能代替调查研究。要确定经济业务好坏的具体原因，并据以提出切实有效的建议和措施来改进工作，都必须在采用某些分析方法的基础上，深入调查研究。

四、成本计划完成情况的分析

（一）全部产品成本计划完成情况的分析

工业企业的产品成本计划是按产品类别和成本项目分别编制的，产品生产成本表也是按产品类别和成本项目分别编制的，因此报表的分析也应按照产品类别和成本项目分别进行。通过分析，应当查明全部产品和各种产品成本计划的完成情况；查明全部产品总成本中各个成本项目的计划完成情况；找出成本超支或降低幅度较大的产品和成本项目，为进一步分析指明方向。

1. 按成本项目进行的成本计划完成情况分析

全部产品按成本项目进行的成本计划完成情况分析，依据是企业编制的按成本项目反映的产品生产成本表和产品成本计划表。下面举例说明分析方法。

依据产品成本计划的有关资料，编制青山工厂全部产品成本计划完成情况分析表，见表6.3-3。

表 6.3-3　全部产品成本计划完成情况分析表（按成本项目分析）

编制单位：青山工厂　　　　　　　　　2016 年　　　　　　　　　　　　单位：元

成本项目	本年实际产量的总成本		与本年计划成本比	
	按本年计划单位成本计算	本年实际	成本降低额	成本降低率/%
直接材料	502 000	486 575	15 425	3.07
直接人工	388 000	394 125	-6 125	-1.58
制造费用	340 550	328 825	11 725	3.44
合　计	1 230 550	1 209 525	21 025	1.71

从表 6.3-3 中可以看到，按成本项目反映的全部产品成本计划完成情况，与计划比较的成本降低额为 21 025 元，成本降低率为 1.71%，与表 6.3-4 全部产品成本计划完成情况分析表（按产品种类分析）的分析结果完全相同。从表中也可以看出，构成产品总成本的三个成本项目中：直接材料和制造费用完成了计划，与计划相比较的降低率分别为 3.07% 和 3.44%，但直接人工超支，超支 1.58%，超支的原因应进一步分析。

2. 按产品种类进行的成本计划完成情况分析

全部产品按产品种类进行的成本计划完成情况的分析，依据是分析期产品生产成本表（或产品生产成本及销售成本表）和按产品种类编制的全部产品成本计划表。下面举例说明分析方法。

依据产品成本计划的有关资料，编制青山工厂全部产品成本计划完成情况按产品种类的分析见表 6.3-4。

从表 6.3-4 中可以看出，青山工厂本年全部产品总成本完成了计划，实际总成本与计划总成本相比，成本降低额为 21 025 元，成本降低率为 1.71%。在全部产品中，丙产品成本计划完成情况较好，实际总成本较计划降低了 3.64%，成本降低额 9 600 元。

表 6.3-4　全部产品成本计划完成情况分析表（按产品种类分析）

编制单位：青山工厂　　　　　　　　　2016 年　　　　　　　　　　　　单位：元

产品名称	实际产量/件	单位成本/元			实际产量的总成本			与计划成本比	
		上年实际	本年计划	本年实际	按上年实际平均单位成本计算	按本年计划单位成本计算	本年实际	成本降低额	成本降低率/%
	①	②	③	④	⑤=①×②	⑥=①×③	⑦=①×④	⑧=⑥-⑦	⑨=⑧/⑥
主要产品					991 250	966 550	955 125	11 425	2.25
甲	605	1 250	1 215	1 200	756 250	735 075	726 000	9 075	1.23
乙	235	1 000	985	975	235 000	231 475	229 125	2 350	1.02
非主要产品									
丙	240	—	1 100	1 060		264 000	254 400	9 600	3.64
合计	—	—	—	—		1 230 550	1 209 525	21 025	1.71

（二）主要产品成本计划完成情况的分析

主要产品是指分析期正常生产、大量生产的产品，其产量、消耗量、成本、收入及利润在全部产品中所占比重很大，是成本分析的重点。主要产品一般在上年生产过，有上年成本资料可以比较，所以也称为可比产品。

在产品成本计划中，除了规定主要产品的计划单位成本和计划总成本以外，还规定了与上年比较的成本降低任务，即可比产品计划成本降低额和降低率。因此，主要产品成本计划完成的分析主要是成本降低任务完成的分析。在分析时，应结合产品生产成本表进行，以便更全面了解企业的情况。分析应重点选择成本超支或节约较多的产品，以便克服缺点，吸取经验，更有效地降低产品的单位成本。

分析主要产品成本降低任务的完成情况，应采用连环替代分析法基本原理。其步骤如下：

第一步，确定分析对象；

第二步，确定影响成本降低任务完成的主要因素；

第三步，计算出各个因素变动对成本降低任务完成的影响程度。

以下为详细分析过程。

1. 确定分析对象

主要产品成本降低任务完成情况的分析，其分析对象是主要产品实际成本降低额与计划成本降低额的差额，以及主要产品实际成本降低率与计划成本降低率的差额。数据分析如下。

青山工厂生产的甲产品和乙产品是主要产品，根据前例及以下资料，编制主要产品成本降低任务完成情况，见表6.3-5～表6.3-7。

表6.3-5 主要产品成本计划表（计划产量）

编制单位：青山工厂　　　　　　　　　　2016年　　　　　　　　　　单位：元

产品名称	计量单位	计划产量	单位成本		计划产量的总成本		成本降低任务	
			上年实际	本年计划	按上年实际单位成本计算	按本年计划单位成本计算	成本降低额	成本降低率/%
		①	②	③	④=①×②	⑤=①×③	⑥=④-⑤	⑦=⑥/④
甲产品	件	550	1 250	1 215	687 500	668 250	19 250	2.80
乙产品	件	240	1 000	985	240 000	236 400	3 600	1.50
合计	—	—	—	—	927 500	904 650	22 850	2.463 6

表6.3-6 主要产品成本计划表（实际产量）

编制单位：青山工厂　　　　　　　　　　2016年　　　　　　　　　　单位：元

产品名称	计量单位	实际产量	单位成本		实际产量的总成本		成本降低任务	
			上年实际	本年实际	按上年实际单位成本计算	按本年实际单位成本计算	成本降低额	成本降低率/%
		①	②	③	④=①×②	⑤=①×③	⑥=④-⑤	⑦=⑥/④
甲产品	件	605	1 250	1 200	756 250	726 000	30 250	4.00

续表

产品名称	计量单位	实际产量	单位成本		实际产量的总成本		成本降低任务	
			上年实际	本年实际	按上年实际单位成本计算	按本年实际单位成本计算	成本降低额	成本降低率/%
乙产品	件	235	1 000	975	235 000	229 125	5 875	2.50
合计	—	—	—	—	991 250	955 125	36 125	3.644 4

表 6.3-7 主要产品成本降低任务完成情况分析表

编制单位：青山工厂　　　　　　　　2016 年　　　　　　　　单位：元

项　目		成本降低额⑥	成本降低率⑦
计划数	甲产品	19 250	2.800 0%
	乙产品	3 600	1.500 0%
	合计	22 850	2.463 6%
实际数	甲产品	30 250	4.000 0%
	乙产品	5 875	2.500 0%
	合计	36 125	3.644 4%
差异数（分析对象） =实际－计划	甲产品	11 000	1.200 0%
	乙产品	2 275	1.000 0%
	合计	13 275	1.180 8%

表 6.3-7 的计算结果表明，青山工厂主要产品成本降低任务已经超额完成，成本降低额超计划 13 275 元，成本降低率超过计划 1.180 8%。从各产品看，甲产品、乙产品的成本降低额和降低率都完成了计划，甲产品成本降低额超计划 11 000 元，成本降低率比计划低 1.2%；乙产品成本降低额超计划 2 275 元，成本降低率比计划低 1%。各种产品成本降低任务的完成情况，直接影响企业降低任务的完成情况。

2. 确定影响成本降低任务完成的因素

影响主要产品成本降低任务完成的因素：从单一产品来看，影响成本降低率的因素主要有产品单位成本，影响成本降低额的有产品单位成本和产品产量；从多种产品综合来看，影响成本降低率的因素主要有产品单位成本和产品品种结构，影响成本降低额的有产品单位成本、产品产量和产品品种结构。

3. 计算各个因素变动对成本降低任务完成的影响程度

（1）产品单位成本变动的影响。

在影响主要产品成本降低任务完成的各个因素中，产品单位成本是最主要的因素。它既影响成本降低额又影响成本降低率。单位成本变动对主要产品成本计划降低任务完成的影响，可以用以下公式计算：

$$\text{产品单位成本变动对成本降低额的影响} = \text{实际产量按计划单位成本计算的总成本} - \text{实际总成本}$$

$$\text{产品单位成本变动对成本降低率的影响} = \frac{\text{产品单位成本变动影响的成本降低额}}{\text{实际产量按上年实际平均单位成本计算的总成本}} \times 100\%$$

依据表6.2-3的有关资料,计算青山工厂2012年度由于产品单位成本变动对成本降低任务完成情况的影响。

产品单位成本变动对成本降低额的影响 = 966 550 - 955 125 = 11 425(元)

产品单位成本变动对成本降低率的影响 = 11 425 ÷ 991 250 = 1.152 6%

(2)产品品种结构变动的影响。

产品品种结构是指各种产品在总成本中的比重。由于各种产品的计划降低率不同,当某一种产品产量在总产量中的比重发生了变化,会影响成本降低任务的完成程度。因为产品实物数量不能综合,在产品品种结构的分析中,总产量是根据各种产品的实物产量乘以该产品上年实际平均单位成本来综合计算的。

依据表6.3-5、表6.3-6提供的青山工厂甲产品和乙产品计划产量、实际产量和上年实际平均单位成本的资料,编制产品品种结构计算表(见表6.3-8)。

从表6.3-8中数据可知:

主要产品的成本降低率是多种产品综合的结果,它不仅受各种产品成本降低率(单位成本)变动影响,而且受产品品种结构变动影响。根据资料,综合降低率可以用下列计算式计算:

计划成本降低率 = 2.8% × 74% + 1.5% × 26% = 2.46%

实际成本降低率 = 4% × 76% + 2.5% × 24% = 3.64%

结合表6.3-6和表6.3-7的资料,青山工厂产品品种结构变动对成本降低率的影响如下:

计划成本降低率 = 2.8% × 74% + 1.5% × 26% = 2.463 6%

产品品种结构变动以后的综合成本降低率 = 2.8% × 76% + 1.5% × 24% = 2.491 8%

产品品种结构变动以后影响的成本降低率 = 2.491 8% - 2.463 6% = 0.028 2%

计算结果表明,青山工厂在甲、乙两种产品的计划成本降低率不变的情况下,由于产品品种结构的变动,使该企业主要产品的综合成本降低率由2.463 6%提高到2.491 8%,增加了0.028 2%。这是在企业总产品中计划成本降低率比较高的甲产品的比重由74%上升到75%的结果。

表6.3-8 产品品种结构计算表

编制单位:青山工厂　　　　　　　　　　2016年　　　　　　　　　　单位:元

产品名称	计划产量	实际产量	上年单位成本	计划产量按上年单位成本计算的总成本	计划品种结构/%	实际产量按上年单位成本计算的总成本	实际品种结构/%
甲产品	550	605	1 250	687 500	74	756 250	76
乙产品	240	235	1 000	240 000	26	235 000	24
合　计	—	—	—	927 500	100	991 250	100

在实际工作中,产品品种结构变动对成本降低额和降低率的影响,可以用以下公式直接计算:

$$\text{产品品种结构变动对成本降低率的影响} = \frac{\text{实际产量按上年实际平均单位成本计算的总成本} - \text{实际产量按计划单位成本计算的总成本}}{\text{实际产量按上年实际平均单位成本计算的总成本}} - \text{计划成本降低率}$$

$$\text{产品品种结构变动对成本降低额的影响} = \text{实际产量按上年实际平均单位成本计算的总成本} \times \text{产品品种结构变动对成本降低率的影响}$$

(3) 产品产量变动的影响。

在不考虑将成本区分为固定成本和变动成本的情况下，产品产量的变动只影响成本降低额，而不影响成本降低率。产品产量变动对成本降低额的影响，如果分产品计算，就包含了产品品种结构变动的影响；多种产品综合计算，则排除了产品品种结构变动的影响，综合计算时可以有两种计算方法，其计算公式如下：

$$\text{产品产量变动对成本降低额的影响} = \left(\text{实际产量按上年实际平均单位成本计算的成本额} - \text{计划产量按上年实际平均单位成本计算的成本额} \right) \times \text{计划成本降低率}$$

根据表 6.3-5 和表 6.3-6 提供的资料，可计算得出青山工厂产品品种结构变动对成本降低率的影响值和产品品种结构变动对成本降低额的影响值。

$$\text{产品品种结构变动对成本降低率的影响值} = \frac{991\,250 - 966\,550}{991\,250} - 2.463\,6\% = 0.028\,2\%$$

$$\text{产品品种结构变动对成本降低额的影响值} = 991\,250 \times 0.028\,2\% = 279.45 (\text{元})$$

根据表 6.3-5 和表 6.3-6 提供的资料，计算青山工厂本年产品产量变动影响的成本降低额：

$$\text{产品产量变动影响的成本降低额} = 13\,275 - 11\,424 - 279.45 = 1\,570.55 (\text{元})$$

计算产品单位成本、产品品种结构和产品产量三个因素对成本降低任务完成情况的影响程度，也可以采用连环替代法。根据连环替代法的计算原理，影响成本降低额的三个因素的排列顺序为产品产量、产品品种结构、产品单位成本；影响成本降低率的两个因素的排列顺序为产品品种结构、产品单位成本。

在具体计算各个因素对成本降低任务完成情况的影响程度时，还可以采用更为简便的"余额法"，即在已知两个因素共同影响的数值和其中一个因素影响的数值以后，用减法求出另一个因素影响的数值。其计算过程见表 6.3-9。

表 6.3-9 主要产品成本降低任务完成情况分析表

编制单位：青山工厂　　　　　　　　2016 年　　　　　　　　　　　单位：元

影响因素	对成本降低额的影响	对成本降低率的影响
产品单位成本	③ 966 500 - 955 125 = 11 425	④ 11 425 ÷ 991 250 = 1.152 6%
产品品种结构	⑥ 99 125 × 0.028 2% = 279.45	⑤ 1.180 8% - 1.152 6% = 0.028 2%
产品产量	⑦ 13 275 - 11 425 - 279.45 = 1 570.55	
合　计	① 13 275	② 1.180 8%

注：①②③④⑤⑥⑦分别表示数据取得或计算的顺序。

无论采取哪种方法，在计算确定各个因素变动的影响程度以后，要对企业主要产品成本降低任务的完成任务情况作出简要评价。青山工厂主要产品成本降低任务的完成任务情况可以分析评价如下：

青山工厂本年主要产品成本降低额和降低率都完成了计划。成本降低额比计划增加13 275元，成本降低率比计划增加1.180 8%。该厂成本降低任务的超额完成，是产品单位成本、产品产量和产品品种结构三个因素共同影响的结果。在这三个因素中，主要是产品单位成本和产品产量较好地完成了计划。在企业的两种主要产品中，甲、乙产品的单位成本和产品产量完成了计划。

（三）产品单位成本计划完成情况的分析

产品单位成本分析的内容包括主要产品单位成本计划完成情况的分析、产品单位成本项目的因素分析和技术经济指标对产品单位成本的影响分析。

主要产品单位成本计划完成情况分析是要依据产品单位成本各项目的实际数与计划数，确定其差异额和差异率以及成本项目变动对单位成本计划的影响程度。

产品单位成本项目的因素分析是在对主要产品单位成本计划完成情况分析的基础上，进行产品单位成本项目的因素分析，在工业企业中，一般逐项分析形成产品的直接材料项目、直接人工项目和制造费用项目，用计划数与实际数相比，查明造成费用超支或节约的原因、对产品单位成本的影响最大的项目。

在对产品单位成本计划完成情况的分析中，重点分析两类产品：一是单位成本升降幅度较大的产品；二是在企业全部产品中所占比重较大的产品。在这两类产品中，又应重点分析单位成本升降幅度较大和所占比重较大的成本项目。分析的资料依据是有关成本报表资料和成本计划资料，分析的方法是先运用比较分析法查明产品单位成本计划的完成情况，即进行一般分析，再运用因素分析法查明各个成本项目升降的具体原因，即进行因素分析，寻求降低产品成本的途径。

技术经济指标是指从各种生产资源利用情况和产品质量等方面反映生产技术水平的各种指标的总称，不同企业由于生产技术特点不同，用以考核的技术经济指标也各不相同。企业各项技术经济指标完成的好坏，直接或间接地影响产品成本。因此，把成本分析深入到技术领域，一方面能减少技术人员不管成本、财会人员不管质量的这种技术与经济的脱离现象，另一方面也能具体查明影响成本升降的各种技术因素，促使企业技术部门进行技术攻关，改进不合理工艺及操作技术，从而解决成本的根本问题。

对技术经济指标的分析，主要是从产品数量与质量的变化角度，对与产品成本有关的主要经济技术指标变动情况进行分析，以便从生产、技术领域查明产品成本升降的内在原因，寻找用改善技术经济指标来降低产品成本的途径，达到提高成本管理水平的目的。

（四）期间费用预算执行情况的分析

在成本计划和费用预算的分析中，也包括期间费用预算执行情况的分析。对于费用类预算执行情况的分析，在分析对象、分析内容、分析方法和费用分析表的编制等方面，都与前面所述分析样表基本相同，不再专门叙述。

小　结

　　成本报表是通过表格的形式对企业发生的成本费用进行归纳和总结，为企业的内部管理提供所需的会计信息的报表。通过成本报表，可以为企业制订成本计划提供依据，反映成本计划的完成情况，为企业降低成本指明方向。报表的种类、格式、项目和内容等由企业自行决定。成本报表一般包括产品生产成本表、主要产品单位成本表、制造费用明细表、期间费用明细表等。

　　成本分析是根据成本核算资料和成本计划资料及其他有关资料，运用一系列专门方法，提示企业费用预算和成本计划的完成情况，查明影响费用预算和成本计划完成的原因，计算各种因素变动对费用预算和成本计划完成的影响程度，建立降低成本、节约费用的途径，挖掘企业内部增产节约潜力的一项专门工作。主要内容如图6-1所示。

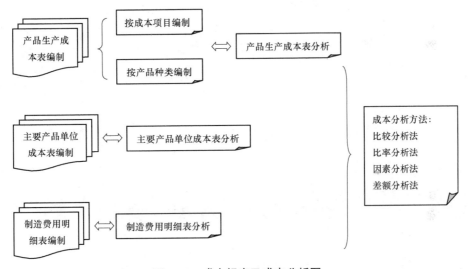

图6-1　成本报表及成本分析图

成本会计实训

主　编　公丽娟　贺英莲
副主编　王艳云　银　峰　李军义
参　编　李迎春　董智玉　赵　霞

北京理工大学出版社
BEIJING INSTITUTE OF TECHNOLOGY PRESS

前　言

本书依据教育部发布的《关于全面提高高等职业教育教学质量的若干意见》及高等职业教育"十二五"规划纲要等文件精神，结合我国会计改革和国际惯例及有关成本管理制度的要求，以改革人才培养模式、增强学生就业能力为指导，以完善对高等职业学生的"知识＋技能"的培养目标为根本思路进行编写设计。本书模拟成本会计岗位真实的经济业务，通过相关成本项目及若干成本核算任务，集"教、学、做"为一体，以成本实训为增强会计技能的手段，强化了教材的实用性和针对性。

本书实训试题涵盖了成本核算与管理的基础知识和现代成本会计实操的基本内容，包括成本会计的基础知识、成本会计岗位的工作流程、费用的归集与分配、完工产品与在产品的成本分配，以及产品成本计算的基本方法、辅助方法以及成本报表的编制与分析等。通过相关基础知识练习、项目实训等内容，使学生在实训过程中达到"知行合一"的教学效果。

在编写过程中，体现如下特色。

第一，突出项目实训导向，任务驱动教学模式，内容通俗易懂，由浅入深，循序渐进。

第二，强调成本核算与成本管理控制的融合，侧重于成本信息在企业经营管理与控制决策中的运用。

第三，项目内容之间既相互独立，又相互结合，构成一个完整的现代成本管理体系。

第四，理论和实践相结合，教、学、做融为一体，注重实践操作技能的培养。

第五，增加"综合实训"项目，拓展了综合知识，提升教学效果。

通过本书的学习，可以使学生理解本学科的基本理论知识，熟悉工业企业成本核算及成本控制的手工实操技能，掌握工业企业成本核算及成本控制的基本方法；可以提高会计专业学生的实际操作技能，提升综合素质，使其成为具有一定理论基础的高素质、高技能的应用型会计人才。

本书由内蒙古商贸职业学院公丽娟、贺英莲任主编，由王艳云、银峰、李军义任副主编，由李迎春、董智玉、赵霞参编。具体分工如下：第一部分基础知识练习题中，项目一、项目二由公丽娟、贺英莲撰写，项目三由董智玉、李迎春撰写，项目四由公丽娟、银峰撰写，项目五由王艳云、李军义撰写；第二部分单项实训中，项目六由贺英莲撰写，项目七、项目八、项目九由公丽娟撰写，项目十由赵霞撰写；第三部分综合实训由贺英莲撰写；公丽娟负责全书的修改、总纂、定稿。

由于编者水平有限，书中难免存在疏漏之处，恳请读者批评指正！

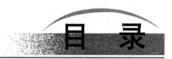

目 录

第一部分 基础知识练习题

项目一　成本会计工作任务 …………………………………………………（3）

项目二　生产费用的归集和分配 ……………………………………………（9）

项目三　产品成本计算方法的选择 …………………………………………（30）

项目四　成本计算基本方法的应用 …………………………………………（33）
    任务一　品种法 …………………………………………………………（33）
    任务二　分批法 …………………………………………………………（34）
    任务三　分步法 …………………………………………………………（40）

项目五　成本计算辅助方法的应用 …………………………………………（48）
    任务一　分类法 …………………………………………………………（48）
    任务二　定额法 …………………………………………………………（54）

第二部分 单项实训

项目六　品种法 ………………………………………………………………（61）

项目七　分批法 ………………………………………………………………（68）

项目八　分步法 ………………………………………………………………（75）

项目九　分类法 ………………………………………………………………（82）

项目十　工业企业成本报表的编制与分析 …………………………………（90）

参考答案 ……………………………………………………………………（93）
  第一部分 基础知识练习 ………………………………………………（95）
  第二部分 单项实训 ……………………………………………………（119）

第三部分 综合实训

实训基本资料 …………………………………………………………………（141）
实训1 材料费用的核算 ……………………………………………………（144）
实训2 外购动力费用的核算 ………………………………………………（153）
实训3 人工费用的核算 ……………………………………………………（157）
实训4 其他费用的核算 ……………………………………………………（162）
实训5 辅助生产费用的核算 ………………………………………………（166）
实训6 制造费用的核算 ……………………………………………………（169）
实训7 成本计算的分步法 …………………………………………………（174）
实训8 成本报表的编制 ……………………………………………………（179）

第一部分

基础知识练习题

成本会计工作任务

一、判断题

1. 成本是一个价值范畴,是商品生产过程中,已消耗的生产资料的价值与劳动者为自己劳动所创造的价值之和。( )
2. 期间费用与生产产品没有直接联系,不能计入产品成本中,因此不是成本会计的核算对象。( )
3. 成本是企业为生产产品、提供劳务而发生的各种耗费。因此,成本是对象化的生产费用。( )
4. 生产费用与产品成本、劳务成本在经济内容上是完全一致的。( )
5. 工业企业一定时期内在生产产品和提供劳务过程中发生的、用货币额表现的生产耗费,称为产品的生产成本。( )
6. 制造费用和管理费用均应作为期间费用处理,不计入产品成本。( )
7. 成本会计的中心任务是预测和决策。( )
8. 成本计划是在成本控制的基础上,具体规定计划期内企业生产费用和期间费用数额,以及各种产品的成本水平和任务降低。( )
9. 企业可根据自身需要任意改变财产物资的计价和价值结转方法。( )
10. 在成本会计的诸多职能中,成本核算是基础,没有成本核算,其他各项职能都无法实现。( )
11. 企业的成本核算对象、成本项目及成本计算方法一经确定,不得随意变动。( )
12. 成本会计的各项职能相互联系、相互依存,共同构成成本会计工作的有机整体。( )
13. 集中工作方式是指企业的成本会计工作主要由总部会计机构集中进行,适宜于大中型企业。( )
14. 成本会计的法规与制度是会计法规体系的一般内容。( )
15. 成本会计的基础工作,不包括建立健全定额管理制度。( )

16. 成本核算基本要求中应划清成本费用界限，实际是成本核算的基本程序。（　）
17. 资本性支出应当计入本期产品成本。（　）
18. 核算长期待摊费用，体现了权责发生制原则。（　）
19. 企业本期发生的生产费用，都应直接记入各种产品成本。（　）
20. 正确计算期末在产品成本，是正确计算本期完工产品成本的关键。（　）
21. 企业必须按照国家有关法律、企业会计准则和内部财务会计制度的要求，组织成本核算工作。（　）
22. 期末，企业必须将生产费用合计数在各成本核算对象之间进行分配。（　）
23. 正确划分各种产品成本的界限，是正确核算产品实际成本的前提。（　）
24. 基本生产是指为完成企业主要生产任务而进行的产品生产或劳务供应。（　）
25. "制造费用"账户的借方登记企业各生产单位（分厂、车间）为生产产品和提供劳务而发生的各项直接费用。（　）
26. "生产成本"明细账应当按照企业的生产单位分别设置。（　）
27. "制造费用"明细账应当按照成本核算对象分别设置。（　）
28. 企业本期为生产产品和提供劳务而发生的材料费用，应当根据费用的用途和所属期间，分别记入"生产成本""制造费用"等账户的贷方。（　）
29. "制造费用"账户分配结转后，该账户月末无余额。（　）
30. 根据企业生产费用核算和产品成本计算的需要，可以在"生产成本"这一总分类账户下分设"基本生产成本"和"辅助生产成本"两个二级帐户。（　）

二、单项选择题

1. 成本是产品价值中的（　）部分。
   A. $C+V$　　　　B. $C+M$　　　　C. $V+M$　　　　D. $C+V+M$
2. 产品成本是相对于（　）而言的。
   A. 一定数量和种类的产品　　　　B. 一定的会计期间
   C. 生产费用和期间费用　　　　　D. 一定的生产类型
3. 不属于工业企业经营管理费用的项目是（　）。
   A. 销售费用　　B. 管理费用　　C. 制造费用　　D. 财务费用
4. 成本会计的分散工作方式通常适用于以下哪种企业？（　）
   A. 成本会计工作比较简单的小型企业　　B. 成本会计工作比较复杂的大型企业
   C. 所有类型的企业　　　　　　　　　　D. 生产经营有特点的企业
5. 在成本会计工作中，最重要的工作是（　）。
   A. 成本预测　　B. 成本控制　　C. 成本核算　　D. 成本检查
6. 成本会计的各项职能中，（　）是成本预测的结果。
   A. 成本决策　　B. 成本计划　　C. 成本分析　　D. 成本考核
7. 集中工作方式和分散工作方式是指企业内部（　）分工方式。
   A. 各级成本会计机构　　　　B. 成本会计任务
   C. 成本会计对象　　　　　　D. 成本会计职能
8. 企业成本会计机构采用集中工作方式的缺点是（　）。

A. 不能及时掌握企业有关成本的全面信息
B. 增加了成本会计机构的层次和会计人员的数量
C. 不便于集中使用电子计算机进行成本数据处理
D. 不便于实行责任成本核算

9. 工业企业在一定时期内生产产品、提供劳务等过程中发生的各种耗费，称为企业的（　　）。
A. 产品成本　　　　　　　　　　　B. 生产费用
C. 生产经营管理费用　　　　　　　D. 非生产经营管理费用

10. 《中华人民共和国会计法》是我国会计工作的基本法，由（　　）颁布。
A. 国务院　　　　　　　　　　　　B. 财政部
C. 注册会计师协会　　　　　　　　D. 全国人民代表大会及其常务委员会

11. 正确计算产品成本，应做好的基础工作是（　　）。
A. 确定成本计算对象　　　　　　　B. 建立健全原始记录制度
C. 正确划分各种费用的界限　　　　D. 正确划分各种产品成本的界限

12. 构成产品成本的支出主要是（　　）。
A. 资本性支出　　B. 生产性支出　　C. 福利性支出　　D. 营业外支出

13. 下列支出，不应计入产品成本的是（　　）。
A. 生产产品消耗的材料　　　　　　B. 生产单位管理人员的工资
C. 车间生产设备的折旧费　　　　　D. 从事固定资产建造人员的工资

14. 企业成本核算的要求包括（　　）。
A. 确定成本核算对象　　　　　　　B. 确定成本计算期
C. 审核生产费用　　　　　　　　　D. 正确划分产品成本和期间费用的界限

15. 不应由本期负担的费用，如果采用预提的方法计入有关费用、成本，（　　）。
A. 对企业费用、成本没有影响　　　B. 对企业利润没有影响
C. 会虚增企业费用、成本　　　　　D. 会虚减企业费用、成本

16. 下列各项中，属于成本核算工作程序的是（　　）。
A. 建立健全计量验收制度
B. 正确划分完工产品成本和期末在产品成本的界限
C. 正确划分各种产品成本界限
D. 正确计算完工产品成本和期末在产品成本

17. 需要在各个成本核算对象之间分配的生产费用数额，是指（　　）。
A. 期初在产品成本
B. 本期发生的生产费用
C. 期末在产品成本
D. 期末在产品成本加上本期发生的生产费用

18. 期末如果既有完工产品成本，又有在产品，企业应将（　　）在本期完工产品和期末在产品之间进行分配。
A. 期初在产品成本
B. 期初在产品成本加上本期发生的生产费用

  C. 本期发生的生产费用
  D. 本期发生的生产费用减去期初在产品成本
 19. 企业租入固定资产的改良支出费用,应当作为(　　)进行分期摊销,不得直接计入本期成本、费用。
  A. 长期待摊费用　　B. 预收费用　　　　C. 预付费用　　　　D. 管理费用
 20. 应由本期负担的费用如果列作长期待摊费用,(　　)。
  A. 会简化成本计算　　　　　　　　B. 会虚减本期利润
  C. 可节约费用、成本　　　　　　　D. 会虚增本期利润

三、多项选择题

1. 产品的成本是由产品生产过程中所耗费的(　　)构成。
  A. 生产中消耗的生产资料的价值　　B. 劳动者为自己的劳动所创造的价值
  C. 劳动者为社会创造的价值　　　　D. 剩余价值
2. 工业企业一定时期的生产经营费用通常由(　　)构成。
  A. 生产费用　　　B. 期间费用　　C. 长期待摊费用　　D. 辅助生产费用
3. 成本会计的职能包括(　　)。
  A. 成本预测和决策　　　　　　　　B. 成本计划和控制
  C. 成本核算和分析　　　　　　　　D. 成本考核和检查
4. 成本会计机构的设置,应考虑(　　)。
  A. 企业规模的大小　　　　　　　　B. 业务量的多少
  C. 成本核算的繁简　　　　　　　　D. 企业成本管理的要求
5. 制定企业内部成本会计制度或办法,应当(　　)。
  A. 符合《会计法》的要求　　　　　B. 符合企业会计准则的要求
  C. 适应企业的生产经营活动的特点　D. 满足企业成本管理的要求
6. 在成本核算中,企业成本核算对象可以确定为(　　)。
  A. 产品的人工费用　　　　　　　　B. 产品的品种
  C. 产品的批次　　　　　　　　　　D. 产品的生产步骤
7. 一个会计主体在其业务活动中会发生多种性质的支出,除了与正常生产经营活动有关的支出外,还有(　　)。
  A. 资本性支出　　B. 福利性支出　　C. 营业外支出　　D. 应付股利支出
8. 正确划分各种产品成本的界限,是指(　　)。
  A. 能直接计入某种产品成本的生产费用,应当直接计入
  B. 不能直接计入某种产品成本的生产费用,应采用一定标准在各产品之间分配后计入
  C. 各种费用都应当直接计入该种产品的成本
  D. 制造费用应当直接记入产品成本
9. 工业企业资本性支出包括(　　)。
  A. 购建的固定资产　　　　　　　　B. 取得无形资产
  C. 对外投资　　　　　　　　　　　D. 支付产品广告费用
10. 成本会计的基础工作主要是指建立健全(　　)。

A. 原始记录制度　　B. 定额管理制度
  C. 计量验收制度　　D. 内部结算制度
11. 成本核算的工作程序包括（　　）。
  A. 划分成本费用界限　　　　　　B. 确定成本计算对象
  C. 确定成本项目　　　　　　　　D. 归集和分配生产费用
12. 费用审核和控制的依据是（　　）。
  A. 国家有关法律、法规　　　　　B. 费用发生时有关人员的说明
  C. 企业内部有关会计制度和办法　D. 企业会计准则
13. 应记入产品成本的生产费用有（　　）。
  A. 生产工人工资费用　　　　　　B. 用于产品生产的原材料费用
  C. 财务费用　　　　　　　　　　D. 车间的财产保险费
14. 正确划分各种费用支出的界限包括（　　）。
  A. 费用的审核和控制
  B. 正确划分收益性支出和资本性支出的界限
  C. 正确划分本期费用与以后各期费用的界限
  D. 生产费用在各成本核算对象之间分配
15. 生产费用在各个成本核算对象之间的归集和分配，必须注意（　　）。
  A. 应按成本项目归集和分配生产费用　　B. 归集和分配的只是本期发生的生产费用
  C. 归集和分配的原则是"受益原则"　　D. 归集和分配的费用包括月初在产品成本
16. 生产费用在本期完工产品和期末在产品之间分配，必须注意（　　）。
  A. 分配的只是本期发生的材料费用　　B. 分配的是月初及本月生产费用的合计数
  C. 分配的只是本期发生的人工费用　　D. 应分成本项目分配生产费用
17. 工业企业设置的期间费用类账户有（　　）。
  A. 制造费用　　B. 管理费用　　C. 销售费用　　D. 财务费用
18. 产品成本明细账中应按成本项目分设专栏或专行，登记各该产品的（　　）。
  A. 月初在产品成本　　　　　　　B. 本月发生的成本
  C. 本月完工产品成本　　　　　　D. 月末在产品成本
19. "生产成本"账户用来核算企业进行工业性生产，包括生产各种（　　）。
  A. 产成品　　　B. 自制半成品　　C. 自制材料　　D. 自制工具
20. 期间费用总分类核算的一般程序包括（　　）。
  A. 登记本期发生的各项期间费用　　B. 登记本期发生的各项生产费用
  C. 分摊长期待摊费用　　　　　　　D. 期末将期间费用转入"本年利润"账户

四、业务题

【业务1】划分下列支出属于资本性支出、营业外支出、收益性支出的界限及金额。
1. 购设备，不含税价 100 000 元，税率 17%，运杂费 15 000 元，未付款，已投入使用。
2. 将库存商品对外捐赠，成本 50 000 元，不含税售价 60 000 元，税率 17%。
3. 后勤部门报销办公费 3 000 元。

【业务2】划分产品成本和期间费用的界限。

1. 修理固定资产支出：生产车间 3 000 元、行政 2 000 元。

2. 报销差旅费：生产车间 2 000 元、行政 4 000 元。

【业务 3】按受益原则划分各种产品成本的界限及金额。

1. 生产车间生产产品领用原材料 60 000 元，共生产 A、B 产品，产量分别为 15 00 件 500 件，完工后分别领用包装物 800 元、220 元。

2. 本月 A、B 产品工人工资 45 000 元，生产工时分别为 4 000 工时、5 000 工时，按生产工时比例分配工资费用。

【业务 4】划分本期完工产品成本与期末在产品成本的界限及金额（保留至 0.01%）。

1. 本月 A 产品成本期初余额为 30 000 元，本月生产 A 产品共发生材料费 60 000 元，人工费 30 000 元，制造费用 10 000 元，月末全部完工，数量为 1 000 千克，计算本月完工产品的实际总成本和单位成本。

2. 甲企业 5 月份二车间共生产 A、B 两种产品。费用资料分别如下：A 产品材料费 2 000 元、人工薪酬 1 200 元；B 产品材料费 10 000 元、人工薪酬 6 000 元；二车间本月设备折旧费、水电费、管理人员薪酬等合计 8 000 元，按工时（受益原则）分配，其中 A 产品应负担 5 000 元，B 产品应负担 3 000 元。要求计算：如均全部完工，则完工 A、B 产品成本是多少？如均未完工，则本月 A、B 产品成本是多少？

3. 甲企业 4 月 10 日投产 101 批次产品 500 件，当月耗费材料、人工、间接费用分别为 35 000 元、16 500 元、3 500 元，该产品于 5 月 10 日全部完工，5 月份耗费材料、人工、间接费用分别为 5 000 元、1 500 元、500 元，确认 4 月 101 批次产品总成本、5 月 101 批次产品完工总成本和完工产品耗费材料、人工、间接费用的单位成本并分析成本所占比重。

五、思考题

1. 如何理解成本的经济实质？
2. 什么是成本会计？简述成本会计的对象。
3. 简述成本会计的职能。
4. 简述生产费用与产品成本的联系与区别。
5. 企业内部成本会计机构之间的组织是如何分工的？
6. 简述成本核算的意义和成本核算的要求。
7. 简述成本核算的工作程序。
8. 成本核算设置的主要账户有哪些？
9. 简述成本核算的账务处理程序。

生产费用的归集和分配

一、判断题

1. 成本项目是指构成产品生产成本的项目,它是生产费用按经济用途的分类。( )
2. 期间费用记入产品成本,可以提高企业的盈利水平。( )
3. 直接计入费用是指由产品生产工艺本身引起的各项费用。( )
4. 外购动力是生产费用按经济内容的分类。( )
5. 生产费用按经济内容的分类,称为要素费用。( )
6. 生产几种产品共同耗用、构成产品实体的原材料费用,可以直接计入产品成本。( )
7. 发出材料应负担的材料成本差异,超支在借方反映,节约在贷方反映。( )
8. 直接材料费用是指直接计入费用。( )
9. 间接材料费用是指生产车间为组织和管理产品生产所消耗的原材料费用。( )
10. 采用实地盘存制能够比较准确地确定材料消耗的数量。( )
11. 标准产量分配法也称系数分配法。( )
12. 定额耗用量比例分配法的分配标准是单位产品消耗的定额材料。( )
13. 企业发出的材料可以按实际成本核算,也可以按计划成本核算。( )
14. 企业每月支付动力费用的日期基本固定,而且每月付款日到月末的应付动力费用相差不多的,可以不通过"应付账款"账户核算。( )
15. 凡属于工资总额组成内容的款项,无论何时支付,都要通过"应付职工薪酬"账户核算。( )
16. 在实行月薪制计算计时工资的单位里,不论当月实际日历天数多少,只要职工按规定出全勤,每月都可得到相同的月标准工资。( )
17. 按 21.75 天计算日工资率的企业,节假日照扣工资。( )
18. 住房公积金、五项社会保险金、工会经费、职工教育经费等,都是按工资总额的一定比例提取的。( )
19. 企业福利机构人员的薪酬,应由企业提取的职工福利费开支。( )

20. "工资结算汇总表"是企业进行工资费用分配的原始依据。（　　）
21. 生产车间提取的固定资产折旧费，直接记入本月的管理费用。（　　）
22. 当月减少的固定资产当月不提折旧，当月增加的固定资产当月提折旧。（　　）
23. 利息费用属于期间费用，应计入产品成本。（　　）
24. 低值易耗品是企业不列入固定资产管理的劳动手段，生产车间领用时只能采取一次摊销法摊销。（　　）
25. 企业辅助生产成本明细账期末均应无余额。（　　）
26. 直接分配法就是将辅助生产费用直接分配给所有的受益对象。（　　）
27. 交互分配法的主要过程是分两步分配辅助生产费用。（　　）
28. 采用代数分配法分配辅助生产费用，不必在辅助生产车间之间分配费用。（　　）
29. 采用计划成本分配法，辅助生产的成本差异一般可以全部计入制造费用。（　　）
30. 辅助生产费用分配方法中，分配结果最准确的是代数分配法。（　　）
31. 采用按计划成本分配法分配辅助生产费用时，不论成本差异是超支差异还是节约差异，科目对应关系均相同。（　　）
32. 顺序分配法的分配顺序按受益的劳务金额从大到小排列，分配过程是前者分配给后者，后者不分配给前者。（　　）
33. 制造费用是企业的车间为生产产品和提供劳务而发生的各项间接费用。（　　）
34. 直接成本比例分配法，是以各种产品本期发生的各项直接成本，即原材料、燃料、动力、生产工人薪酬之和为标准，来分配制造费用的方法。（　　）
35. 为简化核算工作，应将各车间的制造费用汇总起来，在整个企业范围内统一分配。（　　）
36. 计划费用分配率分配法仅适用于机械化程度较高的生产车间分配制造费用。（　　）
37. "制造费用"成本项目属于综合性费用项目。（　　）
38. 损失性费用没有创造价值，不应计入产品成本。（　　）
39. 可修复废品是指技术上可以修复，并且支付修复费用在经济上合算的废品。（　　）
40. 企业无论在什么环节发现的废品，都应列入"废品损失"账户核算。（　　）
41. 季节性生产企业在停工期间所发生的费用，应计入"营业外收入"账户。（　　）
42. 企业发生的停工损失，无论是什么原因造成的，扣除责任人或保险公司赔偿后的净损失都应计入产品成本。（　　）
43. 计算停工损失的原始凭证主要是"停工报告单"。（　　）
44. 在产品与其他存货一样，是企业重要资产，企业应当不定期进行产品盘点。（　　）
45. 如果原材料在生产开始时一次投入，月末在产品投料程度必定是100%。（　　）
46. 在产品约当产量也就是在产品大约盘点的数量。（　　）
47. 月末在产品数量变化较大时，可以采用在产品固定成本计算法计算在产品成本。（　　）
48. 如果生产工时在每道工序陆续投入，则每道工序在产品的完工程度都相同。（　　）
49. 企业本月完工产品总成本应等于本月生产费用累计数。（　　）
50. 采用在产品按定额成本计算法，实际成本脱离定额成本的差异全部由完工产品成本负担。（　　）

二、单项选择题

1. 下列哪项属于生产费用按经济性质的分类（   ）。
   A. 职工薪酬　　　B. 直接材料　　　C. 直接人工　　　D. 制造费用
2. 下列哪项属于生产费用经济用途的分类（   ）。
   A. 外购材料　　　B. 外购动力　　　C. 职工薪酬　　　D. 直接人工
3. 企业行政管理部门为组织和管理生产经营活动所发生费用是指（   ）。
   A. 生产费用　　　B. 管理费用　　　C. 销售费用　　　D. 财务费用
4. 下列不能计入产品成本的费用是（   ）。
   A. 车间厂房折旧费　　　　　　　　B. 有助于产品形成的辅助材料
   C. 外购和自制的燃料、动力　　　　D. 房产税、车船使用税
5. 确定材料消耗的数量，主要采用（   ）。
   A. 连续记录法　　B. 盘存计算法　　C. 加权平均法　　D. 移动加权平均法
6. "假退料"的办法是指（   ）。
   A. 材料实物不动，填本月份退料单和下月份领料单
   B. 材料实物不动，填本月份退料单和本月份领料单
   C. 材料实物不动，填下月份退料单和下月份领料单
   D. 材料退回仓库，填本月退料单
7. 材料发出按计划成本计价的情况下，材料验收入库时实际成本大于计划成本的超支差异，应由"材料采购"账户转入（   ）。
   A. "原材料"账户的借方　　　　　B. "材料成本差异"账户的借方
   C. "原材料"账户的贷方　　　　　D. "材料成本差异"账户的贷方
8. 下列分配方法，适宜作为原材料分配方法的是（   ）。
   A. 生产工时比例分配法　　　　　　B. 机器工时比例分配法
   C. 计划成本分配法　　　　　　　　D. 定额耗用量比例分配法
9. 材料费用分配汇总表属于（   ）
   A. 自制原始凭证　　　　　　　　　B. 记账凭证汇总表
   C. 外来原始凭证　　　　　　　　　D. 记账凭证
10. 下列计价方法中，不属于消耗材料计价方法的是（   ）。
    A. 先进先出法　　B. 加权平均法　　C. 定额比例法　　D. 个别计价法
11. 支付外购动力费用一般应通过（   ）账户进行核算。
    A. 其他应付款　　B. 应收账款　　　C. 预付账款　　　D. 应付账款
12. 工资费用分配时，应通过（   ）进行。
    A. 工资结算单　　B. 工时定额　　　C. 工资费用分配表　D. 生产工时
13. 下列各项支出中，不应记入工资总额的有（   ）。
    A. 计时工资　　　B. 发明奖　　　　C. 津贴　　　　　D. 加班加点工资
14. 按车间管理人员工资总额计提的职工福利费应计入（   ）账户的借方。
    A. 制造费用　　　B. 管理费用　　　C. 生产成本　　　D. 销售费用
15. 下列支出，应计入产品成本的是（   ）。

A. 销售部门销售人员的工资　　　　　B. 生产单位管理人员的工资
C. 固定资产在建人员的工资　　　　　D. 企业行政管理人员的工资

16. 下列各项中，不计入"直接人工"和"制造费用"成本项目的是（　　）
    A. 车间生产产品工人工资　　　　　B. 基本车间管理人员工资
    C. 工厂行政管理人员工资　　　　　D. 辅助车间管理人员工资

17. 提取折旧的固定资产原始价值，一般是指应计提折旧固定资产的（　　）。
    A. 月初价值　　　　　　　　　　　B. 月末价值
    C. 考虑本期增减的价值　　　　　　D. 月初、月末价值的平均数

18. 不应计入管理费用的税金是（　　）
    A. 增值税　　B. 车船税　　C. 房产税　　D. 印花税

19. 采用交互分配法分配辅助生产费用，对外分配的费用总额是（　　）。
    A. 交互分配前的费用
    B. 交互分配前的费用加上交互分配转入的费用
    C. 交互分配前的费用加上交互分配转出的费用
    D. 交互分配前的费用加上交互分配转入的费用，减去交互分配转出的费用

20. 在多工序生产情况下，某工序在产品的完工程度为（　　）与单位完工产品工时定额的比率。
    A. 所在工序单位在产品工时定额的 50%
    B. 所在工序累计工时定额
    C. 所在工序单位在产品工时定额的 100%
    D. 前面工序的单位在产品累计工时定额与本工序单位在产品工时定额 50%的合计数

21. 辅助生产提供产品和劳务的主要目的是（　　）。
    A. 对外销售　　B. 为基本生产服务　　C. 为辅助生产服务　　D. 以上都不对

22. 采用按计划成本分配法分配辅助生产费用，分配辅助生产的实际成本是（　　）。
    A. 按计划成本分配前的实际费用
    B. 按计划成本分配前的实际费用加上按计划成本分配转入的费用
    C. 按计划成本分配前的实际费用减去按计划成本分配转入的费用
    D. 按计划成本分配前的实际费用加上按计划成本分配转入的费用，减去按计划成本
       分配转出的费用

23. 辅助生产费用交互分配后的实际费用，应再在（　　）之间进行分配。
    A. 各辅助生产车间　　　　　　　　B. 各受益的基本生产车间
    C. 辅助生产车间以外的受益单位　　D. 所有的受益单位

24. 某企业辅助生产部门——供水车间本月发生生产费用 24 440 元，给各部门供水 9 580 吨，其中给辅助生产部门——机修车间供水 180 吨，采用直接分配法计算的每吨水的成本是（　　）。
    A. 2.5 元　　B. 2.55 元　　C. 2.6 元　　D. 2.71 元

25. 直接按完工产品数量与在产品数量分配原材料费用的方法适用于（　　）的方式。
    A. 原材料在投产时一次投入　　　　B. 原材料分工序一次投入
    C. 原材料随生产进度陆续投入　　　D. 原材料根据生产过程实际需要投入

26. 下列属于分配辅助生产费用方法的是（　　）。

A. 系数分配法　　　B. 定额分配法　　　C. 约当产量法　　　D. 顺序分配法

27. 辅助生产费用分配方法中，分配结果最为准确的方法是（　　）。
A. 直接分配法　　　B. 交互分配法　　　C. 代数分配法　　　D. 计划成本分配法

28. 基本生产车间耗用的机物料费用应借记（　　）科目。
A. 生产成本　　　B. 辅助生产成本　　　C. 基本生产成本　　　D. 制造费用

29. 制造费用（　　）用于产品生产的费用。
A. 大部分是间接　B. 大部分是直接　C. 完全是间接　D. 完全是直接

30. 按机器工时比例分配法分配制造费用，要求（　　）。
A. 产品生产的机械化程度很低　　　B. 产品生产的机械化程度较高
C. 产品生产的机械化程度有差别　　D. 不考虑产品生产的机械化程度

31. "制造费用"明细账，应当按照（　　）设置。
A. 不同成本核算对象　　　B. 不同成本项目
C. 不同类别产品　　　D. 不同生产单位（分厂、车间）

32. 采用生产工时比例分配法分配制造费用，分配标准是（　　）。
A. 该生产单位产品生产工人工时　　　B. 该企业产品生产工人工时
C. 该生产单位单位产品实际生产工时　D. 该生产单位单位产品定额工时

33. 废品残料价值和应收赔偿款，应从"废品损失"账户（　　）转出。
A. 借方　　　B. 贷方　　　C. 余额　　　D. 视情况而定

34. 在实际工作中，废品净损失应由（　　）。
A. 同种合格产品成本负担　　　B. 其他合格产品成本负担
C. 税后利润负担　　　D. 税前利润负担

35. 由于生产工人操作上的原因造成的废品，称为（　　）。
A. 可修复废品　　B. 不可修复废品　　C. 工废品　　D. 料废品

36. 废品损失的范围包括（　　）。
A. 生产过程中发现的废品而造成的损失
B. 入库以后由于保管不善等原因而造成的损失
C. 实行三包的企业在产品出售后发现废品而造成的损失
D. 降价出售不合格产品而造成的损失

37. 在实际工作中，下列损失不计入成本的是（　　）。
A. 清理损失　　　B. 废品损失
C. 季节性停工损失　　　D. 设备大修理停工损失

38. 应属于"营业外支出"的停工损失有（　　）。
A. 机器设备修理期间的停工损失　　　B. 非常灾害造成的停工损失
C. 季节性生产的停工损失　　　D. 辅助生产车间发生的停工损失

39. 狭义的在产品包括（　　）。
A. 生产单位正在加工中的在制品　　　B. 加工已告一段落的自制半成品
C. 已完成生产过程，等待入库的产品　D. 正在返修或等待返修的废品

40. 某企业甲产品月初在产品成本 2 120 元，本月发生生产费用 34 820 元，月末在产品成本 18 940 元，根据完工产品和在产品的关系，计算本月完工产品成本是（　　）。

       A. 13 760 元   B. 18 000 元   C. 36 940 元   D. 55 880 元

41. 某企业月初在产品成本 5 000 元，本月发生生产费用 68 000 元，月末完工产品成本 64 000 元，根据完工产品和在产品的关系，计算月末在产品成本是（　　）。

       A. 6 000 元   B. 7 000 元   C. 7 200 元   D. 9 000 元

42. 在产品数量的日常核算应设置（　　）。

       A. 生产成本明细账   B. 在产品台账
       C. 制造费用明细账   D. 原材料明细账

43. 不计算在产品成本法的适用范围是（　　）。

       A. 在产品数量较大，且各月数量大体稳定
       B. 在产品数量较小，且各月数量变动不大
       C. 材料费用在产品成本的比重较大
       D. 在产品已接近完工

44. 采用在产品按固定成本计算法，1~11 月各月完工产品成本等于（　　）。

       A. 月初在产品成本   B. 月末在产品成本
       C. 本月发生生产费用   D. 月初在产品成本＋本月发生生产费用

45. 某工厂生产的甲产品顺序经过第一、第二两道工序加工，原材料在第一工序生产开始时投入 80%，第二工序生产开始时投入 20%，则第二工序月末在产品的投料率为（　　）。

       A. 20%   B. 50%   C. 80%   D. 100%

46. 企业在计算月末在产品约当产量时以（　　）为依据。

       A. 月末在产品数量   B. 月末完工产品数量
       C. 月末在产品数量和完工程度   D. 月末在产品定额工时

47. 某企业生产产品经三道工序完成，工时定额 50 小时，其中：第一道工序 10 小时，第二道工序 15 小时，第三道工序 25 小时，则第三道工序在产品的完工率为（　　）。

       A. 10%   B. 35%   C. 75%   D. 100%

48. 如果原材料在第一道工序开工时一次性投入，则每工序在产品的完工率均为（　　）。

       A. 50%   B. 60%   C. 80%   D. 100%

49. 在产品按定额成本计算法，实际成本脱离定额成本的差异应计入（　　）。

       A. 在产品成本   B. 完工产品成本   C. 管理费用   D. 营业外支出

50. 企业的定额管理基础比较好，各项消耗定额和费用比较准确、稳定，生产工艺过程已经定型，但月末在产品数量变动较大的产品，在产品成本计算可采用（　　）。

       A. 在产品不计算成本法   B. 在产品按完工产品计算法
       C. 在产品按定额成本计算法   D. 定额比例法

三、多项选择题

1. 生产费用按其计入产品成本的方式分类为（　　）。

       A. 计算分配计入费用   B. 直接计入费用
       C. 间接计入费用   D. 编制分配表计入费用

2. 生产费用按经济用途分类的优点包括（　　）。

       A. 便于了解企业产品成本的构成   B. 可以考核企业成本计划的执行情况

C. 为寻求降低产品成本的途径提供依据　　D. 便于分析生产费用的支出是否节约
3. 企业产品成本的构成项目，一般包括以下内容：（　　）。
　　A. 直接材料　　　　B. 直接人工　　　　C. 制造费用　　　　D. 折旧费
4. 下列哪项属于生产费用按经济内容的分类（　　）。
　　A. 外购材料　　　　B. 外购动力　　　　C. 管理费用　　　　D. 其他支出
5. 下列应属于期间费用内容的是（　　）。
　　A. 增值税　　　　　　　　　　　　　　B. 贷款利息费用
　　C. 产品广告费　　　　　　　　　　　　D. 企业行政管理部门办公费
6. 财务费用是指企业为筹集生产经营资金所发生的费用，包括（　　）。
　　A. 利息支出　　　　B. 汇兑损益　　　　C. 现金折扣　　　　D. 金融机构手续费
7. 销售费用是指企业销售商品和材料及提供劳务的过程中发生的各项费用，主要包括（　　）。
　　A. 公司经费　　　　B. 一般销售费用　　C. 展览费　　　　　D. 广告费
8. 直接材料费用包括（　　）。
　　A. 构成产品实体的材料费用　　　　　　B. 生产工艺过程耗用的燃料费用
　　C. 与产品实体相结合的辅助材料费用　　D. 车间管理耗用的材料费用
9. 确定材料消耗的数量，一般应采用（　　）等。
　　A. 连续记录法　　　B. 盘存计算法　　　C. 定额成本法　　　D. 定额比例法
10. 常用的分配材料费用的方法有（　　）。
　　A. 直接成本比例分配法　　　　　　　　B. 直接分配法
　　C. 定额耗用量比例分配法　　　　　　　D. 标准产量比例分配法
11. 采用实际成本计价组织材料核算时，消耗材料价格的确定方法有（　　）。
　　A. 先进先出法　　　B. 加权平均法　　　C. 计划成本法　　　D. 个别计价法
12. 反映各种材料物资消耗的原始记录有（　　）。
　　A. 领料单　　　　　　　　　　　　　　B. 限额领料单
　　C. 退料单　　　　　　　　　　　　　　D. 固定资产折旧费用计算单
13. 产品成本项目中的原材料，是指能够直接用于产品生产，构成产品实体的（　　）。
　　A. 原料　　　　　　　　　　　　　　　B. 主要材料
　　C. 有助于产品形成的辅助材料　　　　　D. 修理用备件
14. 企业生产产品消耗的外购动力费，在成本项目设置上，可以有以下哪三种处理方法：（　　）
　　A. 设置"直接材料"成本项目　　　　　　B. 设置"燃料及动力"成本项目
　　C. 设置"直接人工"成本项目　　　　　　D. 设置"制造费用"成本项目
15. 外购动力费用的分配方法主要有（　　）等。
　　A. 定额耗用量比例分配法　　　　　　　B. 标准产量比例分配法
　　C. 生产工时比例分配法　　　　　　　　D. 机器工时比例分配法
16. 按应付工资计提的职工福利费，应借记（　　）账户。
　　A. 应付职工薪酬　　B. 生产成本　　　　C. 管理费用　　　　D. 制造费用
17. 按 21.75 天计算日工资率的企业中，法定节假日工资的计算方法是（　　）。
　　A. 节假日计发工资　　　　　　　　　　B. 节假日不计发工资
　　C. 缺勤期间节假日不扣发工资　　　　　D. 缺勤期间的节假日扣发工资

18. "直接人工"成本项目包括的内容主要有（　　）。
    A. 产品生产工人的计时工资　　　　B. 产品生产工人的计件工资
    C. 销售人员的奖金、津贴、补贴　　D. 厂部行政管理人员的加班工资
19. 下列各项中，应计发计件工资的是（　　）。
    A. 本人加工完成的合格品
    B. 本人加工完成的由个人过失造成的工废品
    C. 本人加工完成的料废品
    D. 本人加工完成的由前工序班组过失造成的不合格品
20. 产量记录的内容和格式，一般应该包括（　　）。
    A. 产品作业或定单的名称和编号　　B. 生产车间
    C. 小组的名称　　　　　　　　　　D. 操作工人的编号和姓名
21. 企业计提固定资产折旧可选用的方法包括（　　）。
    A. 年限平均法　　B. 工作量法　　C. 实地盘点法　　D. 年数总和法
22. 应计入管理费用的税金是（　　）。
    A. 所得税　　　　B. 房产税　　　C. 车船税　　　　D. 印花税
23. 工业企业辅助生产车间不设"制造费用"科目，是因为（　　）。
    A. 简化核算工作
    B. 辅助生产车间不对外销售产品
    C. 辅助生产车间规模很小，制造费用很少
    D. "制造费用"科目只核算基本生产车间的间接费用
24. 某企业设有供水、供电两个辅助生产车间，本月待分配的费用分别是 20 142 元、43 216 元。本月供水车间供水 10 191 吨，其中供电车间耗用水 120 吨。本月供电车间供电 54 920 度，其中，供水车间耗用 900 度。采用直接分配法计算的每吨水、每度电的成本是（　　）。
    A. 0.79 元　　　　B. 0.8 元　　　C. 1.98 元　　　　D. 2 元
25. 采用顺序分配法分配辅助生产费用时，分配结转辅助生产费用的会计分录中对应的借方账户主要有（　　）等。
    A. 基本生产成本　B. 辅助生产成本　C. 制造费用　　　D. 管理费用
26. 在辅助生产费用的分配方法中，考虑了辅助生产单位之间交互分配费用的方法有（　　）。
    A. 直接分配法　　B. 交互分配法　　C. 代数分配法　　D. 计划成本分配法
27. 某车间生产甲、乙两种产品，共同发生制造费用 46 900 元，两种产品本月实际生产工时分别为 300 小时、700 小时，采用生产工时比例法分配的两种产品承担的制造费用分别为（　　）。
    A. 14 020 元　　B. 32 000 元　　C. 14 070 元　　D. 32 830 元
28. 分配制造费用常用的方法有（　　）。
    A. 生产工人工时比例法　　　　　　B. 车间成本比例法
    C. 机器工时比例法　　　　　　　　D. 年度计划分配率分配法
29. 下列费用属于制造费用项目的有（　　）。
    A. 销售单位管理人员的薪酬　　　　B. 生产单位管理人员的薪酬
    C. 生产单位的固定资产折旧费　　　D. 企业行政管理部门的固定资产折旧费
30. 采用年度计划分配率分配法分配制造费用，制造费用账户月末余额可能（　　）。

A. 在借方 B. 在贷方
C. 在借方和贷方同时有 D. 没有余额

31. "废品损失"账户借方反映哪些项目？（　　）
   A. 不可修复废品的生产成本 B. 可修复废品的生产成本
   C. 可修复废品的修复工资费用 D. 可修复废品的修复动力费用

32. 计算不可修复废品净损失应考虑的因素有（　　）。
   A. 不可修复废品的生产成本 B. 应由企业负担的销售退回废品的运输费用
   C. 废品回收的废料价值 D. 应由过失人负担的废品损失的赔偿款

33. 停工损失包括的内容有（　　）。
   A. 停工期内损失的材料费用 B. 停工期内应支付的生产工人薪酬
   C. 停工期内应负担的制造费用 D. 季节性生产企业停工期内的费用

34. 广义在产品包括（　　）。
   A. 生产单位正在加工中的在制品 B. 加工已告一段落的自制半成品
   C. 正在返修或等待返修的废品 D. 已完成销售的自制半成品

35. 在产品按固定成本计算法，是指固定（　　）。
   A. 月初在产品成本 B. 月末在产品成本
   C. 本月借方发生额 D. 本月贷方发生额

36. 采用约当产量法计算月末在产品成本，在产品的约当产量应按（　　）确定。
   A. 投料程度 B. 完工程度
   C. 产成品完工入库程度 D. 预计废品率

37. 某企业生产产品经三道工序完成，单位产品定额耗用材料 100 元，其中第一道工序耗用 50 元，第二道工序耗用 30 元，第三道工序耗用 20 元，材料在每工序开始时一次性投入，则每道工序在产品的投料率为（　　）。
   A. 30% B. 50% C. 80% D. 100%

38. 生产费用在完工产品和在产品之间分配的方法主要有（　　）。
   A. 约当产量法 B. 年度计划分配率法
   C. 定额比例法 D. 计划成本分配法

39. 假定某企业生产甲产品经三道工序加工完成，各工序的工时定额分别为 100 小时、60 小时和 40 小时，在产品在每工序投入的工时均为 50%，三道工序在产品的数量分别为 300 件、400 件、500 件，则甲产品各工序的在产品约当产量为（　　）件。
   A. 75 B. 260 C. 450 D. 100

40. 按定额比例法的分配标准，月末在产品和完工产品的总定额包括（　　）。
   A. 原材料定额耗用量 B. 原材料定额总成本
   C. 定额工时消耗总量 D. 制造费用定额总成本

四、业务题

【业务1】

（一）资料：

1. 2016 年 4 月华阳公司一车间生产甲、乙、丙三种产品，投产量分别为 3 000 件、2 500

件、4 000 件，共同耗用材 B 材料为 30 000 千克，单价为 13.75 元/千克，三种产品所耗 B 材料的单位消耗定额分别为 4 千克、3 千克、2 千克，按定额消耗量比例法分配 B 材料费用（见表 2.1-1）。

2. 三种产品领用直接计入材料 A 材料分别为 2 900 元、3 200 元、4 500 元。

表 2.1-1 材料费用分配表

年　月　　　　　　　　　　　　　　　　　金额单位：元

产品名称	投产量（件）	单位产品消耗定额（千克）	材料定额消耗总量（千克）	材料费用分配率	应分配B材料费用	直接耗用A材料费用	合计
合计							

（二）要求：

1. 分配材料费用，进行账务处理。
2. 分析 B 材料消耗量定额完成情况。

【业务 2】

（一）资料：

2016 年 5 月华阳公司加工车间生产甲、乙、丙三种产品，生产工时分别为 38 000 工时、22 000 工时、20 000 工时。本月应付职工薪酬中工资为 585 000 元，其中加工车间生产工人工资为 500 000 元，车间管理人员工资为 6 000 元；运输车间工人工资为 10 000 元，车间管理人员工资为 3 800 元；行政人员工资为 35 000 元；营销人员工资为 8 000 元；基建人员工资为 22 200 元；企业分别按 5%、35%、7%、2%、1.5%计提福利费、社保费、住房公积金、工会经费、职工教育经费。

（二）要求：

1. 编制工资费用分配表及付职工薪酬汇总计算表（见表 2.2-1、表 2.2-2）。
2. 完成职工薪酬分配的账务处理。

表 2.2-1 工资费用分配表

车间：　　　　　　　　　　　　年　月　　　　　　　　　金额单位：元

产品名称	产品生产工时	工资费用分配率	应分配工资费用
甲产品			
乙产品			
丙产品			
合　计			

表2.2-2 应付职工薪酬汇总计算表

年 月　　　　　　　　　　　　　　　　　　　　　　　　　　　　　单位：元

应借科目		工资总额	福利费（5%）	社保费（35%）	公积金（7%）	工会（2%）	教育（1.5%）	合计（50.5%）
基本生产成本	甲产品							
	乙产品							
	丙产品							
	小计							
辅助生产成本								
制造费用	加工车间							
	运输车间							
	小计							
管理费用								
销售费用								
在建工程								
合计								

【业务3】

（一）资料：

丽水工厂设有供水和供电两个辅助生产车间。2016年5月辅助生产成本明细账归集的辅助生产费用是：供水车间60 000元，供电车间40 000元。辅助生产车间给各个受益部门提供的动力（产品）数量见表2.3-1。

表2.3-1 辅助生产车间产品供应量汇总表

2016年5月

受益部门 \ 辅助车间	供水车间	供电车间
	吨	度
供水车间		1 000
供电车间	600	
一车间——生产甲产品耗用	10 000	42 000
一车间——生产乙产品耗用	14 000	27 800
二车间——一般耗用	4 000	7 200
厂部管理部门——一般耗用	2 000	3 000
合计	30 600	81 000

（二）要求：

1. 采用直接分配法分配辅助生产费用，编制辅助生产费用分配表（见表2.3-2）。
2. 采用交互分配法分配辅助生产费用，编制辅助生产费用分配表（见表2.3-3，分配率保留0.01，分配结果保留整数）。
3. 根据分配结果分别编制会计分录。

表 2.3-2　辅助生产费用分配表（直接分配法）

2016年5月　　　　　　　　　　　　　　　　　　　　　　　　单位：元

项目	分配水费		分配电费		金额合计
	数量（吨）	金额	数量（度）	金额	
待分配费用					
劳务供应总量					
其中：辅助生产以外单位					
费用分配率（单位成本）					
受益对象					
辅助车间——供电车间					
辅助车间——供水车间					
一车间——生产甲产品					
一车间——生产乙产品					
二车间——一般耗用					
厂部管理部门					
合计					

表 2.3-3　辅助生产费用分配表（交互分配法）

2016年5月　　　　　　　　　　　　　　　　　　　　　　　　单位：元

项目	交互分配				对外分配				合计
	分配水费		分配电费		分配水费		分配电费		
	数量	金额	数量	金额	数量	金额	数量	金额	
待分配费用									
劳务供应总量									
费用分配率									
受益对象									
供水车间									
供电车间									
一车间——生产甲产品									
一车间——生产乙产品									
二车间——一般消耗									
厂部管理部门									
合计									

【业务 4】

（一）资料：同业务一。

（二）要求：

1. 采用代数分配法分配辅助生产费用，编制辅助生产费用分配表（见表 2.4-1，分配率保留 0.000 1，分配结果保留整数）。

2. 根据分配结果分别编制会计分录。

表 2.4-1　辅助生产费用分配表（代数分配法）

2016 年 5 月　　　　　　　　　　　　　　　　　　　　　　单位：元

项目	分配水费		分配电费		对外分配合计
	数量（吨）	金额	数量（度）	金额	
待分配费用					
劳务供应总量					
费用分配率（单位成本）					
受益对象					
辅助车间——供水车间					
辅助车间——供电车间					
一车间——生产甲产品					
一车间——生产乙产品					
二车间——一般消耗					
厂部管理部门					
合计					

【业务 5】

（一）资料：同业务一。

（二）要求：

1. 采用计划成本分配法分配辅助生产费用，其中：供水车间每吨水计划成本 1.95 元，供电车间每度电计划成本 0.52 元。编制辅助生产费用分配表（见表 2.5-1）。

2. 采用顺序分配法分配辅助生产费用，编制辅助生产费用分配表（见表 2.5-2，分配率保留 0.01，分配结果保留整数）。

3. 根据分配结果分别编制会计分录。

表 2.5-1　辅助生产费用分配表（计划成本分配法）

2016 年 5 月　　　　　　　　　　　　　　　　　　　　　　单位：元

项目	分配水费		分配电费		对外分配金额合计
	数量（吨）	金额	数量（度）	金额	
待分配费用					

续表

项目	分配水费		分配电费		对外分配金额合计
	数量（吨）	金额	数量（度）	金额	
劳务供应总量					
费用分配率（计划单位成本）					
受益对象					
辅助车间——供水车间					
辅助车间——供电车间					
一车间——生产甲产品					
一车间——生产乙产品					
二车间——一般耗用					
厂部管理部门					
计划成本分配合计					
实际分配辅助生产费用					
辅助生产成本差异					

表 2.5-2 辅助生产费用分配表（顺序分配法）

2016 年 5 月　　　　　　　　　　　　　　单位：元

项目	分配水费		分配电费		对外分配合计
	数量（吨）	金额	数量（度）	金额	
待分配费用					
劳务供应总量					
其中：辅助生产以外单位					
费用分配率（单位成本）					
受益对象					
辅助车间——供水车间					
辅助车间——供电车间					
一车间——生产甲产品					
一车间——生产乙产品					
二车间——一般耗用					
厂部管理部门					
合计					

【业务 6】
（一）资料：

永健工厂第一车间生产 A、B、C 三种产品。2016 年 6 月，三种产品生产工时分别为 1 500 小时、2 500 小时、3 000 小时，该车间本月发生制造费用合计 140 000 元。

（二）要求：

1. 采用生产工时分配法分配本月制造费用，编制制造费用分配表（见表 2.6-1）。
2. 编制分配结转本月制造费用的会计分录。

表 2.6-1　制造费用分配表（生产工时分配法）

生产单位：第一车间　　　　　　　　2016 年 6 月　　　　　　　　金额单位：元

产品名称	生产工时（小时）	分配率	分配金额
A 产品			
B 产品			
C 产品			
合计			

【业务 7】
（一）资料：

永健工厂第二车间使用甲、乙两类设备生产 A、B、C 三种产品。2016 年 7 月，制造费用总额为 763 200 元；三种产品机器总工时为 290 000 小时；甲类设备运转 150 000 小时，其中，A 产品 50 000 小时，B 产品 80 000 小时，C 产品 20 000 小时；乙类设备运转 140 000 小时，其中，A 产品 30 000 小时，B 产品 50 000 小时，C 产品 60 000 小时。该车间甲类设备为标准设备，工时换算系数定为 1，乙类设备工时换算系数定为 1.2。

（二）要求：

1. 采用机器工时比例分配法分配制造费用，编制制造费用分配表（见表 2.7-1）。
2. 编制分配结转本月制造费用的会计分录。

表 2.7-1　制造费用分配表（机器工时比例分配法）

生产单位：第二车间　　　　　　　　2016 年 7 月　　　　　　　　金额单位：元

产品	标准机器工时（小时）			标准工时合计	费用分配率	分配金额
	甲类设备（标准工时）	乙类设备（工时换算系数1.2）				
		实际工时	标准工时			
A 产品						
B 产品						
C 产品						
合计						

【业务 8】

（一）资料：

永康工厂为季节性生产企业，基本生产车间主要生产 A、B、C 三种产品。2016 年度基本生产车间制造费用预算总额为 954 100 元，A、B、C 三种产品计划产量分别为 12 500 件、7 300 件、8 500 件，单位产品定额工时分别为 8 小时、12 小时、10 小时；12 月生产 A 产品 900 件、B 产品 2 300 件、C 产品 200 件，实际发生制造费用 109 940 元。已知：11 月末"制造费用——基本生产车间"明细账，月末借方余额 11 500 元。

（二）要求：

1. 计算基本生产车间本年度计划制造费用分配率。
2. 计算 12 月份三种产品应负担的制造费用并编制会计分录。
3. 计算制造费用的实际发生额与按计划费用分配率分配数额的差额，按 12 月份实际完成的定额工时分配给 A、B、C 三种产品，差额调整计入 12 月份产品成本，编制分配结转制造费用差额的会计分录。

【业务 9】

（一）资料：

青山工厂第一基本车间本月生产 B 产品，有可修复废品 50 件。根据 2016 年 3 月"耗用材料汇总表"提供的资料，本月修复 B 产品领用材料 3 800 元；根据本月"直接人工费用分配表"和"制造费用分配表"的资料，本月修复废品实际耗用工时 400 小时，每小时工资费用分配率 14.5 元，每小时制造费用分配率 4.3 元。按规定可修复废品应由过失责任人赔偿 500 元。

（二）要求：

1. 编制发生可修复废品修复费用的会计分录。
2. 编制应收过失人赔款的会计分录。
3. 计算本月废品净损失，编制结转废品净损失的会计分录。

【业务 10】

（一）资料：

2016 年 5 月青山工厂第二车间生产 A 产品 1 040 件，月末完工入库合格 A 产品 1 000 件，生产中产生不可修复废品 40 件；本月 A 产品生产成本明细账累计生产费用 103 580 元，其中，直接材 54 080 元，直接人工 29 700 元，制造费用 19 800 元；因废品材料费用已全部投入，合格品和废品承担的材料费用按产量为标准分配；人工费用和制造费用可按生产工时比例分配。已知：生产 A 产品耗用工时 1 650 小时，其中废品耗用工时 50 小时，本月不可修复废品残料入库 300 元，责任人应该赔偿 400 元。

（二）要求：

1. 计算不可修复废品生产成本。
2. 计算本月废品净损失。
3. 编制结转不可修复废品生产成本的会计分录。
4. 编制结转废品残料入库和应收过失人赔偿的会计分录。
5. 编制结转废品净损失的会计分录。
6. 根据会计分录登记废品损失明细账（见表 2.10-1）。

表 2.10－1　废品损失明细账

生产单位：第二车间　　　　　2016 年 5 月　　　　　产品：A 产品　　单位：元

2016 年		凭证字号	摘要	借方	贷方	余额
月	日					
			结转不可修复生产成本			
			处理残料收入和赔款			
			结转废品净损失			

【业务 11】

（一）资料：

丽江工厂生产甲产品，月末在产品数量比较稳定。2016 年该产品年初在产品成本为 38 000 元，其中，直接材料 16 000 元，直接人工 12 000 元，制造费用 10 000 元；7 月发生的生产费用为 95 000 元，其中，直接材料 58 000 元，直接人工 23 000，制造费用 14 000 元；7 月完工甲产品 2 000 件。

（二）要求：

1. 采用固定在产品成本法计算甲产品月末在产品成本和本月完工产品成本，完成产品成本计算单的编制（见表 2.11－1）。

2. 编制结转本月完工入库甲产品成本的会计分录。

表 2.11－1　产品成本计算单

产品：甲产品　产量：2 000 件　　　　2016 年 7 月　　　　　　　　单位：元

摘要	直接材料	直接人工	制造费用	合计
月初在产品成本				
本月生产费用				
生产费用合计				
本月完工产品成本				
完工产品单位成本				
月末在产品成本				

【业务 12】

（一）资料：

丽江工厂生产的乙产品直接材料费用在产品成本中所占比重较大。2016 年 7 月，乙产品月初在产品总成本（即直接材料成本）为 21 400 元；本月发生生产费用 438 000 元，其中，直接材料费用 400 000 元，直接人工费用 26 000 元，制造费用 12 000 元；本月乙产品完工 4 000 件，月末在产品 300 件，在产品的原材料费用已全部投入，直接材料费用可以按本月完工产品和月末在产品的数量比例分配。

(二) 要求：

1. 采用在产品只计算材料成本法计算乙产品月末在产品成本和本月完工产品成本，并完成产品成本计算单的编制（见表 2.12-1）。

2. 编制结转本月完工入库乙产品成本的会计分录。

表 2.12-1　产品成本计算单

产品：乙产品　产量：4 000 件　　　　2016 年 7 月　　　　　　　　　　单位：元

摘要	直接材料	直接人工	制造费用	合计
月初在产品成本				
本月生产费用				
生产费用合计				
本月完工产品成本				
完工产品单位成本				
月末在产品成本				

【业务 13】

(一) 资料：

丽江工厂生产的丙产品顺序经过第一、第二、第三三道工序加工，单位产品原材料消耗定额为 300 元，其中，第一道工序投料定额为 60 元，第二道工序投料定额为 90 元，第三道工序投料定额为 150 元；原材料分别在各个工序生产开始时一次投入。2016 年 7 月丙产品盘点确定的月末在产品数量 400 件，其中，第一工序 200 件，第二工序 120 件，第三工序 80 件。

(二) 要求：

1. 计算各工序月末在产品的投料率。
2. 计算月末在产品约当产量，完成在产品投料率及约当产量计算表（见表 2.13-1）。

表 2.13-1　在产品投料率及约当产量计算表

产品：丙产品　　　　　　　　2016 年 7 月　　　　　　　　　　计量单位：件

项目	第一工序	第二工序	第三工序	合计
单位产品投料定额（元）				
在产品投料率				
月末在产品数量				
在产品约当产量				

【业务 14】

(一) 资料：

丽江工厂生产丙产品，本月有关月末在产品数量资料同业务 13；丙产品单位产品工时消耗定额为 100 小时，其中，第一工序 50 小时，第二工序 20 小时，第三工序 30 小时；丙产品各工序月末在产品在本工序的完工程度均为50%。

（二）要求：

1. 计算各工序月末在产品的完工率。
2. 计算月末在产品约当产量，完成在产品完工率及约当产量计算表（见表2.14-1）。

表2.14-1 在产品完工率及约当产量计算表

产品：丙产品　　　　　　　　2016年7月　　　　　　　　计量单位：件

项目	第一工序	第二工序	第三工序	合计
单位产品工时定额（小时）				
在产品完工率				
月末在产品数量				
在产品约当产量				

【业务15】

（一）资料：

丽江工厂生产的丙产品2016年7月完工验收入库数量为1 600件，月末盘点在产品数量为400件；丙产品月末在产品约当量资料，见业务13、业务14的计算结果。丙产品生产成本明细账表明：月初在产品成本61 500元，其中，直接材料34 000元，直接人工18 500元，制造费用9 000元；丙产品本月发生的生产费用为920 000元，其中，直接材料500 000元，直接人工250 000元，制造费用170 000元。

（二）要求：

1. 采用约当产量法计算丙产品月末在产品成本和本月完工产品成本，完成产品成本计算单的编制（见表2.15-1）。
2. 编制结转本月完工入库丙产品成本的会计分录。

表2.15-1 产品成本计算单

产品：丙产品　产量：1 600件　　　2016年7月　　　　　　金额单位：元

摘要	直接材料	直接人工	制造费用	合计
月初在产品成本				
本月生产费用				
生产费用合计				
本月完工产品数量				
月末在产品约当产量				
生产量合计				
费用分配率（完工产品单位成本）				
本月完工产品总成本				
月末在产品成本				

【业务 16】

（一）资料：

丽江工厂生产的丁产品是定型产品，有比较健全的定额资料和定额管理制度。丁产品单位产成品原材料消耗定额 80 元，工时消耗定额 12 小时，每小时计划人工费用 5 元，每小时计划制造费用 3.5 元；原材料在每工序开工时一次投入，人工、制造费用随生产进度陆续投入；在产品其他定额资料见表 2.16-1。2016 年 7 月完工丁产品 480 件，根据生产成本明细账，丁产品月初在产品成本 42 300 元，其中直接材料 20 000 元，直接人工 12 300 元，制造费用 10 000 元；本月发生生产费用 69 740 元，其中直接材料 32 880，直接人工 22 500，制造费用 14 360 元。

（二）要求：

（1）采用定额成本计算法计算在产品定额成本，编制产品生产成本计算单（见表 2.16-2）。

（2）编制结转本月完工入库丁产品成本的会计分录。

表 2.16-1　在产品单位定额资料及在产品数量表

工序	材料定额（元）	生产工时（小时）	在产品数量（件）
第一道工序	30	2	200
第二道工序	80	8	100
合计		10	300

表 2.16-2　产品生产成本计算单

产品：丁产品　产量：480 件　　　　2016 年 7 月　　　　　　　　　　单位：元

摘要	直接材料	直接人工	制造费用	合计
月初在产品成本				
本月发生生产费用				
生产费用合计				
本月完工产品总成本				
本月完工产品单位成本				
月末在产品成本（定额成本）				

【业务 17】

（一）资料：

丽江工厂生产的丁产品是定型产品，有比较健全的定额资料和定额管理制度。丁产品单位产成品原材料消耗定额 80 元，工时消耗定额 12 小时。2016 年 7 月完工丁产品 480 件。单位在产品定额资料及在产品数量见业务 16（表 2.16-1），丁产品月初在产品成本及本月发生生产费用见业务 16 资料。

（二）要求：

1. 采用定额比例法计算丁产品本月完工产品成本和月末在产品成本，完成产品成本计算单的编制（见表 2.17-1）。

2. 编制结转本月完工入库丁产品成本的会计分录。

表 2.17-1 产品成本计算单

产品：丁产品　　产量：480 件　　　2016 年 7 月　　　　　　　　　　　单位：元

摘要	直接材料	直接人工	制造费用	合计
月初在产品成本				
本月生产费用				
月初及本月生产费用合计				
本月完工产品总定额				
月末在产品总定额				
定额合计				
费用分配率				
本月完工产品总成本				
本月完工产品单位成本				
月末在产品成本				

五、思考题

1. 简述费用要素和成本项目的内容。
2. 怎样选择直接材料费用的分配方法？
3. 分配结转直接人工费用，如何编制会计分录？
4. 核算外购动力费用需要设置成本项目吗？如何设置？
5. 简述辅助生产成本结转的特点。
6. 辅助生产费用的分配方法有哪些？各适用哪些条件？
7. 什么是制造费用？常用的制造费用分配方法有哪些？
8. 什么是废品损失？具体包括哪些内容？
9. 简述生产费用在本月完工产品和期末在产品之间分配的方法。
10. 什么是在产品的约当产量？如何用约当产量比例法分配生产费用？

产品成本计算方法的选择

一、判断题

1. 企业成本核算对象、成本核算方法是由企业根据生产特点和管理要求确定的,所以也可以由企业任意变更。（　　）
2. 产品成本核算的辅助方法和基本方法一样,可以单独使用。（　　）
3. 一个企业可以同时采用多种成本核算方法。（　　）
4. 产品成本核算的基本方法,其成本计算期与生产周期都是一致的。（　　）
5. 产品成本核算的分类法和定额法必须结合成本核算的基本方法使用。（　　）
6. 产品成本核算的基本方法都是以成本核算对象命名的。（　　）
7. 企业在计算某种产品成本时,可以以一种成本核算方法为主,将几种成本核算方法结合使用。（　　）

二、单项选择题

1. 产品成本计算最基本的方法是（　　）。
   A. 分批法　　　　B. 分类法　　　　C. 品种法　　　　D. 分步法
2. 各种产品成本计算方法的命名主要在于（　　）。
   A. 企业生产类型　B. 企业管理要求　C. 成本计算对象　D. 成本计算程序
3. 下列属于成本计算辅助方法的是（　　）。
   A. 品种法　　　　B. 分批法　　　　C. 分类法　　　　D. 分步法
4. 在大量大批多步骤生产企业,管理上不要求分步计算产品成本,其成本计算方法是（　　）。
   A. 品种法　　　　B. 分类法　　　　C. 分批法　　　　D. 分步法
5. 工业企业产品成本的计算最终是通过下列（　　）账户进行的。
   A."制造成本"　　B."基本生产成本"　C."制造费用"　　D."辅助生产成本"
6. 生产特点和管理要求对于产品成本计算的影响,主要表现在（　　）。

A. 产品生产的品种上　　　　　　B. 成本计算程序上
C. 产品生产的批次上　　　　　　D. 成本计算对象的确定上

7. 区别各种成本计算基本方法的主要标志是（　　）。
A. 成本计算日期　　　　　　　　B. 成本计算对象
C. 间接费用的分配方法　　　　　D. 完工产品与在产品之间分配费用的方法

8. 在小批单件多步骤生产生产的情况下，如果管理上不要求分步计算产品成本，应采用的成本计算方法是（　　）。
A. 分批法　　　B. 分步法　　　C. 分类法　　　D. 定额成本法

9. 下列成本核算方法中，成本计算期与生产周期一致的有（　　）。
A. 分批法　　　B. 分步法　　　C. 品种法　　　D. 定额法

10. 不断重复生产品种相同的产品的生产属于（　　）。
A. 大量生产　　B. 成批生产　　C. 单件生产　　D. 简单生产

11. 工业企业按照生产工艺过程的特点，可以分为（　　）。
A. 大量生产、成批生产、单件生产　　B. 简单生产和单步骤生产
C. 单步骤生产和多步骤生产　　　　　D. 复杂生产和多步骤生产

12. 重型机械、船舶制造等企业的生产属于（　　）。
A. 大量生产　　B. 成批生产　　C. 单件生产　　D. 简单生产

三、多项选择题

1. 工业企业的生产按照工艺过程划分为（　　）。
A. 大量生产　　B. 单步骤生产　　C. 单件生产　　D. 多步骤生产

2. 成本计算的基本方法有（　　）。
A. 品种法　　　B. 分批法　　　C. 分步法　　　D. 分类法

3. 品种法适用于（　　）。
A. 大量大批单步骤生产企业
B. 大量大批多步骤生产但管理上不要求分步计算成本的企业
C. 大量大批多步骤生产而且在管理上要求分步计算成本的企业
D. 小批单件生产企业

4. 受生产特点和管理要求的影响，产品成本计算对象包括（　　）。
A. 产品类别　　B. 产品品种　　C. 产品批别　　D. 产品生产步骤

5. 企业在确定成本计算方法时，必须从企业的具体情况出发，同时考虑（　　）。
A. 企业的生产特点　　　　　　　B. 月末有没有在产品
C. 企业生产规模的大小　　　　　D. 进行成本管理的要求

6. 纺织、冶金、酿酒等生产属于（　　）。
A. 大量生产　　　　　　　　　　B. 单步骤生产
C. 连续式多步骤生产　　　　　　D. 装配式多步骤生产

7. 企业确定的成本核算对象主要有（　　）。
A. 产品品种　　　　　　　　　　B. 产品批别
C. 订货单　　　　　　　　　　　D. 产品品种及其生产步骤

8. 下列企业属于多步骤生产的有（　　）。
   A. 发电企业　　　B. 纺织企业　　　C. 机械制造企业　　D. 采掘企业
9. 不同的成本核算方法，其主要区别表现在（　　）等方面。
   A. 成本核算对象
   B. 成本计算期
   C. 生产费用是否需要在完工产品和期末在产品之间分配
   D. 生产费用在不同的成本核算对象之间的分配

成本计算基本方法的应用

任务一 品 种 法

一、判断题

1. 以产品品种作为成本核算对象,归集各项生产费用,计算产品成本的方法称为品种法。
（　　）
2. 品种法只适用大量大批单步骤生产类型企业的产品成本核算。（　　）
3. 成本计算期按月定期进行,既适用于品种法,又适用于分批法。（　　）
4. 采用品种法,应当按照产品品种分别设置基本生产明细账。（　　）
5. 企业辅助生产单位的产品、动力的成本核算,一般采用品种法完成。（　　）
6. 品种法成本计算程序中,不包括分配基本生产单位的制造费用。（　　）
7. 采用品种法,期末有在产品,生产费用也不需要在完工产品和在产品之间进行分配。
（　　）
8. 品种法核算中,基本生产成本明细账和辅助生产明细账应当按成本项目设专栏。
（　　）

二、单项选择题

1. 在各种成本计算方法中,最基本、最具有代表性的方法是（　　）。
 A. 品种法　　　　B. 分批法　　　　C. 分步法　　　　D. 分类法
2. 在实际成本核算中,品种法成本核算对象可以确定为（　　）。
 A. 产品的原材料　B. 产品的品种　　C. 产品的人工费　D. 基本生产车间
3. 品种法成本计算期的特点是（　　）。
 A. 定期按月计算成本,与会计报告期一致
 B. 定期按月计算成本,与会计报告期不一致
 C. 定期按月计算成本,与生产周期一致

D. 不定期计算成本，与生产周期一致
4. 企业设有辅助生产车间——供水车间，其成本核算方法适宜选择（　　）。
　　A. 定额法　　　　B. 分类法　　　　C. 品种法　　　　D. 分批法
5. 品种法月末在完工产品和在产品之间分配生产费用的特点是（　　）。
　　A. 大量大批的单步骤生产都有在产品，需要分配生产费用
　　B. 管理上不要求分步计算的多步骤生产通常有在产品，需要分配生产费用
　　C. 通常有在产品，不需要分配生产费用
　　D. 没有在产品，需要分配生产费用

三、多项选择题

1. 品种法成本核算的特点有（　　）。
　　A. 成本核算对象是产品的品种
　　B. 成本计算期按月定期
　　C. 期末有在产品时，需要在完工产品和在产品之间分配生产费用
　　D. 需要采用一定方法，在各生产步骤之间分配生产费用
2. 下列企业中，适于采用品种法计算其产品成本的有（　　）。
　　A. 纺织企业　　　B. 汽车制造企业　　C. 采掘企业　　　D. 小型水泥厂
3. 品种法进行成本核算，设置的成本类明细账有（　　）。
　　A. 基本生产明细账　B. 辅助生产明细账　C. 管理费用明细账　D. 制造费用明细账
4. 企业的辅助生产车间一般采用品种法核算，下列哪些属于辅助生产车间？（　　）
　　A. 供水车间　　　B. 供电车间　　　C. 机修车间　　　D. 运输车间
5. 品种法适用范围是（　　）。
　　A. 大量大批单步骤生产　　　　　　B. 大量大批多步骤生产
　　C. 小批单件多步骤生产　　　　　　D. 大量大批的简单生产
6. 品种法的成本核算程序包括（　　）。
　　A. 按产品的品种设置有关成本明细账　B. 归集与分配本月发生的各项生产费用
　　C. 计算并结转半成品成本　　　　　D. 计算并结转完工产成品成本

四、思考题

1. 简述品种法的含义及适用范围。
2. 如何理解品种法的特点？
3. 品种法进行成本核算的程序有哪些？

任务二　分　批　法

一、判断题

1. 分批法，只适用于单件生产，按照产品批别计算产品成本的一种方法。（　　）
2. 某产品为单件生产，属于大型设备，生产工艺较为复杂，价值高，生产周期长，可以

按照产品的组成部分分批组织计算产品成本。（　　）
3. 在简化的分批法下，必须按生产单位设置生产成本二级账。（　　）
4. 在分批法下，按产品批别归集和分配本月发生的各种费用，计算产品成本。（　　）
5. 分批法计算产品成本时，在该批产品全部完工时才需要计算其产品成本。（　　）
6. 在小批或单件生产的企业或车间中，如果各个月份间的加工费用的水平相差不多，月末未完工产品的批数比较多，可在分批法下，对加工费用采用累计分配法。（　　）
7. 单件产品，在完工前，产品成本明细账所计的生产费用，都是在产品成本。（　　）
8. 简化的分批法，就是不分批计算在产品成本的分批法。（　　）
9. 分批法与品种法的主要区别是成本计算对象和成本计算期不同。（　　）
10. 简化分批法下，不论本月是否有完工产品，都应计算累计间接费用分配率。（　　）
11. 在单件小批生产的企业中，产品一般在该批产品完工时计算，因而产品计算期与生产周期相一致。（　　）
12. 简化的分批法下，各批次未完工产品不分配结转间接计入费用。（　　）
13. 简化分批法下，产品尚未完工，则明细账上不需要登记其发生的生产费用。（　　）
14. 一张订单有可能确定为几个产品批别计算产品成本，几张订单也可能归为一个产品批别计算产品成本。（　　）
15. 分批法下间接费用的归集是按产品的批次或订单进行的。（　　）

二、单项选择题

1. 产品成本计算的分批法适用的生产组织形式是（　　）。
   A. 大量大批单步骤生产　　　　　　B. 大量大批多步骤生产
   C. 小批单件生产　　　　　　　　　D. 大量大批复杂生产
2. 采用分批法计算产品成本的企业，其成本计算单的设置应按（　　）。
   A. 产品的品种　　B. 企业的生产工艺　　C. 产品的类别　　D. 产品的批别
3. 采用分批法，下列说法正确的有（　　）。
   A. 不存在完工产品与在产品之间费用分配问题
   B. 成本计算期与会计报告期一致
   C. 适用于小批、单件或管理上不要求分步骤计算成本的多步骤生产
   D. 以上说法全正确
4. 通常情况下，可采用分批法计算产品成本的企业是（　　）。
   A. 采掘企业　　B. 纺织企业　　C. 造纸企业　　D. 造船企业
5. 简化的分批法之所以简化，是由于（　　）。
   A. 不计算在产品成本　　　　　　　B. 不分批计算在产品成本
   C. 不分批计算完工产品成本　　　　D. 采用累计的费用分配率分配各种费用
6. 采用分批法计算产品成本，若是小批生产，出现批内陆续完工的现象，并且批内完工数量较多时，完工产品和月末在产品成本的计算应采用（　　）。
   A. 计划成本法　　　　　　　　　　B. 定额成本法
   C. 按年初固定数计算　　　　　　　D. 约当产量法
7. 采用简化的分批法，在产品完工之前，产品成本明细账（　　）。

A. 不登记任何费用　　　　　　　　B. 只登记原材料费用
　　　C. 只登记直接费用和生产工时　　　D. 只登记间接费用，不登记直接费用
　8. 分批法下产品成本计算期和（　　）一致。
　　　A. 会计报告期　　B. 产品生产周期　　C. 生产计划日期　　D. 购货订单日期
　9. 在简化的分批法下，累计间接费用分配率（　　）。
　　　A. 只是在各批产品之间分配间接费用的依据
　　　B. 只是在各批在产品之间分配间接费用的依据
　　　C. 既是各批产品之间，也是完工产品与在产品之间分配间接费用的依据
　　　D. 只是完工产品与在产品之间分配间接费用的依据
　10. 如果是小批生产，批内产品一般都能同时完工，采用分批法在月末计算成本时，一般不存在（　　）。
　　　A. 各项间接费用的分配
　　　B. 各项直接费用的分配
　　　C. 生产费用在完工产品与期末在产品之间的分配
　　　D. 期间费用的分配
　11. 下列情况不宜采用简化分批法的是（　　）。
　　　A. 各月间接计入费用水平相差较多　　B. 各月末完工产品批数较多
　　　C. 同一月份投产的批数很多　　　　　D. 各月间接费用水平相差不多
　12. 如果在一张订单中规定有几种产品，产品批别应按（　　）划分。
　　　A. 订单　　　　　　　　　　　　　　B. 产品品种
　　　C. 订单或产品品种　　　　　　　　　D. 各种产品数量多少
　13. 某企业采用分批法计算产品成本，5月1日投产101号产品5件，102号产品3件；5月13日投产101号产品4件，102号产品4件，103号产品3件；5月25日投产102号产品6件。该产品5月应开设产品成本明细账的张数是（　　）。
　　　A. 3张　　　　　B. 5张　　　　　C. 4张　　　　　D. 6张
　14. 累计间接费用分配率是根据（　　）的有关数据计算的。
　　　A. 基本生产成本明细账　　　　　　　B. 基本生产成本总账
　　　C. 基本生产成本二级账　　　　　　　D. 以上三项都不是
　15. 下列方法中必须设置基本生产成本二级账的是（　　）。
　　　A. 分类法　　　B. 简化分批法　　　C. 定额法　　　D. 简化品种法

三、多项选择题

1. 分批法和品种法的主要区别是（　　）不同。
　　A. 成本计算对象　　B. 成本计算期　　C. 适用范围　　D. 计算程序
2. 简化的分批法适用范围是（　　）。
　　A. 同一月份投产的产品批数很多　　　B. 月末完工产品的批数较少
　　C. 各月间接费用水平相差不多　　　　D. 各月间接费用水平相差很多
3. 分批法成本计算的特点是（　　）。
　　A. 以生产批次作为成本计算对象

B. 产品成本计算期不固定

C. 按月计算产品成本

D. 一般不需要进行完工产品和在产品成本分配

4. 下列各项中，不属于简化分批法特点的是（   ）。

A. 分批计算完工产品成本

B. 分批计算月末在产品成本

C. 生产费用横向分配与纵向分配合并在一起进行

D. 各项生产费用均不必在各批产品间进行分配

5. 采用简化的分批法，其适用范围的条件是（   ）。

A. 同一个月份投产的产品批数很多　　B. 同一月份投产的产品批数很少

C. 各月间接费用水平相差不多　　　　D. 月末完工产品的批数较少

6. 对于成本计算的分批法，下列说法不正确的有（   ）。

A. 不存在完工产品与在产品之间费用分配问题

B. 成本计算期与会计报告期一致

C. 适用于小批、单件、管理上不要求分步骤计算成本的多步骤生产

D. 以上说法全正确

7. 采用分批法计算产品成本时，如果批内产品跨月陆续完工的情况不多，而且完工产品数量占全部批量的比重很小，先完工的产品成本可以（   ）。

A. 按计划单位成本计算

B. 按定额单位成本计算

C. 按最近一期相同产品的实际单位成本计算

D. 不再计算全批产品的实际成本

8. 采用简化的分批法，在产品完工之前，关于产品成本明细账，下列说法不正确的有（   ）。

A. 只登记直接材料费用　　　　　　　B. 只登记间接费用，不登记直接费用

C. 登记间接费用和生产工时　　　　　D. 登记直接材料费用和生产工时

9. 在简化分批法下，各月（   ）。

A. 只计算完工产品成本　　　　　　　B. 只对完工产品分配各项间接费用

C. 不分批计算在产品成本　　　　　　D. 不在完工产品与在产品之间分配费用

10. 在简化分批法下（   ）。

A. 必须设立生产成本二级账

B. 在生产成本明细账中只登记直接费用

C. 在产品完工之前，生产成本二级账只登记原材料费用和生产工时

D. 不分批计算在产品成本

11. 采用简化的分批法，累计间接费用分配率是（   ）。

A. 各批产品之间分配间接费用的依据

B. 各批完工产品之间分配间接费用的依据

C. 完工产品与月末在产品之间分配间接费用的依据

D. 各批月末在产品之间分配间接费用的依据

12. 简化分批法，基本生产成本二级账与产品成本明细账可以逐月核对的项目有（　　）。
    A. 月末在产品原材料项目余额　　　　B. 月末在产品工资及福利费项目余额
    C. 月末在产品制造费用项目余额　　　　D. 月末在产品生产工时项目余额
13. 产品成本计算的分批法适用于（　　）。
    A. 单件小批类型的生产
    B. 小批单步骤
    C. 小批量、管理上不需要分生产步骤计算产品成本的多步骤
    D. 大量大批的单步骤
14. 下列企业可以采用分批法计算产品成本的有（　　）。
    A. 重型机械厂　　　B. 船舶制造厂　　　C. 发电厂　　　D. 精密仪器厂
15. 采用分批法计算产品成本，可以作为某一成本计算对象的有（　　）。
    A. 同一订单中的多种产品　　　　B. 同一订单中同种产品的组成部分
    C. 不同订单中的同种产品　　　　D. 一件大型复杂产品的某个组成部分

四、业务题

【业务1】

（一）资料：

希捷制造业采用小批生产，产品批数多，而且月末有许多批号未完工，因而采用简化的分批法，该企业2016年9月份有关资料如下：

1. 9月份生产批号有：901号甲产品10件，8月投产，9月末全部完工；902号乙产品10件，8月投产，9月份完工8件；903号丙产品6件，9月初投产，尚未完工；904号丁产品6件，9月初投产，尚未完工。
2. 9月末累计原材料费用（原材料在生产开始时一次投入）和工时见表4.2-1。

表4.2-1　累计原材料费用和工时表

2016年9月

产品批号	累计原材料费用（元）	工时（小时）
901号 甲产品	36 000	18 040
902号 乙产品	24 000	21 500
903号 丙产品	16 000	8 600
904号 丁产品	11 080	8 220
合计	87 080	56 360

3. 9月末，该月全部产品累计原材料费用87 080元，工时56 360小时，人工费用22 544元，制造费用28 180元。
4. 9月末完工产品工时29 060小时，其中：甲产品18 040小时，乙产品11 020小时。

（二）要求：

根据上列资料计算累计间接费用分配率和各批完工产品成本（按成本项目分别列示）。

【业务 2】
（一）资料：

酷迪制造业采用分批法计算产品成本，材料在生产开始时均一次投入。采用约当产量法进行完工产品和在产品的成本分配，完工程度为 50%。2016 年 8 月份有关成本计算资料见表 4.2-2、表 4.2-3。

（二）要求：

1. 在产品成本明细账中计算产品成本。
2. 编制 8 月份完工产品生产成本的结转分录。

表 4.2-2 生产成本明细账

批号：03715　　　　　　　　产品名称：甲产品　　　　　　　　投产期：7 月 15 日
批量：20 台　　　　　　　　　　　　　　　　　　　　完工情况：8 月 26 日完工 20 台

日期	摘要		原材料	人工费用	制造费用	合计
7 月 31 日	累计生产费用		725	46	95	866
8 月 31 日	累计生产费用		175	54	111	340
8 月 31 日	总成本					
8 月 31 日	单位成本					

表 4.2-3 生产成本明细账

批号：03 617　　　　　　　　产品名称：乙产品　　　　　　　　投产期：8 月 1 日
批量：40 件　　　　　　　　　　　　　　　　　　　　完工情况：8 月 28 日 30 件

日期	摘要	原材料	人工费用	制造费用	合计
8 月 31 日	8 月份生产费用	180	87.5	147	414.5
8 月 31 日	约当总产量				
8 月 31 日	单位成本				
8 月 31 日	结转完工产品（30 件）总成本				
8 月 31 日	月末在产品（10 件）总成本				

五、思考题

1. 什么是产品成本计算的分批法？有哪些特点？适用范围如何？
2. 分批法的成本计算程序是什么？
3. 累计间接费用分配的分批法有哪些特点？

任务三 分 步 法

一、判断题

1. 分步法的显著特征是计算半成品成本。（ ）
2. 在平行结转分步法下，按产品品种及其所经过的生产步骤开设成本计算单，其成本计算对象也是各种产品的成本及其所经过的各个生产步骤的成本。（ ）
3. 在分步法下成本计算所分的步骤和生产过程的步骤口径一致。（ ）
4. 成本还原改变了产成品成本的构成，但不会改变产成品的成本总额。（ ）
5. 成本计算方法中的最基本的方法是分步法。（ ）
6. 平行结转分步法不计算各生产步骤半成品成本，只计算完工产品成本在各生产步骤的份额。（ ）
7. 产成品需要进行还原的次数与其成本的生产步骤不相等。（ ）
8. 采用逐步结转分步法，半成品成本的结转与半成品实物的转移是一致的，因而有利于半成品的实物管理和在产品的资金管理。（ ）
9. 在平行结转分步法下，各步骤完工产品与在产品之间的费用分配，都是指产成品与广义在产品之间的费用分配。（ ）
10. 采用分项结转半成品成本，在各步骤完工产品成本中看不出所耗上一步骤半成品的费用和本步骤加工费用的水平。（ ）
11. 分步法计算产品成本实际上就是按车间计算产品成本。（ ）
12. 采用逐步结转分步法，按照结转的半成品成本在下一步骤产品成本明细账中反映的方法不同，可以分为综合结转法和分项结转法两种。（ ）
13. 分步法计算产品成本，按步骤设置的成本明细账，可能与实际的生产步骤一致，也可能与实际的生产步骤不一致。（ ）
14. 分步法适用于大量大批单步骤市场的行业，如纺织、冶金、采掘等。（ ）
15. 不论是综合结转还是分项结转，半成品成本都是随着半成品实物的转移而结转。（ ）

二、单项选择题

1. 在平行结转分步法下，完工产品与月末在产品之间的费用分配，是指在下列两者之间的费用分配（　　）。
    A. 产成品与狭义在产品
    B. 产成品与广义在产品
    C. 各步骤完工半成品与月末加工中的在产品
    D. 各步骤完工半成品与产成品
2. 下列企业中，一般不采用分步法计算产品成本的是（　　）。
    A. 钢铁企业　　　　B. 纺织企业　　　　C. 造纸企业　　　　D. 服装企业
3. 平行结转分步法中的在产品含义是指（　　）。

A. 自制半成品　　B. 广义在产品　　C. 狭义在产品　　D. 半成品和产成品
4. 成本还原的对象是（　　）。
   A. 产成品成本
   B. 各步骤半成品成本
   C. 各步骤所耗上一步骤半成品的综合成本
   D. 最后步骤的产成品成本
5. 成本还原，应以还原分配率分别乘以（　　）。
   A. 本月所产产成品各个成本项目的费用
   B. 本月所耗半成品各个成本项目的费用
   C. 本月所产该种半成品各个成本项目的费用
   D. 本月所耗该种半成品各个成本项目的费用
6. 成本还原分配率的计算公式是（　　）。
   A. 本月所产半成品成本合计/本月产成品成本所耗该种半成品费用
   B. 本月产品成本所耗上一步骤半成品费用/本月所产该种半成品成本合计
   C. 本月产品成本合计/本月产成品成本所耗该种半成品费用
   D. 本月所产半成品成本合计/本月产品成本合计
7. 需要进行成本还原的分步法是（　　）。
   A. 平行结转分步法　B. 分项结转分步法　C. 综合结转分步法　D. 逐步结转分步法
8. 采用逐步结转分步法时，自制半成品入库借记的会计科目是（　　）。
   A. 产成品　　　　B. 自制半成品　　　C. 基本生产成本　　D. 制造费用
9. 成本还原对象是（　　）。
   A. 产成品成本　　　　　　　　　　B. 各步骤半成品成本
   C. 最后步骤产成品成本　　　　　　D. 产成品成本中所耗上步骤半成品成本费用
10. 某产品生产由三个生产步骤组成，采用综合逐步结转分步法计算产品成本，需要进行成本还原的次数是（　　）。
    A. 2次　　　　　B. 3次　　　　　C. 0次　　　　　D. 4次
11. 成本还原的目的是按（　　）反映的产成品成本资料。
    A. 费用项目　　　B. 成本项目　　　C. 实际成本　　　D. 原始成本项目
12. 下列方法中，不计算半成品成本的分步法是（　　）。
    A. 平行结转分步法　　　　　　　B. 分项结转分步法
    C. 综合结转分步法　　　　　　　D. 逐步结转分步法
13. 分步法这种成本计算方法适用于（　　）企业。
    A. 单件小批生产　　　　　　　　B. 大量大批单步骤生产
    C. 大量大批多步骤生产　　　　　D. 多品种多规格生产
14. 平行结转分步法的特点是（　　）。
    A. 各生产步骤所产半成品的种类很少
    B. 各步骤只计算本步骤的各种费用及这些费用中应计入产成品成本的"份额"
    C. 各步骤只计算本步骤发生的各种费用
    D. 各步骤所产半成品的种类很少，因而不需计算半成品成本

15. 采用平行结转分步法计算产品成本能够全面地反映（　　）。
   A. 各个生产步骤半成品的生产耗费水平
   B. 各个生产步骤产成品的生产耗费水平
   C. 第一个生产步骤产品的生产耗费水平
   D. 最后一个生产步骤产品的生产耗费水平
16. 成本还原是指从（　　）生产步骤起，将其耗用上一步骤的自制半成品的综合成本，按照上一步骤完工半成品的成本项目的比例分解还原为原来的成本项目。
   A. 最前一个　　　B. 中间一个　　　C. 最后一个　　　D. 随意任选一个
17. 划分产品成本计算的基本方法的主要标志是（　　）。
   A. 产品成本计算对象　　　　　　　B. 成本计算日期
   C. 生产组织特点　　　　　　　　　D. 成本管理要求
18. 选择产品成本计算基本方法时应考虑的因素是（　　）。
   A. 产品消耗定额是否准确、稳定　　B. 产品种类是否繁多
   C. 能够简化加速成本计算工作　　　D. 生产工艺和生产组织特点及成本管理要求
19. 在综合结转法下，成本还原的对象是（　　）。
   A. 前一步骤半成品的成本　　　　　B. 产成品所耗各上一步骤半成品的综合成本
   C. 最后步骤的产成品成本　　　　　D. 各步骤半成品成本
20. 平行结转分步法不宜在下列何种情况下采用？（　　）
   A. 产品种类多，计算和结转半成品成本的工作量大
   B. 企业管理上不要求提供各步骤半成品成本资料
   C. 企业管理上要求提供按原始成本项目反映的产成品成本资料
   D. 企业管理上不要求全面地反映各个生产步骤的生产耗费水平

三、多项选择题

1. 分步法适用于（　　）。
   A. 大量生产　　　B. 大批生产　　　C. 成批生产　　　D. 多步骤生产
2. 平行结转分步法的特点是（　　）。
   A. 各生产步骤不计算半成品成本，只计算本步骤所发生的生产费用
   B. 各步骤间不结转半成品成本
   C. 各步骤应计算本步骤所发生的生产费用中应计入产成品成本的"份额"
   D. 将各步骤计入产成品成本的"份额"平行结转、汇总计算产成品的总成本、单位成本
3. 在平行结转分步法下，完工产品与在产品之间的费用分配，正确的说法是指（　　）两者之间的费用分配。
   A. 产成品与广义的在产品
   B. 产成品与狭义的在产品
   C. 各步骤完工半成品与月末加工中的在产品
   D. 应计入产成品的"份额"与广义的在产品
4. 采用逐步结转分步法（　　）。

A. 成本核算手续简便 B. 能够提供各步骤半成品成本资料
C. 有利于加强半成品管理 D. 有利于加强生产资金管理

5. 采用逐步结转分步法，按半成品成本在下一步骤成本计算单中反映方法的不同，可以分为（   ）。
   A. 平行结转 B. 综合结转 C. 分项结转 D. 汇总结转

6. 采用分步法时，作为成本计算对象的生产步骤可以（   ）。
   A. 按生产车间设立 B. 按实际生产步骤设立
   C. 在一个车间内按不同生产步骤设立 D. 将几个车间合并设立

7. 采用逐步结转分步法，计算各步骤半成品成本的原因是（   ）。
   A. 成本计算的需要
   B. 成本控制的需要
   C. 对外销售的需要
   D. 全面考核和分析成本计划执行情况的需要

8. 采用逐步结转分步法（   ）。
   A. 半成品成本的结转同其实物的转移完全一致
   B. 成本核算手续简便
   C. 能够提供半成品成本资料
   D. 有利于加强生产资金管理

9. 采用逐步结转分步法，按照结转的半成品成本在下一步骤产品成本明细账中的反映方法，可分为（   ）。
   A. 分项结转法 B. 按实际成本结转法
   C. 按计划成本结转法 D. 综合结转法

10. 采用分项结转法结转半成品成本的优点（   ）。
    A. 不需要进行成本还原
    B. 成本核算手续简便
    C. 能够真实地反映产品成本结构
    D. 便于从整个企业的角度考核和分析产品成本计划的执行情况

11. 逐步结转分配法的优点是（   ）。
    A. 简化和加速了成本计算工作，不必进行成本还原
    B. 能够提供各步骤半成品成本资料
    C. 能够为半成品和在产品的实物管理及资金管理提供数据
    D. 能够反映各步骤所耗上步骤半成品费用和本步骤加工费，有利于各步骤的成本管理

12. 在（   ）情况下要求进行成本还原。
    A. 各步骤半成品成本按实际成本分项结转
    B. 各步骤半成品成本按计划成本分项结转
    C. 各步骤半成品按实际成本综合结转
    D. 各步骤半成品按计划成本综合结转

13. 平行结转分步法的适用情况是（   ）。
    A. 半成品对外销售

B. 半成品不对外销售

C. 管理上不要求提供各步骤半成品成本资料

D. 半成品种类较多，逐步结转半成品成本的工作量较大

14. 按计划成本综合结转半成品成本的优点是（   ）。

A. 可以简化和加速半成品成本核算和产成品成本计算工作

B. 便于各步骤进行成本的考核和分析

C. 便于从整个企业的角度进行成本的考核和分析

D. 便于考核产品成本的构成和水平

15. 按实际成本综合结转半成品成本的缺点是（   ）。

A. 计算繁琐，工作量较大

B. 各步骤不能同时计算成本

C. 不能直接提供按原始成本项目反映的产品成本资料

D. 不能据以从整个企业的角度考核和分析产品成本的构成和水平

16. 采用综合结转法结转半成品成本的优点是（   ）。

A. 便于各生产步骤进行成本计算

B. 便于各生产步骤进行成本分析

C. 便于从整个企业的角度分析和考核产品成本的构成和水平

D. 便于同行业间产品成本进行对比分析

四、业务题

【业务 1】

（一）资料：

黄安企业 2016 年 4 月大量生产甲产品，分两个步骤，分别由两个车间进行。第一车间为第二车间提供半成品，第二车间将半成品加工为产成品，采用逐步结转分步法计算产品成本。

本月第一、二车间发生的生产费用（不包括所耗半成品的费用）如下：第一车间，原材料费用 12 600 元，工资及福利费 6 000 元，制造费用 12 200 元；第二车间，工资及福利费 7 400 元，制造费用 17 700 元。

本月初半成品库结存半成品 400 件，其实际成本 20 600 元。本月第一车间完工入库半成品 500 件，第二车间从半成品库领用甲半成品 700 件。本月第二车间完工入库产成品 350 件，在产品按定额成本计价，月初在产品定额成本：第一车间，原材料费用 3 800 元，工资及福利费 2 200 元，制造费用 46 00 元；第二车间，半成品费用 12 200 元，工资及福利费 2 400 元，制造费用 5 000 元。月末在产品定额成本：第一车间，原材料费用 5 600 元，工资及福利费 2 600 元，制造费用 5 200 元；第二车间，半成品费用 5 200 元，工资及福利费 1 000 元，制造费用 2 800 元。

（二）要求：

根据上述资料，登记产品成本明细账和自制半成品明细账，按实际成本综合结转半成品成本（库存半成品成本采用全月一次加权平均法计算），计算产成品成本。

表 4.3-1　产成品明细账

车间名称：第一车间
产品名称：半成品甲　　　　　　　　2016 年 4 月　　　　　　　　产量：　件

成本项目	月初在产品定额费用	本月费用	生产费用合计	完工半成品成本	月末在产品定额费用
原材料					
工资及福利费					
制造费用					
合计					
单位成本					

表 4.3-2　自制半成品明细账

半成品名称：甲产品　　　　　　　　2016 年 4 月　　　　　　　　计量单位：件

月份	月初余额		本月增加		合计			本月减少	
	数量	实际成本	数量	实际成本	数量	实际成本	单位成本	数量	实际成本
4									
5									

表 4.3-3　产品成本明细账

产品名称：甲产品
车间名称：第二车间　　　　　　　　2016 年 4 月　　　　　　　　产量：　件

成本项目	月初在产品定额费用	本月费用	生产费用合计	产成品成本		月末在产品定额费用
				总成本	单位成本	
半成品						
工资及福利费						
制造费用						
合计						

【业务 2】

（一）资料：

黄安企业 2016 年 7 月生产产品的成本资料见表 4.3-4。该企业采用逐步结转分步法中的综合结转法结转半成品成本。

表 4.3-4　还原前产成品成本表

项目	半成品	原材料	工资及福利费	制造费用	合计
还原前产成品成本	15 200	—	6 420	5 880	27 500
本月所产半成品成本	—	18 240	6 980	5 180	30 400

(二) 要求：

将本月所产产成品成本进行成本还原（填表 4.3-5 计算，写出计算过程）。

表 4.3-5　产品成本还原计算表

2016 年 7 月　　　　　　　　　　　　　　　　　产量：100 件

项目	还原分配率	半成品	原材料	工资及福利费	制造费用	合计
还原前产品成本						
本月所产半成品成本						
产品成本中半成品成本还原						
还原后产品总成本						
产成品单位成本						

【业务 3】

(一) 资料：

花莲企业 2016 年 7 月甲产品生产分两个步骤，分别由两个车间进行。第一车间生产半成品，交半成品库验收；第二车间按照所需数量向半成品库领用。已知：第二车间领用半成品 550 件，其单位成本 207.10 元。其他资料见表 4.3-6。

表 4.3-6　产品成本明细账

车间：第二车间　　　　　　　　　　　　　　　　2016 年 7 月

摘要	半成品	直接人工	制造费用	成本合计
月初在产品成本（定额成本）	95 000	4 950	24 750	124 700
本月生产费用		7 850	38 450	
生产费用累计				
产成品成本				
月末在产品成本（定额成本）	66 500	2 400	12 000	80 900

(二) 要求：

填表计算产成品成本。

【业务 4】

(一) 资料：

2016 年 8 月光明企业生产 B 产品，分两道生产工序进行加工。完工半成品不通过半成品库收发，直接交给下道工序继续加工。各工序月末在产品成本均采用固定成本计算。有关资料见表 4.3-7、表 4.3-8。

表 4.3-7　产品成本计算表

工序：第一道　　　　　　　　　　　　　　　2016 年 8 月

项目	产量	直接材料	直接人工	制造费用	成本合计
生产费用合计	100	2 200	560	920	
完工产品成本	80				
月末在产品成本（固定成本）	20	200	60	120	

表 4.3-8　产品成本计算表

工序：第二道　　　　　　　　　　　　　　　2016 年 8 月

项目	产量	直接材料	直接人工	制造费用	成本合计
生产费用合计		1 000	300	400	
上道工序转来					
完工产品成本	80				

（二）要求：

采用分项结转分步法填报计算并结转半产品成本及计算产成品成本。

五、思考题

1. 综合逐步结转有何特点？有何优缺点？
2. 为什么要进行成本还原？
3. 什么是平行结转分步法？其特点是什么？

项目五

成本计算辅助方法的应用

任务一 分 类 法

一、判断题

1. 分类法适用于产品规格繁多并可以按一定标准分类的企业。（　）
2. 分类法在类内各种产品之间分配费用，采用系数法分配，选择标准产品时，一般是选择产量最大的产品作为标准产品。（　）
3. 副产品是指在主要产品生产过程中附带生产出来的非主要产品。（　）
4. 分类法是一种成本计算的基本方法，可以在各类企业中运用。（　）
5. 采用分类法计算成本，每类产品内各种产品的直接费用和间接费用均采用分配方法分配计算。（　）

二、单项选择题

1. 分类法的适用范围是（　　）。
   A. 品种规格繁多的产品　　　　B. 可按一定标准分类的产品
   C. 大量大批生产的产品　　　　D. 品种规格繁多并可按一定标准分类的产品
2. 联产品是指（　　）。
   A. 一种材料加工出的几种主要产品　　B. 不同材料加工出的不同产品
   C. 一种材料加工出的主要产品和副产品　　D. 一种材料加工出的不同质量产品
3. 分类法的适用范围与企业的生产类型（　　）。
   A. 有关系　　　B. 有直接关系　　　C. 没有直接关系　　　D. 没有任何关系
4. 采用分类法计算产品成本，目的在于（　　）。
   A. 分品种计算产品成本　　　　B. 简化各种产品成本的计算工作
   C. 简化各类产品成本的计算工作　　　　D. 准确计算各种产品的成本
5. 在产品的品种、规格繁多的工业企业中，为了简化成本计算工作，还采用着一种简便的产品成本计算方法,即( )。

　　A. 品种法　　　　B. 分步法　　　　C. 分批法　　　　D. 分类法

6. 分类法下在计算类内不同产品的成本时,对于类内产品发生的各项费用( )。

　　A. 只有直接费用才需直接计入各种产品成本

　　B. 只有间接计入费用才需分配计入各种产品成本

　　C. 无论直接计入费用还是间接计入费用,都需采用一定的方法分配计入各种产品成本

　　D. 直接费用直接计入各种产品成本,间接计入费用分配计入各种产品成本

7. 采用分类法计算的各种产品成本( )。

　　A. 比较准确　　　　　　　　　　　B. 比较真实

　　C. 能真正体现成本水平　　　　　　D. 其计算结果有一定的假定性

8. 必须采用分类法计算成本的产品是( )。

　　A. 副产品　　　　B. 主产品　　　　C. 等级产品　　　　D. 联产品

9. 下列各项中,属于分类法优点的是( )。

　　A. 加强成本控制　　　　　　　　　B. 能提高成本计算的正确性

　　C. 能简化产品成本的计算工作　　　D. 能分品种掌握产品成本水平

10. 成本计算的分类法的特点是( )。

　　A. 按产品类别计算产品成本

　　B. 按产品品种计算产品成本

　　C. 按产品类别计算各类产品成本,同类产品内各种产品的间接计入费用采用一定方法分配确定

　　D. 按产品类别计算各类产品成本,同类产品内各种产品成本采用一定的方法分配确定

11. 对于分类法下某类别产品的总成本在类内各种产品之间的分配方法,是根据( )确定的。

　　A. 产品的生产特点　　　　　　　　B. 企业管理要求

　　C. 成本计算对象　　　　　　　　　D. 成本计算方法

12. ( )是系数分配法下的分配标准。

　　A. 总系数或标准产量　　　　　　　B. 产品市场售价

　　C. 产品定额成本　　　　　　　　　D. 产品的面积

13. 如果不同质量等级的产品,是违规操作或者技术不熟练等主观原因所造成的,一般采用( )。

　　A. 实物数量的比例分配法　　　　　B. 系数分配法

　　C. 销售收入分配法　　　　　　　　D. 标准产量分配法

三、多项选择题

1. 按照系数比例分配类内各种产品成本的方法( )。

　　A. 可以称为系数法　　　　　　　　B. 是一种分配间接计入费用的方法

　　C. 是分类法的一种　　　　　　　　D. 是一种简化的分类法

2. 采用分类法计算产品成本,某类产品中各种产品之间分配费用的标准可以选用( )。

A. 定额消耗量　　B. 定额费用　　C. 产品体积　　D. 相对固定的系数

3. 分类法下采用系数法计算各种产品成本时，被选作标准产品的产品应具备的条件（　　）。

A. 产量较大　　B. 产量较小　　C. 生产比较稳定　　D. 规格折中

4. 在采用分类法时，做到既简化成本计算工作，又使成本计算相对正确的关键是（　　）。

A. 产品的分类适当　　　　　　B. 选择费用的分配标准要恰当
C. 产品分类的类距要适当　　　D. 产品分类的类距越小越好

5. 产品成本计算的分类法是（　　）。

A. 按产品类别设置成本明细账
B. 按产品品种设置成本明细账
C. 按产品类别归集生产费用，计算产品成本
D. 同类产品内各种产品的间接费用采用一定的分配方法分配确定

6. 按系数比例分配同类产品中各种成本的方法是（　　）。

A. 分类法的一种　　　　　　B. 品种法的一种
C. 一种简化的分类法　　　　D. 一种单独计算产品成本的方法

7. 可以采用分类法计算产品成本的产品包括（　　）。

A. 联产品
B. 人工造成的等级品
C. 品种规格繁多且数量小，费用比重小且零星的产品
D. 品种规格繁多，但可以按一定标准分类的产品

8. 分类法计算产品成本不涉及生产类型，因而在各种类型的生产中可以应用。下列关于分类法作用的说法不正确的有（　　）。

A. 简化各类产品成本的计算工作　　B. 简化各种产品的成本计算工作
C. 便于进行成本分析和考核　　　　D. 便于掌握各类产品的成本水平

四、业务题

【业务1】

（一）资料：

开元工业企业大量生产 A、B、C 三种产品。这三种产品的结构、所用原材料和工艺过程相近，因而归为一类（甲类），采用分类法计算成本。

类内各种产品之间分配费用的标准如下：

原材料费用按各种产品的原材料费用系数分配，原材料费用系数按原材料费用定额确定（以 A 产品为标准产品）；其他费用按定额工时比例分配。

2016 年 6 月份费用数据如下：

1. A、B、C 三种产品原材料费用定额分别为 50 元、60 元和 45 元；工时消耗定额分别为 14 小时、16 小时和 13 小时；产量分别为 2 000 件、1 500 件和 1 200 件。

2. 本月甲类产品成本明细账见表 5.1-1（其中月初、月末在产品成本按所耗原材料费用计算）。

(二) 要求：

计算 A、B、C 三种产品的原材料费用系数；计算甲类产品成本计算。

表 5.1-1　产品成本明细账

2016 年 6 月

项目	材料费用	直接人工	制造费用	合计
月初在产品成本	38 920			38 920
本月生产费用	252 960	74 360	81 796	409 116
生产费用累计	291 880	74 360	81 796	448 036
产成品成本	256 200	74 360	81 796	412 356
月末在产品成本	35 680			35 680

【业务 2】

(一) 资料：

盛世企业所属的第三分厂成本计算采用分类法，其所生产的产品按产品结构分为 A、B 两大类，每类产品的月末在产品均按所耗直接材料成本计算，其他费用全部由完工产品负担，2016 年 10 月末在产品成本按定额成本计价法计算。

本月有关资料见表 5.1-2～表 5.1-5。

表 5.1-2　直接材料定额成本

2016 年 10 月

产品类别	单耗定额/千克	计划单价/元	定额成本/元
A 类产品	10	1	10
B 类产品	8	2	16

表 5.1-3　产量和单位定额成本

2016 年 10 月

产品类别	规格	产量/件	单位定额成本/元
A 类产品	A-1	100	12
A 类产品	A-2	300	10
A 类产品	A-3	200	14
B 类产品	B-1	300	20
B 类产品	B-2	100	25
B 类产品	B-3	50	32

表 5.1-4　月初在产品成本及本月发生费用

2016 年 10 月

产品类别	月初在产品直接材料定额成本	本月发生费用			
		直接材料	直接人工	制造费用	合计
A 类产品	260	5 600	2 300	3 000	10 900
B 类产品	180	8 400	2 700	2 000	13 100

表 5.1-5　月末在产品数量及单位定额成本

产品类别	数量/件		单位定额成本/元	定额成本/元
A 类产品	A-1	15	12	500
	A-2	18	10	
	A-3	10	14	
B 类产品	B-1	3	20	320
	B-2	4	25	
	B-3	5	32	

（二）要求：

按下列要求编制成本计算表，完成 A、B 各类产品成本和类内的各种产品成本计算。

（1）计算 A、B 类产品的生产成本（见表 5.1-6、表 5.1-7）。

表 5.1-6　成本计算单

产品：A 类产品　　　　　　　　2016 年 10 月　　　　　　　　单位：元

月	日	摘要	直接材料	直接工资	制造费用	合计
7	31	期初在产品成本				
8	31	本月生产费用				
8	31	生产费用合计				
8	31	本月完工产品成本				
8	31	期末在产品成本				

表 5.1-7　成本计算单

产品：B 类产品　　　　　　　　2016 年 10 月　　　　　　　　单位：元

月	日	摘要	直接材料	直接工资	制造费用	合计
7	31	期初在产品成本				
8	31	本月生产费用				
8	31	生产费用合计				
8	31	本月完工产品成本				
8	31	期末在产品成本				

(2) 计算各类产品的类内各种产品的系数（见表 5.1–8）。

表 5.1–8　各类产品类内各种产品系数计算表

2016 年 10 月

产品类别	规格	产量/件	单位定额成本/元	系数	标准产量
A 类产品	A–1				
	A–2				
	A–3				
B 类产品	B–1				
	B–2				
	B–3				

(3) 计算各种产品的总成本和单位成本（见表 5.1–9）。

表 5.1–9　各类产品类内各种产品系数计算表

年　月　　　　　　　　　　　　　　　　　　　金额单位：元

项目	产量/件	总系数	直接材料分配额	直接工资分配额	制造费用分配额	各种产品总成本	单位成本
A 类产品							
分配率							
A–1							
A–2							
A–3							
合计							
B 类产品							
分配率							
B–1							
B–2							
B–3							
合计							

五、思考题

1. 什么是分类法？分类法的成本计算特点是什么？
2. 分类法的成本计算程序是怎样的？
3. 分类法下，在同类产品内各种产品之间分配费用的标准有哪些？

任务二 定 额 法

一、判断题

1. 定额成本法不仅是一种成本计算的基本方法，还是一种产品成本控制方法。（　　）
2. 定额变动差异是定额本身变动的结果，它与生产中费用支出的节约或浪费无关；而脱离定额差异则反映生产费用支出符合定额的程度。（　　）
3. 定额法是为了简化成本计算而采用的一种成本计算方法。（　　）
4. 分类法和定额法是成本计算的辅助方法，可以单独应用于各种类型的生产。（　　）
5. 定额成本是一种目标成本，是企业进行成本控制和考核的依据。（　　）
6. 定额成本和计划成本都是以产品消耗的现行定额和计划单价计算的。（　　）
7. 在定额法下，退料单是一种差异凭证。（　　）
8. 在计算月初在产品定额变动差异时，如果是定额降低的差异，应从月初在产品定额成本中减去，同时加到累计的产品成本中。（　　）
9. 定额成本下，产品实际成本为产品定额成本与脱离定额差异、原材料成本差异、月初在产品定额变动的代数和。（　　）

二、单项选择题

1. 某产品原材料定额费用为 10 000 元，原材料脱离定额差异为 –2 000 元，材料成本差异率为 –1%，该产品应分配的原材料成本差异为（　　）。

    A. 20 元　　　　B. –80 元　　　　C. –100 元　　　　D. –120 元

2. 计算月初在产品的定额变动差异，其目的是（　　）。

    A. 正确计算本月产成品的定额成本　　B. 正确计算本月半成品的实际成本
    C. 调整本月发生的定额成本　　　　　D. 调整月初在产品的定额成本

3. A 产品的某些零件从本月初起修订原材料定额。A 产品每件产品旧的原材料费用定额为 20 元，新的原材料费用定额为 16 元。A 产品上月末在产品的原材料定额费用为 5 000 元。本月初在产品定额变动差异为（　　）。

    A. 1 250 元　　　B. –1 250 元　　　C. 1 000 元　　　D. –1 000 元

4. 某企业采用盘存法计算定额原材料费用。甲产品期初在产品 30 件，本月完工 160 件，期末在产品 15 件；甲产品原材料计划单位成本 10 元。本月定额原材料费用为（　　）。

    A. 1 450 元　　　B. 1 600 元　　　C. 1 750 元　　　D. 1 900 元

5. 定额成本与计划成本的关系是（　　）。

    A. 两者一样
    B. 两者无关系
    C. 前者是根据计划期内平均定额计算的，后者是根据现行定额计算的
    D. 前者是根据现行定额计算的，后者是根据计划期内平均定额计算的

6. 原材料脱离定额差异是（　　）。

    A. 价格差异　　　　　　　　　　B. 数量差异

C. 原材料成本差异　　　　　　　　D. 一种定额变动差异

7. 在完工产品成本中，如果月初在产品定额变动差异是正数，则说明（　　）。
　　A. 定额提高　　　　　　　　　　　B. 定额降低
　　C. 定额和成本管理好　　　　　　　D. 定额和成本管理有问题

8. 在脱离定额差异的核算中，与制造费用脱离定额差异核算方法相同的是（　　）。
　　A. 原材料　　　　　　　　　　　　B. 自制半成品
　　C. 生产工人计时工资　　　　　　　D. 生产工人计件工资

9. 产品成本计算的定额法，在适应范围上（　　）。
　　A. 与生产类型直接相关　　　　　　B. 与生产类型无关
　　C. 适用于大量生产　　　　　　　　D. 适用于小批生产

10. 企业大量生产一种产品，领料时使用限额领料单和超额领料单，以便控制材料的日常消耗，月末，在确认材料脱离定额差异时应采用的方法是（　　）。
　　A. 限额法　　　　B. 切割法　　　　C. 盘点法　　　　D. 技术推算法

11. 能够配合和加强生产费用和产品成本定额管理的产品成本计算方法是（　　）。
　　A. 分批法　　　　B. 分步法　　　　C. 定额法　　　　D. 分类法

12. 产品成本计算的基本方法和辅助方法的划分标准在于（　　）。
　　A. 对于计算产品实际成本是否必要　　B. 成本计算工作的繁简程度
　　C. 对成本管理作用的大小　　　　　　D. 成本计算步骤的多少

13. 在生产过程中，企业实际发生的费用与定额费用的差异是（　　）。
　　A. 定额变动差异　　　　　　　　　B. 耗用量差异
　　C. 费用率差异　　　　　　　　　　D. 定额差异

14. 材料定额成本应该等于（　　）乘以单位产品材料消耗定额，再乘以计划单价。
　　A. 本月投入产品数量　　　　　　　B. 月初在产品数量
　　C. 本月完工产品数量　　　　　　　D. 月末在产品数量

15. 定额法的主要缺点是（　　）。
　　A. 只适用于大批大量生产的机械制造企业
　　B. 较其他成本计算方法核算工作量大
　　C. 不能合理、简便地解决完工产品和月末在产品之间的费用分配问题
　　D. 不便于企业进行成本分析

三、多项选择题

1. 原材料脱离定额差异的计算方法有（　　）。
　　A. 限额法　　　　B. 年限法　　　　C. 盘存法　　　　D. 切割核算法

2. 产品定额成本和计划成本的相同之处有（　　）。
　　A. 两者均为目标成本
　　B. 两者均以相同的消耗定额为计算依据
　　C. 两者均以相同的计划价格为计算依据
　　D. 两者制定过程均为成本事前控制过程

3. 定额法的主要优点有（　　）。

A. 有利于加强成本控制，便于成本定期分析
B. 有利于提高成本的定额管理和计划管理水平
C. 能较为合理、简便地解决完工产品和月末在产品之间费用分配问题
D. 较其他成本计算方法核算工作量小

4. 计算和分析脱离定额成本差异主要包括（   ）。
   A. 直接材料脱离定额差异   B. 直接人工脱离定额差异
   C. 制造费用脱离定额差异   D. 管理费用脱离定额差异

5. 采用定额法计算产品成本，应具备的条件有（   ）。
   A. 定额管理制度比较健全   B. 定额管理工作基础比较好
   C. 产品生产已经定性   D. 消耗定额比较准确、稳定

6. 在定额法下，产品的实际成本是（   ）的代数和。
   A. 按现行定额成本计算的产品定额成本
   B. 脱离现行定额的差异
   C. 材料成本差异
   D. 月初在产品定额变动差异

7. 计算和分析脱离定额成本差异主要包括（   ）。
   A. 直接材料脱离定额差异   B. 直接人工费用脱离定额差异
   C. 制造费用脱离定额差异   D. 管理费用脱离定额差异

8. 指明以下属于几种产品成本计算方法同时应用的有（   ）。
   A. 基本生产车间采用分步法，场内供电车间采用品种法
   B. 发电厂的发电车间采用品种法，供水车间不单独计算供水成本
   C. 大量生产产品时采用分步法，小批生产产品时采用分批法
   D. 毛坯生产采用品种法，加工装配采用分步法

9. 成本计算的辅助方法有（   ）。
   A. 品种法   B. 分批法   C. 定额法   D. 分类法

10. 将分类法和定额法归类为产品成本计算的辅助方法是因为这两种方法（   ）。
    A. 与生产类型的特点有直接关系
    B. 成本计算工作繁重
    C. 对于成本管理不重要
    D. 从计算产品实际成本的角度来说，它们不是必不可少的方法

11. 原材料费用脱离定额差异等于（   ）。
    A. 原材料计划价格费用与原材料定额费用的差
    B. 原材料实际价格费用与原材料定额费用的差
    C. 原材料计划消耗量减去定额消耗量再乘以材料计划价格的积
    D. 原材料实际消耗量减去定额消耗量再乘以材料计划价格的积

12. 在定额法下，产品的实际成本是下列哪几项的代数和：（   ）。
    A. 按现行定额计算的产品定额成本   B. 脱离现行定额的差异
    C. 材料成本差异   D. 月初在产品定额变动差异

四、业务题

【业务 1】

（一）资料：

安民工厂生产车间 A 产品采用定额法计算成本。本月份有关 A 产品原材料费用如下：

（1）月初在产品原材料定额费用 1 000 元，原材料脱离定额差异为节约 147 元，月初在产品原材料定额调整为降低 100 元，定额变动差异完全由完工产品负担。

（2）本月投产原材料定额费用为 24 000 元，原材料脱离定额差异为节约 600 元。

（3）本月原材料成本差异额为节约 350 元，原材料成本差异全部由完工 A 产品成本负担。

（4）本月完工 A 产品原材料定额费用为 22 000 元。

（二）要求：

计算完工 A 产品和月末在产品实际原材料费用（列出计算过程）。

【业务 2】

（一）资料：

广安企业生产 A 产品，采用定额成本法对完工产品和月末在产品的材料费用进行分配。已知：月初在产品定额成本 1 000 元，脱离定额差异 −10；本月发生定额成本 9 000 元，脱离定额差异 +110 元；本月产成品 85 件，每件定额成本 100 元，材料成本差异率为 +2%。

（二）要求：

计算产成品实际成本。

【业务 3】

（一）资料：

浏兰企业所产甲产品采用定额成本法计算成本。本月甲产品原材料费用的资料如下：

（1）月初在产品原材料定额费用为 2 000 元，月初在产品原材料脱离定额的差异为超支 50 元，月初在产品定额费用调整为降低 40 元，定额变动差异全部由完工产品负担；

（2）本月原材料定额费用为 24 000 元，脱离定额的差异为节约 500 元；

（3）本月原材料成本差异率为节约 2%，材料成本差异全部由完工产品成本负担；

（4）本月完工产品的原材料定额费用为 22 000 元。

（二）要求：

（1）计算月末在产品的原材料定额费用；

（2）计算完工产品和月末在产品的原材料实际费用（原材料脱离定额差异，按定额成本比例在完工产品和月末在产品之间分配）（百分数保留 4 位小数）。

【业务 4】

（一）资料：

路飞制造企业生产 A 产品，按定额成本计算产品成本。材料在生产开始时一次投入。已知：月初在产品材料定额成本为 1 100 元；上月单位产品材料消耗定额成本 55 元；本月新修订单位产品材料消耗定额成本 49.5 元。

（二）要求：

计算月初在产品修订后的材料定额成本和定额变动差异。

五、简答题

1. 简述产品成本计算的定额法的特点。
2. 简述定额法的计算程序。
3. 定额成本与计划成本有哪些异同?
4. 什么是定额变动差异?怎样确定定额变动差异?

第二部分

单项实训

项目六

品种法

一、实训目标

能应用产品成本计算的品种法进行成本核算。

二、实训要求

1. 设置生产成本——基本生产成本—甲产品、生产成本——基本生产成本—乙产品明细账（见表 6.1–12、表 6.1–13），登记月初在产品成本；设置生产成本——辅助生产成本—供水车间明细账（见表 6.1–8）；设置制造费用——基本生产车间、制造费用——供水车间、管理费用明细账（见表 6.1–10、表 6.1–7、表 6.1–14）。

2. 根据实训资料归集分配各项生产费用，编制各种生产费用分配表。

3. 根据原始资料及生产费用分配表编制会计分录。

4. 根据会计分录登记设置的生产成本、制造费用、管理费用明细账，完成生产成本、制造费用、管理费用明细账的计算和编制。

三、操作准备

配备蓝（黑）笔、算盘或计算器、分录纸、生产成本、制造费用明细账。

四、实训内容

（一）企业概况

亚辰工厂设有基本生产车间，大量生产甲、乙两种产品，设有辅助生产车间—供水车间，为车间和其他部门提供生产用水和日常用水，设有厂行政管理部门。根据本厂生产经营特点和成本管理要求，基本生产车间、辅助生产车间均单独设置"制造费用"账户。

已知：2016 年 5 月生产甲产品 4 000 件，生产乙产品 2 000 件，原材料按实际成本计价，在开工时一次投入。

（二）月初在产品成本

甲产品月初在产品成本合计 8 625 元，其中：直接材料 4 200 元，直接人工 2 225 元，制造费用 2 200 元；乙产品月初在产品成本合计 8 380 元，其中直接材料 4 400 元，直接人工 2 750 元，制造费用 1 230 元。

（三）本月发生如下经济业务（见表 6.1-1～表 6.1-14），填制相关费用分配表并编制会计分录。

1. 根据各车间、部门耗用材料汇总如下：

表 6.1-1　亚辰工厂耗用材料汇总表

2016 年 5 月　　　　　　　　　　　　　　　　　　　单位：元

领料部门	用途	金额
基本生产车间	生产甲产品直接耗用材料	58 000
	生产乙产品直接耗用材料	45 000
	生产甲、乙材料共同耗用材料	23 400
	车间机物料耗用材料	1 400
辅助车间—供水车间	供水直接耗用材料	5 000
	车间一般耗用材料	1 200
厂部管理部门	维修耗用材料	2 600
合计		136 600

注：甲、乙两种产品共耗材料按定额耗用量比例分配。已知：生产甲产品单位消耗材料定额 10 千克，生产乙产品单位消耗材料定额 6 千克。

表 6.1-2　亚辰工厂共耗材料费用分配表

2016 年 5 月　　　　　　　　　　　　　　　　　　　单位：元

产品名称	材料定额耗用总量/千克	费用分配率	分配金额
合计			

2. 本月耗用外购电力汇总如下：

表 6.1-3　亚辰工厂本月外购电力汇总表

2016 年 5 月　　　　　　　　　　　　　　　　　　　单位：元

部门	用途	数量（度）	单价	金额
基本生产车间	生产甲产品耗用	18 000	0.8	14 400
	生产乙产品耗用	11 500	0.8	9 200
	日常耗用	1 200	0.8	960

续表

部门	用途	数量（度）	单价	金额
供水车间	直接耗用	2 000		1 600
	日常耗用	240		192
厂部管理部门	日常耗用	3 600		2 880
合计		36 940	0.8	29 232

3. 本月工资费用汇总资料如下：

表 6.1−4　亚辰工厂本月工资费用汇总表

2016 年 5 月　　　　　　　　　　　　　　　　　单位：元

部门	人员类别	应付工资	代扣金额	实领工资
基本生产车间	生产甲、乙产品工人	75 000	3 000	72 000
	车间管理人员	9 000	600	8 400
供水车间	车间工人	9 400	650	8 750
	车间管理人员	3 000	180	2 820
厂部管理部门	管理人员	28 000	1 600	26 400
合计		124 400	6 030	118 370

注：生产甲、乙工人工资按生产工时比例分配。已知：生产甲产品实际工时 1 800 小时，生产乙产品实际工时 1 200 小时。

表 6.1−5　亚辰工厂工资费用分配表

2016 年 5 月　　　　　　　　　　　　　　　　　单位：元

	生产工时/小时	费用分配率	分配金额（元）
合计			

4. 本月计提应付职工其他薪酬汇总表如下：

表 6.1−6　亚辰工厂本月其他薪酬计提汇总表

2016 年 5 月　　　　　　　　　　　　　　　　　单位：元

车间或部门人员类别	应付工资	福利费 6%	工会经费 2%	教育经费 1.5%	医疗保险 8%	合计
基本车间甲产品工人						

续表

车间或部门人员类别	应付工资	福利费 6%	工会经费 2%	教育经费 1.5%	医疗保险 8%	合计
基本车间乙产品工人						
基本车间管理人员						
供水车间工人						
供水车间管理人员						
厂部管理人员						
合计						

5. 本月基本车间固定资产原值 1 500 000 元，供水车间固定资产原值 400 000 元，厂部管理部门固定资产原值 1 000 000 元，月折旧率 0.5%。

6. 本月以银行存款支付基本生产车间办公费 1 600 元，供水车间办公费 1 078 元，厂部管理部门办公费 3 800 元。

7. 月末归集并结转辅助生产车间——供水车间的制造费用。

表 6.1-7　制造费用明细账

生产单位：供水车间　　　　　　2016 年 5 月　　　　　　　　单位：元

摘要	费用明细项目						合计
	材料消耗	电费	管理人员工资	管理人员其他薪酬	折旧费	办公费	
车间耗用材料							
外购电费							
分配工资费用							
计提其他薪酬							
计提折旧额							
购办公用品							
本月发生额合计							
月末分配结转							

8. 月末归集供水车间的辅助生产费用，按直接分配法分配辅助生产费用。供水车间本月提供水 20 512 吨，其中：基本生产车间 19 212 吨，厂部 1 300 吨。

表 6.1-8　辅助生产成本明细账

生产单位：供水车间　　　　　2016 年 5 月　　　　　金额单位：元

摘要	成本项目			合计
	直接材料	直接人工	制造费用	
本月发生材料费用				
本月发生动力费用				
本月发生工资费用				
本月发生其他薪酬				
本月发生制造费用				
本月发生额合计				
月末分配结转				

表 6.1-9　辅助生产费用分配表（直接分配法）

2016 年 5 月　　　　　金额单位：元

项目	供水车间	
	劳务量/吨	金额
待分配费用		
劳务供应量		
单位成本		
受益部门和单位：		
基本车间产品生产		
管理部门		
合计		

9. 月末归集基本生产车间的制造费用，按生产甲、乙产品实际生产工时比例分配甲、乙产品应负担的制造费用。

表 6.1-10　制造费用明细账

生产单位：基本生产车间　　　　　2016 年 5 月　　　　　金额单位：元

摘要	费用明细项目						合计
	机物料消耗	水电费	管理人员工资	管理人员其他薪酬	折旧费	办公费	
车间耗用材料							

续表

摘要	费用明细项目						合计
	机物料消耗	水电费	管理人员工资	管理人员其他薪酬	折旧费	办公费	
外购电费							
分配工资费用							
计提其他薪酬							
计提折旧额							
购办公用品							
分配辅助费用							
发生额合计							
月末分配结转							

表 6.1-11　亚辰工厂制造费用分配表

2016 年 5 月　　　　　　　　　　　　　　　　金额单位：元

产品	生产工时/小时	分配率	分配金额
合计			

10. 月末完工甲产品 3 600 件，月末在产品 400 件，在产品人工、制造费用完工率均为 50%，采用约当产量法计算完工甲产品的总成本和单位成本。完成生产成本明细账的编制。结转完工入库产品成本。

表 6.1-12　生产成本明细账（产品成本计算单）

生产单位：基本生产车间　　　2016 年 5 月　　产品：甲产品　　　金额单位：元

摘要	直接材料	直接人工	制造费用	合计
月初在产品成本				
本月生产费用				
生产费用合计				
完工产品产量				
在产品约当量				
生产总量				
费用分配率（单位成本）				
本月完工产品总成本				
月末在产品成本				

11. 月末完工乙产品 1 800 件,月末在产品 200 件,月末在产品定额资料如下:单位在产品耗用原材料 32 元,单位在产品定额人工费用 12 元,单位在产品定额制造费用 6.50 元。采用在产品按定额成本计算法计算完工乙产品的总成本和单位成本。完成生产成本明细账的编制。结转完工入库产品成本。

表 6.1-13　生产成本明细账（产品成本计算单）

生产单位：基本生产车间　　2016 年 5 月　　产品：乙产品　　金额单位：元

摘要	直接材料	直接人工	制造费用	合计
月初在产品成本				
本月生产费用				
生产费用合计				
本月完工产品总成本				
本月完工产品单位成本				
月末在产品定额成本				

12. 月末归集并结转管理费用。

表 6.1-14　管理费用明细账

2016 年 5 月　　金额单位：元

摘要	费用明细项目						合计
	维修费	水电费	管理人员工资	管理人员其他薪酬	折旧费	办公费	
耗用材料							
外购电费							
分配工资费用							
计提其他薪酬							
计提折旧额							
购办公用品							
分配辅助费用							
本月发生额合计							
月末结转							

项目七

分 批 法

一、实训目标

能应用产品成本计算的分批法进行成本核算。

二、实训要求

1. 按产品批别开设产品成本计算单。
2. 根据实训资料归集分配各项生产费用,编制各种生产费用分配表。
3. 根据原始资料及生产费用分配表编制会计分录。
4. 根据会计分录登记成本费用明细账。
5. 计算本月完工产品和月末在产品成本,编制结转完工产品成本的会计分录。

三、操作准备

配备蓝(黑)笔、算盘或计算器、分录纸、各类费用明细账。

四、实训内容

【实训1】

(一)资料:

晨光企业 2016 年 10 月第一生产车间生产 701 批次甲产品、501 批次乙产品、702 批次丙产品三批产品,10 月份有关成本资料如下:

1. 月初在产品成本:701 甲产品为 208 000 元,其中直接材料 168 000 元,直接人工 24 000 元,制造费用 16 000 元;702 丙产品 248 000 元,其中直接材料 240 000 元,直接人工 4 000 元,制造费用 4 000 元。

2. 本月生产情况:701 甲产品为 9 月 2 日投产 40 件,本月 26 日已全部完工验收入库,本月实际生产工时为 16 000 小时。501 乙产品为本月 3 日投产 120 件,本月已完工入库 6 件,本月实际生产工时为 8 800 小时。702 丙产品为 9 月 6 日投产 60 件,本月尚未完工,本月实际生产工时为 80 000 小时。

3. 本月发生生产费用：本月投入原材料 792 000 元，全部为 501 乙产品耗用。本月产品生产工人工资为 98 400 元，提取应付福利费为 13 776 元，制造费用总额为 88 560 元。

4. 单位产品定额成本：501 乙产品单位产品定额成本为 4 825 元，其中直接材料 3 300 元，直接人工 825 元，制造费用 700 元。

（二）要求：

1. 按产品批别开设产品成本计算单并登记月初在产品成本，填表 7.1–1～表 7.1–5。
2. 编制 501 批次产品耗用原材料的会计分录并计入产品成本计算单。
3. 采用生产工时分配法在各批产品之间分配本月发生的直接人工费用，根据分配结果编制会计分录并计入有关产品成本计算单。
4. 采用生产工时分配法在各批产品之间分配本月发生的制造费用，根据分配结果编制会计分录并计入有关产品成本计算单。
5. 计算本月完工产品和月末在产品成本，编制结转完工产品成本的会计分录。501 批次乙产品本月少量完工，其完工产品成本按定额成本结转。

表 7.1–1　直接人工费用分配表

2016 年 10 月　　　　　　　　　　　　　　　　　　　　　　单位：元

产品	生产工时	分配工人工资		分配福利费		合计
		分配率	分配金额	计提比例	分配金额	
701 批产品						
501 批产品						
702 批产品						
合计						

表 7.1–2　制造费用分配表

2016 年 10 月　　　　　　　　　　　　　　　　　　　　　　单位：元

产品	生 产 工 时	分 配 率	分配金额
701 批产品			
501 批产品			
702 批产品			
合计			

表 7.1–3　制造费用分配表

批别：701 批次　　　　　　　　产品：甲产品

摘要	直接材料	直接人工	制造费用	合计
月初在产品成本				
本月生产费用				
生产费用合计（完工产品总成本）				
完工产品数量				
完工产品单位成本				

表 7.1-4　产品成本计算单

批别：501 批次　　　　　　　　　　　　产品：乙产品

摘要	直接材料	直接人工	制造费用	合计
本月生产费用				
完工产品数量				
完工产品单位定额成本				
完工产品定额总成本				
月末在产品成本				

表 7.1-5　产品成本计算单

批别：702 批次　　　　　　　　　　　　产品：丙产品

摘要	直接材料	直接人工	制造费用	合计
月初在产品成本				
本月生产费用				
生产费用合计（月末在产品成本）				

【实训 2】

（一）资料：

宏远企业生产甲、乙两种产品，生产组织属于小批生产，采用分批法计算成本。2005 年 5 月份的生产情况和生产耗费资料如下（见表 7.2-1）：

（1）5 月份生产的产品批号有：

9746 批号甲产品 5 台，4 月份投产，本月完工。本批产品系 A 厂订货。

9751 批号甲产品 12 台，本月投产，完工 8 台，未完工 4 台。本批产品系 B 厂订货。

9752 批号乙产品 10 台，本月投产，计划下月完工，月末提前完工 2 台。本批产品系 C 公司订货。

（2）本月份的成本资料如下：

9746 批号甲产品的月初在产品费用如下：原材料 4 600 元，动力费 5 000 元，直接人工 2 250 元，制造费用 1 500 元。

表 7.2-1　各批产品本月发生的生产费用

批号	原材料	动力费	直接人工	制造费用
9746		900	3 450	2 100
9751	6 720	1 392	4 704	2 592
9752	9 200	1 900	8 100	5 200

9751 批号甲产品完工数量较大，完工产品与月末在产品之间采用约当产量比例进行分配。在产品的完工程度为 40%。原材料在生产开始时一次投入。

9752批号乙产品完工数量少，按计划成本结转，每台计划成本如下：原材料900元，燃料及动力180元，直接人工820元，制造费用530元。

（二）要求：

1. 登记产品成本明细账，见表7.2-2～表7.2-4。
2. 计算各批甲、乙产品的完工产品成本和月末在产品成本。
3. 编制结转完工产品成本的会计分录。

表7.2-2 产品成本明细账

产品批号：9746　　　　　　产品名称：甲　　　　　　投产日期：
购货单位：A厂　　　　　　批量：　　　　　　　　　完工日期：

月	日	摘要	原材料	燃料及动力	工资及福利费	制造费用	合计
4	30	期初在产品费用					
5	31	本月生产费用					
5	31	累计					
5	31	完工产成品成本					
5	31	完工产品单位成本					

表7.2-3 产品成本明细账

产品批号：9751　　　　　　产品名称：甲　　　　　　投产日期：
购货单位：B厂　　　　　　批量：　　　　　　　　　完工日期：完工8台

月	日	摘要	原材料	燃料及动力	工资及福利费	制造费用	合计
5	31	本月生产费用					
5	31	转产成品					
5	31	产成品单位成本					
5	31	月末在产品成本					

表7.2-4 产品成本明细账

产品批号：9752　　　　　　产品名称：乙　　　　　　投产日期：
购货单位：C公司　　　　　　批量：　　　　　　　　　完工日期：完工2台

月	日	摘要	原材料	燃料及动力	工资及福利费	制造费用	合计
5	31	本月生产费用					
5	31	单台计划成本					
5	31	转完工产品成本					
5	31	月末在产品成本					

【实训3】

（一）资料：

新风企业生产甲、乙、丙三种产品，基本生产二级账和基本生产明细账见表 7.3-1～表 7.3-4。月末，甲产品全部完工，乙产品完工 4 件，丙产品全部在制。完工的乙产品的生产工时为 1 500 小时。

（二）要求：

采用简化分批法计算产品成本，登记基本生产二级账和基本生产明细账。

表 7.3-1 基本生产二级账

	材料费用	工时	人工费用	制造费用	合计
6月份发生	60 000	4 000	24 000	16 000	100 000
7月份发生	80 000	6 000	36 000	24 000	140 000
8月份发生	50 000	5 000	30 000	20 000	100 000
累计					
分配率					
完工转出					
月末在产					

表 7.3-2 基本生产明细账

产品名称：甲产品　　　　　　　批号：119　　　　　　　投产量：30 件

	材料费用	工时	人工费用	制造费用	合计
6月份发生	60 000	4 000			
7月份发生		2 000			
8月份发生		1 000			
累计及分配率					
完工产品总成本					
完工产品单位成本					

表 7.3-3 基本生产明细账

产品名称：乙产品　　　　　　　批号：200　　　　　　　投产量：20 件

	材料费用	工时	人工费用	制造费用	合计
7月份发生	80 000	4 000			
8月份发生		2 500			
累计及分配率					
完工产品总成本					
月末在产品成本					

表 7.3-4 基本生产明细账

产品名称：丙产品　　　　　　　批号：201　　　　　　　投产量：15 件

	材料费用	工时	人工费用	制造费用	合计
8 月份发生	50 000	1 500			

【实训 4】

（一）资料：

顺达企业所属的一个分厂，是属于小批生产，产品批别多，生产周期长，每月末经常有大量未完工的产品批数。为了简化核算工作，采用简化的分批法计算成本。该厂计算 20×× 年 4 月成本的有关资料如下：

1. 月初在产品成本。

（1）直接费用（直接材料）：101 批号 3 750 元，102 批号 2 200 元，103 批号 1 600 元。

（2）间接费用：直接人工 1 725 元，制造费用 2 350 元。

2. 月初在产品累计耗用工时：101 批号 1 800 工时，102 批号 590 工时，103 批号 960 工时。月初累计耗用 3 350 工时。

3. 本月的产品批别、发生的工时和直接材料见表 7.4-1。

表 7.4-1　产品的批别、工时和直接材料费用

产品名称	批号	批量	投产日期	完工日期	本月发生	
					工时	直接材料
甲	101#	10 件	2 月	4 月	450	250
乙	102#	5 件	3 月	4 月	810	300
丙	103#	4 件	3 月	预计 6 月	1 640	300

4. 本月发生的各项费用：直接工资 1 400 元，制造费用 2 025 元。

（二）要求：

根据上述有关资料计算 4 月份已完工的 101 批号的甲产品、102 批号的乙产品成本，未完工的 103 批号的丙产品暂不分配负担间接费用（见表 7.4-2～表 7.4-5）。

表 7.4-2　基本生产成本二级账

月	日	摘要	直接材料	工时	直接人工	制造费用	合计

表 7.4-3　基本生产成本明细账

批号：101#　　　　　　　　　　　　　　　　　　　　　　　　　投产日期：2 月
产品名称：甲产品　　　　　　　　批量：10 件　　　　　　　　完工日期：4 月

月	日	摘要	直接材料	工时	直接人工	制造费用	合计

表 7.4-4　基本生产成本明细账

批号：102#　　　　　　　　　　　　　　　　　　　　　　　　　投产日期：3 月
产品名称：乙产品　　　　　　　　批量：5 件　　　　　　　　　完工日期：4 月

月	日	摘要	直接材料	工时	直接人工	制造费用	合计

表 7.4-5　基本生产成本明细账

批号：103#　　　　　　　　　　　　　　　　　　　　　　　　　投产日期：3 月
产品名称：丙产品　　　　　　　　批量：4 件　　　　　　　　　完工日期：6 月

月	日	摘要	直接材料	工时	直接人工	制造费用	合计

项目八

分步法

一、实训目标

能应用产品成本计算的分步法进行成本核算。

二、实训要求

1. 按产品批别开设产品成本计算单。
2. 根据实训资料归集分配各项生产费用,编制各种生产费用分配表。
3. 根据原始资料及生产费用分配表编制会计分录。
4. 根据会计分录登记成本费用明细账。
5. 计算本月完工产品和月末在产品成本,编制结转完工产品成本的会计分录。

三、操作准备

配备蓝(黑)笔、算盘或计算器、分录纸、各类费用明细账。

四、实训内容

【实训 1】

(一)资料:

胜芳企业生产甲产品,有两个基本生产车间顺序进行加工,在产品按定额成本计价;半成品通过半成品库收发。各步骤所耗半成品成本按加权平均单位成本计算。该厂本月份产量、成本和在产品定额成本及月初结存自制半成品资料见表8.1-1~表8.1-4。

表 8.1-1 产品产量记录　　　　　　单位:件

项目	一车间	二车间
月初在产品	100	120
本月投产或半成品	540	520

续表

项目	一车间	二车间
本月完工产品	500	540
月末在产品	140	100

表 8.1-2 单位在产品定额成本资料 单位：元

项目	直接材料	直接人工	制造费用	合计
一车间	100	80	69	249
二车间	130	100	80	310

表 8.1-3 生产费用资料 单位：元

成本项目	一车间		二车间	
	月初在产品	本月费用	月初在产品	本月费用
直接材料	10 000	120 000	15 600	
直接人工	8 000	76 000	12 000	24 000
制造费用	6 900	40 800	9 600	26 600
合计	24 900	236 800	37 200	50 600

表 8.1-4 自制半成品期初资料 单位：元

摘要	数量	直接材料	直接人工	制造费用	合计
月初余额	110	25 319	15 894	8 381	49 594

（二）要求：

1. 编制第一车间、第二车间生产成本明细账（见表 8.1-5、表 8.1-6）；
2. 登记自制半成品明细账（见表 8.1-7）。

表 8.1-5 基本生产成本明细账

车间名称：一车间　　　　　　　　　　　　　　　　　　　　产品名称：甲半成品

项目	直接材料	直接人工	制造费用	合计
月初在产品定额成本				
本期发生费用				
费用合计				
完工半成品成本				
半成品单位成本				
月末在产品定额成本				

表 8.1-6　自制半成品明细账

半成品名称：甲半成品

摘要	数量	直接材料	直接人工	制造费用	合计
月初余额					
本月增加					
合计					
单位成本					
本月减少					
月末余额					

表 8.1-7　基本生产成本明细账

车间名称：二车间　　　　　　　　　　　　　　　　　　　　　产品名称：甲产品

项目	直接材料	直接人工	制造费用	合计
月初在产品定额成本				
本月本步骤费用				
上车间转入费用				
费用合计				
完工产品成本				
单位成本				
月末在产品定额成本				

【实训 2】

（一）资料：

新华企业产品生产经过两个步骤：第一步骤生产半成品，第二步骤生产产成品。2016 年 3 月有关生产资料如下：

1. 本月的实际产量：半成品 200 件，产成品 400 件。
2. 本月份的生产费用见表 8.2-1。
3. 定额资料见表 8.2-2。
4. 各步骤基本生产明细账见表 8.2-3～表 8.2-5。

（二）要求：

根据给定的资料运用平行结转分步法计算填列产品成本表。

表 8.2-1　生产费用

2016 年 3 月

	原材料	燃料、动力	工资、福利	制造费用	合计
第一步骤	84 000	14 200	15 600	12 000	125 800
第二步骤		6 000	17 800	14 800	38 600

表 8.2-2　定额资料

2016 年 3 月

	产成品		在产品	
	材料定额费用	定额工时	材料定额费用	定额工时
第一步骤	65 000	4 000	15 000	1 000
第二步骤		6 000		2 000

表 8.2-3　第一步骤基本生产明细账

2016 年 3 月

摘要	月初	本月	合计	分配率	产成品"份额"			在产品成本	
					定额	实际总成本	单位成本	定额	实际成本
材料费	16 000								
燃料动力	900								
工资福利	1 200								
制造费用	800								
合计	18 900								

表 8.2-4　第二步骤基本生产明细账

2016 年 3 月

摘要	月初	本月	合计	分配率	产成品"份额"			在产品成本	
					定额	实际总成本	单位成本	定额	实际成本
材料费									
燃料动力	1 400								
工资福利	1 600								
制造费用	980								
合计	3 980								

表 8.2-5　产品成本汇总表

2016 年 3 月

成本项目	一步骤"份额"	二步骤"份额"	总成本	单位成本
材料费				
燃料、动力				
工资、福利				
制造费用				
合计				

【实训3】

（一）资料：

鑫安企业的甲产品经过三个车间连续加工制成，一车间生产1号半成品，直接转入二车间加工制成2号半成品，2号半成品直接转入三车间加工成甲产品。原材料于生产开始时一次投入，各车间月末在产品完工率均为60%。各车间生产费用在完工产品和在产品之间的分配采用约当产量法。另外，该企业定额管理水平较高，定额资料比较齐全，月末在产品数量也比较稳定。

该企业2016年4月份有关资料见表8.3-1、表8.3-2。

表8.3-1　各车间的产量资料

2016年4月　　　　　　　　　　　　　　　　　　　　单位：件

摘要	1号半成品	2号半成品	甲产品
月初在产品数量	10	20	30
本月投产数量或上步转入	130	100	110
本月完工产品数量	100	110	120
月末在产品数量	40	10	20

表8.3-2　各车间月初、本月生产费用资料

2016年4月　　　　　　　　　　　　　　　　　　　　单位：元

摘要		直接材料	直接人工	制造费用	合计
1号半成品	月初在产品成本	520	376	100	996
	本月生产费用	4 520	2 972	1 016	8 508
2号半成品	月初在产品成本	720	782	250	1 752
	本月生产费用		4 090	1 142	5 232
甲产品	月初在产品成本	1 920	856	504	3 280
	本月生产费用		6 800	2 400	9 200

（二）要求：

1. 根据上述资料开设生产成本明细账，见表8.3-3～表8.3-5。
2. 采用综合结转法计算完工产品成本并按产品成本项目比重法进行成本还原，见表8.3-6。

表 8.3－3　基本生产成本明细账

基本生产车间：一车间　　　　　　　　　　　　　　　　　　　　　　　　　单位：元

月	日	摘要	直接材料	自制半成品	直接人工	制造费用	合计
4		月初在产品					
	×	分配职工薪酬费用					
	×	分配制造费用					
		本月合计					
		本月累计					
		约当产量					
		分配率					
		完工 1 号半成品的成本					
		月末在产品成本					

表 8.3－4　基本生产成本明细账

基本生产车间：二车间　　　　　　　　　　　　　　　　　　　　　　　　　单位：元

月	日	摘要	直接材料	自制半成品	直接人工	制造费用	合计
4		月初在产品					
	×	分配职工薪酬费用					
	×	分配制造费用					
		本月合计					
		本月累计					
		约当产量					
		分配率					
		完工 2 号半成品的成本					
		月末在产品成本					

表 8.3－5　基本生产成本明细账

基本生产车间：三车间　　　　　　　　　　　　　　　　　　　　　　　　　单位：元

月	日	摘要	直接材料	自制半成品	直接人工	制造费用	合计
4		月初在产品					
	×	分配职工薪酬费用					
	×	分配制造费用					
		本月合计					
		本月累计					

续表

月	日	摘要	直接材料	自制半成品	直接人工	制造费用	合计
		约当产量					
		分配率					
		完工甲产品的成本					
		月末在产品成本					

表8.3-6　产成品成本还原计算表（成本项目比重还原法）

2016年4月30日　　　　　　　　　　　　　　　　　单位：元

摘要	二车间2号半成品	一车间1号半成品	直接材料	直接人工	制造费用	合计
还原前产成品成本 ①						
二车间完工2号半成品各成本项目比重 ②						
三车间耗用2号半成品成本还原 ③						
一车间完工1号半成品各成本项目比重 ④						
三车间耗用1号半成品成本还原 ⑤						
还原后甲产品成本 ⑥=①+③+⑤						

项目九

分类法

一、实训目标

能应用产品成本计算的分类法进行成本核算。

二、实训要求

1. 按产品批别开设产品成本计算单。
2. 根据实训资料归集分配各项生产费用,编制各种生产费用分配表。
3. 根据原始资料及生产费用分配表编制会计分录。
4. 根据会计分录登记成本费用明细账。
5. 计算本月完工产品和月末在产品成本,编制结转完工产品成本的会计分录。

三、操作准备

配备蓝(黑)笔、算盘或计算器、分录纸、各类费用明细账。

四、实训内容

【实训1】

(一)资料:

华源企业采用分类法进行产品成本计算,2016年8月A类产品分为甲、乙、丙三个品种,B为标准产品。类内费用分配的方法是原材料按定额费用系数为标准,其他费用按定额工时比例分配。甲类完工产品总成本为354 600元,其中直接材料为201 600元,直接工资为38 250元,制造费用为114 750元。产量及定额资料见表9.1–1。

表 9.1-1　产量及定额资料

2016 年 8 月

品名	产量	单位产品直接材料费用定额	单位产品工时定额
甲	4 500	19.2	3
乙	6 000	16	3.5
丙	1 500	12.8	2.5

（二）要求：

采用分类法填制 A 类产品成本计算（见表 9.1-2）。

表 9.1-2　A 类产品成本计算表

2016 年 8 月

项目	产量/件	材料费用系数	材料费用总系数	工时定额	定额工时	直接材料	直接工资	制造费用	成本合计
分配率									
甲产品									
乙产品									
丙产品									
合计									

【实训 2】

（一）资料：

浦发石油化工厂 2016 年 6 月主要生产石油产品。生产工艺为单步骤生产，分类别核算产品成本。月末在产品成本按定额成本计算。

1. 一车间生产甲类产品包括 A 产品、B 产品、C 产品三种产品，因耗用原材料相同但配料不同，构成联产品。

2. 甲类产品中，A 产品、B 产品、C 产品之间只是配料不同，其他生产工艺均相同。因此，该企业对甲类产品费用分配的标准如下：成本项目中的直接材料费用按材料定额系数分配，其中 A 产品材料定额成本系数确定为 1，其他成本项目均按产量分配。

3. 二车间生产乙类产品，其主产品为 D 产品，在生产过程中还生产出可以加工为 E 产品的原料，即 D 产品为主产品，E 产品为副产品。

4. D 产品在生产过程中产出的废料由 E 产品耗用，因在产品数量很少，E 产品不计算月末在产品成本。E 产品电算化费用按计划成本计算。

5. 企业设有一个机修车间，专门为基本生产管理部门提供修理劳务。其费用采用直接分配法进行分配。

6. 6 月"基本生产成本"明细账期初余额见表 9.2-1。该厂期末在产品单位定额成本见表 9.2-2；E 产品（副产品）单位计划成本见表 9.2-3；各类产品产量见表 9.2-4。当月发生的相关费用资料见表 9.2-5～表 9.2-10。

表 9.2-1　"基本生产成本"明细账期初余额表

2016 年 6 月

账户名称	明细科目	成本项目			合计
		直接材料	直接人工	制造费用	
基本生产成本	甲类产品	6 160	4 470	3 990	14 620
	乙类产品	3 920	2 960	2 720	9 600
合计					24 220

表 9.2-2　期末在产品单位定额成本表

2016 年 6 月

在产品名称		成本项目			合计
		直接材料	直接人工	制造费用	
甲类产品	A 产品	500	320	280	1 100
	B 产品	380	300	270	950
	C 产品	420	350	320	1 090
乙类产品	D 产品	980	740	680	2 400
	E 产品	0	0	0	0
合计					

表 9.2-3　E 产品(副产品)单位计划成本

2016 年 6 月

产品名称	成本项目			合计
	直接材料	直接人工	制造费用	
E 产品	100	240	220	560
合计	100	240	220	560

表 9.2-4　各类产品产量

2016 年 6 月

产品名称		期初在产品/吨	本月投产数量/吨	本月完工数量/吨	期末在产品数量/吨
甲类产品	A 产品	6	40	41	5
	B 产品	5	30	29	6
	C 产品	3	20	18	5
乙类产品	D 产品	4	50	48	6
	E 产品	0	10	10	0

表 9.2-5　耗用材料分配汇总表

2016 年 6 月

应借记科目	明细科目	原材料
基本生产成本	甲类产品	45 000
	乙类产品	60 000
辅助生产成本	机修车间	6 200
制造费用	甲类产品	9 800
	乙类产品	11 000
管理费用		6 000
合计		138 000

表 9.2-6　工资费用分配汇总表

2016 年 6 月

应借记科目	明细科目	应付职工薪酬
基本生产成本	甲类产品	93 480
	乙类产品	81 715.2
辅助生产成本	机修车间	8 892
制造费用	甲类产品	7 638
	乙类产品	6 612
管理费用		10 032
合计		208 369.2

表 9.2-7　折旧费用分配表

2016 年 6 月

应借记科目	明细科目	5月份折旧额	5月份增加折旧额	5月份减少折旧额	6月份折旧额
制造费用	甲类产品	7 200	600	400	7 400
	乙类产品	6 800	810	200	7 410
辅助生产成本	机修车间	5 920	310	180	6 050
管理费用		5 100			5 100
合计		25 020	1 720	780	25 960

表 9.2-8　办公费用和其他费用汇总表

2016 年 6 月

应借科目	明细科目	成本费用项目	金额
制造费用	甲类产品	办公费	5 423
		修理费	1 264
		运输费	3 820
		其他	2 100
		小计	12 607
	乙类产品	办公费	5 010
		培训费	2 080
		修理费	3 100
		其他	1 800
		小计	11 990
辅助生产成本	机修车间	办公费	3 420
		培训费	1 050
		其他	2 108
		小计	6 578
管理费用		办公费	9 050
		其他	3 890
		小计	12 940
合计			44 115

表 9.2-9　辅助生产机修车间提供劳务情况表

2016 年 6 月

辅助生产车间	受益单位			合计
	基本生产甲类产品	基本生产乙类产品	管理部门	
机修车间/工时	820	730	298	1 848

备注：辅助生产费用的分配采用直接分配法。

表 9.2-10 材料定额成本表

2016 年 6 月

产品名称	每吨甲类产品材料消耗定额				材料定额成本系数
	材料名称	消耗定额/千克	计划单价/元	定额材料成本/元	
A 产品	0001	20	10	200	
	0002	15	20	300	
	小计			500	系数定为 1
B 产品	0001	18	10	180	
	0002	10	20	200	
	小计			380	
C 产品	0001	15	10	150	
	0002	13.5	20	270	
	小计			420	

(二) 要求：

1. 采用分类法计算各类产品的成本。

(1) 填制期末在产品定额成本计算表 (见表 9.2-11)。

表 9.2-11 期末在产品定额成本计算表

产品类别：甲类产品　　　　2016 年 6 月

产品名称	数量/吨	直接材料		直接人工		制造费用		定额成本合计
		单位成本	总成本	单位成本	总成本	单位成本	总成本	
A 产品								
B 产品								
C 产品								
合计								

(2) 计算材料定额成本系数 (见表 9.2-12)。

表 9.2-12 甲类产品材料系数计算表

2016 年 6 月

产品名称	完工产量/吨	单位定额材料成本/元	材料定额成本系数	总系数
A 产品				
B 产品				
C 产品				
合计				

（3）汇总分配甲类产品本月发生费用，计算填列甲类产品成本计算单（见表9.2-13）。

表 9.2-13　甲类产品成本计算单

产品名称：甲类产品　　　　　　　　2016 年 6 月

项目	直接材料	直接人工	制造费用	合计
月初在产品定额成本				
本月发生费用				
费用合计				
完工产品成本				
月末在产品定额成本				

（4）填列甲类产品完工产品成本计算单（见表9.2-14）。

表 9.2-14　完工产品成本计算单

生产车间：甲类产品　　　　　　2016 年 6 月　　　　　　　　产量单位：吨

产品品种	产量①	材料成本系数②	材料总系数③	直接材料 ④=③×分配率	直接人工 ⑤=①×分配率	制造费用 ⑥=①×分配率	合计
分配率							
A 产品							
B 产品							
C 产品（差额）							
合计							

备注：甲类完工产品成本分配率（保留至 0.000 1），分配额保留至 0.01，分配费用差额计入 C 产品。

（5）填列 E 产品计划成本表（见表9.2-15）。

表 9.2-15　E 产品计划成本表

2016 年 6 月

	产量/吨	计划成本				计划成本合计
		直接材料	直接人工	制造费用	合计	
总成本						
单位成本						

（6）填列 D 产品产品成本计算单（见表9.2-16）。

表 9.2-16　产品成本计算单

产品名称：D 产品　　　　　　　　2016 年 6 月

项目	产量/吨	成本项目			合　计
		直接材料	直接人工	制造费用	
期初在产品成本（定额成本）					
本月发生费用					
减：E 产品计划成本					
生产费用合计					
产成品成本					
单位成本					
期末在产品成本（定额成本）					

2. 编制甲类、乙类产品完工入库的会计分录。

项目十

工业企业成本报表的编制与分析

一、实训目标

让学生了解编制产品生产成本表的基本依据,熟悉并领会成本表编制的一般程序,能够认识并会使用企业编制的成本报表,能运用编制和分析成本表的方法,具备对一般生产企业成本表的较强的编制和分析能力。

二、实训要求

1. 根据提供的资料,计算填列产品生产成本表的有关项目。
2. 根据有关项目的资料,计算填列产品成本表的补充资料。
3. 分析成本计划完成的总体情况。
4. 分析可比产品成本任务的完成情况。

三、操作准备

空白纸张、成本分析表格、笔、计算器(必要时配备计算机)。

四、实训内容

大华制造股份有限公司 2012 年生产甲、乙、丙、丁四种产品,2016 年度 12 月份的全部产品产量及单位成本资料(按产品种类反映)见表 10-1。

表 10-1 产品产量及单位成本资料

2016 年度　　产品产量(件)　　　　　　　　　　金额单位:元

项目	甲产品	乙产品	丙产品	丁产品
本年计划	2 000	1 000	5 600	7 000
本年实际	2 300	900	6 000	6 900
产品单位成本				

续表

项目	甲产品	乙产品	丙产品	丁产品
上年实际平均	1 000	1 500	3 000	5 900
本年计划	980	1 600	2 900	5 800
本年实际平均	990	1 480	2 800	5 500

要求：

1. 计算该公司全部产品实际与计划比较的成本降低额和降低率，编制可比产品成本计划完成情况分析表（见表10-2、表10-3），并简要评价全部产品成本计划完成情况。

2. 计算主要产品计划和实际的成本降低额，成本降低率及实际脱离计划的差异，对该公司主要产品成本降低任务完成情况分析。

3. 分析产品单位成本、产品品种结构和产品产量对主要产品成本降低任务的影响，编制主要产品成本降低任务完成情况分析表（计算各因素的影响程度），见表10-4。

表10-2　可比产品成本计划完成情况分析表（按产品品种分析）

编制单位：　　　　　　　　　　　　年度　　　　　　　　　　　　金额单位：元

产品名称	计量单位	计划产量	单位成本			计划产量的总成本		与计划成本比	
			上年实际	本年计划	本年累计实际平均	按上年实际平均单位成本计算	按本年计划单位成本计算	成本降低额	成本降低率/%
主要产品									
甲产品	件								
乙产品	件								
丙产品	件								
丁产品	件								
合　计									

表10-3　可比产品成本计划完成情况分析表（按产品品种分析）

编制单位：　　　　　　　　　　　　年度　　　　　　　　　　　　金额单位：元

产品名称	计量单位	实际产量	单位成本			实际产量的总成本			与计划成本比	
			上年实际	本年计划	本年实际	按上年实际平均单位成本计算	按本年计划单位成本计算	本年实际	成本降低额	成本降低率/%
主要产品										
甲产品	件									
乙产品	件									
丙产品	件									
丁产品	件									
合　计										

表10-4 主要产品成本降低任务完成情况分析表（计算各因素影响程度）

编制单位：　　　　　　　　　　年度　　　　　　　　　　金额单位：元

影响因素	对成本降低额的影响	对成本降低率的影响
产品单位成本		
产品品种结构		
产品产量		
合计		

参考答案

第一部分　基础知识练习

项目一　成本会计工作任务

一、判断题

1. √ 2. × 3. √ 4. √ 5. × 6. × 7. × 8. × 9. × 10. √ 11. √ 12. √
13. × 14. × 15. × 16. √ 17. × 18. √ 19. × 20. √ 21. √ 22. √ 23. √
24. √ 25. × 26. × 27. × 28. × 29. × 30. √

二、单项选择题

1. A 2. A 3. C 4. B 5. C 6. A 7. A 8. D 9. B 10. D 11. B 12. B 13. D
14. D 15. C 16. D 17. B 18. B 19. A 20. D

三、多项选择题

1. AB 2. AB 3. ABCD 4. ABD 5. ABCD 6. BCD 7. ABCD 8. AB 9. ABC
10. ABCD 11. BCD 12. ACD 13. ABD 14. BC 15. ABC 16. BD 17. BCD 18. ABCD
19. ABCD 20. ACD

四、业务题

【业务1】

资本性支出＝100 000(1＋17%)＋15 000＝13 000（元）

营业外支出＝50 000＋60 000×17%＝60 200（元）

收益性支出＝3 000（元）

【业务2】

产品成本＝3 000＋2 000＝5 000（元）

期间费用＝2 000＋4 000＝6 000（元）

【业务3】

1. 60 000/(1 500＋500)＝30（元/件）

   A产品材料费用＝1 500×30＋800＝45 800（元）

   B产品材料费用＝500×30＋220＝15 220（元）

2. 工资费用分配率＝45 000/（4 000＋5 000）＝0.5（元/工时）

   A产品工资费用＝4 000×0.5＝20 000（元）

   B产品工资费用＝5 000×0.5＝25 000（元）

【业务4】
1. 完工产品实际总成本 = 30 000 + 60 000 + 30 000 + 10 000 = 130 000（元）
   完工产品单位成本 = 130 000/1 000 = 130（元/千克）
2. A 完工产品成本 = 2 000 + 1 200 + 5 000 = 8 200（元）
   B 完工产品成本 = 10 000 + 6 000 + 3 000 = 19 000（元）
   A 在产品成本 = 2 000 + 1 200 + 5 000 = 8 200（元）
   B 在产品成本 = 10 000 + 6 000 + 3 000 = 19 000（元）
3. 4 月 101 批次产品总成本 = 35 000 + 16 500 + 3 500 = 55 000（元）
   5 月 101 批次产品完工总成本 = 55 000 + 5 000 + 1 500 + 500 = 62 000（元）
   101 批次单位总成本 = 62 000/500 = 124（元/件）
   101 批次完工产品耗费材料费的单位成本 = （35 000 + 5 000）/500 = 80（元/件）
   101 批次完工产品耗费人工费的单位成本 = （16 500 + 1 500）/500 = 36（元/件）
   101 批次完工产品耗费间接费用的单位成本 = （3 500 + 500）/500 = 8（元/件）
   材料费所占比重 = 80/124 = 64.52%
   人工费所占比重 = 36/124 = 29.03%
   间接费用所占比重 = 8/124 = 6.45%

五、思考题（略）

项目二　生产费用的归集和分配

一、判断题

1. √　2. ×　3. ×　4. √　5. ×　6. ×　7. ×　8. ×　9. ×　10. ×　11. √　12. ×
13. √　14. √　15. √　16. √　17. ×　18. √　19. ×　20. √　21. ×　22. ×　23. ×
24. ×　25. ×　26. ×　27. √　28. ×　29. ×　30. √　31. ×　32. ×　33. √　34. √
35. ×　36. ×　37. √　38. ×　39. √　40. ×　41. ×　42. ×　43. √　44. ×　45. √
46. ×　47. ×　48. ×　49. ×　50. √

二、单项选择题

1. A　2. D　3. B　4. D　5. A　6. A　7. B　8. D　9. A　10. C　11. D　12. C　13. B
14. A　15. B　16. C　17. A　18. A　19. D　20. D　21. B　22. B　23. C　24. C　25. A
26. D　27. C　28. D　29. A　30. B　31. D　32. A　33. B　34. A　35. C　36. A　37. A
38. B　39. A　40. B　41. D　42. B　43. B　44. C　45. D　46. C　47. C　48. D　49. B
50. D

三、多项选择题

1. BC　2. ABC　3. ABC　4. ABD　5. BCD　6. ABCD　7. BCD　8. ABC　9. AB
10. CD　11. ABD　12. ABC　13. ABCD　14. ABD　15. CD　16. BCD　17. AC　18. AB　19. ACD

20. ABCD 21. ABD 22. BCD 23. ABC 24. BD 25. ABCD 26. BCD 27. CD 28. ACD
29. BC 30. AB 31. ACD 32. ACD 33. ABC 34. ABC 35. AB 36. AB 37. BCD 38. AC
39. ABC 40. ABCD

四、业务题

【业务 1】

借：基本生产成本——甲产品　　　　　　　　　　　　　　　　　182 900
　　　　　　　　——乙产品　　　　　　　　　　　　　　　　　115 700
　　　　　　　　——丙产品　　　　　　　　　　　　　　　　　124 500
　　贷：原材料——A 材料　　　　　　　　　　　　　　　　　　 10 600
　　　　　　——B 材料　　　　　　　　　　　　　　　　　　　412 500

1.

表 2.1-1　材料费用分配表

2016 年 4 月　　　　　　　　　　　　　　　　　　　　　　　金额单位：元

产品名称	投产量/件	单位产品消耗定额/千克	材料定额消耗总量/千克	材料费用分配率	应分配B材料费用	直接耗用A材料费用	合计
甲产品	3 000	4	12 000		180 000	2 900	182 900
乙产品	2 500	3	7 500		112 500	3 200	115 700
丙产品	4 000	2	8 000		120 000	4 500	124 500
合计			27 500	15	412 500	10 600	

2. 材料实际消耗 B 材料数量为 30 000 千克，比定额消耗量 27 500 千克大，材料消耗量超支 9.09%（30 000/27 500－1＝9.09%），表明未完成材料消耗定额任务。

【业务 2】

1.

表 2.2-1　工资费用分配表

车间：基本生产车间　　　　　　2016 年 5 月　　　　　　　　金额单位：元

产品名称	产品生产工时	工资费用分配率	应分配工资费用
甲产品	38 000		237 500
乙产品	22 000		137 500
丙产品	20 000		125 000
合计	80 000	6.25	500 000

2. 借：基本生产成本——甲产品　　　　　　　　　　　　　　　357 437.50
　　　　　　　　——乙产品　　　　　　　　　　　　　　　　206 937.50
　　　　　　　　——丙产品　　　　　　　　　　　　　　　　188 125.00
　　　辅助生产成本——运输车间　　　　　　　　　　　　　　 15 050.00

	制造费用——加工车间		9 030.00
	——运输车间		5 719.00
	管理费用		52 675.00
	销售费用		12 040.00
	在建工程		33 411.00
	贷：应付职工薪酬——工资		585 000
	——职工福利		29 250.00
	——社会保险费		204 750.00
	——住房公积金		40 950.00
	——工会经费		11 700
	——职工教育经费		8 775

表 2.2-2 应付职工薪酬汇总计算表

2016 年 5 月 单位：元

应借科目		工资总额	福利费（5%）	社保费（35%）	公积金（7%）	工会（2%）	教育（1.5%）	合计（150.5%）
基本生产成本	甲产品	237 500	11 875.00	83 125.00	16 625.00	4 750.00	3 562.50	357 437.50
	乙产品	137 500	6 875.00	48 125.00	9 625.00	2 750.00	2 062.50	206 937.50
	丙产品	125 000	6 250.00	43 750.00	8 750.00	2 500.00	1 875.00	188 125.00
	小计	500 000	25 000.00	175 000.00	35 000.00	10 000.00	7 500.00	752 500.00
辅助生产成本		10 000	500.00	3 500.00	700.00	200.00	150.00	15 050.00
制造费用	加工车间	6 000	300.00	2 100.00	420.00	120.00	90.00	9 030.00
	运输车间	3 800	190.00	1 330.00	266.00	76.00	57.00	5 719.00
	小计	9 800	490.00	3 430.00	686.00	196.00	147.00	14 749.00
管理费用		35 000	1 750.00	12 250.00	2 450.00	700.00	525.00	52 675.00
销售费用		8 000	400.00	2 800.00	560.00	160.00	120.00	12 040.00
在建工程		22 200	1 110.00	7 770.00	1 554.00	444.00	333.00	33 411.00
合计		585 000	29 250.00	204 750.00	40 950.00	11 700.00	8 775.00	880 425.00

【业务 3】

1. 直接分配法

（1）费用分配率计算如下：

$$供水车间水费分配率 = \frac{60\,000}{30\,600 - 600} = 2（元/吨）$$

$$供电车间电费分配率 = \frac{40\,000}{81\,000 - 1100} = 0.5（元/度）$$

表 2.3-2 辅助生产费用分配表（直接分配法）

2016 年 5 月　　　　　　　　　　　　　　　　　　　　　　　　　　　　　　　　单位：元

项目	分配水费		分配电费		金额合计
	数量/吨	金额	数量/度	金额	
待分配费用		60 000		40 000	100 000
劳务供应总量	30 600		81 000		
其中：辅助生产以外单位	30 000		80 000		
费用分配率（单位成本）		2.00		0.50	
受益对象					
辅助车间——供电车间	(600)				
辅助车间——供水车间			(1 000)		
一车间——生产甲产品	10 000	20 000	42 000	21 000	41 000
一车间——生产乙产品	14 000	28 000	27 800	13 900	41 900
二车间——一般耗用	4 000	8 000	7 200	3 600	11 600
厂部管理部门	2 000	4 000	3 000	1 500	5 500
合计	30 000	60 000	80 000	40 000	100 000

（2）根据分配结果编制会计分录。

借：基本生产成本——甲产品　　　　　　　　　　　　　　　41 000
　　基本生产成本——乙产品　　　　　　　　　　　　　　　41 900
　　制造费用——二车间　　　　　　　　　　　　　　　　　11 600
　　管理费用　　　　　　　　　　　　　　　　　　　　　　 5 500
　　贷：辅助生产成本——供水车间　　　　　　　　　　　　60 000
　　　　辅助生产成本——供电车间　　　　　　　　　　　　40 000

2. 交互分配法

（1）费用分配率计算如下：

$$交互分配水费分配率 = \frac{60\ 000}{30\ 600} = 1.96（元/吨）$$

$$交互分配电费分配率 = \frac{40\ 000}{81\ 000} = 0.49（元/度）$$

$$对外分配水费分配率 = \frac{59\ 314}{30\ 600 - 600} = 1.98（元/吨）$$

$$对外分配电费分配率 = \frac{40\ 680}{81\ 000 - 1100} = 0.51（元/度）$$

表 2.3-3 辅助生产费用分配表（交互分配法）

2016 年 5 月　　　　　　　　　　　　　　　　　　　　　　　　　　　　　单位：元

项目	交互分配				对外分配				合计
	分配水费		分配电费		分配水费		分配电费		
	数量	金额	数量	金额	数量	金额	数量	金额	
待分配费用		60 000		40 000		59 314		40 686	100 000
劳务供应总量	30 600		81 000		30 000		80 000		
费用分配率		1.96		0.49		1.98		0.51	
受益对象									
供水车间			1 000	490					
供电车间	600	1 176							
一车间——生产甲产品					10 000	19 800	42 000	21 420	41 220
一车间——生产乙产品					14 000	27 720	27 800	14 178	41 898
二车间——一般消耗					4 000	7 920	7 200	3 672	11 592
厂部管理部门					2 000	3 874	3 000	1 416	5 290
合计		1 176		490	30 000	59 314	80 000	40 686	100 000

（2）根据分配结果编制会计分录。

① 交互分配会计分录：

借：辅助生产成本——供电车间　　　　　　　　　　　　　　　　　　　　1 176
　　　辅助生产成本——供水车间　　　　　　　　　　　　　　　　　　　　490
　　贷：辅助生产成本——供水车间　　　　　　　　　　　　　　　　　　　1 176
　　　　辅助生产成本——供电车间　　　　　　　　　　　　　　　　　　　490

② 对外分配会计分录：

借：基本生产成本——甲产品　　　　　　　　　　　　　　　　　　　　　41 220
　　基本生产成本——乙产品　　　　　　　　　　　　　　　　　　　　　41 898
　　制造费用——二车间　　　　　　　　　　　　　　　　　　　　　　　11 592
　　管理费用　　　　　　　　　　　　　　　　　　　　　　　　　　　　5 290
　　贷：辅助生产成本——供水车间　　　　　　　　　　　　　　　　　　　59 314
　　　　辅助生产成本——供电车间　　　　　　　　　　　　　　　　　　　40 686

【业务 4】

1. 代数分配法

计算辅助生产费用分配率：

设供水车间每吨水的成本为 x 元，设供电车间每小时的成本为 y 元，根据资料设立的二

元一次方程组为

方程式	方程解
$60\,000 + 1\,000y = 30\,600x$	$x = 1.977\,4$
$40\,000 + 600x = 81\,000y$	$y = 0.508\,5$

表 2.4-1　辅助生产费用分配表（代数分配法）

2016 年 5 月　　　　　　　　　　　　　　　　　　　　　　　　　单位：元

项目	分配水费		分配电费		对外分配金额合计
	数量/吨	金额	数量/度	金额	
待分配费用		60 000		40 000	100 000
劳务供应总量	30 600		81 000		
费用分配率		1.977 4		0.508 5	
受益对象					
辅助车间——供水车间			1 000	509	
辅助车间——供电车间	600	1 186			
一车间——生产甲产品	10 000	19 774	42 000	21 357	41 131
一车间——生产乙产品	14 000	27 684	27 800	14 136	41 820
二车间——一般消耗	4 000	7 910	7 200	3 661	11 571
厂部管理部门	2 000	3 955	3 000	1 523	5 478
合计	30 600	60 509	81 000	41 186	100 000

2. 根据分配结果编制会计分录。

借：辅助生产成本——供电车间　　　　　　　　　　　　　1 186
　　辅助生产成本——供水车间　　　　　　　　　　　　　509
　　基本生产成本——甲产品　　　　　　　　　　　　　　41 131
　　基本生产成本——乙产品　　　　　　　　　　　　　　41 820
　　制造费用——二车间　　　　　　　　　　　　　　　　11 571
　　管理费用　　　　　　　　　　　　　　　　　　　　　5 478
　　贷：辅助生产成本——供水车间　　　　　　　　　　　60 509
　　　　辅助生产成本——供电车间　　　　　　　　　　　41 186

【业务 5】

1. 计划成本分配法
（1）成本计算：
供水车间计划成本分配费用合计 59 670 元

供电车间计划成本分配费用合计 42 129 元

供水车间实际应分配费用 = 60 000 + 520 = 60 520（元）

供电车间实际应分配费用 = 40 000 + 1 170 = 41 170（元）

供水车间成本差异 = 60 520 − 59 670 = 850（元）

供电车间成本差异 = 41 170 − 42 129 = −950（元）

表 2.5-1　辅助生产费用分配表（计划成本分配法）

2016 年 5 月　　　　　　　　　　　　　　　　　　　　　　　　　　　　　　单位：元

项目	分配水费		分配电费		对外分配金额合计
	数量/吨	金额	数量/度	金额	
待分配费用		60 000		40 000	100 000
劳务供应总量	30 600		81 000		
费用分配率		1.95		0.52	
受益对象					
辅助车间——供水车间			1 000	520	
辅助车间——供电车间	600	1 170			
一车间——生产甲产品	10 000	19 500	42 000	21 840	41 340
一车间——生产乙产品	14 000	27 300	27 800	14 456	41 756
二车间——一般耗用	4 000	7 800	7 200	3 744	11 544
厂部管理部门	2 000	3 900	3 000	1 560	5 460
计划成本分配合计		59 670		42 120	
实际分配辅助生产费用		60 520		41 170	
辅助生产成本差异		850		−950	−100

（2）根据分配结果编制会计分录。

① 计划成本分配费用的会计分录。

借：辅助生产成本——供电车间　　　　　　　　　　　　1 170
　　辅助生产成本——供水车间　　　　　　　　　　　　　520
　　基本生产成本——甲产品　　　　　　　　　　　　　41 340
　　基本生产成本——乙产品　　　　　　　　　　　　　41 756
　　制造费用——二车间　　　　　　　　　　　　　　　11 544
　　管理费用　　　　　　　　　　　　　　　　　　　　5 460
　　贷：辅助生产成本——供水车间　　　　　　　　　　59 670
　　　　辅助生产成本——供电车间　　　　　　　　　　42 120

② 调整辅助生产成本差异的会计分录。

借：管理费用   （100）
　　贷：辅助生产成本——供水车间   850
　　　　辅助生产成本——供电车间   （950）

2. 顺序分配法

（1）根据交互分配结果，先分配供水车间费用，再分配供电车间费用。

$$供水车间水费分配率 = \frac{60\,000}{30\,600} = 1.96（元/吨）$$

$$供电车间电费分配率 = \frac{40\,000 + 1\,176}{81\,000 - 1\,100} = 0.52（元/度）$$

表 2.5-2　辅助生产费用分配表（顺序分配法）

2016 年 5 月　　　　　　　　　　　　　　　　　　　　　　　　　　　　　单位：元

项目	分配水费		分配电费		对外分配额合计
	数量/吨	金额	数量/度	金额	
待分配费用		60 000		41 176	
劳务供应总量	30 600		81 000		
其中：辅助生产以外单位			80 000		
费用分配率		1.96		0.52	
受益对象					
辅助车间——供水车间			（1 000）		
辅助车间——供电车间	600	1 176			
一车间——生产甲产品	10 000	19 600	42 000	21 840	41 440
一车间——生产乙产品	14 000	27 440	27 800	14 456	41 896
二车间——一般耗用	4 000	7 840	7 200	3 744	11 584
厂部管理部门	2 000	3 944	3 000	1 136	5 080
合计	30 600	60 000	8 000		100 000

（2）根据分配结果编制会计分录。

借：辅助生产成本——供电车间   1 176
　　基本生产成本——甲产品   41 440
　　基本生产成本——乙产品   41 896
　　制造费用——二车间   11 584
　　管理费用   5 080
　　贷：辅助生产成本——供水车间   60 000
　　　　辅助生产成本——供电车间   41 176

【业务6】

1.

表 2.6−1　制造费用分配表（生产工时分配法）

生产单位：第一车间　　　　　　2016 年 6 月　　　　　　金额单位：元

产品名称	生产工时/小时	分配率	分配金额
A 产品	1 500		30 000
B 产品	2 500		50 000
C 产品	3 000		60 000
合计	7 000	20	140 000

2. 会计分录。

借：基本生产成本——A 产品　　　　　　　　　　　　　30 000
　　　　　　　　——B 产品　　　　　　　　　　　　　50 000
　　　　　　　　——C 产品　　　　　　　　　　　　　60 000
　　贷：制造费用——基本生产车间　　　　　　　　　　140 000

【业务7】

1.

表 2.7−1　制造费用分配表（机器工时分配法）

生产单位：第二车间　　　　　　2016 年 7 月　　　　　　金额单位：元

产品	标准机器工时/小时				费用分配率	分配金额
	甲类设备（标准工时）	乙类设备（工时换算系数1.2）		标准工时合计		
		实际工时	标准工时			
A 产品	50 000	30 000	36 000	86 000		206 400
B 产品	80 000	50 000	60 000	140 000		336 000
C 产品	20 000	60 000	72 000	92 000		220 800
合计	150 000	140 000	168 000	318 000	2.4	763 200

2. 编制分配结转本月制造费用的会计分录。

借：基本生产成本——A 产品　　　　　　　　　　　　　206 400
　　　　　　　　——B 产品　　　　　　　　　　　　　336 000
　　　　　　　　——C 产品　　　　　　　　　　　　　220 800
　　贷：制造费用——基本生产车间　　　　　　　　　　763 200

【业务8】

1. 计算基本生产车间本年度计划制造费用分配率。

$$年度制造费用分配率 = \frac{954\,100}{12\,500 \times 8 + 7\,300 \times 12 + 8\,500 \times 10} = 3.5（元/工时）$$

2. 计算 12 月份三种产品应负担的制造费用并编制会计分录。

$$A 产品 = 900 \times 8 \times 3.5 = 25\,200（元）$$
$$B 产品 = 2\,300 \times \times 12 \times 3.5 = 96\,600（元）$$
$$C 产品 = 200 \times 10 \times 3.5 = 7\,000（元）$$

借：基本生产成本——A 产品　　　　　　　　　　　　　　　25 200
　　　　　　　　——B 产品　　　　　　　　　　　　　　　96 600
　　　　　　　　——C 产品　　　　　　　　　　　　　　　 7 000
　　贷：制造费用——基本生产车间　　　　　　　　　　　　128 800

3. 全年制造费用差额：109 940 + 11 500 − 128 800 = −7 360（元）

$$制造费用分配率 = \frac{-7\,360}{900 \times 8 + 2\,300 \times 12 + 200 \times 10} = -0.2（元/工时）$$

$$甲产品 = 900 \times 8 \times (-0.2) = -1\,440（元）$$
$$乙产品 = 2\,300 \times 12 \times (-0.2) = -5\,520（元）$$
$$丙产品 = 200 \times 10 \times (-0.2) = -400（元）$$

借：基本生产成本——甲产品　　　　　　　　　　　　　　（1 440）
　　　　　　　　——乙产品　　　　　　　　　　　　　　（5 520）
　　　　　　　　——丙产品　　　　　　　　　　　　　　 （400）
　　贷：制造费用——基本生产车间　　　　　　　　　　　（7 360）

【业务 9】

1. 编制发生可修复废品修复费用的会计分录。

借：废品损失——B 产品　　　　　　　　　　　　　　　　　11 320
　　贷：原材料　　　　　　　　　　　　　　　　　　　　　 3 800
　　　　应付职工薪酬　　　　　　　　　　　　　　　　　　 5 800
　　　　制造费用　　　　　　　　　　　　　　　　　　　　 1 720

2. 编制应收过失人赔款的会计分录。

借：其他应收款　　　　　　　　　　　　　　　　　　　　　　500
　　贷：废品损失——B 产品　　　　　　　　　　　　　　　　 500

3. 计算本月废品净损失，编制结转废品净损失的会计分录。

$$3\,800 + 400 \times 14.5 + 400 \times 4.3 = 11\,320 - 500 = 10\,820（元）$$

借：基本生产成本——B 产品　　　　　　　　　　　　　　　10 820
　　贷：废品损失——B 产品　　　　　　　　　　　　　　　10 820

【业务 10】

1. 计算不可修复废品生产成本。

$$材料费用分配率 = \frac{54\,080}{1\,000 + 40} = 52（元/件）$$

$$废品的材料费用 = 52 \times 40 = 2\,080（元）$$

$$人工费用分配率 = \frac{29\,700}{1\,650} = 18（元/件）$$

$$废品的人工费用 = 18 \times 50 = 900（元）$$

$$制造费用分配率 = \frac{19\,800}{1\,650} = 12（元/件）$$

$$废品的制造费用 = 12 \times 50 = 600（元）$$

2. 计算本月废品净损失。

$$废品净损失 = 2\,080 + 900 + 600 - 300 - 400 = 2\,880（元）$$

3. 编制结转不可修复废品生产成本的会计分录。

借：废品损失——A 产品　　　　　　　　　　　　　　　　　　　3 580
　　贷：基本生产成本——A 产品　　　　　　　　　　　　　　　3 580

4. 编制结转废品残料入库和应收过失人赔偿的会计分录。

借：原材料　　　　　　　　　　　　　　　　　　　　　　　　　300
　　其他应收款　　　　　　　　　　　　　　　　　　　　　　　400
　　贷：废品损失——A 产品　　　　　　　　　　　　　　　　　700

5. 编制结转废品净损失的会计分录。

借：基本生产成本——A 产品　　　　　　　　　　　　　　　　2 880
　　贷：废品损失——A 产品　　　　　　　　　　　　　　　　2 880

6. 根据会计分录登记废品损失明细账（见表 2.10-1）。

表 2.10-1　废品损失明细账

生产单位：第二车间　　　产品：A 产品　　　2016 年 5 月　　　单位：元

2016 年		凭证字号	摘要	借方	贷方	余额
月	日					
			结转不可修复生产成本	3 580		3 580
			处理残料收入和赔款		700	2 880
			结转废品净损失		2 880	0

【业务 11】

1.

表 2.11-1　产品成本计算单

产品：甲产品　　　产量：2 000 件　　　2016 年 7 月　　　单位：元

摘要	直接材料	直接人工	制造费用	合计
月初在产品成本	16 000	12 000	10 000	38 000
本月生产费用	58 000	23 000	14 000	95 000
生产费用合计	74 000	35 000	24 000	133 000
本月完工产品成本	58 000	23 000	14 000	95 000
完工产品单位成本	29	11.50	7	47.50
月末在产品成本	16 000	12 000	10 000	38 000

2. 借：库存商品——甲产品　　　　　　　　　　　　　　　　　　　　　95 000
　　　贷：基本生产成本——甲产品　　　　　　　　　　　　　　　　　　　95 000

【业务 12】

1. 材料费用分配率 = $\dfrac{21\,400 + 400\,000}{4\,000 + 300}$ = 98（元/件）

　　完工产品材料成本 = 4 000 × 98 = 392 000（元）

　　在产品成本 = 300 × 98 = 29 400（元）

表 2.12-1　产品成本计算单

产品：乙产品　　　　产量：4 000 件　　　　2016 年 5 月　　　　单位：元

摘要	直接材料	直接人工	制造费用	合计
月初在产品成本	21 400			21 400
本月生产费用	400 000	26 000	12 000	438 000
生产费用合计	421 400	26 000	12 000	459 400
本月完工产品成本	392 000	26 000	12 000	430 000
完工产品单位成本	98	6.5	3	107.5
月末在产品成本	29 400			29 400

2. 编制结转本月完工入库乙产品成本的会计分录。

　　借：库存商品——乙产品　　　　　　　　　　　　　　　　　　　　　430 000
　　　贷：基本生产成本——乙产品　　　　　　　　　　　　　　　　　　　430 000

【业务 13】

1. 计算投料率：

　　　　第一道工序在产品投料率 = 60 ÷ 300 × 100% = 20%

　　　　第二道工序在产品投料率 = (60 + 90) ÷ 300 × 100% = 50%

　　　　第三道工序在产品投料率 = (60 + 90 + 15) ÷ 300 × 100% = 100%

2.

表 2.13-1　在产品投料率及约当产量计算表

产品：丙产品　　　　　　　　　2016 年 7 月　　　　　　　　　计量单位：件

项目	第一道工序	第二道工序	第三道工序	合计
单位产品投料定额/元	60	90	150	300
在产品投料率	20%	50%	100%	
月末在产品数量	200	120	80	400
在产品约当产量	40	60	80	180

【业务 14】

1. 计算完工率。

　　　　第一道工序在产品完工率 = 50 × 50% ÷ 100 × 100% = 25%

第二道工序在产品完工率 = 50 + 20 × 50% ÷ 100 × 100% = 60%

第三道工序在产品完工率 = 50 + 20 + 30 × 50% ÷ 100 × 100% = 85%

2.

表 2.14-1 在产品完工率及约当产量计算表

产品：丙产品　　　　　　　　　　2016 年 7 月　　　　　　　　　　计量单位：件

项目	第一道工序	第二道工序	第三道工序	合计
单位产品工时定额/小时	50	20	30	100
在产品完工率	25%	60%	85%	
月末在产品数量	200	120	80	400
在产品约当产量	50	72	68	190

【业务 15】

1.

表 2.15-1 产品成本计算单

产品：丙产品　　　　产量：1 600 件　　　　2016 年 7 月　　　　金额单位：元

摘要	直接材料	直接人工	制造费用	合计
月初在产品成本	34 000	18 500	9 000	61 500
本月生产费用	500 000	250 000	170 000	920 000
生产费用合计	534 000	268 500	179 000	981 500
本月完工产品数量	1 600	1 600	1 600	
月末在产品约当产量	180	190	190	
生产量合计	1 780	1 790	1 790	
费用分配率（完工产品单位成本）	300	150	100	550
本月完工产品总成本	480 000	240 000	160 000	880 000
月末在产品成本	54 000	28 500	19 000	101 500

2. 编制结转本月完工入库丙产品成本的会计分录。

　　借：库存商品——丙产品　　　　　　　　　　　　　　　　880 000

　　　　贷：基本生产成本——丙产品　　　　　　　　　　　　　　880 000

【业务 16】

1. 在产品定额材料费用 = 30 × 200 + 80 × 100 = 14 000（元）

　　在产品定额人工费用 = 2 × 5 × 200 + 8 × 5 × 100 = 6 000（元）

　　在产品定额制造费用 = 2 × 3.5 × 200 + 8 × 3.5 × 100 = 4 200（元）

　　在产品定额成本 = 14 000 + 6 000 + 4 200 = 24 200（元）

表 2.16-2　产品成本计算单

产品：丁产品　　产量：480 件　　2016 年 7 月单位：元

摘要	直接材料	直接人工	制造费用	合计
月初在产品成本	20 000	12 300	10 000	42 300
本月发生生产费用	32 880	22 500	14 360	69 740
生产费用合计	52 880	34 800	24 360	112 040
本月完工产品总成本	38 880	28 800	20 160	87 840
本月完工产品单位成本	81	60	42	183
月末在产品成本（定额成本）	14 000	6 000	4 200	24 200

2. 编制结转本月完工入库丁产品成本的会计分录。

借：库存商品——丁产品　　　　　　　　　　　　　　　87 840
　　贷：基本生产成本——丁产品　　　　　　　　　　　　　87 840

【业务 17】

1.

表 2.17-1　产品成本计算单

产品：丁产品　　　　产量：480 件　　　　2016 年 7 月　　　　单位：元

摘要	直接材料	直接人工	制造费用	合计
月初在产品成本	20 000	12 300	10 000	42 300
本月生产费用	32 880	22 500	143 60	69 740
生产费用合计	52 880	34 800	24 360	112 040
本月完工产品总定额	38 400	5 760	5 760	
月末在产品总定额	14 000	1 200	1 200	
定额合计	52 400	6 960	6 960	
费用分配率	1.01	5	3.5	
本月完工产品总成本	387 84	28 800	20 160	87 744
本月完工产品单位成本	80.8	60	42	182.8
月末在产品成本	14 096	6 000	42 00	24 296

2. 编制结转本月完工入库丁产品成本的会计分录。

借：库存商品——丁产品　　　　　　　　　　　　　　　87 744
　　贷：基本生产成本——丁产品　　　　　　　　　　　　　87 744

五、思考题（略）

项目三　产品成本计算方法的选择

一、判断题

1. ×　2. ×　3. √　4. ×　5. √　6. √　7. √

二、单项选择题

1. C　2. C　3. C　4. A　5. B　6. D　7. B　8. A　9. A　10. A　11. C　12. C

三、多项选择题

1. BD　2. ABC　3. AB　4. ABCD　5. AD　6. AC　7. ABD　8. BC　9. ABC

项目四　成本计算基本方法的应用

任务一　品　种　法

一、判断题

1. √　2. ×　3. ×　4. √　5. ×　6. ×　7. ×　8. √

二、单项选择题

1. A　2. B　3. A　4. C　5. B

三、多项选择题

1. ABC　2. CD　3. ABD　4. ABCD　5. AD　6. ABD

四、思考题（略）

任务二　分　批　法

一、判断题

1. ×　2. ×　3. √　4. √　5. ×　6. √　7. √　8. √　9. √　10. ×　11. √　12. √　13. ×　14. √　15. ×

二、单项选择题

1. C　2. D　3. B　4. D　5. B　6. D　7. C　8. B　9. C　10. C　11. A　12. B　13. D

14. C   15. B

三、多项选择题

1. AB   2. ABC   3. ABD   4. ABD   5. ACD   6. ABD   7. ABC   8. ABC   9. ABC
10. ACD   11. ABC   12. AD   13. ABC   14. ABD   15. BCD

四、业务题

【业务1】

1. 计算累计间接费用分配率。

　　全部产品累计人工费用分配率＝全部产品累计人工费用÷全部产品累计工时
　　　　　　　　　　　　　　　＝22 544÷56 360＝0.4（元/工时）

　　全部产品累计制造费用分配率＝全部产品累计制造费用÷全部产品累计工时
　　　　　　　　　　　　　　　＝28 180÷56 360＝0.5（元/工时）

2. 计算完工产品负担的间接费用。

　　某批完工产品应负担的间接费用＝该批完工产品累计工时×累计间接费用分配率

　　901号甲产品应负担人工费用＝18 040×0.4＝7 216（元）

　　　　　应负担制造费用＝18 040×0.5＝9 020（元）

　　902号乙产品应负担人工费用＝11 020×0.4＝4 408（元）

　　　　　应负担制造费用＝11 020×0.5＝5 510（元）

3. 计算完工产品成本。

　　901号完工甲产品成本＝36 000＋7 216＋9 020＝52 236（元）

　　902号完工乙产品成本＝24 000×8÷10＋4 408＋5 510＝29 118（元）

【业务2】

1. 计算甲、乙产品成本。

甲产品8月全部完工，期初和当月生产成本的合计即完工产品的总成本。

表 4.2-2　生产成本明细账

批号：03715　　　　　　　产品名称：甲产品　　　　　　　投产期：7月15日
批量：20台　　　　　　　　　　　　　　　　　　　　　　完工情况：8月26日完工20台

日期	摘要	原材料	人工费用	制造费用	合计
7月31日	7月份生产费用	725	46	95	866
8月31日	8月份生产费用	175	54	111	340
8月31日	总成本	900	100	206	1 206
8月31日	单位成本	45	5	10.30	60.30

表 4.2－3　生产成本明细账

批号：03617　　　　　　　　　　　　　　　　　　　　　　　　产品名称：乙产品
批量：40 件　投产期：8 月 1 日　　　　　　　　　　　　　　完工情况：8 月 28 日完工 30 件

日期	摘要	原材料	人工费用	制造费用	合计
8月31日	8月份生产费用	180	87.5	147	414.5
8月31日	约当总产量	40	35	35	
8月31日	单位成本	4.5	2.5	4.2	11.2
8月31日	结转完工产品（30 件）总成本	135	75	126	336
8月31日	月末在产品（10 件）总成本	45	12.5	21	78.5

2. 编制 8 月份完工产品生产成本的结转分录。

　　借：库存商品——甲产品　　　　　　　　　　　　　　　　　　1 206
　　　　　　　　　——乙产品　　　　　　　　　　　　　　　　　　 336
　　　　贷：基本生产成本——甲产品　　　　　　　　　　　　　　 1 206
　　　　　　　　　　　　——乙产品　　　　　　　　　　　　　　　 336

五、思考题（略）

任务三　分　步　法

一、判断题

1. ×　2. ×　3. ×　4. √　5. ×　6. √　7. √　8. √　9. √　10. √　11. ×　12. √　13. √　14. ×　15. ×

二、单项选择题

1. B　2. D　3. B　4. B　5. C　6. B　7. C　8. B　9. D　10. A　11. D　12. A　13. C　14. B　15. B　16. C　17. A　18. D　19. B　20. C

三、多项选择题

1. ABD　2. ABCD　3. AD　4. BCD　5. BC　6. ABCD　7. ABCD　8. ACD　9. AD　10. ACD　11. BCD　12. CD　13. BCD　14. AB　15. ABCD　16. AB

四、业务题

【业务1】

表 4.3-1　产成品明细账

车间名称：第一车间
产品名称：半成品甲　　　　　2016 年 4 月　　　　　产量：500 件

成本项目	月初在产品定额费用	本月费用	生产费用合计	完工半成品成本	月末在产品定额费用
原材料	3 800	12 600	16 400	10 800	5 600
工资及福利费	2 200	6 000	8 200	5 600	2 600
制造费用	4 600	12 200	16 800	11 600	5 200
合　计	10 600	30 800	41 400	28 000	13 400
单位成本				56	

表 4.3-2　自制半成品明细账

半成品名称：甲　　　　　2016 年 4 月　　　　　计量单位：件

月份	月初余额		本月增加		合计			本月减少	
	数量	实际成本	数量	实际成本	数量	实际成本	单位成本	数量	实际成本
4	400	20 600	500	28 000	900	48 600	54	700	37 800
5	200	10 800							

表 4.3-3　产品成本明细账

产品名称：产成品甲
车间名称：第二车间　　　　　2016 年 4 月　　　　　产量：350 件

成本项目	月初在产品定额费用	本月费用	生产费用合计	产成品成本		月末在产品定额成本
				总成本	单位成本	
半成品	12 200	37 800	50 000	44 800	128	5 200
工资及福利费	2 400	7 400	9 800	8 800	25.14	1 000
制造费用	500	17 700	22 700	19 900	56.85	2 800
合　计	19 600	62 900	82 500	73 500	210	9 000

【业务2】

表 4.3-5　产品成本还原计算表

2016 年 7 月　　　　　产量：100 件

项目	分配率	半成品	原材料	工资及福利费	制造费用	合计
还原前产品成本		15 200		6 420	5 880	27 500

续表

项目	分配率	半成品	原材料	工资及福利费	制造费用	合计
本月半成品成本			18 240	6 980	5 180	30 400
其中半成品成本还原	0.5	−15 200	9 120	3 490	2 590	0
还原后产品总成本			9 120	9 910	8 470	27 500
产成品单位成本			91.20	99.10	84.70	275

$$还原分配率 = 15\ 200/30\ 400 = 0.5（元）$$

半成品成本还原：

$$原材料 = 0.5 \times 18\ 240 = 9\ 120（元）$$

$$工资及福利费 = 0.5 \times 6\ 980 = 3\ 490（元）$$

$$制造费用 = 0.5 \times 5\ 180 = 2\ 590（元）$$

还原后总成本：

$$原材料 = 9\ 120（元）$$

$$工资及福利费 = 3\ 490 + 6\ 420 = 9\ 910（元）$$

$$制造费用 = 2\ 590 + 5\ 880 = 8\ 470（元）$$

【业务3】

表4.3-6　产品成本明细账

车间：第二车间　　　　　　　　2016年7月

摘要	半成品	直接人工	制造费用	成本合计
月初在产品成本（定额成本）	95 000	4 950	24 750	124 700
本月生产费用	113 905	7 850	38 450	160 205
生产费用累计	208 905	12 800	63 200	284 905
产成品成本	142 405	10 400	51 200	204 005
月末在产品成本（定额成本）	66 500	2 400	12 000	80 900

【业务4】

表4.3-7　产品成本计算表

工序：第一道　　　　　　　　2016年8月

项目	产量	直接材料	直接人工	制造费用	成本合计
生产费用合计	100	2 200	560	920	3 680
完工产品成本	80	2 000	500	800	3 300
月末在产品成本（固定成本）	20	200	60	120	380

表 4.3-8　产品成本计算表

工序：第二道　　　2016 年 8 月

项目	产量	直接材料	直接人工	制造费用	成本合计
生产费用合计		1 000	300	400	1 700
上道工序转来	80	2 000	500	800	3 300
完工产品成本	80	3 000	800	1 200	5 000

五、思考题（略）

项目五　成本计算辅助方法的应用

任务一　分类法

一、判断题

1. √　2. √　3. √　4. ×　5. √

二、单项选择题

1. D　2. A　3. C　4. B　5. D　6. C　7. D　8. D　9. C　10. D　11. A　12. A　13. A

三、多项选择题

1. ACD　2. ABCD　3. ACD　4. ABC　5. AC　6. AC　7. AD　8. ACD

四、业务题

【业务1】

A、B、C 三种产品的原材料费用系数分别为 1、1.2 和 0.9；A、B、C 三种产品的总成本分别为 169 680 元、149 940 元和 92 736 元。

【业务2】

（1）计算 A、B 类产品的生产成本。

表 5.1-6　成本计算单

产品：A 类产品　　　2016 年 10 月　　　　　　　　　　单位：元

月	日	摘要	直接材料	直接工资	制造费用	合计
7	31	期初在产品成本（定额成本）	260			260
8	31	本月生产费用	5 600	2 300	3 000	10 900

续表

月	日	摘要	直接材料	直接工资	制造费用	合计
8	31	生产费用合计	5 860	2 300	3 000	11 160
8	31	本月完工产品成本	5 360	2 300	3 000	10 660
8	31	期末在产品成本（定额成本）	500			

表 5.1-7 成本计算单

产品：B 类产品　　　　　　　　　2016 年 10 月　　　　　　　　　单位：元

月	日	摘要	直接材料	直接工资	制造费用	合计
7	31	期初在产品成本（定额成本）	180			180
8	31	本月生产费用	8 400	2 700	2 000	13 100
8	31	生产费用合计	8 580	2 700	2 000	13 280
8	31	本月完工产品成本	8 260	2 700	2 000	12 960
8	31	期末在产品成本（定额成本）	320			

（2）计算各类产品的类内各种产品的系数。

表 5.1-8　各类产品类内各种产品系数计算表

2016 年 10 月

产品类别	规格	产量/件	单位定额成本/元	系数	标准产量	
A 类产品	A-1	100	12	1.2	120	小计
	A-2	300	10	1	300	700
	A-3	200	14	1.4	280	
B 类产品	B-1	300	20	1√	300	小计
	B-2	100	25	1.25	125	505
	B-3	50	32	1.6	80	

（3）计算各种产品的总成本和单位成本。

表 5.1-9　各类产品类内各种产品系数计算表

2016 年 10 月　　　　　　　　　　金额单位：元

项目	产量/件	总系数	直接材料分配额	直接工资分配额	制造费用分配额	各种产品总成本	单位成本
A 类产品							
分配率			7.657 1	3.285 7	4.285 7		

续表

项目	产量/件	总系数	直接材料分配额	直接工资分配额	制造费用分配额	各种产品总成本	单位成本
A−1	100	120	918.85	394.28	514.28	1 827.41	18.27
A−2	300	300	2 297.13	985.71	1 285.71	4 568.55	15.23
A−3	200	280	2 144.02	920.01	1 200.01	4 264.04	21.32
合计	600	700	5 360	2 300	3 000	10 660	
B类产品							
分配率			16.356 4	5.346 5	3.960 4		
B−1	300	300	4 906.92	1 603.95	1 188.12	7 698.99	25.66
B−2	100	125	2 044.55	668.31	495.05	3 207.91	32.08
B−3	50	80	1 308.53	427.74	316.83	2 053.10	41.06
合计	450	505	8 260	2 700	2 000	12 960	

借：库存商品——A−1　　　　　　　　　　　　　1 827.41
　　　　　　　——A−2　　　　　　　　　　　　　4 568.55
　　　　　　　——A−3　　　　　　　　　　　　　4 264.04
　　　　　　　——B−1　　　　　　　　　　　　　7 698.99
　　　　　　　——B−2　　　　　　　　　　　　　3 207.91
　　　　　　　——B−3　　　　　　　　　　　　　2 053.10
　　贷：基本生产成本——A类　　　　　　　　　　10 660.00
　　　　　　　　　　——B类　　　　　　　　　　12 960.00

五、思考题（略）

任务二　定　额　法

一、判断题

1. ×　2. √　3. ×　4. ×　5. √　6. ×　7. √　8. √　9. √

二、单项选择题

1. B　2. D　3. C　4. A　5. D　6. B　7. B　8. C　9. B　10. C　11. C　12. A　13. D　14. A　15. B

三、多项选择题

1. ACD 2. AD 3. ABC 4. ABC 5. ABCD 6. ABCD 7. ABC 8. ABC 9. CD
10. AD 11. AD 12. ABCD

四、业务题

【业务1】

（1）月末在产品定额原材料费用=(1 000−100)+24 000−22 000=2 900（元）

（2）原材料脱离定额差异率=[(−147+600)/(900+24 000)或(2 200+2 900)]×100%=−3%

（3）完工产品分配原材料脱离定额差异=22 000×(−3%)=−660（元）

（4）月末在产品分配原材料脱离定额差异=2 900×(−3%)=−87（元）

（5）完工产品实际原材料费用=22 000−660+100−350=21 090（元）

（6）月末在产品实际原材料费用=2 900−87=2 813（元）

【业务2】

$$脱离定额差异率=(−10+110)/(1 000+9 000)=+1\%$$

$$产成品定额成本=85×100=8 500（元）$$

$$产成品脱离定额差异=8 500×1\%=85（元）$$

$$产成品材料成本差异=(8 500+85)×2\%=171.7（元）$$

$$产成品实际成本=8 500+85+171.7=8 756.7（元）$$

【业务3】

（1）月末在产品原材料定额费用=2 000−40+24 000−22 000=3 960（元）

（2）原材料脱离定额差异率=[(500+50)/(22 000+3 960)]×100%=−1.733 4%

本月应负担的原材料成本差异=(24 000−500)×(−2%)=−470（元）

完工产品原材料实际费用=22 000+22 000×(−1.733 4%)−470+40=21 188.652（元）

月末在产品原材料实际费用=3 960+3 960×(−1.733 4%)=3 891.36（元）

或=3 960−(450−381.35)=3 960−68.65=3 891.35（元）

【业务4】

$$定额变动系数=49.5/55=0.9$$

$$月初在产品修订后的材料定额成本=1 100×0.9=990（元）$$

$$定额变动差异=1 100−990=110（元）$$

五、思考题（略）

第二部分 单项实训

项目六 品 种 法

1．（1）分配甲、乙产品共耗材料费用。

表 6.1-2 亚辰工厂共耗材料费用分配表

2016 年 5 月　　　　　　　　　　　　　　　　　　　　　　　　单位：元

产品名称	材料定额耗用总量/千克	费用分配率	分配金额
甲产品	40 000		18 000
乙产品	12 000		5 400
合计	52 000	0.45	23 400

（2）编制会计分录。
借：基本生产成本——甲产品　　　　　　　　　　　　　　　　76 000
　　　　　　　　　——乙产品　　　　　　　　　　　　　　　　50 400
　　辅助生产成本——供水车间　　　　　　　　　　　　　　　　5 000
　　制造费用——基本车间——机物料消耗　　　　　　　　　　　1 400
　　　　　　——供水车间——一般消耗　　　　　　　　　　　　1 200
　　管理费用——维修费用　　　　　　　　　　　　　　　　　　2 600
　　贷：原材料　　　　　　　　　　　　　　　　　　　　　　136 600

2．编制会计分录。
借：基本生产成本——甲产品　　　　　　　　　　　　　　　　14 400
　　　　　　　　　——乙产品　　　　　　　　　　　　　　　　9 200
　　辅助生产成本——供水车间　　　　　　　　　　　　　　　　1 600
　　制造费用——基本车间——电费　　　　　　　　　　　　　　960
　　　　　　——供水车间——电费　　　　　　　　　　　　　　192
　　管理费用——电费　　　　　　　　　　　　　　　　　　　　2 880
　　贷：应付账款　　　　　　　　　　　　　　　　　　　　　29 232

3．（1）分配工资费用。

表 6.1-5 亚辰工厂工资费用分配表

2016 年 5 月　　　　　　　　　　　　　　　　　　　　　　　　单位：元

产品名称	生产工时/小时	费用分配率	分配金额/元
甲产品	1 800		45 000

续表

产品名称	生产工时/小时	费用分配率	分配金额/元
乙产品	1 200		30 000
合计	3 000	25	75 000

（2）编制会计分录。

借：基本生产成本——甲产品　　　　　　　　　　　　　　45 000
　　　　　　　　——乙产品　　　　　　　　　　　　　　30 000
　　辅助生产成本——供水车间　　　　　　　　　　　　　9 400
　　制造费用——基本车间——工资费用　　　　　　　　　9 000
　　　　　　——供水车间——工资费用　　　　　　　　　3 000
　　管理费用——工资费用　　　　　　　　　　　　　　　28 000
　　贷：应付职工薪酬——工资　　　　　　　　　　　　　124 400

4．（1）计提应付职工其他薪酬。

表6.1-6　亚辰工厂本月其他薪酬计提汇总表

2016年5月　　　　　　　　　　　　　　　　　　　　　　　　　单位：元

车间或部门人员类别	应付工资	福利费 6%	工会经费 2%	教育经费 1.5%	医疗保险 8%	合计
基本车间甲产品工人	45 000	2 700	900	675	3 600	7 875
基本车间乙产品工人	30 000	1 800	600	450	2 400	5 250
基本车间管理人员	9 000	540	180	135	720	1 575
供水车间工人	9 400	564	188	141	752	1 645
供水车间管理人员	3 000	180	60	45	240	525
厂部管理人员	28 000	1 680	560	420	2 240	4 900
合计	124 400	7 464	2 488	1 866	9 952	21 770

（2）编制会计分录。

借：基本生产成本——甲产品　　　　　　　　　　　　　　7 875
　　　　　　　　——乙产品　　　　　　　　　　　　　　5 250
　　辅助生产成本——供水车间　　　　　　　　　　　　　1 645
　　制造费用——基本车间——其他薪酬　　　　　　　　　1 575
　　　　　　——供水车间——其他薪酬　　　　　　　　　525
　　管理费用　　　　　　　　　　　　　　　　　　　　　4 900
　　贷：应付职工薪酬——福利费　　　　　　　　　　　　7 464
　　　　　　　　　　——教育经费　　　　　　　　　　　2 488

——工会经费	1 866
——医疗保险	9 952

5. （1）计算月折旧额。

基本车间月折旧额＝1 500 000×0.5%＝7 500（元）

机修车间月折旧额＝400 000×0.5%＝2 000（元）

厂部月折旧额＝1 000 000×0.5%＝5 000（元）

（2）编制会计分录

借：制造费用——基本车间——折旧费	7 500
——供水车间——折旧费	2 000
管理费用——折旧费	5 000
贷：累计折旧	14 500

6. 编制会计分录。

借：制造费用——基本车间——办公费	1 600
——供水车间——办公费	1 078
管理费用——办公费	3 800
贷：银行存款	6 478

7. （1）供水车间制造费用明细账。

表 6.1-7 制造费用明细账

生产单位：供水车间　　　　　2016 年 5 月　　　　　单位：元

摘要	费用明细项目						合计
	材料消耗	电费	管理人员工资	管理人员其他薪酬	折旧费	办公费	
车间耗用材料	1 200						1 200
外购电费		192					192
分配工资费用			3 000				3 000
计提其他薪酬				525			525
计提折旧额					2 000		2 000
购办公用品						1 078	1 078
本月发生额合计	1 200	192	3 000	525	2 000	1 078	7 995
月末分配结转	－1 200	－192	－3 000	－525	－2 000	－1 200	－7 995

（2）编制会计分录。

借：辅助生产成本——供水车间	7 995
贷：制造费用——供水车间	7 995

8. （1）辅助辅助生产成本明细账。

表 6.1-8　辅助生产成本明细账

生产单位：供水车间　　　　　　　　2016 年 5 月　　　　　　　　金额单位：元

摘要	成本项目			合计
	直接材料	直接人工	制造费用	
本月发生材料费用	5 000			5 000
本月发生动力费用	1 600			1 600
本月发生工资费用		9 400		9 400
本月发生其他薪酬		1 645		1 645
本月发生制造费用			7 995	7 995
本月发生额合计	6 600	11 045	7 995	25 640
月末分配结转	-6 600	-11 045	-7 995	-25 640

（2）辅助生产费用分配表。

表 6.1-9　辅助生产费用分配表（直接分配法）

2016 年 5 月　　　　　　　　金额单位：元

项目	供水车间	
	劳务量/吨	金额
待分配费用		25 640
劳务供应量	20 512	
单位成本		1.25
受益部门和单位：		
基本车间产品生产	19 212	24 015
管理部门	1 300	1 625
合计	20 512	25 640

（3）编制会计分录。

借：制造费用——基本车间——水费　　　　　　　　24 015
　　管理费用——水费　　　　　　　　　　　　　　 1 625
　　贷：辅助生产成本——供水车间　　　　　　　　25 640

9.（1）基本生产车间制造费用明细表。

表 6.1－10　制造费用明细账

生产单位：基本车间　　　　　　　　2016 年 5 月　　　　　　　　金额单位：元

摘要	费用明细项目						合计
	机物料消耗	水电费	管理人员工资	管理人员其他薪酬	折旧费	办公费	
车间耗用材料	1 400						1 400
外购电费		960					960
分配工资费用			9 000				9 000
计提其他薪酬				1 575			1 575
计提折旧额					7 500		7 500
购办公用品						1 600	1 600
分配辅助费用		24 015					24 015
发生额合计	1 400	24 975	9 000	1 575	7 500	1 600	46 050
月末分配结转	1 400	24 975	9 000	1 575	7 500	1 600	46 050

表 6.1－11　制造费用分配表

2016 年 5 月　　　　　　　　金额单位：元

产品	生产工时/小时	分配率	分配金额
甲产品	1 800		27 630
乙产品	1 200		18 420
合计	3 000	15.35	46 050

（2）编制会计分录。

借：基本生产成本——甲产品　　　　　　　　　　　　　　　　27 630
　　　　　　　　　——乙产品　　　　　　　　　　　　　　　　18 420
　　贷：制造费用——基本车间　　　　　　　　　　　　　　　　46 050

10.（1）甲产品生产成本明细账。

表 6.1－12　生产成本明细账（产品成本计算单）

生产单位：基本生产车间　　　2016 年 5 月　　　产品：甲产品　　　金额单位：元

摘要	直接材料	直接人工	制造费用	合计
月初在产品成本	4 200	2 225	2 200	8 625
本月生产费用	90 400	52 875	27 630	170 905
生产费用合计	94 600	55 100	29 830	179 530
完工产品产量	3 600	3 600	3 600	
在产品约当产量	400	200	200	

续表

摘要	直接材料	直接人工	制造费用	合计
生产总量	4 000	3 800	3 800	
分配率（单位成本）	23.65	14.50	7.85	46
本月完工产品总成本	85 140	52 200	28 260	165 600
月末在产品成本	9 460	2 900	1 570	13 930

（2）编制会计分录。

借：库存商品——甲产品　　　　　　　　　　　　　　　　　　165 600
　　贷：基本生产成本——甲产品　　　　　　　　　　　　　　　165 600

11.（1）乙产品生产成本明细账。

表 6.1-13　生产成本明细账（产品成本计算单）

生产单位：基本生产车间　　　2016 年 5 月　　　产品：乙产品　　　金额单位：元

摘要	直接材料	直接人工	制造费用	合计
月初在产品成本	4 400	2 750	1 230	8 380
本月生产费用	59 600	35 250	18 420	113 270
生产费用合计	64 000	38 000	19 650	121 650
本月完工产品总成本	57 600	35 600	18 350	111 550
本月完工产品单位成本	32	19.78	10.19	61.97
月末在产品成本	6 400	2 400	1 300	10 100

（2）编制会计分录。

借：库存商品——乙产品　　　　　　　　　　　　　　　　　　111 550
　　贷：基本生产成本——乙产品　　　　　　　　　　　　　　　111 550

12.（1）月末归集并结转管理费用。

表 6.1-14　管理费用明细账

2016 年 5 月　　　　　　　　　　　　　　　　　　　　　金额单位：元

| 摘要 | 费用明细项目 | | | | | | 合计 |
	维修费	水电费	管理人员工资	管理人员其他薪酬	折旧费	办公费	
耗用材料	2 600						2 600
外购电费		2 880					2 880
分配工资费用			28 000				28 000
计提其他薪酬				4 900			4 900
计提折旧额					5 000		5 000

续表

摘要	费用明细项目						合计
	维修费	水电费	管理人员工资	管理人员其他薪酬	折旧费	办公费	
购办公用品						3 800	3 800
分配辅助费用		1 625					1 625
本月发生额合计	2 600	4 505	28 000	4 900	5 000	3 800	48 805
月末分配结转	-2 600	-4 505	-28 000	-4 900	-5 000	-3 800	-48 805

（2）编制会计分录。

借：本年利润　　　　　　　　　　　　　　　　　　　　　　48 805
　　贷：管理费用　　　　　　　　　　　　　　　　　　　　　48 805

项目七　分　批　法

【实训 1】
1. 登记月初在产品成本，见表 7.1-3、表 7.1-5。
2. 借：基本生产成本——701 批乙产品　　　　　　　　　　792 000
　　　贷：原材料　　　　　　　　　　　　　　　　　　　　792 000
3.

表 7.1-1　直接人工费用分配表

2016 年 10 月　　　　　　　　　　　　　　　　　　　　　单位：元

产品	生产工时	分配工人工资		分配福利费		合计
		分配率	分配金额	计提比例	分配金额	
701 批产品	16 000		15 022.90		2 103.21	17 126.11
501 批产品	8 800		8 262.60		1 156.76	9 419.36
702 批产品	80 000		75 114.50		10 516.03	85 630.53
合计	104 800	0.938 9	98 400.00	14%	13 776.00	112 176.00

会计分录如下：
借：基本生产成本——701 批甲产品　　　　　　　　　　　15 022.90
　　　　　　　　　——501 批乙产品　　　　　　　　　　　 8 262.60
　　　　　　　　　——702 批丙产品　　　　　　　　　　　75 114.50
　　贷：应付职工薪酬　　　　　　　　　　　　　　　　　　984 000
借：基本生产成本——701 批甲产品　　　　　　　　　　　 2 103.21
　　　　　　　　　——501 批乙产品　　　　　　　　　　　 1 156.76

　　　　　　——702 批丙产品　　　　　　　　　　　　　　　　10 516.03
　　贷：应付职工薪酬　　　　　　　　　　　　　　　　　　　　13 776

4.

表 7.1-2　制造费用分配表

2016 年 10 月　　　　　　　　　　　　　　　　　　　单位：元

产品	生产工时	分配率	分配金额
701 批产品	16 000		13 520.61
501 批产品	8 800		7 436.35
702 批产品	80 000		67 603.04
合计	104 800	0.845 04	88 560.00

会计分录如下：
借：基本生产成本——701 批甲产品　　　　　　　　　　　　13 520.61
　　　　　　　　——501 批乙产品　　　　　　　　　　　　 7 436.35
　　　　　　　　——702 批丙产品　　　　　　　　　　　　67 603.04
　　贷：制造费用　　　　　　　　　　　　　　　　　　　　88 560.00

5.

表 7.1-3　制造费用分配表

批别：701 批次　　　　　　　　　产品：甲产品

摘要	直接材料	直接人工	制造费用	合计
月初在产品成本	168 000	24 000.00	16 000.00	208 000.00
本月生产费用		17 126.11	13 520.61	30 646.72
生产费用合计（完工产品总成本）	168 000	41 126.11	29 520.61	238 646.72
完工产品数量	40	40	40	
完工产品单位成本	4 200	1 028.15	738.02	5 966.17

表 7.1-4　产品成本计算单

批别：501 批次　　　　　　　　　产品：乙产品

摘要	直接材料	直接人工	制造费用	合计
本月生产费用	792 000	9 419.36	7 436.35	808 855.71
完工产品数量	6	6	6	
完工产品单位定额成本	3 300	825.00	700.00	4 825.00
完工产品定额总成本	19 800	4 950.00	4 200.00	28 950.00
月末在产品成本	772 200	4 469.36	3 236.35	779 905.71

表 7.1-5　产品成本计算单

批别：702 批次　　　　　　　　产品：丙产品

摘要	直接材料	直接人工	制造费用	合计
月初在产品成本	240 000	4 000	4 000	248 000
本月生产费用		85 630.53	67 603.04	153 233.57
生产费用合计（月末在产品成本）	240 000	89 630.53	71 603.04	401 233.57

会计分录如下：

借：库存商品——701 批甲产品　　　　　　　　　　　238 646.72
　　　　　　——501 批乙产品　　　　　　　　　　　 28 950.00
　　贷：基本生产成本——701 批甲产品　　　　　　　238 646.72
　　　　　　　　　　——501 批乙产品　　　　　　　 28 950.00

【实训 2】

表 7.2-2　产品成本明细账

产品批号：9746　　　　　产品名称：甲　　　　　投产日期：4 月
购货单位：A 厂　　　　　批量：5 台　　　　　　完工日期：5 月

月	日	摘要	原材料	燃料及动力	工资及福利费	制造费用	合计
4	30	期初在产品费用	4 600	5 000	2 250	1 500	13 350
5	31	本月生产费用		900	3 450	2 100	6 450
5	31	累计	4 600	5 900	5 700	3 600	19 800
5	31	完工产成品成本	4 600	5 900	5 700	3 600	19 800
5	31	完工产品单位成本	920	1 180	1 140	720	3 960

表 7.2-3　产品成本明细账

产品批号：9751　　　　　产品名称：甲　　　　　投产日期：5 月
购货单位：B 厂　　　　　批量：12 台　　　　　 完工日期：5 月　　　完工 8 台

月	日	摘要	原材料	燃料及动力	工资及福利费	制造费用	合计
5	31	本月生产费用	6 720	1 392	4 704	2 592	15 408
5	31	转产成品（8 台）	4 480	1 160	3 920	2 160	11 720
5	31	产成品单位成本	560	145	490	270	1 465
5	31	月末在产品成本	2 240	232	784	432	3 688

表 7.2-4　产品成本明细账

产品批号：9752　　　　产品名称：乙　　　　投产日期：5 月
购货单位：C 公司　　　批量：10 台　　　　完工日期：5 月　　完工 2 台

月	日	摘要	原材料	燃料及动力	工资及福利费	制造费用	合计
5	31	本月生产费用	9 200	1 900	8 100	5 200	24 400
5	31	单台计划成本	900	180	820	530	2 430
5	31	转完工产品成本	1 800	360	1 640	1 060	4 860
5	31	月末在产品成本	7 400	1 540	6 460	4 140	19 540

结转月内完工产品成本：
借：库存商品——甲产品（9746 批号）　　　　　　　　　　19 800
　　　　　　——甲产品（9751 批号）　　　　　　　　　　11 720
　　　　　　——乙产品（9752 批号）　　　　　　　　　　 4 860
　　贷：基本生产成本——甲产品（9746 批号）　　　　　　　19 800
　　　　　　　　　　——甲产品（9751 批号）　　　　　　　11 720
　　　　　　　　　　——乙产品（9752 批号）　　　　　　　 4 860

【实训 3】

表 7.3-1　基本生产二级账

	材料费用	工时	人工费用	制造费用	合计
6 月份发生	60 000	4 000	24 000	16 000	100 000
7 月份发生	80 000	6 000	36 000	24 000	140 000
8 月份发生	50 000	5 000	30 000	20 000	100 000
累计	190 000	15 000	90 000	60 000	340 000
分配率			6	4	
完工转出	76 000	8 500	51 000	34 000	161 000
月末在产	114 000	6 500	39 000	26 000	179 000

表 7.3-2　基本生产明细账

产品名称：甲产品　　　　　批号：119　　　　　投产量：30 件

	材料费用	工时	人工费用	制造费用	合计
6 月份发生	60 000	4 000			
7 月份发生		2 000			
8 月份发生		1 000			
累计及分配率	60 000	7 000	6	4	
完工产品总成本	60 000	7 000	42 000	28 000	130 000
完工产品单位成本	2 000		1 400	633.33	433.33

表 7.3-3 基本生产明细账

产品名称：乙产品　　　　　　　　　　批号：200　　　　　　　　　　投产量：20 件

	材料费用	工时	人工费用	制造费用	合计
7月份发生	80 000	4 000			
8月份发生		2 500			
累计及分配率	80 000	6 500	6	4	
完工产品总成本	16 000	1 500	9 000	6 000	31 000
月末在产品成本	64 000	5 000			

完工产品材料费 = 80 000/20 × 4 = 16 000

表 7.3-4 基本生产明细账

产品名称：丙产品　　　　　　　　　　批号：201　　　　　　　　　　投产量：15 件

	材料费用	工时	人工费用	制造费用	合计
8月份发生	50 000	1 500			

【实训 4】

表 7.4-2 基本生产成本二级账

月	日	摘要	直接材料	工时	直接人工	制造费用	合计
3	31	本月余额	7 550	3 350	1 725	2 350	11 625
4	30	本月发生	850	2 900	1 400	2 025	4 275
	30	本月合计	8 400	6 250	3 125	4 375	15 900
	30	累计间接计入费用分配率			0.5	0.7	
	30	分配转出	6 500	3 650	1 825	2 555	10 880
	30	本月余额	1 900	2 600	1 300	1 820	5 020

表 7.4-3 基本生产成本明细账

批号：101#　　　　　　　　　　　　　　　　　　　　　　　　　　　投产日期：2月
产品名称：甲产品　　　　　　　　批量：10 件　　　　　　　　　　　完工日期：4月

月	日	摘要	直接材料	工时	直接人工	制造费用	合计
3	31	本月合计	3 750	1 800			3 750
4	30	本月发生	250	450			250
	30	间接计入费用分配率			0.5	0.7	
	30	间接计入费用分配额		2 250	1 125	1 575.00	2 700
	30	本月完工产品成本	4 000	2 250	1 125	1 575.00	6 700
	30	单位成本	400		112.50	157.50	670

表 7.4-4 基本生产成本明细账

批号：102#　　　　　　　　　　　　　　　　　　　　　　　　　投产日期：3 月
产品名称：乙产品　　　　　　　　批量：5 件　　　　　　　　完工日期：4 月

月	日	摘要	直接材料	工时	直接人工	制造费用	合计
3	31	本月合计	2 200	590			2 200
4	30	本月发生	300	810			300
	30	间接计入费用分配率			0.5	0.7	
	30	间接计入费用分配额		1 400	700	980	1 680
	30	本月完工产品成本	2 500	1 400	700	980	4 180
	30	单位成本	500		140	196	836

表 7.4-5 基本生产成本明细账

批号：103#　　　　　　　　　　　　　　　　　　　　　　　　　投产日期：3 月
产品名称：丙产品　　　　　　　　批量：4 件　　　　　　　　完工日期：6 月

月	日	摘要	直接材料	工时	直接人工	制造费用	合计
3	31	本月合计	1 600	960			
4	30	本月发生	300	1 640			
	30	本月合计	1 900	2 600			

借：库存商品——101 甲产品　　　　　　　　　　　　6 700
　　　　　　——102 乙产品　　　　　　　　　　　　4 180
贷：基本生产成本——101 甲产品　　　　　　　　　　6 700
　　　　　　　　——102 乙产品　　　　　　　　　　4 180

项目八　分　步　法

【实训 1】

表 8.1-5 基本生产成本明细账

车间名称：一车间　　　　　　　　　　　　　　　　　　　　　产品名称：甲半成品

项目	直接材料	直接人工	制造费用	合计
月初在产品定额成本	10 000	8 000	6 900	24 900
本期发生费用	120 000	76 000	40 800	236 800
费用合计	130 000	84 000	47 700	261 700
完工半成品成本（500）	116 000	72 800	38 040	226 840
半成品单位成本	232	145.60	76.08	453.68
月末在产品定额成本（140）	14 000	11 200	9 660	34 860

借：自制半成品——甲半成品　　　　　　　　　　　　　　　　　　　　226 840
　　贷：生产成本——基本生产成本—车间　　　　　　　　　　　　　　　126 840

表 8.1-6　自制半成品明细账

半成品名称：甲半成品

摘要	数量	直接材料	直接人工	制造费用	合计
月初余额	110	25 319	15 894	8 381	49 594
本月增加	500	116 000	72 800	38 040	226 840
合计	610	141 319	88 694	46 421	276 434
单位成本		231.67	145.40	76.10	453.17
本月减少	520	120 468.40	75 608	39 572	235 648.40
月末余额	90	20 850.60	13 086	6 849	40 785.60

借：生产成本——基本生产成本—二车间　　　　　　　　　　　　　　135 648.40
　　贷：自制半成品——甲半成品　　　　　　　　　　　　　　　　　　235 648.40

表 8.1-7　基本生产成本明细账

车间名称：二车间　　　　　　　　　　　　　　　　　　　　　　　　产品名称：甲产品

项目	直接材料	直接人工	制造费用	合计
月初在产品定额成本	15 600	12 000	9 600	37 200
本月本步骤费用		24 000	26 600	50 600
上车间转入费用	120 468.40	75 608	39 572	235 648.40
费用合计	136 068.40	111 608	75 772	323 448.40
完工产品成本（540）	123 068.40	101 608	67 772	292 448.40
单位成本	227.90	188.16	125.50	541.56
月末在产品定额成本（100）	13 000	10 000	8 000	31 000

借：库存商品——甲产品　　　　　　　　　　　　　　　　　　　　　292 448.40
　　贷：生产成本——基本生产成本—二车间　　　　　　　　　　　　　292 448.40

【实训 2】

表 8.2-3　第一步骤基本生产明细账

2016 年 3 月　　　　　　　　　　　　　　　　　　　　　　　　　　产量：200

摘要	月初	本月	合计	分配率	产成品"份额"			在产品成本	
					定额	实际总成本	单位成本	定额	实际成本
材料费	16 000	84 000	100 000	1.25	65 000	81 250	203.13	15 000	18 750
燃料动力	900	14 200	15 100	3.02	4 000	12 080	30.2	1 000	3 020

续表

摘要	月初	本月	合计	分配率	产成品"份额"			在产品成本	
					定额	实际总成本	单位成本	定额	实际成本
工资福利	1 200	15 600	16 800	3.36		13 440	33.6		3 360
制造费用	800	12 000	12 800	2.56		10 240	25.6		2 560
合计	18 900	125 800	144 700			117 010	292.53		27 690

表 8.2−4　第二步骤基本生产明细账

2016 年 3 月　　　　　　　　　　　　　　　　　　　　产量：400

摘要	月初	本月	合计	分配率	产成品"份额"			在产品成本	
					定额	实际总成本	单位成本	定额	实际成本
材料费									
燃料工资	1 400	6 000	7 400	0.925	6 000	5 550	13.88	2 000	1 850
工资福利	1 600	17 800	19 400	2.425		14 550	36.38		4 850
制造费用	980	14 800	15 780	1.972 5		11 835	29.59		3 945
合计	3 980	38 600	42 580			31 935	79.84		10 645

表 8.2−5　产品成本汇总表

2016 年 3 月

成本项目	一步骤"份额"	二步骤"份额"	总成本	单位成本
材料费	81 250		81 250	203.13
燃料、动力	12 080	5 550	17 630	44.08
工资、福利	13 440	14 550	27 990	69.98
制造费用	10 240	11 835	22 075	55.19
合计	117 010	31 935	148 945	372.36

【实训 3】

1. 各车间月末完工产品（半成品）成本

各车间月末完工产品（半成品）成本计算表

项目	直接材料	自制半成品	直接人工	制造费用	合计
一车间完工半成品成本	3 600		2 700	900	7 200
二车间完工半成品成本		7 260	4 620	1 320	13 200
三车间完工产品成本		12 960	6 960	2 640	22 560

2. 完工产品成本还原的各成本项目比重和还原后的完工产品成本结构

表 8.3－7　产成品成本还原计算表（成本项目比重还原法）

2016 年 4 月 30 日　　　　　　　　　　　　　　　　　　　　单位：元

项目	2 号半成品	1 号半成品	直接材料	直接人工	制造费用	合计
第一次还原成本比重	55%			35%	10%	100%
第二次还原成本比重		50%		37.5%	12.5%	
还原后完工产品成本			3 564	14 169	4 827	22 560

项目九　分　类　法

【实训 1】

表 9.1－2　A 类产品成本计算表

2016 年 8 月

项目	产量/件	材料费用系数	材料费用总系数	工时定额	定额工时	直接材料	直接工资	制造费用	成本合计
分配率						16	1	3	
甲产品	4 500	1.2	5 400	3	13 500	86 400	13 500	40 500	140 400
乙产品	6 000	1	6 000	3.5	21 000	96 000	21 000	63 000	180 000
丙产品	1 500	0.8	1 200	2.5	3 750	19 200	3 750	11 250	34 200
合计			12 600		38 250	201 600	38 250	114 750	354 600

【实训 2】

1. 采用分类法计算各类产品的成本。

（1）填制期末在产品定额成本计算表（见表 9.2－11）。

表 9.2－11　期末在产品定额成本计算表

产品类别：甲类产品　　　　　2016 年 6 月

产品名称	数量/吨	直接材料		直接人工		制造费用		定额成本合计
		单位成本	总成本	单位成本	总成本	单位成本	总成本	
A 产品	5	500	2 500	320	1 600	280	1 400	5 500
B 产品	6	380	2 280	300	1 800	270	1 620	5 700
C 产品	5	420	2 100	350	1 750	320	1 600	5 450
合计			6 880		5 150		4 620	16 650

（2）计算材料定额成本系数（表9.2-12）。

表9.2-12 甲类产品材料系数计算表

2016年6月

产品名称	完工产量/吨 ①	单位定额材料成本/元 ②	材料定额成本系数 ③=②/500	总系数 ④=①×③
A产品	41	500	1	41
B产品	29	380	0.76	22.04
C产品	18	420	0.84	15.12
合计	88			

（3）汇总分配甲类产品本月发生费用，计算填列甲类产品成本计算单，见表9.2-13。

汇总甲类产品本月发生费用：

直接材料：45 000（元）

直接人工：93 480（元）

机修费用归集分配：

（6 200+8 892+6 050+6 578）/（820+730）=27 720/1 848=15（元/工时）

甲类产品承担机修费用：820×15=12 300（元）

乙类产品承担机修费用：730×15=10 950（元）

制造费用：9 800+7 638+7 400+12 607+12 300=49 745（元）

表9.2-13 甲类产品成本计算单

产品名称：甲类产品　　　　2016年6月

项目	直接材料	直接人工	制造费用	合计
月初在产品定额成本	6 160	4 470	3 990	14 620
本月发生费用	45 000	93 480	49 745	188 225
费用合计	51 160	97 950	53 735	202 845
完工产品成本（倒挤）	44 280	92 800	49 115	186 195
月末在产品定额成本	6 880	5 150	4 620	16 650

（4）填列甲类产品完工产品成本计算单（见表9.2-14）。

表9.2-14 完工产品成本计算单

生产车间：甲类产品　　　　2016年6月　　　　产量单位：吨

产品品种	产量 ①	材料成本系数②	材料总系数 ③=①×②	直接材料 ④=③×分配率	直接人工 ⑤=①×分配率	制造费用 ⑥=①×分配率	合计
分配率		41		566.530 2	1 054.545 5	558.125	
A产品	41	1	41	23 227.74	43 236.36	22 883.13	89 347.23

续表

产品品种	产量①	材料成本系数②	材料总系数③=①×②	直接材料④=③×分配率	直接人工⑤=①×分配率	制造费用⑥=①×分配率	合计
B产品	29	0.76	22.04	12 486.33	30 581.82	16 185.63	59 253.77
C产品（差额）	18	0.84	15.12	8 565.93	18 981.82	10 046.24	37 594
合计	88		78.16	44 280	92 800	49 115	186 195

备注：甲类完工产品成本分配率（保留至 0.000 1），分配额保留至 0.01，分配费用差额计入 C 产品。

直接材料费用分配率 = 44 280/78.16 = 566.530 2
直接人工费用分配率 = 92 800/88 = 1 054.545 5
制造费用分配率 = 49 115/88 = 558.125

（5）填列 E 产品计划成本表（见表 9.2 - 15）。

表 9.2 - 15 E 产品计划成本表

2016 年 6 月

	产量/吨	计划成本				计划成本合计
		直接材料	直接人工	制造费用	合计	
总成本	10	1 000	2 400	2 200	5 600	5 600
单位成本		100	240	220	560	

（6）填列 D 产品产品成本计算单表（见表 9.2 - 16）。

表 9.2 - 16 产品成本计算单

产品名称：D 产品　　　　　　　　2016 年 6 月

项目	产量/吨	成本项目			合计
		直接材料	直接人工	制造费用	
期初在产品成本（定额成本）	4	3 920	2 960	2 720	9 600
本月发生费用		60 000	81 715.20	47 962	189 677.20
减：E 产品计划成本	10	1 000	2 400	2 200	5 600
生产费用合计		62 920	82 275.20	48 482	193 677.20
产成品成本	48	57 040	77 835.20	44 402	179 277.20
单位成本		1 188.33	1 621.57	876.92	3 734.94
期末在产品成本（定额成本）	6	5 880	4 440	4 080	14 400

2. 编制甲类、乙类产品完工入库的会计分录。

（1）甲类产品会计分录。

借：库存商品——A 产品　　　　　　　　　　　　　　　　89 347.23

　　　　　　——B产品　　　　　　　　　　　　　　　　　　　59 253.77
　　　　　　——C产品　　　　　　　　　　　　　　　　　　　37 594
　　　贷：基本生产成本——甲类产品　　　　　　　　　　　　186 195
（2）乙类产品会计分录。
　　　借：库存商品——D产品　　　　　　　　　　　　　　　179 277.20
　　　　　　——E产品　　　　　　　　　　　　　　　　　　5 600
　　　贷：基本生产成本——乙类产品　　　　　　　　　　　　184 877.20

项目十　工业企业成本报表的编制与分析

1.

表10-2　可比产品成本计划完成情况分析表（按产品品种分析）

编制单位：　　　　　　　　　　2016年度　　　　　　　　　　金额单位：元

产品名称	计量单位	计划产量	单位成本			计划产量的总成本		与计划成本比	
			上年实际	本年计划	本年累计实际平均	按上年实际平均单位成本计算	按本年计划单位成本计算	成本降低额	成本降低率/%
主要产品									
甲产品	件	2 000	1 000	980	990	2 000 000	1 960 000	40 000	2.00%
乙产品	件	1 000	1 500	1 600	1 480	1 500 000	1 600 000	-100 000	-6.67%
丙产品	件	5 600	3 000	2 900	2 800	16 800 000	16 240 000	560 000	3.33%
丁产品	件	7 000	5 900	5 800	5 500	41 300 000	40 600 000	700 000	1.69%
合　计						61 600 000	60 400 000	1 200 000	1.95%

表10-3　可比产品成本计划完成情况分析表（按产品品种分析）

编制单位：　　　　　　　　　　2016年度　　　　　　　　　　金额单位：元

产品名称	计量单位	实际产量	单位成本			实际产量的总成本			与计划成本比	
			上年实际	本年计划	本年实际	按上年实际平均单位成本计算	按本年计划单位成本计算	本年实际	成本降低额	成本降低率/%
主要产品										
甲产品	件	2 300	1 000	980	990	2 300 000	2 254 000	2 277 000	23 000	1
乙产品	件	900	1 500	1 600	1 480	1 350 000	1 440 000	1 332 000	18 000	1.33
丙产品	件	6 000	3 000	2 900	2 800	18 000 000	17 400 000	16 800 000	1 200 000	6.67
丁产品	件	6 900	5 900	5 800	5 500	40 710 000	40 020 000	37 950 000	2 760 000	6.78
合　计						62 360 000	61 114 000	58 359 000	4 001 000	6.42

2.

$$降低额 = 4\ 001\ 000 - 1\ 200\ 000 = 2\ 801\ 000（元）$$
$$降低率 = 6.42\% - 1.95\% = 4.47\%$$

分析：

1 200 000　　1.95%

62 360 000 × 1.95% = 1 216 020

62 360 000 − 61 114 000 = 1 246 000

1 246 000/62 360 000 = 2%

4 001 000/62 360 000 = 6.42%

3. 分析产品单位成本、产品品种结构和产品产量对主要产品成本降低任务的影响，编制主要产品成本降低任务完成情况分析表（计算各因素的影响程度），见表 10-4。

表 10-4　主要产品成本降低任务完成情况分析表（计算各因素影响程度）

编制单位：　　　　　　　　　　　2016 年度　　　　　　　　　　　金额单位：元

影响因素	对成本降低额的影响	对成本降低率的影响
产品单位成本	4 001 000 − 1 246 000 = 2 755 000	6.42% − 2% = 4.42%
产品品种结构	1 246 000 − 1 216 020 = 29 980	2% − 1.95% = 0.05%
产品产量	1 216 020 − 1 200 000 = 16 020	0
合计	2 801 000	4.47%

第三部分

综合实训

实训基本资料

江源羊绒制品有限责任公司基本概况

江源羊绒制品有限责任公司是一个集纺、织、染、整理为一体的中型工业企业,主要生产羊绒产品。为便于成本核算,本书现只以其生产的绵羊绒围巾为例,对20××年5月所产产品进行成本核算。请根据相关资料完成实训1~实训8业务。

一、产品及车间的设置

(1)主要产品为绵羊绒围巾,生产工艺为连续式多步骤大量大批生产,共分为四个步骤完成。

(2)各步骤分别设有生产车间,共设有四个基本生产车间,上一步骤所产的半成品直接转入下一步骤继续生产,直至最后生产出产成品。

① 印染车间:生产色绒。
② 梳纺车间:生产绵羊绒纱。
③ 织造车间:生产绵羊绒围巾半成品——坯布。
④ 整理车间:生产产成品绵羊绒围巾。

(3)设有供水、蒸汽、机修三个辅助生产车间,为基本生产及经营管理部门提供劳务及动力。

二、成本核算特点

产品成本核算,采用厂部集中核算制度。

(1)基本车间生产产品——绵羊绒围巾,顺序经过印染车间、梳纺车间、织造车间、整理车间四个基本生产车间连续加工,采用逐步(综合)结转分步法计算产品成本,归集生产费用并设置基本生产成本明细账。

(2)辅助生产——供水车间,提供水,以水作为成本计算对象,归集生产费用并设置辅助生产成本明细账,采用品种法计算动力成本。

(3)辅助生产——蒸汽车间,提供蒸汽,以蒸汽作为成本计算对象,归集生产费用并设置辅助生产成本明细账,采用品种法计算蒸汽成本。

(4)辅助生产——机修车间,以其所提供的机修劳务作为成本计算对象,归集生产费用并设置辅助生产成本明细账,采用品种法计算劳务成本。

(5)各辅助生产车间与基本生产车间均单独核算制造费用,月末再分配转入辅助生产成本和基本生产成本。

(6)基本生产与辅助生产的成本明细账均设置"直接材料""直接人工""制造费用"三个成本项目。

三、成本项目

为方便生产成本核算、规范成本核算行为，统一口径，江源公司对各类产品成本项目核算明细规定见表 0.1～表 0.3。

表 0.1 五月初在产品成本表

20××年5月

车间＼项目	直接材料		直接人工	制造费用	合计
	上步骤转入	本步骤发生			
印染车间		37 332	2 100.16	2 048.02	41 480.18
梳纺车间	15 377.99	2 804.40	13 432.76	8 054.76	39 669.91
织造车间	23 300.15	1 023.93	13 500	13 820	51 644.08
整理车间	25 800	21 500	13 400	17 480	78 180
合　计	64 478.14	62 660.33	42 432.92	41 402.78	210 974.17

表 0.2 基本生产车间各产品成本项目核算明细表

印染车间	梳纺车间	织造车间	整理车间
一、直接材料	一、直接材料	一、直接材料	一、直接材料
1. 绵羊绒	1. 色绒	1. 绵羊绒纱	1. 坯布
2. 化学染剂	2. 合毛油	2. 包装材料	2. 洗剂
3. 包装材料	3. 水	3. 水	3. 柔软剂
4. 水	4. 电	4. 电	4. 平滑剂
5. 电			5. 包装材料
6. 蒸汽			6. 水
			7. 电
			8. 蒸汽
二、直接人工	二、直接人工	二、直接人工	二、直接人工
1. 工资	1. 工资	1. 工资	1. 工资
2. 福利费	2. 福利费	2. 福利费	2. 福利费
3. 工会及教育经费	3. 工会及教育经费	3. 工会及教育经费	3. 工会及教育经费
4. 五项社会保险费	4. 五项社会保险费	4. 五项社会保险费	4. 五项社会保险费
5. 住房公积金	5. 住房公积金	5. 住房公积金	5. 住房公积金
三、制造费用	三、制造费用	三、制造费用	三、制造费用

表 0.3 辅助生产各产品（动力、劳务）成本项目核算明细表

供水车间	蒸汽车间	机修车间
一、直接材料	一、直接材料	一、直接材料
1. 原水	1. 原水	1. 机油
2. 水稳剂	2. 水稳剂	2. 润滑油
3. 电	3. 电	3. 机针
	4. 煤	4. 其他修理用材料
	5. 其他燃料	5. 水
		6. 电
二、直接人工	二、直接人工	二、直接人工
1. 工资	1. 工资	1. 工资
2. 福利费	2. 福利费	2. 福利费
3. 工会及教育经费	3. 工会及教育经费	3. 工会及教育经费
4. 五项社会保险费	4. 五项社会保险费	4. 五项社会保险费
5. 住房公积金	5. 住房公积金	5. 住房公积金
三、制造费用	三、制造费用	三、制造费用

实训 1

材料费用的核算

实训目的

通过实训使学生熟悉材料费用汇集与分配的程序,掌握材料费用计入产品成本的方法。

实训程序与要求

1. 设置"基本生产成本"明细账,按生产步骤、产品分别设置"印染车间——色绒""梳纺车间——绵羊绒纱""织造车间——坯布""整理车间——绵羊绒围巾"四个明细账。

2. 设置"辅助生产成本"明细账,按产品、动力分别设置"供水""蒸汽""机修"三个明细账。

3. 设置"制造费用"明细账,按车间分别设置"印染车间""梳纺车间""织造车间""整理车间""供水车间""蒸汽车间""机修车间"七个明细账。

4. 设置"管理费用"明细账。

5. 编制"材料费用分配汇总表",并据以编制记账凭证。

6. 根据编制的记账凭证登记有关明细账。

一、实训设计

(1) 实训形式:本实训由成本核算员一人独立完成,也可由两人组成一组,一人编制材料费用分配汇总表,一人编制记账凭证,并据以登记有关账户。

(2) 实训时间:本项实训约需 4 学时。

(3) 实训用纸:记账凭证、多栏式明细账。

(4) 参考答案:材料费用分配汇总表金额合计 768 400.8 元。

二、实训资料

(1) 江源公司存货按实际成本计价,发出存货按全月一次加权平均法计价,为简化核算,本书已给出了具体单价。原材料分为原料及主要材料、燃料、辅助材料、修理用备件、包装材料等。低值易耗品采用一次摊销法核算。20××年5月份有关领料凭证列示见表1.1~表1.21。

（2）各基本生产车间只生产一种产品，因此领用的原材料作为直接材料费用，计入该产品生产成本明细账的"直接材料"项目。

（3）其余车间领用原材料，可直接计入产品、动力的有关成本中。

（4）材料日常发出核算程序：各用料单位填制一式四联"领料单"据以从材料仓库领用材料。月末，根据各种领料凭证进行汇总，由财会部门编制"材料费用分配汇总表"（见表1.22）。

表1.1 领 料 单

领料部门：印染车间　　　　　　　　　　　　　　　　　　　　编号：
用途：生产用　　　　　　　20××年5月　　　　　　　　　　仓库：1号库

| 材料编号 | 材料名称及规格 | 计量单位 | 数量 | | 价格（元） | | 备注 |
			请领	实领	单价	金额	
原料及主要材料 1–103	绵羊绒	千克	14 000	14 000	35	490 000	

领料部门负责人：刘蓉　　　领料人：张宇　　　发料人：王东　　　制单：梁晓强

表1.2 领 料 单

领料部门：印染车间　　　　　　　　　　　　　　　　　　　　编号：
用途：生产用　　　　　　　20××年5月　　　　　　　　　　仓库：2号库

| 材料编号 | 材料名称及规格 | 计量单位 | 数量 | | 价格（元） | | 备注 |
			请领	实领	单价	金额	
辅助材料 2–102	大艾曼—黑PV	千克	70	70	180	12 600	

领料部门负责人：刘蓉　　　领料人：张宇　　　发料人：孟晓光　　　制单：梁晓强

表1.3 领　料　单

领料部门：印染车间　　　　　　　　　　　　　　　　　　　　　　　编号：
用途：生产用　　　　　　　　20××年5月　　　　　　　　　　　　仓库：2号库

材料编号	材料名称及规格	计量单位	数量		价格（元）		备注
			请领	实领	单价	金额	
辅助材料 2-103	酸性媒—黑T	千克	140	140	58	8 120×15	

领料部门负责人：刘蓉　　　　领料人：张宇　　　　发料人：孟晓光　　　　制单：梁晓强

表1.4 领　料　单

领料部门：印染车间　　　　　　　　　　　　　　　　　　　　　　　编号：
用途：生产用　　　　　　　　20××年5月　　　　　　　　　　　　仓库：2号库

材料编号	材料名称及规格	计量单位	数量		价格（元）		备注
			请领	实领	单价	金额	
辅助材料 2-104	醋酸	千克	70	70	10	700	

领料部门负责人：刘蓉　　　　领料人：张宇　　　　发料人：孟晓光　　　　制单：梁晓强

表1.5 领　料　单

领料部门：印染车间　　　　　　　　　　　　　　　　　　　　　　　编号：
用途：生产用　　　　　　　　20××年5月　　　　　　　　　　　　仓库：2号库

材料编号	材料名称及规格	计量单位	数量		价格（元）		备注
			请领	实领	单价	金额	
辅助材料 2-105	圆明粉	千克	6	6	2	12	
辅助材料 2-106	硫酸	千克	5	5	2.2	11	
辅助材料 2-107	其他染剂	千克	14	14	3	42	
	合计					65	

领料部门负责人：刘蓉　　　　领料人：张宇　　　　发料人：孟晓光　　　　制单：梁晓强

表1.6 领 料 单

领料部门：印染车间 编号：
用途：生产用 20××年5月 仓库：2号库

材料编号	材料名称及规格	计量单位	数量		价格（元）		备注
			请领	实领	单价	金额	
包装材料 2-20××157	包装袋	个	300	300	0.5	150	

领料部门负责人：刘蓉 领料人：张宇 发料人：孟晓光 制单：梁晓强

表1.7 领 料 单

领料部门：梳纺车间 编号：
用途：生产用 20××年5月 仓库：2号库

材料编号	材料名称及规格	计量单位	数量		价格（元）		备注
			请领	实领	单价	金额	
辅助材料 2-20××151	合毛油	千克	420××15	420××15	23	9 660	

领料部门负责人：其其各 领料人：呼和 发料人：孟晓光 制单：梁晓强

表1.8 领 料 单

领料部门：整理车间 编号：
用途：生产用 20××年5月 仓库：2号库

材料编号	材料名称及规格	计量单位	数量		价格（元）		备注
			请领	实领	单价	金额	
辅助材料 2-211	柔软剂	千克	840	840	20××15	16 800	
辅助材料 2-212	平滑剂	千克	420××15	420××15	17	7 140	
	合计					23 940	

领料部门负责人：范洪涛 领料人：呼和 发料人：孟晓光 制单：梁晓强

表1.9 领 料 单

领料部门：整理车间　　　　　　　　　　　　　　　　　　　　　　　编号：
用途：生产用　　　　　　　20××年5月　　　　　　　　　　　　　仓库：2号库

材料编号	材料名称及规格	计量单位	数量 请领	数量 实领	价格（元）单价	价格（元）金额	备注
包装材料 2-20××158	包装盒	个	5 000	5 000	3.5	17 500	
2-20××159	包装袋	个	130 000	130 000	0.1	13 000	
2-210	商标	个	130 000	130 000	0.01	1 300	
2-211	其他	个	10 000	10 000	0.15	1 500	
	合计					33 300	

领料部门负责人：范洪涛　　　领料人：呼和　　　发料人：孟晓光　　　制单：梁晓强

表1.10 领 料 单

领料部门：供水车间　　　　　　　　　　　　　　　　　　　　　　　编号：
用途：生产用　　　　　　　20××年5月　　　　　　　　　　　　　仓库：3号库

材料编号	材料名称及规格	计量单位	数量 请领	数量 实领	价格（元）单价	价格（元）金额	备注
主要材料 4-401	水	吨	37 668	37 668	0.6	22 600.8	
辅助材料 4-402	水稳剂	千克	4	4	450	1 800	
	合计					24 400.8	

领料部门负责人：赵国豪　　　领料人：李保田　　　发料人：贺芳　　　制单：梁晓强

表1.11 领 料 单

领料部门：蒸汽车间　　　　　　　　　　　　　　　　　　　　　　　编号：
用途：生产用　　　　　　　20××年5月　　　　　　　　　　　　　仓库：4号库

材料编号	材料名称及规格	计量单位	数量 请领	数量 实领	价格（元）单价	价格（元）金额	备注
燃料4-411	煤	吨	300	300	130	39 000	

领料部门负责人：刘亮　　　领料人：李保田　　　发料人：贺芳　　　制单：梁晓强

表1.12 领　料　单

领料部门：蒸汽车间　　　　　　　　　　　　　　　　　　　　编号：
用途：生产用　　　　　　　　20××年5月　　　　　　　　　仓库：4号库

材料编号	材料名称及规格	计量单位	数量		价格（元）		备注
			请领	实领	单价	金额	
燃料4-413	柴油	吨	20××15	20××15	2 000	40 000	
4-414	其他	吨	5	5	650	3 250	
		合计				43 250	

领料部门负责人：刘亮　　　领料人：李保田　　　发料人：贺芳　　　制单：梁晓强

表1.13 领　料　单

领料部门：机修车间　　　　　　　　　　　　　　　　　　　　编号：
用途：修理用　　　　　　　　20××年5月　　　　　　　　　仓库：2号库

材料编号	材料名称及规格	计量单位	数量		价格（元）		备注
			请领	实领	单价	金额	
修理备件2-270	设备配件	个	364	364	132	48 048	
2-306	机油	千克	245	245	8	1 960	
2-307	润滑油	千克	376	376	35	13 160	
2-308	其他机物料	千克	199	199	3	597	
		合计				63 765	

领料部门负责人：徐瑁　　　领料人：郭莹　　　发料人：王东　　　制单：梁晓强

表1.14 领　料　单

领料部门：印染车间　　　　　　　　　　　　　　　　　　　　编号：
用途：劳保　　　　　　　　　20××年5月　　　　　　　　　仓库：1号库

材料编号	材料名称及规格	计量单位	数量		价格（元）		备注
			请领	实领	单价	金额	
1-121	低值易耗品——工作服	套	37	37	50	1 850	

领料部门负责人：刘亮　　　领料人：张宇　　　发料人：王东　　　制单：梁晓强

表1.15 领 料 单

领料部门：梳纺车间　　　　　　　　　　　　　　　　　　　　　编号：
用途：劳保　　　　　　　　　　20××年5月　　　　　　　　　　仓库：1号库

材料编号	材料名称及规格	计量单位	数量		价格（元）		备注
			请领	实领	单价	金额	
1-121	低值易耗品——工作服	套	52	52	50	2 600	

领料部门负责人：其其格　　　　领料人：呼和　　　　发料人：王东　　　　制单：梁晓强

表1.16 领 料 单

领料部门：织造车间　　　　　　　　　　　　　　　　　　　　　编号：
用途：劳保　　　　　　　　　　20××年5月　　　　　　　　　　仓库：1号库

材料编号	材料名称及规格	计量单位	数量		价格（元）		备注
			请领	实领	单价	金额	
1-121	低值易耗品——工作服	套	106	106	50	5 300	

表1.17 领 料 单

领料部门：整理车间　　　　　　　　　　　　　　　　　　　　　编号：
用途：劳保　　　　　　　　　　20××年5月　　　　　　　　　　仓库：1号库

材料编号	材料名称及规格	计量单位	数量		价格（元）		备注
			请领	实领	单价	金额	
1-121	低值易耗品——工作服	套	124	124	50	6 20××150	

领料部门负责人：范洪涛　　　　领料人：郭莹　　　　发料人：王东　　　　制单：梁晓强

表1.18 领　料　单

领料部门：供水车间　　　　　　　　　　　　　　　　　　　　　　　　编号：
用途：劳保　　　　　　　　　　20××年5月　　　　　　　　　　　　仓库：1号库

材料编号	材料名称及规格	计量单位	数量		价格（元）		备注
			请领	实领	单价	金额	
1-121	低值易耗品——工作服	套	15	15	50	750	

领料部门负责人：赵国豪　　　　领料人：姜威　　　　发料人：王东　　　　制单：梁晓强

表1.19 领　料　单

领料部门：蒸汽车间　　　　　　　　　　　　　　　　　　　　　　　　编号：
用途：劳保　　　　　　　　　　20××年5月　　　　　　　　　　　　仓库：1号库

材料编号	材料名称及规格	计量单位	数量		价格（元）		备注
			请领	实领	单价	金额	
1-121	低值易耗品——工作服	套	18	18	50	900	

领料部门负责人：刘亮　　　　领料人：郭莹　　　　发料人：王东　　　　制单：梁晓强

表1.20 领　料　单

领料部门：机修车间　　　　　　　　　　　　　　　　　　　　　　　　编号：
用途：劳保　　　　　　　　　　20××年5月　　　　　　　　　　　　仓库：1号库

材料编号	材料名称及规格	计量单位	数量		价格（元）		备注
			请领	实领	单价	金额	
1-121	低值易耗品——工作服	套	12	12	50	600	

领料部门负责人：徐瑠　　　　领料人：郭莹　　　　发料人：王东　　　　制单：梁晓强

表1.21 领　料　单

领料部门：管理部门　　　　　　　　　　　　　　　　　　　　　　　　　编号：

用途：劳保　　　　　　　　　　20××年5月　　　　　　　　　　　　　仓库：1号库

材料编号	材料名称及规格	计量单位	数量		价格（元）		备注
			请领	实领	单价	金额	
1-121	低值易耗品——工作服	套	25	25	50	1 250	

领料部门负责人：周皓　　　　领料人：姜威　　　　发料人：王东　　　　制单：梁晓强

表1.22　材料费用分配汇总表

年　月　日　　　　　　　　　　　　　　　　　　　　　　　　　　　　单位：元

应借科目		原材料					周转材料	合计
		原料及主要材料	燃料	辅助材料	修理用备件	包装材料		
基本生产成本	印染车间——色绒							
	梳纺车间——棉纱							
	织造车间——坯布							
	整理车间——围巾							
辅助生产成本	供水车间							
	蒸汽车间							
	机修车间							
制造费用	印染车间							
	梳纺车间							
	织造车间							
	整理车间							
	供水车间							
	蒸汽车间							
	机修车间							
管理费用								
合计								

主管：　　　　　　　　　　　审核：　　　　　　　　　　　制表：

实训 2

外购动力费用的核算

实训目的

通过实训使学生熟悉外购动力费用结算与分配的程序,掌握外购动力费用计入产品成本的方法。

实训程序与要求

1. 根据资料编制支付本月份外购电费的记账凭证。
2. 编制"外购电力费用分配表",据以编制记账凭证。
3. 根据编制的记账凭证登记实训 1 设置的有关"基本生产成本""辅助生产成本""制造费用""管理费用"明细账。

一、实训设计

(1) 实训形式:本实训由成本核算员一人独立完成。
(2) 实训时间:本项实训约需 2 课时。
(3) 实训用纸:记账凭证、多栏式明细账。
(4) 参考答案:支付的外购电力费为 74 351.52 元,分配的外购电力费为 63 548.31 元。

二、实训资料

(1) 江源公司 5 月份的电费结算单见表 2.1、表 2.2。

表2.1 委托收款 凭证（支款通知） 5

委邮

委托日期 20××年5月30日　　　　　委收号码：6889

付款期限　年　月　日
延期期限　年　月　日

收款单位	全 称	呼和浩特市供电局	付款单位	全 称	江源羊绒制品有限责任公司
	账 号	851－664		账 号	82－65
	开户银行	工行新华办事处		开户银行	工行水源街办事处

委收金额	人民币（大写）柒万肆仟叁佰伍拾壹元伍角贰分	仟 佰 拾 万 仟 佰 拾 元 角 分
		¥　　　　7 4 3 5 1 5 2

款项内容	电费	委托收款凭据名称		附寄单证张数	1张

备注：	付款单位注意： 1. 根据结算方式规定，上列委托收款，如在付款期限内未拒付，即视同全部同意付款，以此联借支款通知。 2. 如需提前付款或多付少付时，应另写书面通知关银行办理。 3. 如系全部或部分拒付，应在付款期限内另填拒绝付款理由书送银行办理。

单位主管：张行　　会计：李娜　　复核：汪函　　记账：苏浣湘　　付款单位开户行盖章　5月30日

此联是付款单位开户银行通知付款单位按期付款的通知

表2.2 内蒙古增值税专用发票

开票日期：20××年5月30日　　　　　NO. 0102006

购货单位	名称	江源羊绒制品有限责任公司	纳税人登记号	181523261458674
	地址电话	水源街18号 5279540	开户银行账号	工行水源街办事处 109034298164205

商品或劳务名称	计算单位	数量	单价	金　额								税率/%	税　额							
				佰	拾	万	仟	佰	拾	元	角 分		拾	万	仟	佰	拾	元	角	分
电费	度	179 515	0.354			6	3	4	8	3	1	17		1	0	8	0	3	2	1
				¥		6	3	4	8	3	1	17	¥	1	0	8	0	3	2	1

价税合计	人民币：佰×拾柒万肆仟叁佰伍拾壹元伍角贰分　¥74 351.52

销货单位	名称	呼和浩特市供电局	纳税人登记号	1090342
	地址电话	新华路62号	开户银行账号	工行新华办事处4－512

收款人：李少光　　　　　　　　　　　　　　　　　　　　　开票单位（未盖章无效）

（2）江源公司各车间分别安装电表，5月份外购电力耗用表见表2.3。外购电力费用分配表见表2.4。

表2.3 外购电力耗用表

20××年5月

部　　门		用　　途	耗电量（度）
基本车间	印染车间	生产产品	11 620
	梳纺车间	生产产品	24 920
	织造车间	生产产品	17 640
	整理车间	生产产品	23 800
辅助车间	供水车间	提供动力	39 112
	蒸汽车间	提供动力	34 969
	机修车间	提供劳务	9 216
车间	印染车间	一般耗用	2 800
	梳纺车间	一般耗用	1 980
	织造车间	一般耗用	1 870
	整理车间	一般耗用	2 150
	供水车间	一般耗用	1 450
	蒸汽车间	一般耗用	1 880
	机修车间	一般耗用	2 156
厂部		一般耗用	3 952
合计			179 515

表2.4 外购电力费用分配表

年　月　日

应借科目		成本或费用项目	电费分配		
总账	明细账		用电度数	单价	分配金额（保留至0.01位）
基本生产成本	印染车间——色绒				
	梳纺车间——棉纱				
	织造车间——坯布				
	整理车间——围巾				
	小计				

续表

应借科目		成本或费用项目	电费分配		
总账	明细账		用电度数	单价	分配金额（保留至0.01位）
辅助生产成本	供水车间				
	蒸汽车间				
	机修车间				
	小计				
制造费用	印染车间				
	梳纺车间				
	织造车间				
	整理车间				
	供水车间				
	蒸汽车间				
	机修车间				
	小计				
管理费用					
合计					

主管： 审核： 制表：

实训 3

人工费用的核算

> **实训目的**

通过实训使学生明确应付职工薪酬计算的依据,熟悉工资结算汇总表的编制,掌握工资费用分配汇总表的编制方法,能够胜任工资核算岗位的会计工作。

> **实训程序与要求**

1. 根据"工资结算汇总表"编制"工资费用分配汇总表"。
2. 编制"福利费及其他薪酬提存表"。
3. 根据"工资费用分配汇总表"和"福利费及其他薪酬提存表"编制记账凭证。
4. 根据编制的记账凭证登记实训 1 设置的"基本生产成本""辅助生产成本""制造费用""管理费用"明细账。

一、实训设计

(1)实训形式:本实训由成本核算员负责编制工资分配表和其他薪酬提存表,编制记账凭证登记有关账户。

(2)实训时间:本实训约需 6 课时。

(3)实训用纸:记账凭证、多栏式明细账。

(4)参考答案:工资费用分配汇总表金额合计 515 000 元,提取福利费金额合计 30 900 元,提取的工会经费金额合计 10 300 元,提取的职工教育经费金额合计 7 725 元。提取的五项社会保险费 108 150 元,提取的住房公积金 41 200 元。

二、实训资料

(1)江源公司实行计时工资制,各车间、各部门人员工资由所在车间或部门将有关原始依据报至人事科,人事科汇总整理后通知财会科,由工资核算员按车间、部门编制工资结算表。

（2）各基本生产车间因只生产一种产品，生产工人的工资及福利费、工会经费、职工教育经费、五项社会保险费和住房公积金作为直接费用，计入该产品生产成本明细账的"直接人工"项目。

（3）辅助车间生产工人的工资及福利费、工会经费、职工教育经费、五项社会保险费和住房公积金可直接计入产品、动力的有关成本中。

（4）职工福利费按6%提取，工会经费按2%提取，职工教育经费按1.5%提取，职工医疗保险费、工伤保险费、生育保险费、养老保险费、失业保险费五项社会保险费分别按6%、0.4%、0.6%、13%、1%提取，住房公积金按8%提取。

（5）江源公司5月份工资结算汇总表见表3.1。工资费用分配汇总表见表3.2。职工其他薪酬提存表见表3.3。

表3.1 工资结算汇总表

20××年5月　　　　　　　　　　　　　　单位：元

部门名称	人员类别	职工人数	基本工资	工龄工资	经常性奖金	物价补贴	加班加点工资	知补	风沙费	交通补助	应扣工资		应付工资	代扣款项				实发金额
											病假	事假		个人所得税	社会保险费	住房公积金	扣款合计	
印染车间	生产工人	24	25 053	3 743	2 100	230	1 850	335	1 690	458	50	145	35 264	1 135	7 405.44	2 821.12	11 361.56	23 902.44
	管理人员	4	5 134	1 063	1 500	360	615	230	250	361			9 513	20	1 997.73	761.04	2 778.77	6 734.23
梳纺车间	生产工人	43	44 912	4 073	2 400	2 150	4 780	940	4 150	1 450	40	160	64 655	1 236	13 577.55	5 172.4	19 985.95	44 669.05
	管理人员	6	6 075	807	736	214	651	66	662	222	9	19	9 405	34	1 975.05	752.4	2 761.45	6 643.55
织造车间	生产工人	80	85 260	11 000	8 600	4 500	14 400	1 600	7 200	4 600	160	400	136 600	3 322	28 686	10 928	42 936	93 664
	管理人员	3	3 314	1 884	200	160	546	135	180	461			6 880	20	1 444.8	550.4	2 015.2	4 864.8

续表

部门名称	人员类别	职工人数	基本工资	工龄工资	经常性奖金	物价补贴	加班加点工资	知补	风沙费	交通补助	应扣工资 病假	应扣工资 事假	应付工资	个人所得税	社会保险费	住房公积金	扣款合计	实发金额
整理车间	生产工人	70	75 415	9 900	890	4 600	18 905	1 870	9 100	6 102	210	330	126 242	2 684	26 510.82	10 099.36	39 294.18	86 947.82
整理车间	管理人员	3	2 277	1 006	140	180	245	121	340	183	4		4 488		942.48	359.04	1 301.52	3 186.48
供水车间	生产工人	5	5 901	564	371	531	267	158	895	415	22	46	9 034		1 897.14	722.72	2 619.86	6 414.14
供水车间	管理人员	2	1 320	190	80	90	80	55	180	89			2 084		437.64	166.72	604.36	1 479.64
蒸汽车间	生产工人	10	9 830	1 840	490	600	1 980	185	1 800	620	16	40	17 289	4 200	498.54	189.92	4 888.46	12 400.54
蒸汽车间	管理人员	2	1 333	171	100	90	297	28	270	93	2	6	2 374		498.54	189.92	688.46	1 685.54
机修车间	生产工人	9	7 032	1 321	560	348	297	107	810	360	4	23	10 808	130	2 269.68	864.64	3 264.32	7 543.68
机修车间	管理人员	2	2 023	164	138	60		29	180	56			2 650		556.5	212	768.5	1 881.5
厂部管理人员		20	32 865	8 370	4 300	1 890	2 600	1 250	1 800	1 884	32	180	54 747	1 284	11 496.87	4 379.76	17 160.63	37 586.37
销售人员		9	7 126	2 029	5 400	534	980	210	810	534	12	30	17 581	245	3 692.01	1 406.48	5 343.49	12 237.51
医务人员		4	4 213	286	70	120	150	60	360	127			5 386		1 130.85	430.88	1 561.73	3 824.27
合计		296	319 083	48 411	28 075	16 657	48 643	7 379	30 677	18 051	561	1 379	515 000	14 310	105 017.64	40 006.80	159 334.44	355 665.56

表 3.2　工资费用分配汇总表

年　月　　　　　　　　　　　单位：元（保留 0.01 位）

应借账户		生产工人	车间管理人员	厂部管理人员	销售人员	医务人员	合计
基本生产成本	印染车间——色绒						
	梳纺车间——棉纱						
	织造车间——坯布						
	整理车间——围巾						
	小计						
辅助生产成本	供水车间						
	蒸汽车间						
	机修车间						
	小计						
制造费用	印染车间						
	梳纺车间						
	织造车间						
	整理车间						
	供水车间						
	蒸汽车间						
	机修车间						
	小计						
管理费用							
销售费用							
合计							

主管：　　　　　　　　　　　审核：　　　　　　　　　　　制表：

表 3.3 职工其他薪酬提存表

年　月　　　　　　　　　　　　单位：元（保留 0.01 位）

应借账户		工资总额	其他薪酬					合计
总账	二级账		职工福利费（6%）	工会经费（2%）	职工教育经费（1.5%）	五项社会保险（21%）	住房公积金（8%）	
基本生产成本	印染车间——色绒							
	梳纺车间——棉纱							
	织造车间——坯布							
	整理车间——围巾							
	小计							
辅助生产成本	供水车间							
	蒸汽车间							
	机修车间							
	小计							
制造费用	印染车间							
	梳纺车间							
	织造车间							
	整理车间							
	供水车间							
	蒸汽车间							
	机修车间							
	小计							
管理费用（差额）								
销售费用								
合计								

主管：　　　　　　　　　　　审核：　　　　　　　　　　　制表：

实训 4

其他费用的核算

实训目的

通过实训使学生熟悉其他费用归集与分配的程序，掌握其他费用计入产品成本的方法。

实训程序与要求

1. 根据相关资料编制"固定资产折旧计提汇总表"，编制"固定资产折旧费用分配表"，差额计入管理费用。
2. 编制"其他费用分配表"。
3. 编制"预付费用分配表"。
4. 根据以上费用分配表分别编制记账凭证。
5. 根据编制的记账凭证登记实训 1 设置的"制造费用""管理费用"明细账。

一、实训设计

（1）实训形式：本实训由成本核算员一人独立完成。
（2）实训时间：本项实训约需 4 课时。
（3）实训用纸：记账凭证、多栏式明细账。
（4）参考答案：固定资产折旧费用分配汇总表金额合计 299 880.50 元，分配外单位修理劳务费金额合计 13 352 元，应付借款利息 35 000 元，预付费用分配表金额合计保险费 3 311.25 元，报刊费 1 282 元。

二、实训资料

江源公司 20××年 5 月份发生如下其他费用：
（1）各车间、各部门月初应计提折旧的固定资产原值见表 4.1。
（2）江源公司固定资产计提折旧的方法采用年限平均法，其中折旧率采用分类折旧率，即房屋建筑物、机器设备及其他设备的月折旧率分别为4‰、8‰、6‰，见表4.2。

（3）如表4.3所示，开出支票支付外单位装修劳务费15 621.84元（含增值税17%，已取得专用发票）。

（4）江源公司与银行按季度结算利息，5月初流动资金贷款金额为500万元，计提贷款利息，月利率为7‰。其他费用分配表见表4.4。

（5）需要由本年度按月平均摊销的财产保险费与报纸杂志费数据资料见表4.5。

表4.1 固定资产折旧计提汇总表

20××年4月　　　　　　　　　　　单位：元（保留0.01位）

使用部门	房屋建筑物（4‰）		机器设备（8‰）		其他设备（6‰）		合　计	
	原值	折旧额	原值	折旧额	原值	折旧额	原值	折旧额
印染车间	80 000		540 000		75 100		695 100	
梳纺车间	214 000		764 710		80 400		1 059 110	
织造车间	305 700		8 500 000		18 266		8 823 966	
整理车间	486 000		23 600 064		168 000		24 254 064	
供水车间	90 000		24 295		10 000		124 295	
蒸汽车间	100 000		60 000		12 000		172 000	
机修车间	124 126		120 000		25 618		269 744	
管理部门（差额）	650 000		2 180 000		180 758		3 010 758	
销售部门	125 000		36 800		24 900		186 700	
合计	2 174 826		35 825 869		595 042		38 595 737	

主管：　　　　　　　　　　　审核：　　　　　　　　　　　制表：

注：4月份梳纺车间、织造车间分别购入生产设备，原值分别为50 000元、80 000元。4月份管理部门报废计算机1台，原值6 000元。

表4.2 固定资产折旧费用分配表

20××年5月　　　　　　　　单位：元（保留0.01位）

使用部门	上月固定资产折旧额	上月增加固定资产应提折旧额	上月减少固定资产应提折旧额	本月固定资产应提折旧额
印染车间				
梳纺车间				
织造车间				
整理车间				
供水车间				
蒸汽车间				
机修车间				
管理部门				
销售部门				
合计				

主管：　　　　　　　　　　　审核：　　　　　　　　　　　制表：

表4.3

中国工商银行
现金支票存根
　支票号码
　科　　目
　对方科目
出票日期　20××年5月22日

收款人：	和平装潢公司
金　额：	15 621.84
用　途：	厂房装修费
备　注：	

单位主管　张行　会计　李那

表 4.4　其他费用分配表

20××年5月

<table>
<tr><th colspan="2" rowspan="2">应借科目</th><th colspan="3">项　目</th></tr>
<tr><th rowspan="2">修理费</th><th colspan="2">借款利息</th></tr>
<tr><td colspan="2"></td><td>借款金额</td><td>利息费用</td></tr>
<tr><td rowspan="7">制造
费用</td><td>印染车间</td><td>540.43</td><td></td><td></td></tr>
<tr><td>梳纺车间</td><td>606.5</td><td></td><td></td></tr>
<tr><td>织造车间</td><td>3 739.87</td><td></td><td></td></tr>
<tr><td>整理车间</td><td>5 600</td><td></td><td></td></tr>
<tr><td>供水车间</td><td>522.56</td><td></td><td></td></tr>
<tr><td>蒸汽车间</td><td>876</td><td></td><td></td></tr>
<tr><td>机修车间</td><td>259.87</td><td></td><td></td></tr>
<tr><td colspan="2">小　计</td><td></td><td></td><td></td></tr>
<tr><td colspan="2">管理费用</td><td>1 206.77</td><td></td><td></td></tr>
<tr><td colspan="2">财务费用</td><td></td><td></td><td></td></tr>
<tr><td colspan="2">合计</td><td>13 352</td><td></td><td></td></tr>
</table>

主管：　　　　　　　　　　　审核：　　　　　　　　　　　制表：

表 4.5　预付费用分配表

20××年5月　　　　　　　　计量单位：元（保留0.01位）

<table>
<tr><th colspan="2" rowspan="2">应借科目　项　目</th><th colspan="3">财产保险费</th><th colspan="3">报纸杂志费</th><th rowspan="2">合计</th></tr>
<tr><th>实付额</th><th>分摊月数/月</th><th>本月摊销额</th><th>实付额</th><th>分摊月数/月</th><th>本月摊销额</th></tr>
<tr><td rowspan="7">制造
费用</td><td>印染车间</td><td>2 100</td><td>12</td><td></td><td>1 032</td><td>12</td><td></td><td></td></tr>
<tr><td>梳纺车间</td><td>3 300</td><td>12</td><td></td><td>672</td><td>12</td><td></td><td></td></tr>
<tr><td>织造车间</td><td>4 500</td><td>12</td><td></td><td>1 068</td><td>12</td><td></td><td></td></tr>
<tr><td>整理车间</td><td>6 792</td><td>12</td><td></td><td>1 260</td><td>12</td><td></td><td></td></tr>
<tr><td>供水车间</td><td>1 434</td><td>12</td><td></td><td>576</td><td>12</td><td></td><td></td></tr>
<tr><td>蒸汽车间</td><td>2 688</td><td>12</td><td></td><td>456</td><td>12</td><td></td><td></td></tr>
<tr><td>机修车间</td><td>996</td><td>12</td><td></td><td>540</td><td>12</td><td></td><td></td></tr>
<tr><td colspan="2">管理费用</td><td>16 245</td><td>12</td><td></td><td>8 916</td><td>12</td><td></td><td></td></tr>
<tr><td colspan="2">销售费用</td><td>1 680</td><td>12</td><td></td><td>864</td><td>12</td><td></td><td></td></tr>
<tr><td colspan="2">合计</td><td></td><td></td><td></td><td></td><td></td><td></td><td></td></tr>
</table>

主管：　　　　　　　　　　　审核：　　　　　　　　　　　制表：

实训 5

辅助生产费用的核算

实训目的

通过实训，使学生熟悉辅助生产费用归集的程序，熟练掌握辅助生产费用的分配方法及账务处理。

实训程序与要求

1. 根据实训1~4有关资料归集辅助生产车间制造费用（见实训1"制造费用"明细账）。
2. 编制辅助车间制造费用明细汇总表，根据汇总表编制记账凭证并登账。
3 根据各辅助生产成本明细账归集辅助生产费用，编制"辅助生产费用分配表"。（分配率精确到 0.000 1，分配额保留至 0.01 位，尾差计入管理费用，分配蒸汽费的尾差计入整理车间）
4. 根据"辅助生产费用分配表"编制记账凭证。
5. 根据记账凭证登记实训 1 设置的"基本生产成本""辅助生产成本""制造费用""管理费用"明细账。

一、实训设计

（1）实训形式：本实训由成本核算员一人独立完成。
（2）实训时间：本项实训约需 8 课时。
（3）实训用纸：记账凭证、多栏式明细账。
（4）参考答案：辅助生产车间制造费用合计分别是：供水车间 5 454.06 元，蒸汽车间 6 943.51 元，机修车间 7 031.55 元。辅助生产费用分配率：供水车间分别为 3.361 元、4.008 元；蒸汽车间为 115.726 2 元；机修车间分别为 44.514 0 元、44.597 2 元。

二、实训资料

（1）辅助生产供应动力数量通知单见表 5.1。辅助车间制造费用明细汇总表见表 5.2。

（2）江源公司辅助生产费用分配采用一次交互分配法（见表5.3）。

表5.1　辅助生产供应动力数量通知单

20××年5月

耗用计量单位			动力（产品）项目		
			水/吨	蒸汽/吨	机修/小时
辅助生产车间	供水车间		—	—	100
	蒸汽车间		9 800		80
	机修车间		45		—
基本生产车间	印染车间	产品耗用	1 980	460	
		一般耗用	15		220
	梳纺车间	产品耗用	1 020		
		一般耗用	10		330
	织造车间	产品耗用	—		
		一般耗用	8		450
	整理车间	产品耗用	3 800	1 000	
		一般耗用	17		510
管理部门			30		310
合计			16 725	1 460	2 000

表5.2　辅助车间制造费用明细汇总表

年　月　日　　　　　　　　　　　　　　　　　　　单位：元

车间	劳动保护费	电费	工资	其他薪酬	折旧费	装修费	财产保险费	办公费	合计

主管：　　　　　　　　　　　　　审核：　　　　　　　　　　　　　制表：

表 5.3 辅助生产费用分配表（一次交互分配法）

20××年 5 月   计量单位：元

项目		供水车间（分配水费）			蒸汽车间（分配汽费）			机修车间（分配机修费）			合计
		数量/吨	单位成本	分配金额	数量/吨	单位成本	分配金额	数量/小时	单位成本	分配金额	
分配前情况											
交互分配	供水车间										
	蒸汽车间										
	机修车间										
	合 计										
交互分配后情况											
对外分配	印染车间	产品耗用									
		一般耗用									
	梳纺车间	产品耗用									
		一般耗用									
	织造车间	产品耗用									
		一般耗用									
	整理车间	产品耗用									
		一般耗用									
管理部门（差额）											
合 计											

主管：   审核：   制表：

实训 6

制造费用的核算

实训目的

通过实训使学生熟悉制造费用的归集程序，熟练掌握制造费用的分配方法及账务处理。

实训程序与要求

1. 根据本实训提供的资料编制有关记账凭证并登记明细账。
2. 根据实训 1~5 有关资料归集基本生产车间的制造费用（见实训 1"制造费用"明细账）。
3. 编制基本生产车间制造费用明细汇总表，结转本月基本生产车间的制造费用，编制记账凭证。
4. 根据编制的记账凭证，登记实训 1 设置的"基本生产成本""制造费用""管理费用"明细账。

一、实训设计

（1）实训形式：本实训由成本核算员一人独立完成。
（2）实训时间：本项实训约需 4 课时。
（3）实训用纸：记账凭证、多栏式明细账。
（4）参考答案：基本生产车间制造费用合计数分别为 34 356.02 元、42 339.35 元、111 172.61 元、236 410.85 元。

二、实训资料

（1）江源公司基本生产车间制造费用除实训 1~5 提供的资料以外，本月份还发生下列业务：表 6.1~表 6.8。
（2）江源公司基本生产车间因只生产一个产品，因此，该车间的制造费用可直接转入其所生产的产品成本中。

表6.1 旅费报销单

单位：印染车间　　　　　　　　　　　　　　　　　　凭证编号：
姓名：张宁　　　　　　　　　　　　　　　　　　　　本方科目：
　　　　　　　　　　　　　　　　　　　　　　　　　对方科目：

公出事由：考察				车船费	511元	报销金额（大写）贰仟肆佰贰拾贰元整	单据6张
				住宿费	1 566元		
起讫时间		地　点		行李费	元		
月 / 日	月 / 日	自	至	其　他	26元		
5 / 10	5 / 11	呼市	北京	16×11天	176元		
5 / 19	5 / 20	北京	呼市	×天	元		
				×天	元		
				×天	元		
计量单位负责人：张明		说明事项：		卧铺补助	143元		
				合　计	2 422元		
				原借：2 600元　退：178元			

审核：　　　　　　　　　　　出纳：　　　　　　　　　　20××年5月22日

表6.2 旅费报销单

单位：梳纺车间　　　　　　　　　　　　　　　　　　凭证编号：
姓名：张岩　胡晓强　　　　　　　　　　　　　　　　本方科目：
　　　　　　　　　　　　　　　　　　　　　　　　　对方科目：

公出事由：考察				车船费	416元	报销金额（大写）贰仟叁佰零捌元整	单据35张
				住宿费	1 580元		
起讫时间		地　点		行李费	元		
月 / 日	月 / 日	自	至	其　他	元		
5 / 3	5 / 4	呼市	北京	16×11天	176元		
5 / 12	5 / 13	北京	呼市	×天	元		
				×天	元		
				×天	元		
计量单位负责人：张明 5.15		说明事项：		卧铺补助	136元		
				合　计	2 308元		
				原借：2 000元　退：-308元			

审核：　　　　　　　　　　　出纳：　　　　　　　　　　20××年5月19日

表6.3 **旅费报销单** 凭证编号：

单位：织造车间 本方科目：
姓名：李莉 对方科目：

公出事由：考察				车船费	265元	报销金额（大写）壹仟贰佰伍拾壹元整	单据26张
				住宿费	846元		
起讫时间			地点	行李费	元		
月	日	月 日	自 至	其他	元		
5	3	5 4	呼市 北京	8×11天	88元		
5	12	5 13	北京 呼市	×天	元		
				×天	元		
				×天	元		
计量单位负责人：张明 5.15			说明事项：	卧铺补助	52元		
				合计	1 251元		
				原借：1 300元 退：49元				

审核： 出纳： 20××年5月15日

表6.4 **旅费报销单** 凭证编号：

单位：整理车间 本方科目：
姓名：于荣 赵静 对方科目：

公出事由：考察				车船费	416元	报销金额（大写）贰仟贰佰肆拾元整	单据35张
				住宿费	1 600元		
起讫时间			地点	行李费	元		
月	日	月 日	自 至	其他	元		
5	3	5 4	呼市 北京	8×11天	88元		
5	12	5 13	北京 呼市	×天	元		
				×天	元		
				×天	元		
计量单位负责人：张明 5.15			说明事项：	卧铺补助	136元		
				合计	2 240元		
				原借：2 000元 退：-240元				

审核： 出纳： 20××年5月19日

表6.5 内蒙古自治区呼和浩特市商业销售发票

呼市G

付款单位：江源公司　　　　　　　　　　　　　　　　　支票号：

编号	品名	规格型号	计量单位	数量	销售价格		金额							
					批发价	零售价	拾万	仟	佰	拾	元	角	分	
	计算器		个	10		125		1	2	5	0	0	0	
	中性笔		支	50		1.95				9	7	5	0	
	记事本		个	25		1.00				2	5	0	0	
	信纸		本	50		3.60			1	8	0	0	0	
合计金额（大写） 拾⊗万壹仟伍佰伍拾贰元伍角零分							¥		1	5	5	2	5	0
	结算方式　支票				备注									

收款单位（盖章）：市文化用品商场　　开票人：王平　　　　20××年5月22日

表6.6

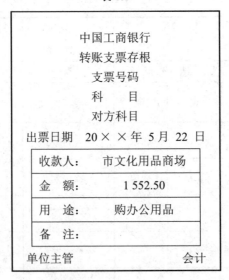

中国工商银行
转账支票存根
　支票号码
　科　　目
　对方科目
出票日期 20×× 年 5 月 22 日

收款人：	市文化用品商场
金　额：	1 552.50
用　途：	购办公用品
备　注：	

单位主管　　　　　　　　会计

表6.7 办公用品领用表

20××年5月28日 单位：元

部门	领发数量				金额
	计算器	中性笔	记事本	信 纸	
印染车间	1	4	3	5	153.8
梳纺车间	1	4	3	5	153.8
织造车间	1	4	3	5	153.8
整理车间	1	6	3	5	157.7
管理部门	2	10	10	20	351.5
数量合计	6	28	22	40	
金额合计	750	54	22	144	970.6

审核：郭贤峰 制表：萨日娜

表6.8 基本生产车间制造费用明细汇总表

年 月 日 单位：元

车间	劳动保护费	电费	工资	其他薪酬	折旧费	装修费	财产保险费	办公费	水费	机修费	差旅费	合计
印染车间												
梳纺车间												
织造车间												
整理车间												
合计												

主管： 审核： 制表：

实训 7

成本计算的分步法

实训目的

通过实训使学生熟悉产品成本核算原理和一般程序，掌握产品成本计算基本方法——分步法，进一步熟悉成本会计核算工作。

实训程序与要求

1. 根据各基本生产成本明细账提供的资料，逐步归集各基本生产车间费用。
2. 计算本月各基本生产车间完工产品成本并编制记账凭证。（每千克单位成本保留至 0.000 1 位；分配金额保留至 0.01 位；产成品绵羊绒围巾的单位成本保留至 0.01 位）
3. 根据编制的记账凭证登记实训 1 设置的"基本生产成本"明细账。
4. 根据本月所产半成品成本构成法进行成本还原，编制成本还原表。（成本构成比例保留至 0.000 1%）
5. 根据实训资料归集"管理费用"（见实训 1 设置的"管理费用"明细账），结转管理费用并登账。

一、实训设计

（1）实训形式：本实训由成本核算员一人独立完成。
（2）实训时间：本项实训约需 10 课时。
（3）实训用纸：记账凭证、多栏式明细账、成本还原表。
（4）参考答案：印染车间完工色绒总成本 607 438 元，梳纺车间完工绵羊绒纱总成本 738 645.75 元，织造车间完工坯布总成本 989 861.60 元，整理车间完工入库绵羊绒围巾总成本 1 432 525.92 元，还原后围巾总成本：直接材料 601 556.79 元，直接人工 440 922.37 元，制造费用 390 046.76 元，管理费用合计 124 621.96 元。

二、实训资料

（1）江源公司基本生产属多步骤大批量生产类型，成本核算方法采用综合逐步结转分步法，各步骤成本对象如下：印染车间，生产色绒；梳纺车间，生产绵羊绒纱；织造车间，生产绵羊绒围巾半成品——坯布；整理车间，生产产成品绵羊绒围巾，规格为150 cm×30 cm，每条质量为150克。

（2）本月产量记录见表7.1，上步骤完工自制半成品直接转入下步骤继续生产。

（3）各基本生产车间发生的费用见实训1～实训6。

（4）原材料投料方式：印染车间在开工时一次投入，其他车间本月发生的材料费用随生产进度陆续投入。

（5）生产费用采用约当产量法在月末完工产品和在产品之间进行分配。材料费用、人工费用、制造费用在产品完工率均为50%。

（6）本月自制半成品转移单与产成品入库单见表7.2～表7.5。

各车间本月完工半成品成本构成计算表见表7.6～表7.8。产品成本还原计算表见表7.9。

表7.1 产量记录

20×× 年 5 月

项 目	计量单位	印染车间 绒——色绒	梳纺车间 色绒——绵羊绒纱	织造车间 绵羊绒纱——坯布	整理车间 坯布——围巾
月初在产品	千克	1 000	1 800	2 300	1 850
本月投产	千克	14 000	13 000	13 500	14 000
月末完工产品	千克	13 000	13 500	14 000	13 050
月末在产品	千克	2 000	1 300	1 800	2 800
在产品完工程度		50%	50%	50%	50%

表7.2 自制半成品转移单

交付单位：印染车间　　　　　　　　20×× 年 5 月

产品名称	规格	计量单位	检验结果		交付单位			接收单位		
			合格	不合格	数量	单位成本	金额	数量	单位成本	金额
色绒		千克	13 000		13 000	46.726	607 438	13 000	46.726	607 438

车间主任：刘蓉　　检验：贾红　　接收单位：梳纺车间　　经办人：吴小媚

表7.3 自制半成品转移单

交付单位：梳纺车间　　　　　　20×× 年 5 月

产品名称	规格	计量单位	检验结果		交付单位			接收单位		
			合格	不合格	数量	单位成本	金额	数量	单位成本	金额
绵羊绒纱		千克	13 500		13 500	54.714 5	738 645.75	13 500	54.714 5	738 645.75

车间主任：其其格　　检验：李光良　　接收单位：织造车间　　经办人：赵星旭

表7.4 自制半成品转移单

交付单位：织造车间　　　　　　20×× 年 5 月

产品名称	规格	计量单位	检验结果		交付单位			接收单位		
			合格	不合格	数量	单位成本	金额	数量	单位成本	金额
坯布		千克	14 000		14 000	70.704 4	989 861.6	14 000	70.704 4	989 861.6

车间主任：张军　　检验：杜默谦　　接收单位：整理车间　　经办人：胡广宇

表7.5 产成品入库单

交付单位：整理车间　　20××年 5 月　　13 050 千克　　合计 87 000 条

产品名称	规格	计量单位	检验结果		交付单位			接收单位		
			合格	不合格	数量	单位成本	金额	数量	单位成本	金额
围巾	150 cm × 30 cm	千克	13 050		13 050	109.772 1	1 432 525.92	13 050	109.772 1	1 432 525.92
		条	87 000		87 000			87 000		

车间主任：范洪涛　　检验：贺嘉琪　　接收单位：产成品库　　经办人：金麦

表7.6 织造车间本月完工半成品成本构成计算表

半成品名称：坯布　　　　年　月　产量：　　千克　　　　金额单位：元

成本项目	本月实际总成本	成本构成
绵羊绒纱		
直接材料		
直接人工		
制造费用		
合计		

表 7.7 梳纺车间本月完工半成品成本构成计算表

半成品名称：绵羊绒纱　　　　　　年　月　　　　产量：　　千克　金额单位：　元

成本项目	本月实际总成本	成本构成
色　绒		
直接材料		
直接人工		
制造费用		
合　计		

表 7.8 印染车间本月完工半成品成本构成计算表

半成品名称：色绒　　　　　　年　月　　　　产量：　　千克　金额单位：　元

成本项目	本月实际总成本	成本构成
直接材料		
直接人工		
制造费用		
合　计		

表 7.9 产品成本还原计算表

产品：绵羊绒围巾　　　　年　月　　产量：13 050 千克（87 000 条）　　　　单位：元

摘要	成本项目						
	坯布	绵羊绒纱	色绒	直接材料	直接人工	制造费用	合计
还原前总成本							
坯布成本构成							
坯布成本还原							
绵羊绒纱成本构成							
绵羊绒纱成本还原							
色绒成本构成							
色绒成本还原							

续表

摘要	成本项目						
	坯布	绵羊绒纱	色绒	直接材料	直接人工	制造费用	合计
还原后产品总成本							
还原后产品单位成本							
每条围巾单位成本							

注：围巾质量为150克/条。

成本报表的编制

实训目的

通过实训使学生了解成本报表编制的依据,熟悉成本报表编制的程序,掌握成本报表编制的方法。

实训程序与要求

根据实训7计算的江源公司产品成本资料,以及基本车间制造费用明细账资料,结合本实训所列资料,编制该公司20××年5月份成本报表。

1. 主要产品单位成本表。
2. 制造费用明细表。

一、实训设计

(1)实训形式:本实训由成本核算员或其他会计人员一人独立完成。

(2)实训时间:本项实训约需2课时。

(3)实训用纸:主要产品单位成本表,制造费用明细表。

(4)参考答案:主要产品单位成本表本月实际单价16.47元,本年累计实际平均单价16.65元。制造费用明细表本月实际发生额合计424 278.98元,本年累计实际发生额合计2 062 543.21元。

二、实训资料

(1)围巾主要资料见前面各项实训。

(2)围巾其他有关资料见表8.1~表8.3。

(3)围巾质量为150克/条,售价为25.00元/条。

制造费用明细资料见表8.4。

制造费用明细表见表 8.5。

表 8.1　1~4 月份产品产量、成本资料

规格：150 cm×30 cm/条

150 克/条

单位：元

成本项目	计量单位	1—4月累计产量	单位成本		1—4月累计实际总成本
			上年实际平均	本年计划	
羊绒围巾	条	560 000	17.54	16.68	9 340 800
合　计		560 000	17.54	16.68	9 340 800

表 8.2　主要产品有关单位成本资料

产品：围巾　　　　　　　　20××年5月　　产量单位：87 000条　金额单位：元

成本项目	历史先进水平（2008年）	上年实际平均	本年计划	1—4月累计实际平均	1—4月累计实际总成本
直接材料	5.14	6.92	6.93	6.96	3 897 600
直接人工	4.32	5.68	5.14	5.28	2 956 800
制造费用	3.79	4.94	4.68	4.44	2 486 400
产品生产成本	13.25	17.54	16.75	16.68	9 340 800

表 8.3　主要产品单位成本表

年　月

编制单位：　　　　　　　　　　　　　　　　　　产量：　　条　　单位：元
产品名称　　　　　　　　　　　　　　　　　　　本月实际产量
规　格　　　　　　　　　　　　　　　　　　　　本年累计实际产量
计量单位　　　　　　　　　　　　　　　　　　　销售单价

成本项目	行次	历史先进水平（2008年）	上年实际平均	本年计划	本月实际	本年累计实际平均
直接材料	1					
直接人工	2					
制造费用	3					
产品生产成本	4					

表 8.4 制造费用明细资料

编制单位：江源公司　　　　　　　20××年5月　　　　　　　　计量单位：元

项目	行次	本年计划（各月）	上年同期实际	1—4月累计实际
劳动保护费	1	18 500	14 800	57 800
电费	2	5 500	4 150	18 600.75
工资费用	3	30 000	24 800.35	108 337
其他薪酬	4	11 550	9 548.13	41 709.75
折旧费	5	275 000	264 280.8	1 102 152.6
装修费	6	12 680	9 000	45 505.2
财产保险费	7	1 600	2 200	6 898.5
办公费	8	1 300	1 000	2 510.9
水费	9	240	300	635.76
机修费用	10	53 770	68 450	223 527.77
差旅费	11	9 600	8 500	30 586
合计	12	419 500	407 029.28	1 638 264.23

表 8.5 制造费用明细表

编制单位：江源公司　　　　　　　　年　月　　　　　　　　　单位：元

项目	行次	本年计划（各月）	上年同期实际	本月实际	本年累计实际
劳动保护费	1	18 500	14 800		
电费	2	5 500	4 150		
工资费用	3	30 000	24 800.35		
其他薪酬	4	11 550	9 548.13		
折旧费	5	275 000	264 280.8		
装修费	6	12 680	9 000		
财产保险费	7	1 600	2 200		
办公费	8	1 300	1 000		
水费	9	240	300		
机修费用	10	53 770	68 450		
差旅费	11	9 600	8 500		
合计	12	419 500	407 029.28		